NEIMENGGU FEIWUZHI JI WUZHI WENHUA YICHAN BIAOZHI CONGSHU

尧·额尔登陶格陶 主编
岱钦 译

内蒙古非物质及物质文化遗产标志丛书

苏尼特左旗卷

SUNITE ZUOQI JUAN

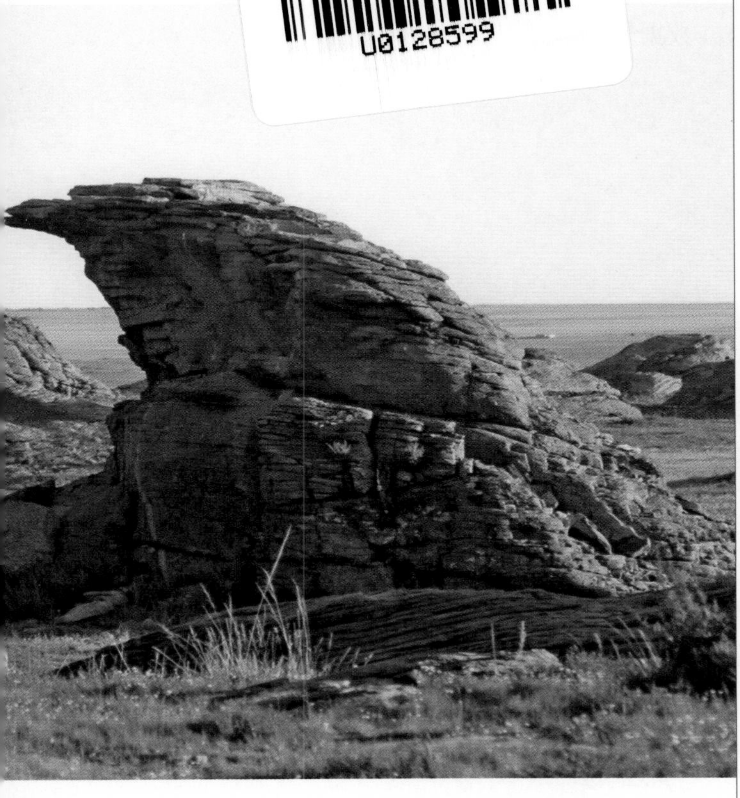

内蒙古出版集团
内蒙古科学技术出版社

图书在版编目（CIP）数据

内蒙古非物质及物质文化遗产标志丛书. 苏尼特左旗卷 / 尧·额尔登陶格陶主编；岱钦译. — 赤峰：内蒙古科学技术出版社，2021.10（2023.6重印）

ISBN 978-7-5380-3291-8

Ⅰ.①内… Ⅱ.①尧…②岱… Ⅲ.①文化遗产—介绍—苏尼特左旗 Ⅳ.①G127.26

中国版本图书馆CIP数据核字（2021）第186341号

内蒙古非物质及物质文化遗产标志丛书·苏尼特左旗卷

主　　编：尧·额尔登陶格陶
译　　者：岱　钦
责任编辑：张继武　马洪利
封面设计：永　胜
出版发行：内蒙古出版集团　内蒙古科学技术出版社
地　　址：赤峰市红山区哈达街南一段4号
网　　址：www.nm-kj.cn
邮购电话：0476-5888970
排　　版：赤峰市阿金奈图文制作有限责任公司
印　　刷：内蒙古爱信达教育印务有限责任公司
字　　数：480千
开　　本：787mm × 1092mm　1/16
印　　张：24.5
版　　次：2021年10月第1版
印　　次：2023年6月第2次印刷
书　　号：ISBN 978-7-5380-3291-8
定　　价：150.00元

如出现印装质量问题，请与我社联系。电话：0476-5888926　5888917

《内蒙古非物质及物质文化遗产标志丛书》
出版委员会

《内蒙古非物质及物质文化遗产标志丛书》
编辑委员会

《内蒙古非物质及物质文化遗产标志丛书·苏尼特左旗卷》编委会

主　任：双　宝（中共苏尼特左旗委员会副书记、人民政府旗长）

副主任：萨楚仁（中共苏尼特左旗委员会常委、宣传部长）

　　　　孟格日勒（中共苏尼特左旗委员会常委、人民政府副旗长）

主　编：尧·额尔登陶格陶

译　者：岱　钦

成　员：达·查干　娜日苏　乌兰其其格　嘎日迪　迎　春

图　片：苏·青格勒巴雅尔　苏·呼格吉乐巴雅尔　勒·照日格巴特尔

　　　　王长荣　那·白音吉日嘎拉　包　喜

《内蒙古非物质及物质文化遗产标志丛书》
前　言

《内蒙古非物质及物质文化遗产标志丛书》，是内蒙古出版集团以挖掘、整理、保护和传承发展我区各民族传统文化为目的而实施的一项大型出版工程。该丛书在已出版发行的《草原文化标志丛书》的基础上，仍以旗县为单位，尽可能全面收集整理我区各旗县非物质文化遗产、物质文化遗产，按照完成时间分别以蒙汉两种文字编辑出版。

本丛书的内容分为非物质文化遗产和物质文化遗产两大部分。

本丛书收录的非物质文化遗产部分，以国家、自治区、盟市和旗县级登记注册的项目为主，采用图文并茂的形式进行介绍，并附非物质文化遗产项目传承人的简历。除此之外，为了使每个旗县的文化标志尽可能收入其中，对一些虽然尚未列入相关非物质文化遗产名录，但确实能够代表本地区文化标志的传统文化项目也收录其中。同时，根据国家非物质文化遗产名录分类登记程序，将已收集到的非物质文化遗产按民间文学、民间音乐、民间舞蹈、传统戏剧、杂技、杂剧与竞赛、民间美术、传统手工艺、传统医药、传统习俗等十个门类进行分类。内容编排时，则根据每个类别登记注册的级别按由高到低的顺序进行排列。

在物质文化遗产中，收录了各旗县重点历史文化遗址、寺庙、碑文、岩画等名胜古迹及有代表性的山川河流、生态文化分布区、示范区和地方名优特产、珍稀动植物、旅游观光地等。

为确保《内蒙古非物质及物质文化遗产标志丛书》的编写工作有组织、有计划地顺利进行，由内蒙古出版集团组织成立了《内蒙古非物质及物质文化遗产标志丛书》出版委员会进行全面指导。同时，成立了《内蒙古非物质及物质文化遗产标志丛书》编辑委员会，负责制定丛书编写方案，审定各旗县卷目录并指导内容编写工作。在盟市指定专门的地方主编，由他们负责协调所在旗县卷的组织编写工作。

本丛书各盟市主编及各旗县卷的主编，均由熟悉和了解本地区的传统文化，并珍爱和敬畏传统文化，致力于传统文化的传承和发扬光大的专家学者担任。由他们具体负责书稿的编写和把关，充分体现各旗县传统文化的丰富内涵和独有特色。

《内蒙古非物质及物质文化遗产标志丛书》是我区非物质及物质文化遗产总汇。该丛书的出版发行，对于我们认真学习领会习近平总书记对内蒙古工作的重要指示批示精神，铸牢中华民族共同体意识，加强民族团结，贯彻落实中共中央办公厅、国务院办公厅印发的《关于进一步加强非物质文化遗产保护工作的意见》精神，进一步促进我区文化建设，具有重大的现实意义。

《内蒙古非物质及物质文化遗产标志丛书》
编辑委员会

传统文化积淀深厚的富饶美丽的苏尼特草原

（代 序）

苏尼特左旗，地处蒙古高原中北部，位于中国四大天然牧场之一的锡林郭勒大草原西北。地理坐标东经111° 30′ ~115° 12′，北纬42° 58′ ~45° 06′，东部到格吉格山、都希山等地与阿巴嘎旗接邻，西部到色日乌拉、查干胡舒与苏尼特右旗、二连浩特市相邻，南部到锡林敖包、高勒都斯台、布哈图、哈日干台、白都音浩日拉等地与正镶白旗、正蓝旗、镶黄旗接壤，北部到准哈达、宝德尔朝鲁等地与蒙古国交界，国境线长达316公里。南北长335公里，东西宽160公里，苏尼特左旗总土地面积34251.7平方公里，地形北部偏高，丘陵多山，中部平原地形略低，南部沙漠，湖水凹地，总面积中山岭占40%，平原占8%，丘陵占13%，沙漠占12%，戈壁湖泊占7%。苏尼特左旗天然草场是锡林郭勒大草原的一部分，属于干旱草原向草原化荒漠过渡性质，依据天然草原植被的性质和生产力水平可分为干旱草原草场、荒漠草原草场、草原化荒漠和湖盆低地草甸草场四大类型。境内生长有500余种草本植物，200余种药材。苏尼特左旗气候属中温带半干旱大陆性气候，冬季寒冷，夏季炎热，春季多风，年均气温3.3℃，最高气温39.3℃，最低气温-36℃，年降雨量197毫米，无霜期为148天。日照充足，在全国来说也属于日照充足的地区之一。平均风力4级左右，年平均风沙日为110天，常见干旱雪灾，十年九旱，三年遇雪灾。

据历史记载，苏尼特部落是蒙古古老的部落之一。据蒙古历史文献《蒙古秘史》（卷一）记载："孛端察儿的原配生有一个儿子，名为巴林失亦剌秃合必赤。合必赤巴阿秃儿之子篾年土敦，篾年土敦共有七个儿子。他们分别是合赤曲鲁克、合臣、合赤兀、合出剌、合赤温、合阑歹和纳臣巴阿秃儿。合赤曲鲁克的儿子海都。海都有三个儿子，其名为伯升豁儿多黑申、察剌孩领忽和抄真斡儿贴该。伯升豁儿多黑申的儿子叫屯必乃薛禅。察剌孩领忽的儿子叫想昆必力格。抄真斡儿贴该共有六个儿子，分别是斡罗纳儿、晃豁坛、阿鲁剌惕、雪你惕、合卜秃儿合思和格泥格思。后来'格'成为该姓氏的祖先。"这里说的"雪你惕"，即现在的"苏尼特"，就是从人名演化成为部落姓氏。

苏尼特部13世纪在其首领吉鲁根巴特尔领导下，积极参与圣主成吉思汗统一毡乡民族，创立大蒙古汗国的伟大事业而建立丰功伟绩，吉鲁根巴特尔因被任命为蒙古汗国第五位万户将领而彪炳史册。苏尼特部直到17世纪30年代初，驻牧于喀尔喀贡嘎鲁图、那戛剌那布其图一带，于崇德三年（1638年）归顺清朝统治，迁徙到现在的奥特克，分为左右翼两个旗。实行王朝旗制，共有35代郡王统治，至1946年延续300多年。

1946年7月，苏尼特左旗人民民主政府建立。

苏尼特左旗有很多名胜古迹和文化遗址。其中，有内蒙古自治区级的文物古迹保护单位红格尔岩画、宝达尔楚鲁岩画、查干敖包庙及通古尔盆地动物化石区、石人碑、成吉思汗边墙（即金界壕，1194年），承载悠久历史的石碑及大型古墓、数千年前的石器遗址及各种石器。从这里发现的岩画及文物，证明苏尼特地区在远古时代就是人类繁衍生息的地方之一。

创造了悠久灿烂文化的苏尼特左旗劳动人民在长期的生产生活中，在特殊的地理、气候条件下，发明了民族文化独具特色的形式——敖包祭祀文化。全旗范围内自古以来祭祀的敖包就有30多座，源远流长的敖包文化，作为引领马背民族崇尚自然、热爱家乡、彰显草原文明的历史丰碑矗立在他们的心中。

苏尼特左旗，是草原广阔，五畜遍野，自然资源丰富，野生动物种类多，矿产资源和植物资源十分丰富的地方。

这个地区，是素有“绵羊之王”美誉的苏尼特羊的原产地。苏尼特羊肉又以“肉中珍宝”“肉中人参”而享誉区内外。北京最著名的“东来顺”涮羊肉，专以苏尼特羊肉为主料并以此来做招牌，国内外食客有口皆碑。苏尼特五畜当中，苏尼特双峰红驼，也是闻名全国的地方优良品种。

改革开放40多年来，苏尼特左旗工业企业从小到大，从弱到强，从单一到多元化，经过了开始、跨越、发展三个阶段，取得了巨大的成就。特别是从2003年起，工业企业发展掀开了崭新的一页。全旗地方工业总产值49.7亿元，比上年增长5%。其中，第一产业增加值6.4亿元，比上年增长4.2%；第二产业增加值32亿元，比上年增长3.5%；第三产业增加值11.3亿元，比上年增长9%；固定资产投资37.2亿元，比上年增长20%；公共财政预算收入26亿元，比上年增长17.8%；城镇和牧区居民人均可支配收入分别为32711元和12736元，均比上年增长8.3%。第一产业增加值、公共财政预算内收入和牧民可支配人均收入等三项增长速度位居锡林郭勒盟前三名。

畜牧业是苏尼特左旗的支柱产业。2016年，苏尼特左旗畜牧业生产总值达59676万元，牧业年度牲畜总头数168万头（只）。苏尼特左旗保持和发扬淳朴的民族风俗和具有鲜明特色的传统文化，被评为“民族文化风俗之乡”。2006年7月，苏尼特左旗被内蒙古民间文艺家协会命名为“乌兰伊德（红食）文化之乡”“沙嘎（羊拐骨）艺术之乡”“塔玛嘎（烙印）文化保护基地”“绳艺文化保护基地”；2008年6月，内蒙古自治区文化厅命名苏尼特左旗为全区“五畜印记文化之乡”、全区“沙嘎艺术之乡”、全区“绳艺文化之乡”；2008年5月，中国民间艺术家协会命名苏尼特左旗为“中国蒙古族沙嘎文化传承基地”“中国蒙古族德格苏（绳艺）文化之乡”“中国蒙古族塔玛嘎文化之乡”；2010年，内蒙古自治区文化厅确定苏尼特左旗为“蒙古族长调民歌实验基地”；2014年，苏尼特左旗被内蒙古自治区观赏石宝玉石协会命名为“内蒙古自治区观赏石宝玉石基地暨宝石之乡”，为苏尼特左旗非物质文化遗产的保护、传承和弘扬，起到了极大的推动作用。

非物质文化遗产方面，苏尼特左旗人民在漫长的游牧生活过程中，形成了自己独具特色的、具有丰富象征意义的风俗文化，并且不断继承、保护和完善。苏尼特人不但畜牧业生产风俗、生活风俗地区特点鲜明突出，而且他们传承下来的民间艺术、谚语、格言、民歌、祝词、赞词、手工艺等的文化特点和风格方面也独具特色。

苏尼特左旗从2006年开始抓紧物质和非物质文化遗产的抢救、保护工作，整理、编纂和出版了《塔木钦塔拉草原上的岩画》、《石头文化》、《蒙古人原始玩具——沙嘎》、《苏尼特左旗史记》、《永恒的家乡——苏尼特左旗地名志》、《苏尼特红食传统风俗》、《苏尼特左旗民间故事》、《蒙古族绳艺文化》、《蒙古族印记文化》、《苏尼特左旗民间谚语》、《苏尼特左旗民间谜语》、《内蒙古民俗大全——苏尼特左旗卷》（上、下册）、《查干敖包庙——查干葛根扎米彦力格喜德扎木苏》等50多部有关研究物质和非物质文化遗产的书籍。也是从2006年开始，抓紧进行民间流传的非物质文化遗产收集整理，非物质文化遗产传承人选定，旗、盟、自治区、国家级非物质文化遗产传承人上报批准等项工作。现在，苏尼特左旗有国家级非物质文化遗产项目1个，代表性传承人1人；自治区级非物质文化遗产项目11个，代表性传承人11人；盟级非物质文化遗产项目8个，代表性传承人8人；旗级非物质文化遗产项目18个，代表性传承人137人。

物质文化遗产中，有国家级重点文物保护区2个；自治区级重点文物保护区9个；旗级重点文物保护区25个。

苏尼特左旗从2006年起至2017年8月，组织举办非物质文化遗产展览20多次，为热爱文化遗产的传承人和广大手艺人提供了展示自己作品，表现自己手艺的机会和平台，激发了他们的积极性。2007年，创建了苏尼特左旗沙嘎文化协会，每年举行一次“阿拉坦沙嘎”（金色的沙嘎）沙嘎游戏比赛，调动广大沙嘎文化爱好者传承、弘扬沙嘎文化的热情。现在，苏尼特左旗5000多个牧户家家户户都玩沙嘎游戏，户均收存500个沙嘎，全旗共收存沙嘎25万个。2010

年，创建“苏尼特左旗长调民歌协会”。该协会成立以来，先后举办“苏尼特长调民歌传统演唱法培训班”6期，举办“苏尼特长调民歌孛儿只斤氏传统演唱法培训班”2期，邀请国家级长调民歌代表性传承人、著名“女歌后”莫德格，国家级长调民歌代表性传承人、著名歌唱家扎格达苏荣，苏尼特长调民歌孛儿只斤氏传统演唱法盟级传承人、苏尼特地区著名民间艺人奇达尔巴拉来讲课传授技艺。与此同时，先后组织举办国家级长调民歌代表性传承人、著名“女歌后莫德格”杯全国长调民歌比赛，苏尼特左旗出生的国家级长调民歌代表性传承人、著名歌唱家“扎格达苏荣”杯全国长调民歌比赛，苏尼特地区著名长调歌手“扎雅”杯全区长调民歌比赛。也举办了苏尼特地区著名长调歌手“浩尔劳”杯全盟长调民歌比赛，全旗苏尼特长调民歌孛儿只斤氏传统演唱法比赛。

苏尼特左旗学校课堂开设了苏尼特地区非物质文化遗产“蒙古族沙嘎游戏”“苏尼特长调民歌”“蒙古族毡绣”“蒙古族服饰”传统及技艺教授课，向子孙后代传授民族的文化遗产，使之薪火不断，代代相传。

苏尼特左旗于2009年兴建了建筑面积为5790平方米的苏尼特民俗博物馆（全自治区旗县一级规模最大的博物馆）。博物馆里分别开设了“塔玛嘎文化”“绳艺文化”“乌兰伊德文化”“沙嘎艺术”“苏尼特服饰”“岩画”“石器”“传统用具”“刺绣”“毡绣”“雕刻”“剪纸”“骆驼文化”等展厅，使之成为抢救、保护传统文化遗产的基地，展示传统文化魅力的平台。

苏尼特左旗历史悠久，地域辽阔，是传统文化积淀深厚的地区之一。将产生于这片草原上，并流传至今的具有悠久历史的传统文化遗产用文字记录下来，传承给子孙后代，是我们义不容辞的责任和担当。

基于此，我们编写了这部书。但由于编纂者能力有限，不尽如人意之处在所难免。虽然说这本书所涉及的内容广泛，但也不敢说没有遗漏，没有谬误之处，还望广大读者海涵！

特别感谢编纂这部书的过程中伸出援手的学兄达·查干和学弟苏·青格勒巴雅尔以及其他给予帮助的所有朋友们！

辽阔无垠的苏尼特草原，传统文化积淀可谓深厚也，有数不清的珍宝，说不完的传奇故事！

苏尼特左旗人大常委会

尧·额尔登陶格陶

2019年10月8日

目　录

非物质文化遗产

物质文化遗产

非物质文化遗产

民间文学

民间故事

肩胛骨肉大家来吃的故事

有一天，素不相识的两位路人不期而遇。一位是年长者，骑着一匹高大的铁青马；另一位是血气方刚的年轻后生，骑的是一匹蓝棕色马。

到了岔道口上，年长者问："喳，老弟你是要去哪里呀？"小伙儿一说目的地，正好与老者同路。于是，俩人商定一路同行。当时，正值秋高气爽，风和日丽，他俩在马背上颠簸了一天，到了傍晚颇感疲惫，就在附近的一家秋营盘借宿一夜。晚上，俩人吃了自己带来的干粮便自行休息。次日凌晨，年老者对小伙子说："孩子啊，你去把我的马也一起抓回来吧！大伯我点上火，熬一壶茶等着你回来，好吗？"年轻人过去一看，两匹马站在一口枯井旁边。"让老汉变成徒

步浪荡汉吧！”年轻人把老汉的马推入枯井里，牵着自己的马回来了。“大伯，我发现你的马已经坠井死掉了！”听小伙子如是说，老汉满不在乎地说：“我活到古稀之年，还从来没有独食过肩胛骨肉，都是大伙儿分着啃吃的呀。不管怎么着也得等太阳出山吧！”

太阳很快升起来了，秋霜瞬间也化了。俩人喝完茶出去一看，老头的高头大马被拴在拴马桩上。原来是年轻人把落了一身霜的自己的棕色马误以为是老头的铁青马而推入了枯井。

“智者千虑，必有一失嘛。没关系。你就和大伯骑一匹马走吧！大伯把你送到地方。”

这便是“肩胛骨肉大家来吃的故事”的来历。

种植苍耳的故事

很久很久以前，有一对儿好吃懒做又贪图安逸的夫妻。有一天，丈夫去乡下回来，喜不自胜地对他老婆说：“老婆子啊，我可找到了一个发家致富的好方法了。”老婆一听，迫不及待地催促道：“那你快说呀，是什么好方法？”丈夫说：“我发现我们前边这个谷地常有畜群经过。我们就在那儿种植苍耳吧。那么，别人的羊群从那儿经过的时候，羊毛被苍耳挂住留在那里。到时候，我们把羊毛收起来卖掉，不就有钱花了吗。”老婆问：“有钱了，买啥呢？”丈夫说：“买一匹骒马吧！”老婆一听情不自禁地跳了起来，说：“那该多好啊。那我就骑上骒马回娘家去呀！”丈夫听了，有点不高兴，说：“怀驹子的骒马哪能骑呢，早产了怎么办？”

莫尔根夫消灭蟒古思的故事

很久很久以前，有一位名叫沃格泰摩尔根汗者，他智勇双全，闻名遐迩；他关怀人民，口碑极佳；他箭法超群，百步穿杨。

他们安居乐业，过着平静的日子。有一天，沃格泰摩尔根汗感觉身体不舒服，脑海里老产生不好的预感。于是，可汗派使臣去问活佛喇嘛：“我身体欠佳，心情不好，是何故？”活佛喇嘛掷出骰子，预测吉凶如何。然后，摇头说道：“哎呀！卜兆显示，可汗有一灾祸。这东南方向有一个长着十二个脑袋的蟒古思妖魔，他企图强占你的国土，三天以后就要过来。”使臣回来马上禀报可汗。沃格泰摩尔根汗当即下令，提前动员，迎战十二个脑袋的蟒古思妖魔。大家鞴好战马，准备军帐，带好武器，可汗亲自挂帅，战马萧萧，战旗猎猎，队伍浩浩荡荡地出发了。第四天头上，十二个脑袋的蟒古思妖魔来到后，立即打开了风口袋，瞬间狂风大作，飞沙走石，遮天蔽日，使得沃格泰摩尔根汗的一千个士兵迷失了方向，四处溃散。这时候，十二个脑袋的蟒古思妖魔出现在沃格泰摩尔根汗面前，两者针锋相对，一争高下，一来一往，决一雌雄，战斗了三天三夜，沃格泰摩尔根汗好不容易占了上风，用那明晃晃的宝剑砍向蟒古思，魔鬼坠地腾起一阵黑烟，卷起一股黑风，蟒古思突然消失得无影无踪。沃格泰摩尔根汗也精疲力竭，晕倒在地。当他醒过来的时候，已经被兵士们抬回家里，躺在床上。臣子们乱作一团，急忙禀报道："可汗，您的独生女儿不见了。到现在下落不明，杳无音信。"

可汗和哈敦（夫人）为丢失独生女儿而伤心至极。于是，沃格泰摩尔根汗宣布："谁要能找到我的女儿，我就把女儿嫁给他，让他继承汗位。"可是，过了好几天也没有应征者出现。有一天，可汗的牛倌莫尔根夫前来觐见可汗，问："可汗的公主有消息吗？"可汗说："还没有。你有什么办法吗？""如果我找回您的女儿，您真的会把她许配给我吗？"牛倌问。"只要你找到我的独生女儿，我一定会把她嫁给你。"可汗说。"我能找到您的女儿！"牛倌回答。可汗问牛倌："你会射箭吗？"牛倌回答："射得不咋好。"可汗叫臣子去取来弓箭让牛倌射箭。牛倌正准备射立在远处的靶子，突然见一只麻雀从可汗宫殿上边飞过。牛倌搭弓射箭，一箭射过去，只见那只麻雀应声掉了下来。"真是神箭手！"可汗不由称赞莫尔根夫，并问："要消灭蟒古思，你需要什么？""我需要一把剑，一副弓箭，一匹好马。"牛倌说。可汗把自己背的弓箭和挎的金剑给了莫尔根夫，并叫他去可汗的千匹马的马群里挑选好马。"这个马群里没有好马。"听莫尔根夫如是说，臣子非常生气，训斥道："大胆！你敢说可汗的马群里没有好马？"说罢举手要打。"别打！"可汗予以制止。

第二天黎明时分，下夜的马倌疾驰而来向可汗禀报道："我们马群里有一匹三年没有产过驹子的空怀的母马产了一匹金胸膛、银臀部的小马驹。"可汗当即领着莫尔根夫前去观看。莫尔根夫一见便说："这正是我要骑的马。"随即便把它捉住。第二天早晨，金色的太阳从东方冉冉升起的时候，莫尔根夫身挎可汗的金剑，肩背可汗给的弓箭，胯下骑着那匹金胸膛、银臀部的快马，前去消灭那十二个脑袋的蟒古思妖魔。出发时，天降恩赐，奶子似的雨水洒落旌旗。

莫尔根夫走啊走啊，当走到一个地势险峻的高山峻岭下面，发现在一处矮树丛底下卧着一只毛色雪白的兔子。莫尔根夫正要拿下背挎的弓箭准备射的时候，白兔摇身一变，变成了一位美丽俊俏的姑娘。莫尔根夫非常奇怪，走到她跟前就问："你到底是神仙，还是妖魔？"那位姑娘回答说："我是沃格泰摩尔根汗的女儿的灵魂。公主已被蟒古思妖魔抓获，不知有没有人前来搭救，我正在这里等候。""我正是前来搭救公主的。"听莫尔根夫这么说，那位姑娘十分高兴，说："当你进入蟒古思妖洞的时候，里面正在煮着三锅肉。你把肉都吃了，才能战胜魔鬼呢。"说完，立即化为乌有。

莫尔根夫继续赶路，又来到了一处奇峰突兀、高耸入云的山下。这里虎啸狼嚎，寒风凛冽，积雪纷飞，峰峦叠嶂，怪石嶙峋，摇摇欲坠，令人心惊胆战，不寒而栗。

莫尔根夫仔细观察着四面八方的动静，慢慢地往前走，来到一个山洞口。他发现洞口滴答了一滴鲜红的血迹，莫尔根夫猜到这是蟒古思魔鬼被沃格泰摩尔根汗砍伤的伤口流的血，蟒古思就在这个洞里。他做好了与蟒古思决一雌雄的准备，将金胸膛、银臀部的马吸纳进火镰刀的刀鞘里，从黑洞口进去往里走，看见三个锅里正在煮着肉。他依次把三个锅里煮的肉全部吃掉，当又把三个锅里的汤全部喝完时，锅底露出三个老虎的脑袋。莫尔根夫吃完肉，接着休息，睡了三天三宿，最后小白兔跑过来，终于把他弄醒。莫尔根夫当即起来，继续往里走，终于来到十二个脑袋的蟒古思妖魔的门口。他从门缝里往里瞅，瞧见了沃格泰摩尔根汗的女儿正给蟒古思的伤口上敷药。莫尔根夫守在蟒古思门口时沃格泰摩尔根汗的女儿出来了。他们两人过去就认识。“嗨，你怎么会在这儿呢？”沃格泰摩尔根汗的女儿问。“我救你来了。”莫尔根夫答道。于是，两个人商量如何消灭蟒古思的计策。沃格泰摩尔根汗的女儿告诉他说：“蟒古思睡着了之后，从他的右鼻孔钻出来七条黑虫子，掉入盘里转圈儿跑。你如果把它们都杀掉，蟒古思的灵魂就被镇住，杀掉蟒古思就很容易了。如果你杀不掉那些灵魂，使它们跑回鼻孔里，那么，消灭蟒古思就难了。”当莫尔根夫正等待着蟒古思的灵魂出来将其消灭掉时，蟒古思右鼻孔里出来七条虫子，在盘子里一个挨一个跑了起来，莫尔根夫射一个死一个，共射死了六条，可是还没来得及射死最后一条虫子，那条虫子又从蟒古思鼻孔钻了回去，蟒古思霍地跳起来和莫尔根夫打了起来。他俩战斗了七天七夜，打得蟒古思魔鬼毫无还手之力，莫尔根夫抓住机会，用金剑将他的脑袋一个一个地砍掉，到十一天头上共砍掉其十一个脑袋。只剩下一个脑袋的蟒古思还继续负隅顽抗，到了十五天头上，莫尔根夫终于将其最后一个脑袋砍掉，蟒古思才一命呜呼。如此这般，莫尔根夫消灭了敌人，救下了可汗的女儿，得胜回府。汗宫全体将士夹道欢迎，并举行盛大的欢迎宴会。宴会开始时，沃格泰摩尔根汗郑重宣布：“莫尔根夫救下我的独生女儿，劳苦功高。我将女儿嫁给他，并且把汗位也让给他。”

庆祝胜利的宴会隆重而热烈。莫尔根夫当上了可汗，与可汗的女儿喜结良缘，成了可汗的乘龙快婿，从此过上了幸福美满的生活。

沃格泰摩尔根汗的故事

很久很久以前，有一位统治南梯步的沃格泰摩尔根汗，他于北边的草原上放牧着十万匹马，南边草原上放牧着二十万匹马，四面八方有四十万匹马，财大气粗。

北边的草原上放牧着的十万匹马群中，有一匹十年空怀的花毛色母马。为什么呢？每年都看见它乳房发胀，可就是见不到它产的驹子，黎明时分就丢失，尽管这儿有十千个马倌也无济于事。

正好在那个时候，有一个占据着边境梯步的亦如代莫尔根汗，他于平原上有十万匹马，洼地里有二十万匹马，是整个草原上拥有五十万匹马的非常富有的猎人。有一次，他来找沃格泰摩尔根汗，说要给他当马倌。这个人平时骑着黑缎子般毛色的黑马，身穿七十八个纽扣的绸缎袍子。有一天，亦如代莫尔根汗把自己的宝马装入外边镶嵌着玛瑙的刀鞘中，将绸缎袄子化作用大布条缝制的衣服，化装成乞丐来找沃格泰摩尔根汗。

沃格泰摩尔根汗听了他要当马倌，就说："即使是乞丐也罢，只要能把我那匹金胸脯、银臀部的马驹找回来，我就把幺女嫁给他当夫人。如果找不回来，严惩不贷！"沃格泰摩尔根汗把自己黑毛色的儿马捉回来给他骑。有一天黎明时分，有一匹花母马产下了金胸脯、银臀部、珊瑚肚皮的小马驹。嗟，正好那匹小马驹摇摇晃晃地要站立起来的时候，突然，黑云翻卷，狂风大作，把小马驹给卷走了。亦如代莫尔根汗赶紧拿起那用七十头鹿的角制作的漆黑色的弓，拉圆放箭，只见一根羽毛掉了下来。

随后，他去沃格泰摩尔根汗那里禀报："您那匹金胸脯、银臀部、珊瑚肚皮的小马驹被黑风卷走了。我用您给的九支箭射了过去，掉下来一根羽毛。"沃格泰摩尔根汗心里想："这是怨我的东西不好。羽毛是罕凤凰的羽毛。罕凤凰到底在哪儿呢？大概是西方梯步的吧？"沃格泰摩尔根汗有一百个女儿，九十九个女儿已经成婚，唯独幺女尚未出阁。乞丐说："一言既出，驷马难追。我要迎娶公主。"沃格泰摩尔根汗说："我这么多马倌，他们见都没见过。你既然见到了，女儿可以嫁给你。但有个条件，我要为女儿选驸马，你虽然见到了那个马驹，但还是放跑了，所以，只能把你列入候选名单。"

于是，装扮成乞丐的亦如代莫尔根汗在他们"浩特"那边，在拴马链绳的旁边下夜看牛群。有一天夜里，他把七十八个纽扣的绸缎袍子盖在身上，带有顶戴花翎的帽子放在头顶入睡了。那天晚上，汗公主也总感觉有个什么预兆。夜间，她出去小解，看到拴马链绳的旁边有东西闪闪发光。她走过去一看，发现有个身上盖着七十八个纽扣的绸缎袍子，头戴金帽子的人在那儿睡觉。姑娘心里想："选驸马，我一定要选这个人！"此后，亦如代莫尔根汗依旧白天化作身穿破衣破衫的瘦汉子。沃格泰摩尔根汗选择黄道吉日，召集成千上万的人，举行选驸马仪式。仪式上，让女儿手拿金莲花，坐在金椅子上。公主把手中的金莲花递给谁，谁就将成为驸马。

沃格泰摩尔根汗心里想："用九支箭射下罕凤凰羽毛的那个乞丐，也许是个很有本事的

人。”所以，他嘱咐手下：“不能让他先进来，推到最后！”报名来的人们先向汗叩首施礼，然后和公主照面相认，一一走过去，其中不乏公子王孙，有钱有势的年轻人。沃格泰摩尔根汗着急了，催促女儿：“女儿啊，把金莲花递过去呀！”可公主无动于衷，没有把金莲花递过去。“怎么办？最后就剩那个放牛的乞丐了！”大臣来报告。沃格泰摩尔根汗很不情愿地说：“那就让他进来吧！”只见他衣衫褴褛，趿拉着踏歪的靴子走了进来。公主把金莲花递给了他。

沃格泰摩尔根汗见了很不高兴，对女儿说：“那么多人里边，你怎么偏偏就选中了他呢？”只分给女儿一顶五个哈纳的小蒙古包，一头红色母牛，把女儿撵出去了。从此，亦如代莫尔根汗与公主成了家，背了个骨架弓箭，骑上鞴有简陋的马鞍子，跑两天跑不了多远的驽马，干起了看家护院的营生。

有一天，沃格泰摩尔根汗叫来了九十九个女婿，问：“我的十匹宝驹丢失了，你们有谁能去找回来？”这时候，最小的公主过来了，说：“您老姑爷也要去！”大家准备行囊出发了，身穿山羊皮大氅，骑着个头不大的黑缎子般毛色的黑儿马的老姑爷在梢绳上拴着干粮赶来了。“看看我们最小的妹夫吧！”打扮得花枝招展的九十九位大姨子嘻嘻哈哈笑成一片。这时候，老姑爷骑的黑儿马突然尥蹶子，在大家的“尥蹶子了！尥蹶子了！”的一片惊呼声中，梢绳解开，干粮撒落了一地，散开的梢绳把女婿们的右眼睛给抽瞎了。刚才还捂着嘴笑的人们这会儿捂着眼睛站在那里。老姑爷一个人绝尘而去，其他的人跟了半天，追了半天，也都没有追得上。“这就怪了。弄不好这小子赶上宝驹逃走了吧？”大家很纳闷。

老姑爷骑着黑缎子般毛色的黑儿马跑呀跑呀，渡过大海来到了腾格里山上。这里是西天阿黑尔乌兰汗的地界。他把黑缎子般毛色的黑儿马装入貂皮袋子里，把七十八个纽扣的羔皮袍子装入刀鞘中，来到给阿黑尔乌兰汗挤牛奶的一户人家，问：“阿黑尔乌兰汗到底是什么人？他的牛羊群在哪里放牧？”那家人告诉说：“是一个征服远近，饲养罕凤凰厉害的人，能从百里之远看清一切。你是过路的乞丐？”噢，原来就在这座山里。亦如代莫尔根汗上得山上一看果然是，从老远就看到了那只罕凤凰。

亦如代莫尔根汗拿出用牛角制作的黄色的弓，拉弓搭箭射了过去，一箭把罕凤凰射穿在地。然后，掏出了黑缎子般毛色的黑儿马骑上，穿上七十八个纽扣的羔皮袍子来到马群跟前一看，金胸银臀、珊瑚肚皮的十匹马果然在这里。他就把十匹马分出来赶了回去。在回去的路上，九十九个姐夫前来迎接。“妹夫回来了，往里坐，往里坐！”就把他请到蒙古包最里边铺好的毡子上边坐。亦如代莫尔根汗往毡子上一坐，“噗通”一声掉了下去。原来，他们先挖好十丈深的井，上边铺好毡子。“快去追赶十匹马！”亦如代莫尔根汗掉下去的那个瞬间喊了一声，他的黑缎子般毛色的黑儿马赶着那十匹马消失了。众姐夫追了一气没有追上，回来了。“不管怎么样，把这个小子弄进深坑里了。我们回去告诉老丈人，十匹马没找见就行了呗。”沃格泰摩尔根汗听到十匹马没找见，事情也就那么过去了。

突然有一天，黑缎子般毛色的黑儿马来到坑口：“主人，你还活着吗？我替你想个办法。”

说完，飞奔而去。亦如代莫尔根汗只好等待着儿马回来。阿黑尔乌兰汗有一个头发长十丈，身材长三十丈的黄皮肤女儿。有一天，她想出去见见太阳，兜兜风，来到马群跟前，想从阿黑尔乌兰汗的十万匹马群里捉一匹马骑一骑，结果套一个套马杆就断，套一个套马杆就断，最终也没有抓到一匹马。阿黑尔乌兰汗很诧异："难道我女儿没有骑马的福分了吗？十万匹马群里捉不到一匹马，那么，别人丢散的马也行啊！"结果，马群里真有一匹黑缎子般毛色的黑儿马。于是，叫来拦马的二十个杆子手和套马的七个套马能手，最终也没能捉到这匹黑马。"如果该是我女儿出发的时辰，就去把马嚼子拿过来。"阿黑尔乌兰汗说。于是，姑娘手拿马嚼子迎了过去，黑儿马长长地嘶鸣着被她捉住了，而且上嚼子时主动张开了嘴，鞴鞍子的时候主动给塌了腰。

当姑娘翻身上马，黑儿马箭似的射了出去。路上姑娘问："你为什么载上我就这样飞也似的奔驰？"黑马回答说："我的主人掉进了十丈深的坑里，你能把他拽出来不？"姑娘说："那咋不行呢？"来到了坑口，问："在里边吗？""在！"于是，黄皮肤姑娘把十丈长的头发放入坑里，把老姑爷拽了上来。"你把这个姑娘送回家去。"老姑爷对黑儿马交代。黑儿马把姑娘驮回去。阿黑尔乌兰汗见了，说："这回无论如何也把这匹马捉住！"黑儿马把姑娘送到地方，一闪又没影了。拦马的二十个杆子手和套马的七个套马能手还是没能捉到这匹黑马。

最后，亦如代莫尔根汗骑着黑马，赶着十匹宝驹回来，沃格泰摩尔根汗见了非常高兴，就任命他为守边关的亦如代莫尔根汗，赏给了大量的财产和牛羊。从此，他们安居乐业，生活美满。

金银沙嘎

很久很久以前，在辽阔无垠的草原上，在富饶美丽的地方，有一对容貌美丽、心地善良的姊妹，姐姐名叫昂格尔，妹妹叫青格尔。姐姐昂格尔玩耍的是金沙嘎，妹妹青格尔玩耍的是银沙嘎。

有一天，从不吉利的北边方向，骑着一匹其貌不扬的黑红毛色骡子的十二个脑袋的魔鬼蟒古思来到这个地方，不但蹂躏祸害这片土地，而且看上美丽的昂格尔姑娘，把她抢走了。可怜的小妹妹青格尔由于失去亲爱的姐姐而悲愤交加，整天以泪洗面，最后，泪水竟流成了一面水泡子。

有一天，妹妹青格尔爬上一座山，哭着哭着竟睡着了。梦境里出现了一匹银白色的小马驹，告诉她说："青格尔小主人！为了驱散你的苦闷，减轻你的痛苦，你平常玩耍的银沙嘎化作了一匹小马驹，来帮你了。"青格尔醒来睁开眼睛，果然有一匹银白色的小马驹站在身旁。"你是腾云驾雾来到我身旁的宝驹，你快快让我见到我亲爱的姐姐吧！"青格尔求道。"行！"银马驹答应得非常痛快。被蟒古思掠掳去的昂格尔姐姐几年来吃尽了苦头。有一天夜里，在昂格尔梦中出现了一匹金马驹，对她说：“昂格尔小主人！为了驱散你的苦闷，减轻你的痛苦，你平常玩耍的金沙嘎化作了一匹小马驹，来帮你来了。”昂格尔被它的一声长长的嘶鸣惊醒。昂格尔姑娘说：“从天上飞奔而来的金马驹啊，快快让我见到我那可爱的妹妹青格尔吧！”当金马驹发出震天动地、山林呼啸的长长的嘶鸣时，妹妹青格尔骑着一匹银白色的马腾云驾雾过来了。姊妹相见无比高兴，天上飞的鸟儿为之歌唱，地上跑的动物为之欢呼，苍天为之感动流下的眼泪变作润雨飘洒。

当金马驹、银马驹嘶鸣刨蹄，那里立刻变成一片汪洋，凶残的蟒古思被淹死，一切动物平安无事。

史　诗

孝子洪格尔

在那富饶美丽的
地名叫阿鲁策勒格尔。
一个猎人小伙儿
名字就叫洪格尔，
和他年迈的父亲
相依为命过日子。
父亲老来得子，
给儿子起名为洪格尔。
洪格尔一生下来
就非同一般。
从小聪明伶俐，
什么东西一学就会。
当他长大成人，
智力健全悟性很好，
意志坚强力大无比，
胸襟广阔智勇双全，
人中俊杰表现不俗，
英雄好汉威风凛凛。
这本是北方草原，
历史悠久的土地。
这本是蒙古高原，
英雄辈出的地方。
热爱家乡如同性命，
孝子洪格尔
把父亲的教导牢记心上。
他热爱劳动，
勤俭持家，
上山打猎，
放牧牛羊，
口碑极佳，

远近闻名。
长成堂堂男子汉，
靠劳动发家，
敬重慈父，
生活安康。
四季轮换，
一切正常。
年迈的父亲，
传统教育代代相传。
把儿子洪格尔叫到跟前，
谆谆教诲金玉良言：
“你已长大成人，
成为堂堂男子汉。
懂得了做人的道理，
掌握了办事的本事。
与骏马为友，
进入壮士的行列。
作为一个人，
必须要有遵循：
百事孝为先，
要尊重父母；
继承祖先的灶火，
要发扬光大；
神圣的事业，
要想到它的渊源；
幸福美满的生活，
要加倍珍稀。
自由最珍贵，
祖国更重要。
有了她的庇护，
才能享有权利。
如果将来有一天，
家乡遇到困难，
如果有一天，
祖国受到侵犯，
你要手拿利器，
英雄似的出征。
在危难的时候
放出那‘白海青’！”
句句叮嘱谆谆教诲，
让儿牢记心上。
把那祖上传下来的，
作为神圣的苏勒德；
把那父亲母亲信仰的，

作为庄严的神祇；
把那“白海青”，
把那铁制的盔甲，
草原上打围猎时
经过风雨洗礼的
有着金银雕饰的
用十三股生牛皮作弓弦的
弓和箭拿了出来，
加倍珍惜地
擦了又擦，
又用熏香熏了又熏，
郑重其事地
交到了猎人儿子手中。
孝子洪格尔
听了父亲的嘱咐后：
“尊敬的父亲请放心，
孩儿一定把您的教诲记心中。
不会辜负您的期望，
一定要努力完成。
祈祷上苍的恩典，
用好这个武器，
消灭一切敌人，
保卫自己的祖国！”
在父亲的面前
发出了誓言，
用双手接过
交给他的弓箭。
接受了父亲的嘱托，
遵守了自己的诺言。
忠于职守勤勤恳恳，
与志同道合的人们
同心同德齐努力，
为了神圣事业
一起贡献力量，
保护辽阔的草原，
保护家乡山山水水，
保持原生态，
变得美丽壮观。
没有酷热，
没有严寒，
春天没有风雪，
秋天没有早霜，
畜群没有狼害，
人们没有病灾，

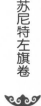

家园没有盗贼，
家国没有外犯，
五畜满圈，
膘肥体壮，
人人高兴，
家家欢乐，
长命百岁，
身体安康。
生活安定，
地久天长。
猎人之子洪格尔
和父亲相依为命。
骑术越来越熟练，
武艺越来越精湛。
射起箭来百步穿杨，
射杀猎物百发百中。
地上跑的野兽，
跑不过他的利箭。
滩上飞的飞禽，
躲不过他的神箭。
猎人之子洪格尔，
为大伙服务，
赢得大家欢迎。
为事业奋斗，
受到大家好评。
远近闻名，
也赢得了姑娘的爱。
有一位年轻姑娘，
名字叫赞丹娜布琪，
向他表达爱慕之情，
愿意和他同甘共苦。
父亲一听特高兴，
为他们办了喜宴，
让他们喜结良缘。

金风送爽的秋季
风和日丽的一天，
要举行围猎，
消息传遍草原。
人们准备乘骑，
个个摩拳擦掌。
马队很快集合，
队伍马上出发。
猎人之子洪格尔
对他妻子赞丹娜布琪
和颜悦色地说道：
“出去进行围猎，
其实是一场训练。
对保卫安定生活，
意义非同一般。
你要好好照顾
年迈的父亲，
好好操持家务，
等着我把家还。”
对他亲爱的妻子
叮咛的话说完，
挎上了长剑，
背上了弓箭，
骑上了骏马，
一身英姿飒爽。

金属的头盔，
头上闪闪发光。
白色的查干双合尔
架在手臂上，
围猎的队伍
威武雄壮地出发了。
妻子赞丹娜布琪
出来为他饯行。
双手合十在胸前，
一遍一遍地祈祷：
“愿苍天保佑，
愿苏勒德壮胆。
愿他们马到成功，
愿他们猎物丰盛。
愿他们车载驼驮，
愿他们满载而归！”
吉祥的祝福发自内心，
洁白的奶子弹向天空。

猎人洪格尔率领
打猎的队伍出发。
蟒古思听到消息，
咧开大嘴笑哈哈：
“猎人洪格尔的家乡，
将要落入我手掌。
必须赶快行动，
不能坐失良机。
立即发动进攻，
全部归我独享！”
贪婪无耻的蟒古思
发出狰狞的喊声。
按人头数字
发给缎子的瓜皮帽，
每一个士兵
穿上肥肥大大的衣袍。
骑驴的骑驴，
骑猪的骑猪。
一帮乌合之众，
一群蜂营蚁队，
稀稀拉拉结成队，
吊儿郎当站成排。
恶贯满盈的强盗，
罪恶滔天的刽子手，
匆匆忙忙来到后，
急急忙忙统计人数。
这回要遇到好吃的东西
可要划拉个够，
吃他个脑肥肠满。
想到这儿，
黄色的獠牙
恨不得把嘴唇穿个洞。
这回要碰到姑娘媳妇
可要玩个够，
玩他个神魂颠倒。
想到这儿，
裤子头
恨不得从裤腰带里崩出来。
有长势好的草甸吗？
可要尽情地拱翻。
乘骑的猪们，

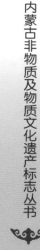

翘起大嘴在高兴。
看到这些贪婪无餍的家伙，
蟒古思也很生气。
回过头来一想，
都是一路货色。
蟒古思立即下令，
队伍马上出发。
骷髅旗子举在前，
蟒古思亲自殿后。
远途行军的兵们
骑在猪背上，
手里拿着耙子，
随时准备参战。
大腹便便的猪们，
吭哧吭哧往前行。
张牙舞爪的耙子，
摇摇晃晃在舞动。
大大小小头目们，
一心想着去占领。
随行的小喽啰们，
一心想着享乐高兴。
阴森森的冷风，
四面八方吹来。
不祥的兆头，
到处兴风作怪。

出色的猎人洪格尔，
领着队伍远行。
刚刚过了两天，
猎物收获丰盛。
不想那天夜晚
做了个噩梦，
次日凌晨起来，
迎着初升的太阳
爬到高高的山上，
把那家乡瞭望。
富饶的家乡
到底什么模样？
美丽的家园
发生了什么情况？

但见家乡的方向
黑烟滚滚遮太阳，
跟那和平时期
完全是两样。
“这是个怪现象，
一定要去了解情况！”
他惦记着家乡，
他惦念着乡亲，
他担心着爱妻，
他担忧着父亲。
他反反复复琢磨，
琢磨一个好方法。
他来来回回思考，
思考一个好主意。
“在危难的时候
放出那‘白海青’！”
父亲的教诲
在耳边响起。
他立即向天祈祷，
把那心爱的白海青
放飞空中。
矫健的白海青
腾空而起，
穿云破雾，
飞往家乡。
片刻工夫，
飞到了家乡上空，
立刻飞回，
悲愤难抑，
汇报情况：
狡猾的蟒古思，
乘虚而入侵犯家乡，
烧杀抢掠无恶不作，
罪恶滔天罄竹难书。
听到这可怕的消息，
猎人之子义愤填膺，
立即想起在父亲面前的
庄严的誓言，
当即命令围猎暂停，
立即返回，

消灭来犯的蟒古思。
拥有日月的神祇的
举有白海青苏勒德的
浩浩荡荡的队伍
日夜兼程奔家乡，
很快便来到
吉祥草原的边上。

罪恶的蟒古思发现
猎人的队伍已回来，
把那骷髅的旗子
立即悄悄藏起来。
把那些兵勇
变作猪粪上的蚊蝇，
严令他们等待时机
伺机行动。
残暴的蟒古思
附身于黑猪身上。
山沟里挖了个黑洞，
钻入洞里把身藏。

“蟒古思诡计多端，
勿要小视轻敌。
对那些猪仔驴羔，
不能麻痹大意！”
猎人之子洪格尔
提醒大家警惕。
鞴好了战马，
拉紧了扯肚和肚带；
穿好了身上的铠甲，
列好了队伍，
随时准备出发。
“为了国家，
为了自由，
为了和平，
为了幸福，
拿起手中的武器，
勇敢前进。
消灭恶魔蟒古思，
不获全胜不罢休！”
洪格尔一声令下，
队伍开始进发。
点燃柏树的叶子，
驱散空中浊气。
用牛粪火的火苗，
烧掉原野上的瘴气。
万马奔腾的铁蹄，
踏烂蚊蝇的幼蛹。
万箭齐发的利箭，
射死敌人的逃兵。
最后找到了蟒古思，
藏身隐蔽的黑洞。
洞口点起大火，
想把他烧死在洞中。

蟒古思突然跑出，
露出狰狞的面目。
浑身毛发蓬乱，
咬牙切齿瞪怒目。
歪骑在他的坐骑上，

骑的是一口黑猪。
铁耙子抱胸前，
不时还举过头。
拿出吃奶的劲
拼命地往前拱。
洪格尔披挂上阵，
要与蟒古思决战，
让全体士兵
围在四周观战。
猎人之子洪格尔
拉弓搭箭射发，
正中魔鬼的胸膛，
蟒古思应声倒下。
以为一命呜呼，
不想重新站起来。
挥动手中铁耙子，
又向他冲过来。
猎人之子洪格尔
“嗖”的一声拔出剑，
犹如飓风翻卷，
英雄洪格尔大怒，
冲过去一砍。
顽敌蟒古思咬牙，
用铁耙子来抵挡。
洪格尔的宝剑，
好似雷鸣闪电。
蟒古思的铁耙子，
抡起来如铜圈。
洪格尔骑的枣红马，
奔跑起来快如箭。
妖怪骑的黑猪，
兔子似的躲闪。

一次一次冲过去，
大坝夷为平地。
一回一回打过去，
土坎变成了凹地。
难解难分打下去，
平地变成了沙地。
沙地的沙子扬没了，
下边变成了一滩水。
相持不下战下去，
山崩石头滚下去。
山上的石头滚没了，
下边涌出一泉水。
宝剑铁耙子相碰，
刀光闪闪冒火星。
火星点点四处溅，
星火燎原又起风。
魔鬼抡起铁耙子，
对准脑袋猛砍。
洪格尔眼疾手快，
挥舞宝剑迎战。
双方的武器相碰，
发出雷鸣般声音。
马蹄下的山川，
腾起冲天的烟尘。
魔王越战越弱，
洪格尔越战越强。
只见宝剑一闪，

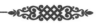

魔王身受重伤。
宝剑刺击的地方，
冒出一滴滴乌血。
魔血滴洒的地方，
生出一群群魔兵。
宝剑挥舞的地方，
砍断一簇簇猪鬃。
猪鬃飞落的地方，
跳出一帮帮猪仔。
魔兵们骑着猪仔，
手中挥动铁耙子。
群魔乱舞更猖狂，
张牙舞爪来攻击。

消灭魔鬼必须打中其要害，
不然它还会活过来。
打死蟒古思必须砍断其主脑袋，
不然它继续做害。
猎人之子洪格尔，
心里明白这个道理。
神驹会意如旋风，
宝刀挥舞如闪电。
洪格尔追上蟒古思，
砍断其六个脑袋。
六个脑袋掉在地，
全部变成蟒古思。
六个小蟒古思，
又能各自为战。
丢了脑袋的蟒古思，
既后悔又生气，
摸了又摸看一看，
多余脑袋没有了，
莫不是太馋，
吃饭的时候落下了？
摁了又摁看一看，
附属脑袋没有了，
莫不是太贪色，
看上哪一个跑掉了？
抓了又抓看一看，
小脑袋没有了，
莫不是太贪财，
跑到村里劫财了？

蟒古思像数念珠子一般，
数了数看了看，
因为少了几个脑袋，
感到悔恨又遗憾。

主脑袋不死，
蟒古思就死不了。
大脑袋不死，
外围脑袋就死不了。
猎人之子洪格尔
发现这个缘由，
紧握手中的宝剑，
驱使宝驹追过去，
附属的脑袋不去管，
外围的脑袋不去砍，
专挑那主脑袋，
专攻那要害处。
眼睛盯住那
满嘴长满獠牙，
口若一眼枯井，
鼻子像山洞，
呼出阵阵阴风，
眼睛红彤彤，
犄角直愣愣的
最大的脑袋，
洪格尔挥舞宝剑
一次一次猛砍。
魔鬼手中的铁耙子
一节又一节地折断。
蟒古思骑的猪，
趔趔趄趄倒一边。
魔王的头颅，
一刀被砍断。
一股股腥臭妖气，
旋转着冲上天。
耷拉着侧面的脑袋，
摇摇晃晃地站立，
手拿破烂的武器，
还在负隅顽抗。

英雄洪格尔
忽然觉得昏聩，

他重新振作精神，
向魔鬼发起冲击。

只听马蹄嗒嗒响，
宝剑犹如雷电闪。
魔鬼的主脑袋，
被砍成三段。
最后一块掉地时，
突然冒起黑烟，
化作一股旋风。
魔鬼的灵魂无处藏身，
跟着一团沙蓬满地滚，
恨不得钻入耗子洞。
猎人之子洪格尔，
拉起强弓射箭，
力箭落地之处，
一团火光闪。
魔鬼蟒古思之魂，
立即彻底完蛋。

魔鬼蟒古思之魂，
即刻烟消云散。
尸体七零八落，
横卧荒野草滩。
勇士燃起熊熊大火，
把魔鬼的尸体烧成炭。
瞬时大雨滂沱，
把污泥浊水统统冲掉。
辽阔的大草原，
恢复了原来的容貌。

猎人之子洪格尔，
将那魔鬼消灭光。
美丽的家乡，
呈现了和平景象。
人们举行盛大聚会，
欢迎英雄凯旋。
全体臣民庆胜利，
举办盛大喜宴。
消灭魔鬼功劳大，
人们都把洪格尔夸赞。
带来幸福恩德高，
人们齐把勇士赞叹。
银色的山峰，
抖起肩来把舞跳。
绿色的林海，
波涛滚滚把枝摇。
广袤的草原，
捧起了蓝色的哈达。
弯弯的小河，
唱起嘹亮的歌谣。
明镜似的湖泊上，
天鹅嬉戏游弋。
宝石般的蓝天上，
白云朵朵飘移。
辽阔的戈壁上，
黄羊自由觅食。
茂密的森林里，
百鸟繁衍生息。
水草丰美的牧场上，
绿草如茵翻波浪。

泉水叮咚涌圣水，
小溪潺潺流向远方。
牧场珍珠滚滚，
牛羊膘肥体壮。
牧歌阵阵嘹亮，
毡包奶酒飘香。
风调雨顺好天气，
草原鲜花怒放。
日月同辉好光景，
人们幸福万年长。

筵庆进行了数日，
这天接近尾声。
洪格尔向着大家，
表达感谢之情。
向父老乡亲告辞，
踏上回家的路程。
拜见年迈的父亲
又和爱妻重逢。
重新开始生产劳动，
牲畜每年猛增。
上山打猎收获多，
生活过得富足安宁。
从此天地恩赐普惠，
人们享受平等。
各个部族团结，
社会安定。
家家户户快乐，
男女老少安宁。
健康长寿，
人人长命。
永恒的幸福，
伴随着太平。

占据巴润梯步的巴拉巴尔戴青汗

在那遥远的年代，
文明时代兴起之初，
在陶乃山的山麓，
在达兰其米格山的半山腰，
十三眼泉
有十三个大门，
山麓的三眼泉
有九十九个小门，
他的小宫殿
修得非常漂亮，
西门和东门上
有老虎和豹子画像。
他的大宫殿
修得非常豪华，
南门和北门上
有豹子和老虎雕像。
他有数不清的牲畜，
他有用不尽的财富，
他的牛羊的头数
只能用山洼来估量，

他的金银财宝
只能按箱柜来计量。
他就是力大无比的
占据巴润梯步的巴拉巴尔戴青汗。
他看上了一十六岁的
艾青嘎公主。
这个公主喝的水是
须弥达赉、
旭仁达来、
珍珠海的水；
她烧的是
陶尔檀香木、
套海檀香木、
亚希勒檀香木。
她走过的地方，
百花盛开。
她坐过的地方，
鲜花盛开。
她的美貌，
闭月羞花；
她的芳容，
沉鱼落雁。
巴拉巴尔戴青汗
向艾青嘎父母求婚，
终于和这绝代佳人
结婚成家成为夫妻。
一十六岁的艾青嘎公主
住的是：
外围四个方面
绣有凤凰和龙的图案的；
里边四个方面
带有七宝八尊的装饰的
硕大无比的
白色的毡房。
有一天夜晚，
占据巴润梯步的巴拉巴尔戴青汗
做了个噩梦：
十二个脑袋的魔鬼蟒古思
把十六岁的艾青嘎公主给掠掳而去。
他惊叫了一声，
从噩梦中惊醒，
这到底是什么预兆？
吉凶祸福是如何？
命令手下打开箱子，
拿出占卜用的骰子。
念念有词掷骰子，
占卜征兆有显示：
两侧臀部上长眼睛的，
每个腿弯都长牙的，
每个指头上都有指甲盖的，
每个指甲盖都带有毒的，
十二个脑袋的阿塔嘎尔黑蟒古思
要来掠去你心爱的妻子，
一十六岁的艾青嘎公主！
巴拉巴尔戴青汗怒发冲冠，
对蟒古思恨之入骨：
你想破坏我和平的生活？
你想蹂躏我娇美的妻子？
你想扰乱我安宁的生活？
你想霸占我心爱的妻子？

我要和你这个贪婪的家伙
决一雌雄！
我要和你这个黑心的家伙
一争高低！
拿起马嚼子，
招呼矫健的宝驹。
抬起马鞍子，
招呼可爱的坐骑。
这匹马——
套马杆子套不住，
要用巧计捉得住；
追赶追不上，
招呼才能捉得住；
别人去捉不住，
主人才能捉得住。
金色的黄骠马
平时在马群里，
宝驹黄骠马
和同伴在一起。
听得马嚼子“叮”一声，
知道主人在找它；
闻得马鞍子“当”一声
知道可汗在寻它。
绞动着两只尖耳，
抖动着细长的腰肢，
抖落身上的尘土，
离开同伴的队伍
直奔主人而来。
黄骠马一路奔驰，
来到了马桩跟前。
黄骠马一声长嘶，
向主人前来报到。
巴拉巴尔戴青汗
闻声从西屋走出来，
来到宝驹跟前
摩挲着它的脑袋，
将那银花的笼头
套在马的头上，
万两重的金鞍子
鞴在马的背上，
把那七十两重的马鞭
挂在马鞍子前鞒上。
他告诉他的爱马，
咱俩要出征远行，
去参加消灭蟒古思的
危险的战争。
巴拉巴尔戴青汗
向手下人下令：
准备好要穿的铠甲，
要备好要带的弓箭。
手下的人们起床之前，
衣物行囊收拾之前，
身边的仆人起床之前，
上衣的纽扣扣上之前，
他来到供佛的房间，
站在佛像面前，
把那香炷燃点，
祈祷佛祖保佑平安。
进得那平常不进的仓房，
穿上平常不穿的衣裳。

换上崭新的袜子和靴子，
把那平常不扎的腰带扎上。
盔甲准备妥当否？
他问那手下的佣人。
弓箭准备好了没有？
叫那身边的仆人。
我们想把盔甲抬来，
可惜我们抬不动。
我们想把弓箭拿来，
可惜我们拿不动。
手下的仆人们，
进进出出团团转。
随行的佣人们，
点头哈腰出一身汗。
你们算是什么奴仆，
我的命令不执行？
你们算是什么兵卒，
交办的任务不完成？
巴拉巴尔戴青汗不高兴，
阔步走出了军营。
自己头戴金盔，
身穿铠甲，
身背弓箭，
宝剑腰间挂，
跨上黄骠马，
踏上征程出发。

一个月赶完一年的路途，
一天赶完一个月的道路，
不分昼夜，
一路疾行。
按约定的日期，
来到保尔陶拉盖山峰，
稍作休息暂短休整。
拿出铜头烟袋锅，
装上焦黄的旱烟。
燧石取火点烟，
吞云吐雾。
这时候，
他的黄骠马
高高地昂起头，
遥望着天边，
前蹄刨地，
几声长长嘶鸣，

告诉它的主人：
前边有一个黑东西，
往这儿移动。
说云非云，
说山非山，
别说脸上没长毛的你，
就是脸上长毛的我都受不了。
巴拉巴尔戴青汗一听，
霍地站起身。
看着那阿塔嘎尔黑蟒古思来的方向，
摩挲着宝驹的臀部说：
快马需要加鞭，
好汉需要志坚。
你尽管奔驰吧，
我会稳坐泰山。
要和蟒古思交锋，
我们要奋勇向前。
把那魔鬼的十二个脑袋
一个一个地砍断。
说罢翻身上马，
在宝驹臀部加了三鞭，
把铜马嚼子勒了三下。
转眼间，
十二个脑袋的蟒古思
来到了跟前。
只见那魔鬼：
两侧臀部上长着眼睛，
每个腿弯都长着牙，
每个指头上都有指甲盖，
每个指甲盖都带有毒。
十二个脑袋的蟒古思，
别说脸上没长毛的人，
就是脸上长毛的牲畜见了都害怕。
长相极其难看，
令人作呕的蟒古思问道：
远道而来的我先动手？
还是近处而来的你先动手？
巴拉巴尔戴青汗
威风凛凛，英姿勃勃，
单手掐着腰，
表现出不屑一顾的神色：
你来者不善，远道而来，

你就先动手。
蟒古思魔鬼怒不可遏，
双眼喷出愤怒的火。
拉弓搭箭就要射，
心想着把你美丽的妻子夺。
魔鬼的箭矢呼啸而来，
从可汗的头顶上飞过，
在后边空地上落。
蟒古思虽然心虚，
还假装很沉着。
喳，这回该轮到你了，
蟒古思对他说。
巴拉巴尔戴青汗，
顶天立地一好汉。
黄色的头巾头上扎，
黑色的头巾头上缠。
平魔弓箭搭雕弓，
弓开弦满圆月一般。
从早晨拉到中午，
从中午瞄到晚间。
对准阿塔嘎尔的心脏，
“嗖”的一声射出箭。
箭矢不偏不倚射中，
“啊呦”一声，
魔鬼从马背掉在地面。
巴拉巴尔戴青汗，
催马冲上前。
阿塔嘎尔黑蟒古思，
又从地上站起，
看见血更加愤怒，
穷凶极恶，猖狂至极：
“不夺取你那妻子，
我不再来此地！
如果不把你杀死，
我活着没有意义！”
魔鬼气得心一横，
要与可汗争高低。
巴拉巴尔戴青汗与
阿塔嘎尔黑蟒古思
剑来棍去激战不息，
对峙厮杀你砍我击。
打到天上，
打了星星般多的回合；
钻入地下，
打了草根般多的回合。
只打得须弥山山崩地裂，
只打得须弥海汹涌湍急。
巴拉巴尔戴青汗，
越战越勇力大无比。
阿塔嘎尔黑蟒古思，
招架不住极力躲避。
巴拉巴尔戴青汗，
意气风发昂扬斗志，
挥舞手中的宝剑，
左砍右击。
那阿塔嘎尔黑蟒古思
十一个脑袋一个个被砍断，
只剩下一个脑袋，
魔鬼企图伺机逃窜。
勇士催马追赶，

把它长在两侧臀部上的眼睛
统统捅瞎，
把它长在每个腿弯处的牙齿
统统砍断。
眼看其主人蟒古思要被打败，
眼看被巴拉巴尔戴青汗杀死，
阿塔嘎尔黑蟒古思的坐骑，
那匹黑白花骡子，
发出凄惨的怪叫，
原路撒腿逃跑。
“不能叫它跑了，
跑回去就要麻烦。
会叫来众多的蟒古思，
来和我们交战。”
巴拉巴尔戴青汗
心里着急大声喊。
他骑的黄骠马，
向主人倾吐人言：
“我从后边追，
一定会把它撵回。
如何送它见阎王，
主人你来定夺。”
“我都办不到，
难道你能办得到？”
听主人这么说，
黄骠马回答道：
“如果我追不回，
你就砍掉我的四条腿！
如果你办不到，
就把两只手剁掉！”
黄骠马说完，
全速去把骡子追赶。
巴拉巴尔戴青汗留下，
继续和蟒古思交战。
挥舞宝剑用力猛砍，
勇士的宝剑寒光横飞，
在魔鬼头上响如惊雷，
利剑落处魔血飞溅。
终于把最后一个脑袋砍断，
还把没有脑袋的身躯
碎尸万段。
正准备喘口气，
稍作休息，
只见黄骠马
把那黑骡子撵回。
撵得它上气不接下气，
撵得它瘸了腿，
撵得它秃了尾。
可汗把宝剑一挥，
砍断骡子的四条腿。
和那魔鬼一样，
叫它有去无回。

占据巴润梯步的巴拉巴尔戴青汗，
降服了仇敌，
天下美名传。
镇压了魔鬼，
今天就要凯旋。
他骑着黄骠马，
气宇轩昂地踏上归途。

满怀胜利的喜悦，
回到了自己的故土。
美丽的夫人艾青嘎，
携老扶幼前来迎候。
数不尽的人们前来，
向凯旋的英雄欢呼。
捧上洁白的奶酒，
表达亲切的问候。
巴拉巴尔戴青汗
向大家表示谢意，
又绘声绘色地讲起
消灭魔鬼的故事。
他特把黄骠马牵过来，
卸下背上的鞍鞯。
赞扬它的功劳，
特地把它放回山。
巴拉巴尔戴青汗
招呼夫人艾青嘎，
为了庆祝胜利
举行盛大的酒宴。
大家不住刀地吃肉，
人们尽情地狂欢。
大家不住杯地喝酒，
通宵达旦地欢宴。
从此以后，五畜兴旺，
充满欢乐，诸事平安！

传奇故事

查干敖包庙的故事

很久很久以前，一个化缘喇嘛（又译作钵僧）路上没吃没喝，也很疲惫，就在查干敖包一带一个牧民家休息几个月，帮他们放羊。

有一天，这家的老头对化缘喇嘛说：“我打算修一座寺庙。请您给我们挑选一个好地址吧！”“这西北边有一个好地方。”喇嘛领着老头来到布彦图陶日莫北边山山麓，说：“在这山麓建寺庙最好，将是拥有徒弟一千，香火很旺的地方。”并嘱咐老头在建大经堂的地方做个记号。老头当即从怀里掏出中间有四方孔的一块金币，埋在了化缘喇嘛所指给的建大经堂的地方。

有一天，在野外放羊的化缘喇嘛急匆匆地跑回来，告诉老头：“在你准备建寺庙的地方，刚才来了几个骑马的人，好像在测量地块呢。”老汉赶忙领着化缘喇嘛到地儿一看，在他做过记号的地方果然来了几个骑马的人，已把箭镞扎入地里，外边用公黄羊的犄角画圈。一打听，

原来是巴彦哈拉塔尔的一个长者过世了，他儿子领着喇嘛来选墓地，正好选中了这个地方。老汉一听急忙向前跨步叩首求道："此地乃老汉我为修建寺庙而选中做了记号的地点也。请你们高抬贵手！""那你做了什么记号，记号在哪里？"来人问。老汉回答道："你们扎入箭镞的那个地点正是老汉我埋上金币的地方。"当那个人将箭镞拔起，箭镞的尖儿上正好带出来一块金币。"那我们福分还不够！"巴彦哈拉塔尔那边来的人们只好离开那里，另找地方去了。

为了兴建拥有徒弟一千，香火很旺的寺庙，老汉又请化缘喇嘛帮他选好了大喇嘛和普通百姓的墓地。于是，在准备建寺庙地址以东选择了上中下三个那拉图的地方，上那拉图是大喇嘛们的墓地，中那拉图是一般喇嘛的墓地，下那拉图是普通香客和百姓的墓地，并做好了记号。

即日，发现巴彦哈拉塔尔那帮骑马的人在一位喇嘛的带领下，又来到老汉做了记号的上中下三个那拉图中的上那拉图那儿下了马。

老汉又急忙过去，和他们说明了情况。"这边的好地方都让别人选去了。"巴彦哈拉塔尔那帮人无奈地走了。此后，在这个地方兴建了查干敖包庙，真的成为拥有徒弟一千，香火很旺的寺庙。

巴彦乌拉山和札剌乌拉山的故事

在星空旋转，大地翻滚，战火弥漫，天下大乱的古时。

在北方，战火四起，动荡不安，一个叫“札剌”的和一个叫“巴彦”的两个部族头目混战八十天，结果巴彦将军几乎全军覆没，仓皇出逃。于是，札剌将军带领军马日夜兼程猛追，当追到一个地方时，巴彦将军已经逃出四十里地之外。

札剌将军拉弓搭箭猛射过去，箭矢正好将巴彦将军的脖颈射穿，脑袋分成两半。这时候，突然晴天霹雳，天昏地暗，巴彦将军倒地的地方形成一座顶端有个豁子的青山，而在札剌将军站立的地方，连同兵士一起化作石头，也成了一座山。从此，这个地方平地拔起两座山，一个叫巴彦乌拉山，另一个就叫札剌乌拉山。

现在看，巴彦乌拉山山顶的豁子从西北向东南方向一通到底，与在四十里地之外的札剌乌拉山正好在一条线上。从远处看札剌乌拉山，形似身穿铠甲的古代将军，与这个传奇故事很吻合。

朝嫩（狼）兀孙（泉水）的故事

很早以前，苏尼特奥特克有一户非常富有的人家。但是，后来变得挤奶的奶桶里竟挤不满牛奶，用洼地来衡量的畜群的头数日渐减少，而且膘情越来越不好。为此，这里的人们向天敬洒洁白的奶子，敬献哈达，报告此事。有一天，霍尔姆斯塔腾格里（上苍）下旨，说：“世界者，和平与战争、死亡与繁殖共存也。如今，凡世上牲畜太多，而狼太少，生态失去了平衡，牲畜失去了必要的警惕性，变得麻木不仁和懦弱。只有羊和狼共存，才能促使五畜兴旺。”随即，派下大量的狼来到凡世上。

从此以后，牲畜变得十分敏感，警惕性高，精神焕发，只有那些老弱病残的牲畜成为狼的食物，而强壮的牲畜繁殖得很快。可是，干旱缺水，那些狼喝不上水，面临渴死的危险。霍尔姆斯塔腾格里得知这个消息后，拿出宝剑一剑砍下去，峭壁陡立、重岩叠嶂的苏纳尔山山峰被劈开一道山谷，山谷中清泉涌出，为众多的狼提供了水源，形成了一眼再喝水位也不下降，泉水再涌水位也不上升的神泉井。

道兰道瑞音呼都格

在美丽富饶的苏尼特，在广袤无垠的塔木钦塔拉草原上，在雄伟的达尔罕乌拉山附近有一眼井，名字就叫“道兰道瑞音呼都格”。关于这个名称的来历，在当地牧民当中流传着一个颇有趣的故事。

当地有一名远近闻名的搏克手（跤手），名字叫却扎木苏，因为他在年仅十六岁的时候，就在全旗那达慕大会搏克比赛上夺得了冠军，人们就给他起了个绰号，叫“阿尔班朱日嘎图”，即十六岁。

在金风送爽、气候宜人的秋季的一天，拥有“阿尔班朱日嘎图”绰号的年轻搏克手却扎木苏歪骑在一匹漂亮的马背上，遥望着远处山峦的雄伟远景，在水草丰美的塔木钦草场上用浑厚的男中音唱着歌曲，信马由缰来到一口井边。

既然碰见了井，就饮饮马吧。当却扎木苏走近井跟前，只听几个青年人“拉呀！拽呀！”地高叫着，喊声一片。却扎木苏倒没有仔细地看他们到底在干什么，下了马卸下马嚼子后，随意地说了声：“哎，小兄弟，把水斗子给我！”这时候，有一个膀大腰圆、浓眉大眼的小伙子身穿被汗水浸透了的袍子，眯着略带俏皮神色的眼睛，用挑衅的口气说道：“大哥你若能够把我们的水斗子拽上来，就饮你的马吧！”

“乖乖！哥哥这个‘阿尔班朱日嘎图’绰号是白得的吗？莫说是巴掌大的水斗子，就是那些如雄狮般的汉子我都能提溜起来摔倒在地上的呀！”却扎木苏心里这么想着，接过他们递过来的麻绳头，迈上井台往井里那么一瞅，原来是一峰体型粗壮的二岁子驼羔掉进井里了。他这才明白这帮小伙子们大喊大叫，吵成一片的原因。

这回可真是大显身手的好机会。他把麻绳头在手腕上缠了几圈，像抽动水斗似的上下抽动了几下，然后使出浑身解数猛力一拽，把骆驼带井沿的栏杆一起拉了出来，然后拿起水斗子拉上水来饮了马。接着又问他们：“怎么着，是不是再把二岁子骆驼放回井里去？”“别别，大哥！”这时候，小伙子们异口同声地上前求饶。小伙子们对这位大力士佩服得五体投地，就问："大哥尊姓大名？"却扎木苏收起缰绳，翻身上马的时候，丢了一句："我的名字叫道兰道瑞。" 道兰道瑞，意思是七个弱子。七个小伙子听出这句话的弦外之音是在讽刺他们，面面相觑，久久地愣在那里。

从此以后，这个井就叫作"道兰道瑞音呼都格"（七个弱子的井）。

搏克手毕力格图的"图连呼都嘎"（柴火井）

苏尼特草原上，有一个名叫毕力格图的搏克名将。他与母亲相依为命，居住在白仁乌拉山山南一眼井附近。搏克手毕力格图一顿可以吃掉半拉牛，半个月里再也不吃什么东西。

有一天，附近的几个年轻人来到他们家，想和毕力格图比试比试。可是，那天只有他母亲一个人在家。老母亲说："毕力格图回来还得一会儿。我们先做饭吃吧，你们去抱柴火回来。"几个年轻人出去没有看见柴火堆，只有一堆做檩子、椽子的粗木头，便回来说没有找到柴火。老母亲自己出去抱回几根檩子、椽子，用手拧巴拧巴就烧火了。几个年轻人看得目瞪口呆，说："老母亲都有这么大的力气，我们哪能是毕力格图的对手呀？"于是，悄悄地溜走了。

一到夏天，搏克手毕力格图和母亲一起坐上勒勒车，拉上蒙古包，哪里有搏克比赛就到哪里去。有一年夏天，毕力格图又和母亲坐着勒勒车，拉上蒙古包去参加阿巴嘎旗王爷的那达慕大会，路上遇上一峰种公驼。种公驼向毕力格图猛冲过来，毕力格图把种公驼捉住，将其脖颈弯至其前两条腿之间，结结实实地绑上了。原来，那峰种公驼是王爷的。王爷由此记恨毕力格图，把他发配到张家口。官府的兵把他铐在一辆勒勒车上。毕力格图扛上勒勒车回家来，把车砸碎了当柴火烧了。因此，有人给他们吃水的那眼井起名为"图连呼都嘎"（柴火井）。这便是现在位于白仁乌拉南边，爱查干淖尔与白仁乌拉交界处的"图连呼都嘎"这个地名的来历。

毛音霍博日

在苏尼特左旗巴彦乌拉苏木巴彦芒来嘎查地界上，有个据传是成吉思汗的灵柩车深陷的叫毛音霍博日的地方。据文献记载，成吉思汗在征讨唐兀惕（即西夏）时在唐兀惕地方因病逝世。吉鲁根巴特尔等众臣承担了护送成吉思汗灵柩回故里的重任。成吉思汗逝世后一直秘而不宣，护送成吉思汗灵柩回故里的队伍直到蒙古草原深处之后，来到一座缓山坡才把这个噩耗告知天下。从此，这座山被叫作"扎仁乌拉"山（意为广而告之山）。护送车队在扎仁乌拉山以东，到了一眼旺水井旁边打尖休息，便把这眼井命名为阿尔善图呼都嘎（圣水井）。

护送成吉思汗灵柩的车离开阿尔善图呼都嘎再往前走，地质较硬，路面好走，行车顺畅，大家心里也顿觉轻松，便把这个地方叫作“巴彦乌力吉”（富饶吉祥之地）。

灵柩车从那儿再往前来到一座高山山脚东南边的一眼井附近打尖歇息时，圣主英灵感到欣慰，下令在此“图尔白”（意为短暂停留）。由此，这个山就叫作“白乌拉”， 在现在的苏尼特左旗满都拉图镇萨如拉塔拉嘎查地界上。

圣主灵柩车再往前行，在一块儿霍博日（湿地）之地车又陷进泥潭，用四十五头牛拽拉，仍然纹丝不动。正在大家十分着急，一筹莫展的时候，苏尼特的吉鲁根巴特尔焚香祈祷，向天磕头，唱诵挽歌，百般诉求，灵车才出了泥潭。蒙古语“毛”，是不好的意思。因为灵柩车在此湿地陷进泥潭，是个不好的地方，所以，人们把这个地方称之为“毛音霍博日”。

由于成吉思汗灵柩在这里陷进泥潭，护送灵车的人和畜都很劳顿，在毛音霍博日北边不远处的赛音温都尔的地方围圈子扎营，中间立起石桩子，把圣主的乘骑拴在那里，故称其为“成吉思汗拴马桩”。这个传奇的石桩子在苏尼特左旗巴彦乌拉苏木巴彦芒来嘎查地界上。

圣主灵柩车再往前行，突然山洪暴发，挡住了去路。圣主哈屯（皇后）下令筑堤坝挡住洪水，保证灵车通过。于是，随行士兵齐动手，挑土抬石，筑起拦坝，挡住了洪水，使得灵车安全通过。

圣主灵柩车行至达来尼敦西北，在安营之地留下标志性的三块三角形石头。从此，这个地方被称为“圣主三块锅撑子石头”。

据传，圣主灵柩车再往前行经苏尼特左旗翁嘎产楚鲁、乌合尔楚鲁、扎门敖包、大小巴彦温都尔、堪布音胡图鲁、宝德尔朝鲁，在“汗也客乌拉”（大汗山）山麓安葬了圣主遗体。

当时，圣主灵柩车途经毛音霍博日时车轮深陷沼泽，四十五头犍牛也拽不动，大家束手无策。苏尼特的吉鲁根巴特尔带头唱起了歌颂大汗的挽歌，大车才又肃肃前进。关于这首挽歌歌词，苏尼特左旗老领导苏达巴在他撰写的《苏尼特左旗史记》里这样写道：

受命于永恒苍天而降生的

我人中之狮天赐圣主啊，

抛下您全图臣民，

回到天境去了。

您结缘的各位后妃，

您建立的升平皇廷，

您肇始地缔造的法令典章，

您的万千臣民，(都) 在那边。

您爱恋着结缘的哈屯，

您金碧辉煌的殿帐，

您奠定的神圣皇廷，

您收聚的臣民，(都) 在那边。

您出生之地和浴身之水，

您繁茂生长的蒙古臣民，

您众多的官员和臣僚，

您的斡难河迭里温·盘陀故乡，(都) 在那边。

您的枣骝马鬃制成的纛，
您的鼓、钹、号角以及笛箫，
您的收聚了世间万物的金帐，
您在怯绿连河曲雕·阿兰即位的地方，（都）在那边。

您功成之前结成姻缘的贤明的孛儿台·旭真哈屯，
您的不儿哈图山、吉祥的辽阔营地，
您的博尔术、木华黎两位重要的伴当，
您的完美无缺地建立的宪章制度，（都）在那边。

您的靠神力结成姻缘的忽阑哈屯，
您的胡琴、胡笳等（各种）美乐，
您美丽的也速、也速干二哈屯，
您纵览万物的黄金殿帐，（都）在那边。

莫非以哈喇兀纳山（更）温暖，
莫非以外邦唐兀人多（势重），
莫非以皇后古儿别勒只貌美，
果真抛弃了故国蒙古马？我的主上呵！

虽然未能保住您黄金生命，
但送回您美玉般的明净遗体，
与您孛儿台·旭真哈屯相见，
（让）您的全体国众都满足（心愿）。

这首挽歌在蒙古文学史上大有名气，但翻译各有不同。《蒙古源流》中的记载是这样的：

丁亥年七月十二日，（主上）在朵儿篾该城驾崩，享年六十六岁。

却说，（主上）辇舆载着主上的遗体起程，全体属众挥泪随行。苏尼特的吉鲁根巴特尔哭颂说：

您像黄鹰一样飞去了吗？我的主上呵！

您竟成为辚辚舆车的载荷而去了吗？我的主上呵！

您果真撇下后妃子嗣而去了吗？我的主上呵！

您果真抛下属众臣民而去了吗？我的主上呵！

您像啼鸣的鸦鹊消失了吗？我的主上呵！

您像颤动的嫩草飘走了吗？我的主上呵！

您为使九色人众幸福安乐，

而在六十六岁升天逝去了吗？我的主上呵！

禀奏到此处，主上开恩（允许车子前进），大车才辚辚作响动了起来。全体臣民莫不欢心，一直护送到称为罕·也客·哈札儿的地方。

传统音乐

叙事民歌

达尔罕山

山北处处可召唤福祉，
闻名遐迩的达尔罕大山。

山前有三处陡峭的悬崖，
连绵起伏的达尔罕大山。

从那北面抬头瞭望，
叠嶂十层的达尔罕大山。

从那南面举手眺望，
叠嶂九层的达尔罕大山。

从那西面抬头瞭望，
英雄好汉汇集的达尔罕大山。

从那东面抬头瞭望，
各路贤者汇集的达尔罕大山。

北部有三处富饶的圣山，
名声显赫的达尔罕大山。
千马之首这里出现，
万马奔腾的好牧场。

山下有三处白色的沙滩，
高高耸立的达尔罕大山。
纯洁的奶源这里涌现，
健壮的牛群膘肥体壮。

山沟有三眼清泉，
巍峨雄壮的达尔罕大山。
珍珠玛瑙闪闪滚动，
洁白的羊群撒满草滩。

山北有辽阔的戈壁，
长满山葱的达尔罕大山。
驼铃叮咚长途运输，
驼群是一道风景线。

山南有三个哈什雅图，
层峦叠嶂的达尔罕大山。
敏捷的山羊跳来跳去，
用温暖的绒毛抵挡严寒。

山北处处可召唤福祉，
闻名遐迩的达尔罕大山，
马群多的海尔罕山，
遍地宝藏的达尔罕大山。

山前有三处陡峭的悬崖，
连绵起伏的达尔罕大山。
五畜兴旺的富饶的山，
成为我们庇护的达尔罕大山。

关于《达尔罕山》的传说

苏尼特左旗北部有一座云雾缭绕的山，就是达尔罕山。很久以来，这一带流行一首民歌，歌名叫《达尔罕山》。苏尼特地区的老人们聊起《达尔罕山》这首歌的时候，说：过去，人们把苏尼特左旗的土地比作摊开的一只整羊，塔木钦塔拉草原就可以比作连着胸脯的整片肚皮肉，达尔罕山就可以比作羊的心脏部位。达尔罕山为苏尼特左旗最为高耸的地方，历来备受百姓敬畏，一直以来都有百姓进行祭祀。苏尼特人为了表达对这座山的虔诚敬畏，创作了这首音韵悠长的长调民歌。

达尔罕山由山南三处陡峭的悬崖和山北三处陡峭的悬崖共六个部分组成，这里有哈拉呼舒、西昌图、锡伯图、苏布立杆乌拉、达鲁图、阿尔斯朗哈达、吉如很敖包、诺颜山峰、东昌图、海拉斯图、亦如贵图、脑毛图呼舒、海拉孙阿玛、好耶尔哈西雅图胡仍、少尔布格哈剌敖包、也和敖包图、哈西雅图库列敖包、苏林敖包等山峰。很早以前，一个阴阳先生曾说，达尔罕山形似朝西北方向盘卧的一只老虎。

据家乡的年迈者说，达尔罕山是因为在成吉思汗时期，达尔扈特部在此驻牧而得名。

在很久以前，这座山里不知从哪里跑来了胯上烙有巴图印（有“巴图”字样的印）的四匹白马，不断繁衍生息成了一群白马。后来成吉思汗将这群白马宣布为“达尔罕苏鲁克”。从此，达尔罕山中的山峰之一西昌图被作为圣主白马群的神祇进行祭奠。

达尔罕山，为草原挡风遮雨，山上又水草丰美，是五畜繁殖生长的好地方，这首歌曲在苏尼特草原上的牧民中代代相传。

满达陶拉盖山

（苏尼特民歌）

在满达陶拉盖的北边，
云雾常聚不愿散去。
真心相爱的小伙子哟，
怎能舍得把他忘记？

长满芨芨草的沟谷哟，
蜃气飘浮如梦如幻。
真心相爱的小伙子哟，
整年不见忘记也难。

多么洁白的云彩哟，
随着风雪活跃天地间。
可怜我那心上的小伙子，
和亲戚可能越走越远。

精美洁白的纽扣襻，
钉在袍子上多好看。
札萨克诺颜的苦差事，
不去当班也很难。

漂亮花纹的银扣襻，
钉在前襟上多好看。
主子诺颜的苦差事，
不去当班也很难。

北边诸多的马群里，
官府下令捉驿马。
平安过日子的好儿郎，
被迫去当十日的差。

南坡上的马群中，
主子下令赶驿马。
母亲的独苗可怜儿，
又要启程去赶马。

在那两座山的北边，

浮现连绵的大雾。
对我那年少的儿郎，
把心里的话儿叮嘱。

刺绣花边的纽扣襻，
重新钉上很容易。
主子的严令下达后，
不得违抗很严厉。

绿色绸缎的银扣襻，
再次钉上也不难。
诺颜的指令下达后，
背井离乡真可怜。

葫芦头盔戴在头上，
被招官府去当兵。
寄托希望的我那孩儿，
骨肉分离去远行。

隐约可见的青色的山，
那是屹立在苏尼特家乡。
草原上放牧的儿子，
应征入伍去打仗。

关于歌曲《满达陶拉盖山》的故事

很久以前，在苏尼特旗塔木钦塔拉草原上生活着一对夫妻。丈夫德吉都是一位神箭手，妻子米吉德是女红技艺很高的巧手。神箭手德吉都上山打猎常常满载猎物回来，巧媳妇米吉德在缝制衣裳，他俩夫妻恩爱，过着丰衣足食的日子。

然而，在那遥远的地方起战事，朝廷给苏尼特左旗下达指令，要求从蒙古地方征兵出征打仗。这样，能骑善射的年轻牧民德吉都首当其冲，被招服兵役。对此，年轻媳妇米吉德十分不情愿，就到旗札萨克衙门求见王爷，说出了自己的请求。王府答复："朝廷的指令不得违抗。"神箭手德吉都也知道军令如山，就说服心爱的妻子，说："有道是军令如山，我对你的情意不变；朝廷的指令严，我对你的爱不变。你就等待我服完兵役把家还。"然后，领着妻子米吉德登上作为家乡象征的满达陶拉盖山，向满达陶拉盖山磕头，请求山神保佑家乡人民和心爱的妻子平安无事。

从此以后，妻子米吉德每当思念丈夫就登上满达陶拉盖山，祈祷山神保佑丈夫平安无事，同时情不自禁地唱起这首歌。

完美无瑕的品质

（苏尼特民歌）

你的性格沉静又温柔，
好似那明镜光彩夺目。
你那美丽俊俏的面容，
我看啊永远也看不够。
啊，可爱的人儿，
我的心被你夺了去。

你从荷花丛中绽放，
蜂蜜的味道一样甜蜜。
你那喜气洋洋的脸庞，
实在是让人喜欢不已。
啊，可爱的人儿，
我的心被你夺了去。

融化我那僵硬的心，
像那布谷鸟在鸣唱。
你那活泼美妙的歌声，
常常让人陶醉其中。
啊，可爱的人儿，
我的心被你夺了去。

关于歌曲《完美无瑕的品质》

《完美无瑕的品质》，是苏尼特旗籍道拉代图·丹僧拉布杰，即五世戈壁道克辛诺颜呼都格图创作的。虽然《完美无瑕的品质》这首歌在民间广为传唱，但是很多人对这首歌的创作者不甚了了，甚至误认为这是一首民歌。苏尼特奥特克人们认为，演唱一遍《完美无瑕的品质》这首歌，等于数了念珠一亿次一样积德，所以，这首歌几乎家喻户晓，老幼皆知，以至 成了人人都爱唱，人人都爱听的一首歌曲。

这首歌曲的作者戈壁道克辛诺颜呼都格图丹僧拉布杰，是生活于1803—1856年间，会用蒙古文、藏文创作的著名作家、教育家、大诗人。诺颜呼都格图丹僧拉布杰7岁的时候就创作了题为《霍尔姆斯塔腾格里》（上苍）的成名之作，之后陆续创作了《完美无瑕的品质》《自傲机灵的褐色马》《机灵的白马》《平安》《明亮》等80多首古如歌，《羞、羞》《显示时间规律的纸风筝的故事》《令人心安》《世道规律》等很多诗歌，以及剧本《月亮布谷鸟传》（又译作《月亮杜鹃传》）。德国著名蒙古学家瓦·海西希在他的《蒙古历史与文化》一书中，对五世戈壁道克辛诺颜呼都格图丹僧拉布杰的生平做了介绍。其中写道："（丹僧）拉布杰于1803年出生在内蒙古苏尼特旗一个贫苦牧民家，母亲在他哺乳期撒手人寰。他父亲的名字叫道拉代图。在（丹僧）拉布杰5岁那年，为了躲避战乱，父亲领着他远走他乡，最后来到今蒙古国翁金河一带时，唯一的一匹马叫狼给吃了。随后，父亲将他送进一座喇嘛庙里当了小喇嘛，自己继续讨吃流浪。（丹僧）拉布杰在寺庙长大，7岁的时候就创作了首批50多首歌曲和30多首诗歌，在人们中间传诵。后来，（丹僧）拉布杰成为中亚喇嘛教一个权威，进入呼都格图行列。聪明智慧、才学横溢的（丹僧）拉布杰被任命为这座寺庙的四世呼都格图的转世。红教允许喇嘛结婚成家，故（丹僧）拉布杰娶了两房媳妇。1933年，他创作了《纸风筝的故事》《四季》等诗歌和《月亮布谷鸟传》等剧本。”另外，蒙古国著名学者、藏学家、丹僧拉布杰研究者L·呼日乐巴特尔在他《巨蟒如意坠戴》（研究丹僧拉布杰的专著）中写道：“五世罗布藏丹僧拉布杰于清嘉庆八年（1803年）癸亥年仲冬二十五日天母对称日托生为1岁转世灵童。”从以上两位学者的研究论文可以清楚地知道，戈壁道克辛诺颜呼都格图丹僧拉布杰，是苏尼特（苏尼特左旗）人。苏尼特人民非常崇尚《完美无瑕的品质》这首歌曲，代代传唱至今。

阿鲁库布其

（苏尼特民歌）

阿鲁库布其的马驹，
既走颠步又能走步。
温柔恬静好性格，
来回经过曾做客。

天边巍巍耸立的，
是苏莫图宝德尔石林。
若隐若现地往这儿来的，
是不是我那心上的人。

台地湖边长的莞草，
在湖边随风摆动。
普通人的女儿，
何必这般留恋痴情。

罕山顶上的积雪，
融化的少渗的多。
狠心人的儿子，
真情少风声多。

关于《阿鲁库布其》的传说（一）

《阿鲁库布其》（北山梁）这首非常好听的长调歌曲，在苏尼特地区传唱多年，关于它的传说也广为流传。

关于苏尼特长调民歌《阿鲁库布其》，1966年时达来公社巴彦额尔德尼生产大队年逾古稀的巴拉老人曾经这样叙述：

在我8岁的时候，我就听我们家乡老人们说起过，《阿鲁库布其》是苏尼特长调民歌。关于这首歌还有这样一个故事：我们苏尼特左旗洪格尔地区靠近北部边境一带有一个给富户放马的牧马人——呼和尼敦（蓝眼睛）扎木彦。在一次从东南方向下的暴雨中，他的马群顺风走失了。根据风向，扎木彦估计马群可能被暴风雨卷到了喀尔喀蒙古境内，便启程去寻找马群。

几天后的一天傍晚时分他来到了喀尔喀的一个叫贡桑的人家。天色已晚，扎木彦便在贡桑家借宿，歇息乘骑。在与主人家聊天的时候，扎木彦得到了丢失的马群的行踪，非常高兴。第二天，扎木彦循着线索，找回了丢失的马群。多日奔波，人困马乏，扎木彦决定在贡桑家休息两天。这期间，扎木彦就和贡桑的女儿岑布勒姑娘产生了爱慕之情。

有一天晚上，扎木彦把马群赶到草场后，又来到了岑布勒家，在那里巧遇富户人家的姑娘浩日劳。浩日劳对帅气的小伙子扎木彦一见钟情。从此以后，浩日劳对扎木彦紧追不舍，纠缠不休，使得扎木彦很闹心。

岑布勒对扎木彦一往情深，当他回家乡的时候，把自己骑的一匹心爱的黑马送给了扎木彦。临别时候，告诉他："你不要把我忘记了。无论在何时何地，骑上这匹黑马来赴约。"

岑布勒姑娘送给扎木彦的这匹黑马是快马。传说，这匹马前腿腋下暗藏有小翅膀，当它奔跑起来后，随着马的呼吸，小翅膀微微颤动。

浩日劳姑娘得知扎木彦和岑布勒的恋情，便妒火中烧，耿耿于怀。有一次，扎木彦骑着这匹黑马来探望岑布勒时，浩日劳在妒忌心的驱使下，拿把剪子过来，偷偷把拴在拴马桩上的黑马腋下的翅膀给剪断了。结果，黑骏马突然在途中毙命。扎木彦非常诧异，仔细检查，发现岑布勒送给他的黑骏马的前腿内侧滴答着鲜血。

牧马青年扎木彦发现这是那个浩日劳姑娘干的，既仇恨浩日劳，又思念黑骏马，创作了这首《阿鲁库布其》。

牧马青年呼和尼敦扎木彦把死去的黑骏马的头颅抱起，放在一个敖包山上祭奠。

据巴拉老人讲，那座敖包被命名为"呼和尼敦敖包"。

20世纪60年代，苏尼特著名民间歌手吉雅也讲过这个传说，内容几乎一模一样。

关于《阿鲁库布其》的传说（二）

很久以前，有一年冬天发生一场持续多日的暴风雪，阿鲁库布其一带的马群顺风跑散，直到苏莫图宝德尔石林一带避风处停住。牧马青年一直追寻到这里，找到跑散的马群后，到了附近一个牧民家歇歇脚。

那家牧民有个姑娘，长得非常漂亮，与牧马青年一见钟情。牧马青年看这个地方背风暖和，索性决定就在这里越冬。

转年春季到，牧马青年要赶着马群回去。姑娘难舍难离，牵挂着青年，就问他家乡在什么地方，牧马青年回答说："我家乡阿鲁库布其离这儿可远了。"

牧马青年回去了。但他非常思念心爱的姑娘，头天晚上来，次日凌晨走。姑娘很奇怪，就说："你不是说你家乡离这儿很远吗，怎么早晨走了，晚上还能回来？"

牧马青年回答："我早晨去看看马群，到傍晚归拢归拢马群就来。我这匹马是飞马。"姑娘一听，觉得天下好姑娘多了，说不定哪天他又不知跑到谁那儿去了。为了拴住牧马青年的心，沉迷爱情、鬼迷心窍的她在私心驱使下拿着剪子悄悄来到刚跑到这儿来的马跟前，把其尚未完全收回去的翅膀给剪了下来。

次日黎明时分出发的牧马青年没有察觉马受了伤，骑上马走了，从此再也没有回来。

姑娘等待已久，正在心焦难抑的时候，她家来了一位陌生人，互相问候请安，在闲聊的时候，陌生人说："在途中经过莫能草原时，看见一位迷途而死的年轻人的干尸。"说者无意，听者有心，姑娘一听当即晕倒在地。

原来，来者是牧马青年的父亲，是来寻儿子的。

姑娘为自己亲手害死心上人和那匹飞马而悔恨不已，为了纪念心上人和那匹马，制作了一把马头琴，创作了《阿鲁库布其》这首歌曲。她边拉边唱：

阿鲁库布其的马驹，
是金色凤毛的褐色马。
飞驰在莫能草原上的，
是我心上的爱人。

台地湖边长的莞草，
在湖边随风摆动。
普通人的女儿
何必这般留恋痴情。

天边巍巍耸立的，
是苏莫图宝德尔石林。
若隐若现地往这儿来的，
是不是我那心上人。

原来，马头琴是这样制作出来的，《阿鲁库布其》这首歌曲是这样创作出来的。苏尼特人民中间一直流传着这样的传说。

老骥豪亨

（苏尼特民歌）

巴音高勒草场上
巴润布拉格泉水边，
巴图查干马群的
骒马产下的马驹。

白日塔拉草场上
巴润布拉格泉水边，
巴彦都荣的马群中
骒马产下了一匹栗马驹。

巴润塔拉草场上
巴音吉拉嘎有牧场，
巴润布拉格上饮水的
巴音敦吉的马驹。

它降生的地方
是那无垠的草原，
这匹马饮用的是
山麓的三眼泉。

将那东山梁上跑的狍子
并排齐驱地追赶，
一双双猎捕回来的
老骥豪亨套布海。

将那山坡上跑的盘羊，
不用费力地奔跑，
顷刻就能赶得上的
老骥豪亨套布海。

将那西山梁上跑的虎豹，
没等它起步逃跑，
片刻就能追得上的
老骥豪亨套布海。

将那北山梁上跑的雪兔，
还没有等它发觉时，
瞬间将其擒获的
老骥豪亨套布海。

将那山谷里跑的
狐狸和狼，
一个不剩地猎杀的
老骥豪亨套布海。

将那漫山遍野的黄羊，
不用加鞭催促，
瞬间追上猎捕的
老骥豪亨套布海。

二岁时开始训练，
每一次祭敖包的比赛，
回回拿头彩的
老骥豪亨套布海。

对那山谷的羚羊，
在它无处可躲时，
瞬间追上捕获的
老骥豪亨套布海。

对那河边的野猪，
在其无处可逃时，
刹那间将其猎杀的
老骥豪亨套布海。

在杭盖锡里的盛会上，
在大型那达慕比赛中，
从来都跑第一名的
老骥豪亨套布海。

在大坝图草原上，
经过训练的骏马，
在旧时六部的盛会上
绝尘而去的快马。

在斡难河河岸上，
把那公黄羊和母黄羊
拦截得无处逃窜的
老骥豪亨套布海。

将那奔跑在塔木钦塔拉的
三五成群的黄羊，
毫不放过捕获的
老骥豪亨套布海。

将那西山梁奔跑的
老虎和豹子，
看见踪影就能追上的
老骥豪亨套布海。

它饮用的泉水是
一千次祭祀过的圣泉，
它奔跑起来赛过风，
在一千匹马匹中夺冠。

三岁骒马产下的

白色额头的神驹，
二十五岁那年
获得了豪亨美誉。

在杭盖锡里的盛会上，
在大型那达慕比赛中，
第一次拿了第一名，
赢得豪亨的美名。

白色额头的神驹，
脑顶上有鬃甲，
前额上有月亮白点，
老骥豪亨套布海。

赛马的起跑线，
在那塔木钦塔班陶勒盖。
赛马的终点线，
在锡林查干敖包。

将那好力宝山上奔跑的
二三十只雪兔，
瞬间将其追上的
老骥豪亨套布海。

从起跑线上起跑，
和那原野的霭气赛跑。
抵达终点线时，
五百匹马中跑第一。

在可汗的那达慕上
颠马比赛中跑第一，
是让可汗和哈屯
瞠目结舌的神驹。

从圣主的那达慕上
毫无疑问地拿第一，
是让可汗和哈屯
惊诧相觑的神驹。

在遐迩四方，
曾在七千匹赛马中争雄。
跑断了一条腿后，
也在七百匹马中夺冠。

鞴着旃檀马鞍子，
不曾在鹅卵石上打滑，

不曾在乱石间失蹄的，
老骥豪亨套布海。

在那长满山葱的草滩上，
马儿跑得草梗飞溅。
荒野上的黄羊见了，
都感到望尘莫及。

在那长满芦苇的湖边，
马儿跑得苇叶子唰唰响。
远近的动物们见了，
屏住呼吸张望。

在那长芨芨草的草滩上，
马儿跑得草叶子起波浪。
附近的动物们见了，
屏住呼吸张望。

从一岁开始吊马，
从两岁开始赛马，
在当西格大阳那达慕上
七百匹马中跑第一。

我猛踩得那烂燧石，
火花四溅。
沿着锡里前的台地，
扬起一缕尘烟。

我曾跑得
滩上的鲜花四处飞溅，
我曾追得
草丛里的野兔闻风丧胆。

我在羊群牛群旁边
像野马一样跑过去，
我叫那洁白的天鹅
惊奇得目瞪口呆。

我奔跑快如箭，
让那红柳马鞭呼呼直响。
我跑得快似风，
让掉队的同伴投来羡慕的目光。

我曾在起伏的旷野间
上下驰骋不停，
我曾让好胜的主人

昼夜兴奋不宁。

我曾嘴嚼着
阿格塔娜鲜花成驹儿，
我曾吮饮着
阿鲁高勒泉水长个儿。

哦，我把驹时的肥膘
跑了个精光，
辽阔的草原上
利牙也磨光。

我这浓浓的鲜血
跑成了淡淡的血水，
我这铿锵的身板
颠成了薄薄的老皮。

我把滚圆的身段
跑成了老骥，
我这矫健的身骨
变成了柴枝。

我这漂亮的身板
累成了瘦骨，
我这坚硬的四蹄
露出了嫩肉。

我让扬起的尘烟
变成青岚，
我让赛场的群马
屡屡惊叹。

我曾在主人的手上
娇惯任性，
我曾在马群之中
撒欢乱蹦。

我这厚实的骨骼，
只剩下薄薄数片。
我那少壮的模样，
变得老态龙钟。

我这飘逸的长鬃，
只剩寥寥数根，
我这迷人的身材，

变得难以辨认。

我这稠密的浓尾，
只剩稀疏数根。
我这圆圆的四蹄，
变得布满伤痕。

我把金属的马嚼子，
咬成了弯曲的细棍。
我这矫健的身体，
变成了瘦骨嶙峋。

把那黑熟皮的缰绳，
跑成细细的绳索。
我那健美的身材，
变得枯瘦如柴。

在遐迩四方，
曾在七千匹赛马中争雄。
跑断了一条腿后，
也在七百匹马中夺冠。

熟皮的缰绳拉断了，
母鹿般的身材变老了。
铜制的马嚼子咬细了，
健壮的身子变老了。

铁制的马嚼子磨断了，
一副体态变老了。
钢制的马嚼子咬断了，
一身壮膘瘦没了。

锦子的缰绳拉断了，
年轻的身材变老了。
银制的马嚼子咬细了，
健康的身子变老了。

马嚼子衔成了薄片，
金子般的年华变老了。
缰绳拉成了细丝，
如画般的身子变老了。

不曾在鹅卵石上打滑，
不曾在乱石间失蹄。
在杭盖锡里奔驰的，
老骥豪亨套布海。

不曾躲避骄阳似火，
不曾害怕寒风刺骨。
在那罕山上有牧场的，
老骥豪亨套布海。

黑夜里不曾迷路，
灾年里不曾掉膘。
在那草原上有牧场的，
老骥豪亨套布海。

饮的是清泉之水，
吃的是百草之精华。
是那野马的纯种，

老骥豪亨套布海。

从两岁开始参赛，
每次比赛不落伍。
七十三次跑第一的，
老骥豪亨套布海。

请慢慢扯动，
我两腮的钢马嚼子。
请轻轻加身，
你手中的马鞭子。

请慢慢拉动，
我两腮的银马嚼子。
请轻轻甩打，
你手中的马鞭子。

请慢慢扯动，
我两腮的金马嚼子。
请轻轻加身，
你手中的马鞭子。

请慢慢拽拉，
我两腮的铜马嚼子。
请轻轻抽打，
你手中的马鞭子。

请慢慢扯拉，
我两腮的铁马嚼子。
请轻轻用力，
你手中的马鞭子。

在那长满蒲苇草的地方，
快马如飞一晃而过。
两厢观看的人群，
早已欢呼雀跃。

我把宝贵的身体，
跑成了柴枝。
这次比赛中，
老骥我还要跑第一。

在圣主面前，
风也似的跑过去。
圣主和哈敦俩，
回头看都来不及。

可汗的前边，
绝尘而去。
可汗的众臣们，
看一眼都来不及。

在大漠的盛会上，
飞奔而过。
观看的人海中，
惊叹之声不息。

在外五十七个旗里，
一次不落地跑第一。
在内四十九个旗里，

随心所欲拿第一。

我把驹时的膘跑没了，
每次比赛跑第一。
我把二岁时的膘跑没了，
七十三次拿第一。

这次的夺头彩，
仍然归我老豪亨了。
往后的好名次，
就看后代的枣骝马们了。

最后的冠军，
仍然归我老豪亨了。
将来的荣誉，
就看我的孩子们了。

关于《老骥豪亨》诞生传说

很久以前，在位于苏尼特右旗北部杭锦苏木奥特克（今额仁淖尔苏木、二连浩特市格日勒图敖都苏木一带）曾经有过一户富裕人家。这家富户居住于塔木钦塔拉草原北端（阿鲁明安察布恰尔）锡连塔拉草原白敖包一带。

他家的马群在白音塔拉草原放牧，骆驼群在白音戈壁一带放牧。牲畜饮水的地方在白音呼都嘎。这眼井不但水旺盛，而且特别神奇。这个井的水冰凉，入口的时候感觉特别硬，但咽下去的时候变得温润甘甜。在这眼井饮过水的牲畜，即使在炎热的季节隔一天饮一次水，也

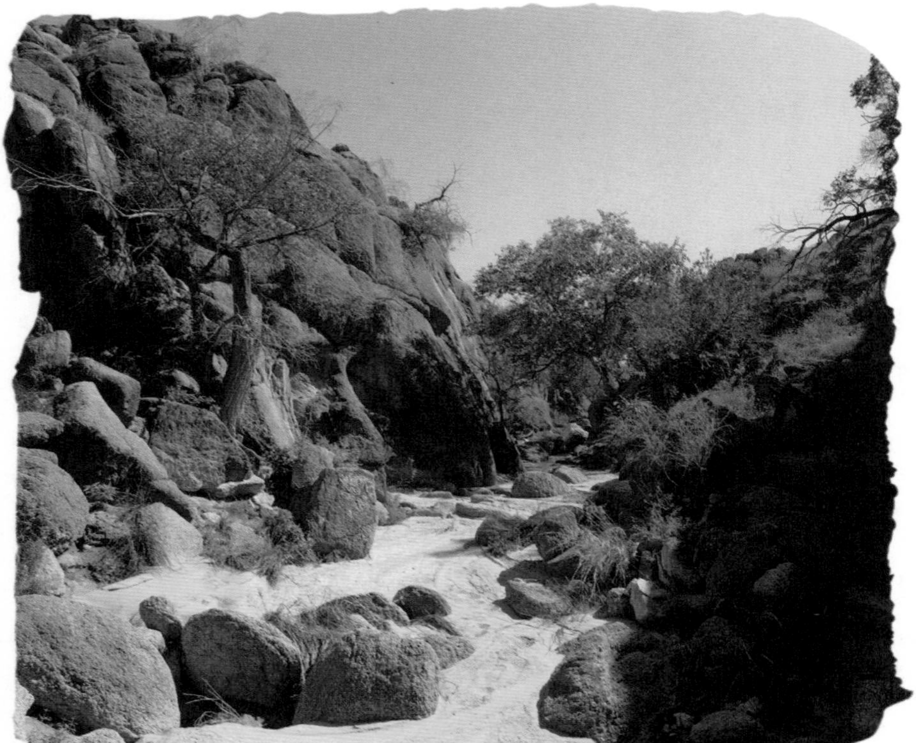

不十分渴。在这眼井饮过水的牛羊个个膘肥体壮，而且繁殖率也高。马群里出快马良驹。据传，在这白音乌力吉山一带出金胸银臀的马驹子。金胸银臀的马，当然是宝驹。蒙古族古代神话故事《亿金腾格里汗》中曾写道：曾经有金胸银臀的骒马或这个品种的骒马产下的"冲高尔骏马"跑得非常快，一天可以绕地球跑三圈。

这家富户的主人名叫白音都仍，母马产驹的夏季一个月朗星稀的夜晚，下夜的牧马人正守护着马群，黎明时分，马群中一匹三岁骒马产下了个头小的棕褐色小马驹。蒙古族有个古老的习俗，三岁母马产下头胎驹子，牧马人要用套马杆挑开主人家蒙古包的顶毡。所以，牧马人黎明时分去用套马杆挑开白音都仍蒙古包的顶毡时，主人非常高兴，在塔木钦塔拉草原北端明安察布恰尔山，用"明安祭祀"泉水为小马驹进行沐浴，祝愿它将来成为"千马之首，万马之头"。正在给小马驹进行沐浴的时候，太阳高照的大晴天竟然下开了雨，在白音敖包上空升起了五彩彩虹。

这样，在辽阔的塔木钦草原上出现了一匹特别快的快马，每次那达慕赛马比赛中都跑第一名。当这匹马到了二十五岁的时候，被命名为"老骥豪亨"（老骥，又译作老马）。人们创作了这首歌传唱至今。

长调民歌

蒙古民族的长调民歌，是蒙古族音乐中最具独特风格的艺术奇葩，经过代代草原歌手的继承丰富，使其成为蒙古族诸多文化艺术中最为光华四射、耀眼夺目的璀璨明珠。

2005年11月25日，联合国教科文组织在巴黎总部宣布了第三批"人类口头和非物质遗产代表作"，中国、蒙古国联合申报的"蒙古族长调民歌"荣列榜中。2006年5月，蒙古族长调民歌入选中国第一批非物质文化遗产名录。蒙古族长调民歌研究学者认为，蒙古族长调民歌艺术，是蒙古族告别狩猎业，驯化野生动物，逐渐转向畜牧业、游牧生产生活方式过程中产生、发展起来的。

蒙古族长调民歌与草原、与蒙古民族游牧生活方式息息相关，承载着蒙古民族的历史，是蒙古民族生产生活和精神性格的标志性展示，高亢悠远，舒缓自由，宜于叙事，又长于抒情。可以说，长调集中体现了蒙古游牧文化的特色与特征，并与蒙古民族的语言、文学、历史、宗教、心理、世界观、生态观、人生观、风俗习惯等紧密联系在一起，贯穿于蒙古民族的全部历史和社会生活中。长调民歌，使人联想到蒙古高原广袤无垠的草原、富饶美丽的牧场、清澈见底的江河、高峻的山峰，以及茂密的森林、旖旎的自然风光、矫健的骏马，具有激发对家乡、父老乡亲、儿女、爱人、朋友的热爱之情的神奇魅力。不论人们在什么时候、什么地方，只要听到悠扬舒缓的蒙古族长调，便会联想起那茫茫无际的大草原，联想到蓝天、白云、毡包和畜群，都会令人体味到草原独有的春天的喜悦、夏天的激情、秋天的深沉和冬天的浪漫。长调是流淌在蒙古人血液里的音乐，是离自然最近的一种音乐，是人与自然和谐共存的产物，是一种心灵对心灵的直接倾诉。

一般人的理解，所谓长调就是字少腔长。但是，传统长调歌曲演唱者和研究者根据其演唱方法和特点的不同，将其划分为不同类型。

一、自由舒展的节奏

所谓长调歌曲自由舒展的节奏，是指它不似短调歌曲那样受四分之二、四分之三、八分之六等单拍子、双拍子和混合拍子的固定死板形式的约束。换句话说，音乐节奏自由舒缓。一般的短调民歌的节拍有强弱、次强弱之分，强在前，弱在后，而长调歌曲没有明显的强弱之分。这个节拍就是自由节拍。蒙古族长调歌曲的自由节拍，还要分歌词节拍和音乐节拍。

二、演唱装饰音

长调旋律悠长舒缓、意境开阔、声多词少、气息绵长，旋律极富装饰性（如前倚音、后倚音、滑音、回音等），尤以“诺古拉”（蒙古语音译，即波折音或装饰音）演唱方式所形成的华彩唱法最具特色。

在演唱长调民歌过程中所采用或表现的不同的技巧，称之为长调歌曲装饰音，即华彩。作为极大地突出蒙古族长调歌曲的独特特点的重要手段的装饰音，要分“诺古拉（折）装饰音”“颤儿装饰音”“煞尾装饰音”三大类，而且每一种装饰音里边还要分几种技巧。

（1）诺古拉装饰音，要分喉咽诺古拉（喉咽折）、下颌诺古拉（下颌折）、上膛诺古拉（上膛折）。

（2）颤儿装饰音，要分链条式颤儿音、阶梯式颤儿音。

（3）煞尾装饰音，要分扬或扬音、抛或抛音。

三、乌日图艾（长腔）

蒙古语乌日图艾，即长腔，是蒙古族长调歌曲的要害因素。承载蒙古族长调歌曲名称和本质的民族风格，就是长腔。

在蒙古族长调歌曲三大要素当中，唱腔是第一个被听众感觉到的特点。不管在世界什么地方，也不管周围是什么种族，有多少人，只要一曲清新嘹亮的长调唱起来，便马上能使人们为之一振，一瞬间能跨越时空，把人带到辽阔的草原上。这种形态的魅力，是任何音乐所不可比拟的。它的旋律是那样的悠长、深沉、豪放，飘荡在宇宙之间，好像是在和天对话。长调歌曲，音调高亢、音域宽广、曲调优美流畅，旋律起伏较大，节奏自由而悠长。没有乌日图艾，即长腔，便不能称其为长调歌曲。所以说，乌日图艾，是长调歌曲的筋骨。

四、长调歌曲的种类

长调歌曲研究专家、学者从各自的研究视角对长调歌曲进行分门别类。其中，蒙古族长调歌曲研究家、著名长调歌曲歌唱家、艺术学博士格日勒图从演唱艺术角度对长调歌曲进行了如下分类：

（一）依据演唱者心理活动区别而分类的歌曲

第一类是庄重的宴歌、哲理性的歌曲、宗教歌曲、古如歌曲和婚庆歌曲。

第二类是思念歌曲，包括思念家乡、思念父母、思念亲人的歌曲。

第三类是表达怨恨的长调歌曲，包括表达对父母、对长者、对恋人怨恨的歌曲。

第四类是赞颂歌曲，包括赞颂父母养育之恩、赞颂恋人、赞颂国家或家乡的歌曲。

（二）根据音乐结构和形式所分类的歌曲

对蒙古族长调民歌可以根据其音乐结构和形式分为六种：短小的长调歌曲、普通长调歌曲、慢节奏长调歌曲、潮尔长调民歌、音乐伴奏长调歌曲、长短调混合歌曲等。

（三）反映劳动和生活形态的歌曲

牧区母畜遗弃刚出生的仔畜时，牧人唱的叫“劝奶歌”；母绵羊遗弃小羊羔时唱的叫“吠咯歌”；母山羊遗弃小羊羔时唱的叫“朝依咯歌”；母牛遗弃小牛犊时唱的叫“斡伯勒劝奶歌”；母驼遗弃小驼羔时唱的叫“囇卜梭勒劝奶歌”；还有赛马时呼唤加油歌、邀请搏克手上场歌、射箭时呼唤歌以及沙嘎游戏呼唤歌等。

传承人简介

莫德格　女，蒙古族，锡林郭勒盟西乌珠穆沁旗浩勒图高勒苏木人，国家级非物质文化遗产蒙古族长调歌曲代表性传承人。她从小学唱长调歌曲，于1948年参加当时东部联合旗牧民培训班。1949年，她在锡林郭勒盟干部学校学习期间，以其演唱才华被色拉西、美丽其格等艺术家发现，被推荐到内蒙古歌舞团当长调歌曲独唱演员。

1951年，中国党政代表团出访蒙古人民共和国时，莫德格作为随团演员在乌兰巴托参加演出。

1954年，在呼和浩特举行的全自治区青年歌手比赛上，莫德格获银奖。

1956年，作为由内蒙古自治区副主席王再天率领的中央少数民族慰问团成员赴西藏进行巡回演出。从西藏回来后，慰问团受到毛泽东主席、周恩来总理的接见。

1959年，因工作需要，莫德格调入内蒙古广播文工团工作。

1964年至1986年，莫德格在苏尼特左旗民政局工作，1986年退休。

2001年，香港作协授予莫德格“著名长调歌曲歌唱家”称号。

2004年，莫德格长调歌曲《绿缎子》CD光盘出版；同年，蒙古国文化部授予莫德格“人民艺术家”光荣称号。2004年8月，国家文化部民族群众艺术发展中心聘请她为“特邀民间歌手”；在由中国民族群众艺术保护工程领导小组、文化部民族群众艺术发展中心、山西省文化厅、山西省晋中市人民政府联合主办的“中国第二届南北民歌大奖赛”上获得金奖，并荣获“中国民族文化保护与传承贡献奖”。

2007年9月29日，内蒙古长调歌曲艺术研究会授予莫德格“新中国第一代歌唱家”荣誉称号。

2008年，内蒙古艺术学院聘请莫德格为“特邀教授”。

莫德格是内蒙古自治区第一个女高音歌唱家。

扎格达苏荣　蒙古族，国家一级演员、中国音乐家协会会员。1955年出生于内蒙古自治区锡林郭勒盟苏尼特左旗。国家级非物质文化遗产蒙古族长调歌曲代表性传承人。扎格达苏荣小时候就学会很多民歌，显示出音乐方面的天赋和才华。1974年，扎格达苏荣被招入苏尼特

左旗乌兰牧骑当独唱演员。1976年，单位送他到内蒙古艺术学校进修，他师从著名长调歌曲歌唱家照那斯图老师，学习唱长调。期间，有幸结识歌王哈扎布老师，进一步学习提高。1982年，扎格达苏荣调入内蒙古广播艺术团工作。同年，参加全国部分省、自治区歌咏比赛获得优秀奖。1988年，在第六届华北地区音乐舞蹈节上，获得青年歌手民族组二等奖。1992年，内蒙古自治区第二届蒙古族歌曲广播电视大赛上获得专业组二等奖。2000年，在韩国釜山举行的第二届世界奥林匹克合唱大赛上，内蒙古广播艺术团获得三等奖，扎格达苏荣担任领唱。2004年，在中央电视台主办的CCTV西部地区民歌电视大赛上，扎格达苏荣获得蒙古族长调最佳歌手奖、原声独唱组金奖、原声多声部朝尔歌曲金奖等。2009年6月，扎格达苏荣被任命为国家级非物质文化遗产蒙古族长调歌曲代表性传承人。

苏尼特长调歌曲孛儿只斤调

苏尼特长调歌曲孛儿只斤调，是在苏尼特人民中间具有长久传统的长调演唱方法。长调歌曲研究家认为，苏尼特长调歌曲孛儿只斤调具有漂亮、庄重的风格。苏尼特部落有名气的长调歌手曾经指出：孛儿只斤调，是以“古尔班诺古拉”（仨折音）、“古尔班舒让海拉嘎”（仨亮声）、“古尔班额儿古格”（仨高挂），“古尔班嘎如嘎”（仨起点）、“古尔班朝黑雅”（仨敲击音）、“古尔班哈雅拉嘎”（仨抛音）独特的演唱方法为特点的音乐曲目。

苏尼特文化遗产中，为什么有“孛儿只斤调”这样一个名词术语？

据传说，苏尼特左旗、苏尼特右旗两个旗加起来共有一千个台吉（旧时蒙古王公的爵位名号）。曾任苏尼特左旗旗长的苏德宝在他撰写的《苏尼特左旗史记》中，引用了苏尼特左旗《苏力德祭文》中的“人有一万，台吉一千”的记载。据《锡林郭勒盟苏尼特左翼旗札萨克毕希尔勒图亲王玛格苏尔扎布辖旗台吉名单》，今苏尼特左旗台吉贵族就有五百名。由此可见，左、右两个苏尼特加起来拥有一千名台吉，是符合历史实际的。音乐研究家认为，苏尼特左旗、苏尼特右旗两个旗黄金家族将宫廷音乐以孛儿只斤氏命名，传唱至今。在苏尼特旗，也有称马鞍为

"孛儿只斤马鞍"，称马头琴为"孛儿只斤马头琴"的习惯。

为了使人进一步了解和认识苏尼特长调歌曲孛儿只斤调演唱方法和特点，现以苏尼特长调歌曲孛儿只斤调传承人高·查达尔巴拉演唱的广泛流行于苏尼特地区的《阿鲁库布其》（又译作《北山岭马驹》）、《遥望可见的杭盖》、《清凉宜人的杭盖》等三首长调歌曲演唱方法为例，结合元音和谐音韵学，对三首歌曲中哪一个部分是如何运用孛儿只斤调"古尔班诺古拉"（仨折音）、"古尔班舒让海拉嘎"（仨亮声）、"古尔班额儿古格"（仨高挂）等方法的，作一介绍：

（1）《阿鲁库布其》，是在蒙古族地区普遍流行的一首歌曲。据苏尼特人的说法，这首歌就是具有"古尔班诺古拉"（仨折音）、"古尔班舒让海拉嘎"（仨亮声）的"孛儿只斤调"，有很多与之相关的传说。这个歌曲在阿鲁戈壁核心地带的传统演唱方法是：

在歌曲的第三句里边三次重复了孛儿只斤诺古拉或弓形诺古拉方法。这就是指民间说法中的"古尔班诺古拉"（仨折音）演唱方法。

该歌曲最高音"1"，是以"6"音为基础亮声高挂，第一个亮声位居第四句曲子上。而另外两次亮声位居第五句曲子里边，以弓形起落、跳跃方法包含其中。

孛儿只斤调"古尔班诺古拉"（仨折音）方法，也表现于短调或有节拍的《阿萨尔》曲子中。例如：《阿都沁阿萨尔》中就包含1·2 35|25 13|61 5·1 "古尔班诺古拉"（仨折音）的基本模式。

（2）包含孛儿只斤调"古尔班诺古拉"（仨折音）方法最多的歌曲是苏尼特人传说中的具有"古尔班额儿古格"（仨高挂）法的《清凉宜人的杭盖》。

该歌的所谓"古尔班额儿古格"（仨高挂），即123 561曲子结构在低八度唱两次，"古尔班诺古拉"（仨折音）演唱法重复三次，"清凉""清澈的""静静流淌"三组词用同一个曲调来演唱，作为"古尔班嘎如嘎"（仨起点）三次亮声到高音"1"上边。

（3）苏尼特地区传唱的《遥望可见的杭盖》这首歌，是苏尼特左旗上一辈歌手代表之一的格·吉雅在20世纪60年代初留给我们的为数不多的歌曲之一。

孛儿只斤调"古尔班诺古拉"（仨折音），位居该歌曲的头一句，而且歌曲结尾曲子提升，以"2"来做结尾，这是很新奇的。

由于苏尼特人语音纯正，苏尼特地区传统的孛儿只斤调演唱方法中，"三元音韵调"秩序保留得非常好。这在苏尼特左旗上一辈民歌歌手们留下来的录音歌中可以听得很清楚。

苏尼特演唱法中长调歌曲结尾 "ᠡ·ᠬᠢ·ᠣ e hi o"音节很多。

乌珠穆沁演唱法的结尾用"ᠦ·ᠨᠡ·ᠡ u ne e"音节，呼伦贝尔巴尔虎演唱法结尾用"ᠣ·ᠬᠣ·ᠣ"

音节多。

元音和谐音韵法基本因素方面 “ᠠ·ᠬᠠ a ha”，苏尼特演唱法里常用“ᠠ·ᠠᠢ·ᠡ·ᠢ a ai e yi （2）ᠢ （3）ᠣ o （4）ᠤ u（6）·ᠸᠡᠢ·ᠬᠠ·ᠬᠠᠢ·ᠬᠡ·ᠬᠢ·ᠬᠤ·ᠬᠤ wei ha hai he hi hu（6）”等音节，而这些音节按照三元音和谐律进行交替 。

三元音，就是指蒙古语语法中的阳性元音、阴性元音、中性元音，其和谐律是：“阳—中—阳”“阴—中—阴”“中—阳—中”“中—阴—中”“阳—中—阴”“阴—中—阳”。歌词中，按照这个和谐律进行交替。

马头琴及其演奏

和蒙古族其他部落一样，苏尼特部落人们也有崇尚马头琴的悠久历史，在马头琴起源、制作技艺、演奏技法方面独具地方文化特色。

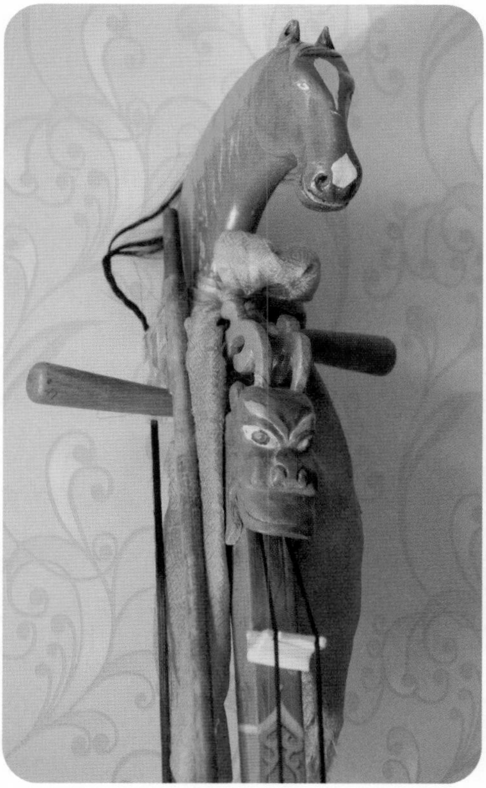

苏尼特马头琴制作技艺

马头琴，是蒙古族传统拉弦乐器，因琴杆上端雕有马头（也有琴首为龙头、玛塔尔头的。玛塔尔形似龙，面似猴，象征一种镇压邪魔的神物）而得名。马头琴由共鸣箱、琴头、琴杆、弦轴、琴码（上、下两个）、琴弦和琴弓（琴弓，苏尼特人称其为ᠬᠢᠬᠢᠯᠢ hihili）等部分组成。

共鸣箱呈正梯形，也有极个别的做成六方形或八方形，琴箱框板多使用色木、榆木、花梨木、红木或桑木等硬杂木制成，上、下两框板的中央开有装入琴杆的通孔，左右侧板上分别开有出音孔，琴箱正背两面蒙以马皮、牛皮或羊皮，皮面上彩绘民族图案为饰，也有正面蒙皮、背面蒙以薄木板的。

琴头、琴杆多用一整块色木、花梨木、红木或松木制作。琴头呈方柱形，顶端向前弯曲，造型为雕刻精细的马头，既有奔马的马头，也有立马的马头，有的是在琴杆上端直接雕出，也有的是雕好以后粘上去的。弦槽后开，多有槽盖，两侧横置两个弦轴（左右各一）。

弦轴又称把子，采用黄杨木或琴杆木料制作，轴杆为圆锥体，轴柄呈圆锥形、八方形、瓜棱形或扁耳形，轴柄外表刻有直条瓣纹，便于拧转，有的轴顶为圆球形。琴杆为半圆形柱状体，前平后圆，正面为按弦指板，上端设有山口，下端装入琴箱上下框板的通孔中。

皮面中央置木制桥形琴码，张两条马尾弦，两弦分别用140根（里弦）和160根（外弦）左右长马尾合成，两端用细丝弦结住，上端缠于弦轴，下端系于琴底的尾柱上。琴弓用藤条或木料制作弓杆，两端拴以马尾为弓毛。

苏尼特地区上辈人中，有不少制作马头琴的匠人。其中，有一位名叫策布格的必帖赤制作的马头琴相当有名气。策布格必帖赤制作的马头琴一拉起，琴首的马头会动起来，两耳绞剪，两眼珠子转动，嘴张开好似长鸣，共鸣箱上边好似立有两匹鞴鞍子的马，下边琴码两侧有两只狮子忽立忽卧。琴弓两头雕有两只兔子，随着琴弓来回拉动，两只兔子此起彼伏，眼睛瞪圆，两耳扇动，欲跳欲蹿。当年制作这把马头琴的时候，曾经和策布格必帖赤住在一个牧点的巴彦额尔德尼嘎查牧民诺尔布策仁说："策布格必帖赤制作的这把特制的马头琴，在内蒙古自治区成立10周年（1957年）的时候，我们苏尼特左旗作为特殊礼物送给了自治区。"这把马头琴曾在内蒙古博物馆收藏，据说在20世纪60年代销声匿迹，不知所终了。苏尼特地区过去制作共鸣箱，不是用木板制成的，而是在方木上剜出来的，换句话说，苏尼特地区古老的马头琴琴箱是在原木上剜出来的，而且用的是松木上品。苏尼特匠人制作马头琴时，在弓杆两头、琴弓抓手上雕刻奔腾的马图案，琴码形似马鞍。琴箱正背两面蒙以白黄羊皮和山羊皮。

马头琴制作完毕，琴箱正背两面蒙完皮之后要上漆。上漆时，最主要是马头上以绿漆，脑门上上白点，马眼睛必须黑白分明，鬃毛上黑漆。龙头或玛塔尔头，也要上绿漆，眼睛也要黑白分明。弦轴、琴杆、琴箱、琴弓上棕红色漆。这是仿檀香木颜色的意思。

马头琴琴弦，两弦注意选用椭圆形马尾，弓弦选用三角形马鬃。马尾毛分椭圆形、三角形和扁形三种。琴弦如混入扁形毛，有琴声口吃的说法，故忌讳用扁形毛。

苏尼特马头琴演奏法

苏尼特“胡儿芒乃拉胡”（马头琴序曲）法：

“胡儿芒乃拉胡”（马头琴序曲）法，在苏尼特古来有之，一直传承应用至20世纪60年代。“胡儿芒乃拉胡”法，即马头琴定弦之后，实验各种演奏技法，演奏出同音区、啸音区、仿音区音程。“胡儿芒乃拉胡”法，这个名称是苏尼特地区独有的，而且是苏尼特马头琴独特演奏方法。

这一方面检查定弦合不合适，另一方面起到使演奏的曲目要与原调相匹配的引导作用，故称其为“胡儿芒乃拉胡”（马头琴序曲），也表现了蒙古语词汇丰富的魅力。

苏尼特人们所说的“胡儿芒乃拉胡”位置，正在马头琴琴杆中段位置。它好比蒙古包插孔式套脑。插孔式套脑有大、小两个圈，大圈在外，小圈在里，大圈在下，小圈在上，用十字梁来固定。十字的一横为东西梁，叫诺颜和其（即主梁），一竖为南北梁，叫高勒和其（即辅梁），横竖交叉的地方叫其嘎达嘎。蒙古包诺颜和其（即主梁），是蒙古包里边位置的重要分界线。过去有个习俗，男孩诺颜和其（即主梁）以外不能就座，而女孩诺颜和其（即主梁）以里不能就座。据苏尼特地区马头琴手、马头琴孛儿只斤音调、啸音演奏法传承人官布苏荣的传人奇达尔巴拉研究，马头琴“胡儿芒乃拉胡”位置，即琴杆中段位置，与蒙古包诺颜和其（即主梁）的位置一样，有着严格的遵循。马头琴琴杆中段位置，正是“胡儿芒乃拉胡”位置。在芒乃位置演奏时，阳弦（右弦）不能从芒乃位置降音（低音），阴弦（左弦）不能从芒乃位置提音（高音）。这与蒙古包诺颜和其（即主梁）以里、以外的区分，是同一个道理。

苏尼特地区马头琴啸音演

奏的特点是，以“文德阁波齐乐森（指肚按弦）”和“浩木尔嘎拉散（本意打围、包围，指用各指指尖按弦）”为主，而不采用用食指、中指的指甲根部顶弦。指甲根部，苏尼特地区蒙古语称之为“者的”，指甲根部顶弦称之为“者的给博其乐呼”演奏法。

苏尼特马头琴定弦法及指法、演奏法的名称：

1. 马头琴定弦法名称

苏尼特马头琴定弦法中有“孛儿只斤定弦法”“都金定弦法”“扫力包定弦法”“查干定弦法”等名称。其中，“孛儿只斤定弦法”“扫力包定弦法”是指两弦位置，而“查干定弦法”“都金定弦法”是指两弦定弦。

更具体地说，“孛儿只斤定弦法”，细弦在右手边，粗弦在左手边；“扫力包定弦法”，细弦在左手边，粗弦在右手边；“查干定弦法”，是指四度泛音；“都金定弦法”，是五度泛音。

“都金定弦法”，这个名称的来源很有意思。苏尼特民间演奏家在演奏马头琴的时候，把烟袋或折叠刀子（剃头刀）挂在琴码上拉奏。这就叫“都金定弦法”，意思是挂起来或吊起来。挂东西以后演奏“查干胡歌”（四度）时，在其震动作用下音色变得更粗犷而浑厚，听上去与五度泛音区别不大，因此把五度泛音称之为“都金定弦法”。

以上所述的定弦各具特色、音色，被定为四种定弦法。

这就好比骏马的四条腿，显示马头琴内在的神奇和蒙古人智慧博大的魅力。

四种定弦法排列如下：孛儿只斤定弦法、扫力包定弦法、查干定弦法、都金定弦法。

2. 指法及演奏法的名称

民间传统演奏法中有“俄日黑布其乐呼”指法、“者的给博其乐呼”指法、“文德阁波齐乐森”指法和“浩木尔嘎拉散”指法，说的都是左手指法。另外，还有弹拨奏法、啸鸣奏法、双音奏法、滑音、拨弦等弓法、指法相结合的很多奏法，在四种定弦法上又增添了很多名称。

马头琴演奏艺术是民族美的艺术，是流淌在草原人民心中美的溪流，是历代蒙古族人民奉为神明的美神。它相伴草原人民涉过历史长河，在美中寻求极乐与光明。马头琴如歌如泣的琴声能震撼无数欣赏者的心灵，昭示它固有的永恒魅力，即唯有这美妙的马头琴演奏艺术才能真正表现出草原民族的神韵与底蕴。苏尼特人自古以来运用各种演奏法，发挥各地不同的演奏特点，不但在婚宴、聚会上进行演奏，而且也运用到生产生活之中。比如，母驼遗弃小驼羔，唱“嚯卜梭勒劝奶歌”的时候，用马头琴“都金定弦演奏法”伴奏蒙古族民歌《沉红的骟驼》《火红的骆驼》，发出啸鸣音、泛音效果，母驼很容易接纳遗弃的小驼羔。母马遗弃小马驹时，采用“查干定弦法”弹拨演奏，母马就容易接纳遗弃的小马驹，其含义很深奥。

还有一些颇有意思的说法在民间流传，比如：想学拉马头琴的人，晚上在三岔路口倒骑马骷髅头上，一直拉到次日凌晨黎明之前就可以学会；或把胡兀儿沁（胡琴演奏家）的马鞭子偷出来，将其扣绳套在手指头上学拉琴，学得快。

在家里放置马头琴也有讲究，要把马头琴挂在屋子西北角佛龛左侧墙头或椽子头上，而不能放在地上。对马头琴崇尚有加，甚至晚上睡觉的时候，把马头琴琴码取下，以免马腰压累了。次日早晨，再把琴码支起，以此表达兴旺发达的愿望。如果家乡胡兀儿沁（胡琴演奏家）来到家里，主人把胡兀儿递上去，希望他演奏。平时家里来的客人，即使是不会拉琴，也要把主人递过来的胡琴接过去比画一下，以示尊重。已经定好弦的马头琴，忌讳别人随便动弦轴，以免胡琴定弦被破坏。所以，有句调侃的话："不懂胡琴的人乱动别人的弦轴，不懂规矩的人直呼别人的父名。"

民间游艺、传统体育

沙嘎游艺

沙嘎游艺，属于苏尼特人自古以来玩耍的独具民族特色的传统游艺。

沙嘎，是蒙古语，汉语称髁骨、拐骨，俗称“嘎拉哈”，是牛、羊、鹿、黄羊、盘羊等动物后两腿胫骨顶部的一块小骨头，沙嘎有四个面，蒙古人分别用马、羊、山羊（牛）、骆驼来称名。沙嘎的宽凸面叫“好尼”（绵羊，汉族地区叫“背”），宽凹面叫“牙玛”或“乌和日”（山羊或牛，汉族地区叫“坑”），窄凸面叫“毛日”（马，汉族地区叫“轮”），窄凹面则“特模”（骆驼，汉族地区叫“针”），沙嘎的正立面叫“翁高”，倒立面叫“通高”。

苏尼特人在过年过节、婚庆、生日庆典期间进行沙嘎游戏活动。过年时，从正月初一到正月初八都在家里进行沙嘎游戏。沙嘎游戏是一种种类多、内容丰富、历史悠久的民间传统游戏。现在苏尼特地区流传下来的沙嘎游戏玩法有120多种，人们常玩的沙嘎游戏有抓“沙嘎”、箭“沙嘎”、弹“沙嘎”、猜“沙嘎”以及“赛马”、“摆花青蛙”、扔“森伯格”、“十二难”、“四难”等多种类型。

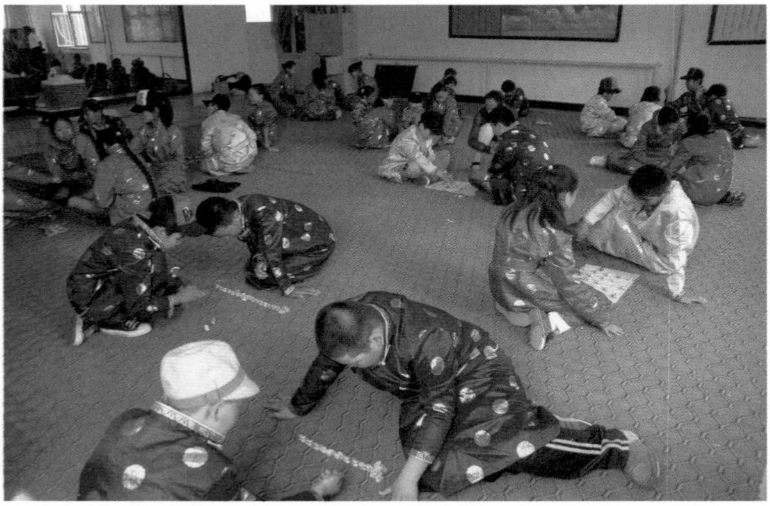

沙嘎游戏，不仅是苏尼特人生活中的一项休闲活动，也可通过沙嘎游戏对孩子们进行教育，让孩子们从小养成尊重师长，爱护弟妹，团结同学，努力学习科学知识，谦虚谨慎，做一个品学兼优的人。除此之外，还可

让孩子们熟悉牧人生活，学习掌握畜牧业方面的相关知识。可以说，沙嘎游戏也是少年儿童人生的第一堂课。所有的沙嘎游戏都有相应的游戏规则，有始有终，有章可循。因此，孩子们在上学之前可以通过沙嘎游戏，学到一定知识，受到一定的启蒙和教育。

一、沙嘎的名称

沙嘎，在苏尼特地区也叫作“沙盖”。沙嘎，是各种沙嘎的总称，大体分家畜沙嘎、黄羊沙嘎。黄羊等野生动物的沙嘎，有的地方还称其为“哲格米”。牛、鹿等大畜的沙嘎或叫“阿尔盖”或“古日艾”。除此之外，还有经过修饰的沙嘎和人工仿造的沙嘎。射“沙嘎”时做子弹的沙嘎，就是为了增加其重量打眼儿灌铅的经过修饰的沙嘎，而以沙嘎做模型用金属材料铸造的叫“阿如古拉出嘎”。

在苏尼特地区与沙嘎一起掺和着玩的牲畜踵骨叫作“恼亥”（狗），用在打猎或放牧的游戏里边。

此外，牲畜髌骨叫作“浑”（人），胫骨叫“杜尔波力吉”，也与沙嘎掺和在一起玩。

有关沙嘎的名称，苏尼特人们在民间祝词里编了不少顺口溜，在正月十五的沙嘎祝词仪式上咏诵：“珍珠玛瑙稀世宝，牲畜身上肉是宝，肉里边骨头是宝，骨头里边沙嘎是宝。平川上马是宝，台地上牛是宝，洼地里羊是宝。仰起头的骆驼是宝，低下头的翁古惕是宝。”“高高山上绵羊走，深深谷地山羊过，向阳滩上骏马跑，背风弯里黄牛卧。倒立起来叫不顺，正立抓个大骆驼。”关于沙嘎，也有很多谜语。由此可见，苏尼特人们中间广为流行的沙嘎游戏，在民间文学里边也有应有的地位。

苏尼特人不仅用五畜的名字来命名沙嘎，而且还根据其某种不同特点分出公母来。比如，沙嘎窄凸面叫“毛日”（马），其窄凸面朝里为骒马，其窄凸面朝外为骗马；沙嘎窄凹面叫“特模”（骆驼），其窄凹面朝里叫母骆驼，其窄凹面朝外就叫骟驼；沙嘎的宽凸面叫“好尼”（绵羊），宽凸面朝里叫母羊，宽凸面朝外就叫羯羊。

1. 绵羊沙嘎

苏尼特人认为，绵羊是热性的（绵羊、牛、马）牲畜，故对绵羊沙嘎格外珍惜。

绵羊沙嘎是在胫骨细段的拐骨。牧民吃完羊肉之后，把沙嘎剔出来刮得干干净净保存起来。绵羊沙嘎较之山羊沙嘎形状稍有不同。也因绵羊个头大小不同，沙嘎大小也不一样。

苏尼特人有以一百枚、五百枚、一千枚地保存沙嘎的习俗。如果哪家的沙嘎保存到一千枚，会装入纳缝的毡子口袋里“珍藏”起来，然后再从一枚开始重新保存。

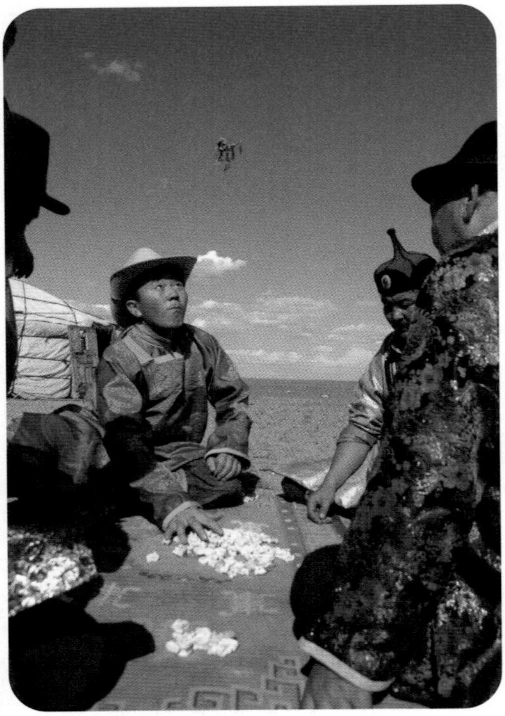

公种羊的沙嘎、作为神畜系上绸带放生的绵羊沙嘎，以及敖包祭祀、供佛、婚宴、婴儿出生第三天上用的秀斯（蒙古族对肉食的敬称）的绵羊沙嘎，刮干净以后另外保存起来，不能作为沙嘎游戏器具用。

九代保存传承下来的绵羊沙嘎，叫作“呼日乐沙嘎”（红铜沙嘎），推崇有加。这种“呼日乐沙嘎”可做药引子，用于治病。

2. 山羊沙嘎

山羊沙嘎较之绵羊沙嘎形状近似，但个头小，竖直平面高。年长者们认为，山羊沙嘎发射命中率差。山羊沙嘎可以用于游戏，但不能作为占卜算卦等活动的器具。因为通常认为山羊是冷性牲畜。

公种山羊、作为神畜放生的山羊沙嘎同样专门予以保存。

3. 牛沙嘎

牛沙嘎早先也用于游戏。牛沙嘎个头大，形状如小畜沙嘎。苏尼特人同样有保存牛沙嘎的习俗。

苏尼特地区主要用牛沙嘎做冰上游戏或用于箭“沙嘎”用。苏尼特有的地方禁忌儿童玩牛沙嘎，说是儿童玩牛沙嘎会变得愚笨。因而，主要是大人做牛沙嘎游戏。

4. 黄羊沙嘎

蒙古人认为，黄羊沙嘎是天上的绵羊的沙嘎，备受推崇。

苏尼特人打猎把收获的黄羊沙嘎，从野外捡拾的黄羊沙嘎收集起来，以备游戏之用。

黄羊沙嘎较之绵羊沙嘎、山羊沙嘎个头稍小一点，但样子很秀气。其中，长尾黄羊、狍子、白黄羊的沙嘎相互间都有所不同，白黄羊的沙嘎与山羊沙嘎形状相似。

黄羊沙嘎与绵羊沙嘎、山羊沙嘎相比较，具有玩的时候窄凸面“毛日”（马）出现概率多的特点。苏尼特人数百成千地收集黄羊沙嘎珍藏起来，认为黄羊沙嘎收集得多预示牲畜兴旺。苏尼特人视黄羊沙嘎为“天上的绵羊”的沙嘎，格外珍惜，当作宝贝。

苏尼特人在专门的毡子口袋或布口袋里保存黄羊沙嘎，以备游戏之用。

5. **母盘羊、公盘羊的沙嘎**

母盘羊、公盘羊的沙嘎形状与上述绵羊、山羊、黄羊的沙嘎相似，但个头大些，而且来源少，不容易收集到手。

苏尼特人从很早开始玩母盘羊、公盘羊的沙嘎，就是现在也尽可能地收集起来做游戏之用。人们将收集母盘羊、公盘羊的沙嘎视作牲畜发展的好兆头。

6. **铸造出来的沙嘎**

以绵羊、山羊、牛以及野兽沙嘎做模子，注以金、银、红铜、黄铜，翻砂铸造而成的沙嘎，分别称其为“阿拉坦沙嘎”（金沙嘎）、“孟根沙嘎”（银沙嘎）、“呼日乐沙嘎”（红铜沙嘎）、“高亦林沙嘎”（黄铜沙嘎）。苏尼特人不玩“阿拉坦沙嘎”“孟根沙嘎”，认为金银是稀有贵重金属，当作玩物会折损福分。只是把用金银铸造的沙嘎珍藏起来，以求吉祥、纳福。

红铜、黄铜铸造的沙嘎，直到新中国成立时还一直在玩。苏尼特左旗查干敖包庙有个匠人，名字叫巴特尔，用金属材料铸造沙嘎的手艺那真是一绝。

7. **踵骨**

蒙古语称之为“保尔毕”，是指胫骨一端与沙嘎连在一起的长方形小块骨头。孩童们大量收藏踵骨，当作“猎狗”“看家护院的狗”来玩耍的现象相当普遍。孩童们玩耍的时候，常把踵骨当作“狗”，玩游牧走“敖特尔”时跟着走，玩骑马打猎时领着“猎狗”走等各种各样有趣的游戏。平时，把踵骨收藏好，禁忌将踵骨随地扔掉或扔火里烧以及喂狗。

8. **髌骨**

髌骨也叫膝盖骨，俗称波拉盖儿，位于膝关节前方，股骨的下端前面。苏尼特人认为，髌骨刮干净，生下的男孩会漂亮。所以，啃吃髌骨要求一定要啃干净。

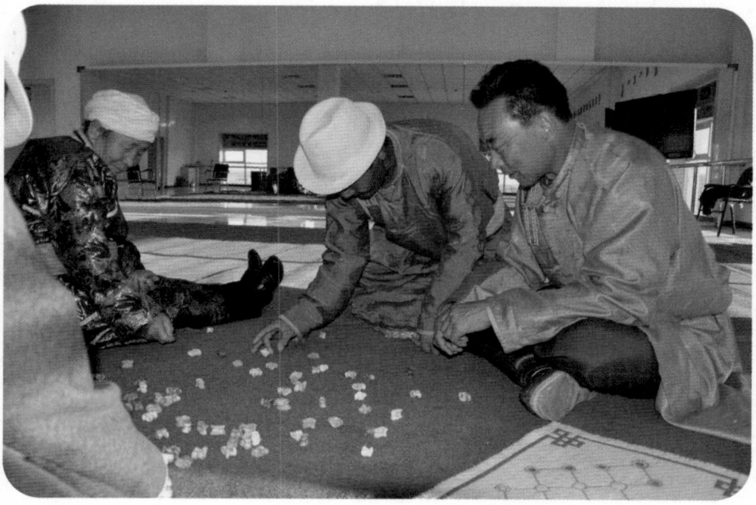

孩童们玩耍时，把髌骨当作“人”。叫“人”骑上沙嘎窄凸面“毛日”（马）或沙嘎窄凹面“特莫”（骆驼）上，让骑马的人或骑骆驼的人做走“阿音”（长途运输）或走“敖特尔”游牧迁徙。牵着马、牵着驼队前行的游戏，内容丰富多彩，饶有趣味。

髌骨与沙嘎在一起保存好，忌讳随地丢弃。

9. 踝骨

蒙古语称之为“杜尔波力吉”。踝骨是指位于牲畜胫骨下端的小块儿骨头。将这个小块骨头卸下来刮干净，形状与牧区捡牛粪的筐“杜尔波力吉”相似，所以人们把它叫作“杜尔波力吉”。踝骨可供孩童们玩耍，孩子们用细线把它串起来，担在沙嘎窄凹面“特模”（骆驼）上边，做捡牛粪、驮运牛粪等游戏。

二、沙嘎游戏的场地与时间

沙嘎游戏有很多讲究，不是随时随地随便玩，而要选择合适的场地、合适的时间。

1. 在家里玩

在广袤的草原上逐水草而迁徙的苏尼特蒙古人自古以来就有在自己的毡房里做沙嘎游戏的习惯。沙嘎游戏，不但在蒙古包“敖特尔”帐篷里进行，也可以在放牧场上、湖边进行。

除了过年过节，平时闲暇时间也可以玩。特别是漫长的冬夜，无论大人、小孩都做沙嘎游戏，作为一种休闲娱乐活动。

2. 在外边玩

跟群放牧的人随身携带一些沙嘎，在放牧闲暇拿出来玩一玩。此外，冬天在河冰面、湖冰面上玩，还可以于平地上泼水弄成冰面，玩弹“沙嘎”、箭“沙嘎”、踢毽子（踢沙嘎），以及玩牛沙嘎、玩“图嘎”（一种沙嘎游戏）等多种游戏。

3. 在寺庙玩

平时，寺庙里不能玩沙嘎，但每年从腊月二十三至正月十五，可以在指定地点做沙嘎游戏。差不多每座寺庙里都有一处“那达慕敖包”，这是做沙嘎游戏的指定地点。喇嘛和小班迪们聚在这个地方，可以做扔“森伯格”、弹“蹦吉格”、弹“沙嘎”等各种沙嘎游戏，热闹异常。

有时候，由庙仓专门组织比赛，对比赛中决出的前八名或前十八名进行物质奖励。

沙嘎游戏，分平常的玩耍与进行比赛两种。平常的玩耍，各家各户或左邻右舍、亲朋好友利用闲暇时间在一起玩耍，作为一种休闲活动。时间主要在冬闲时，而且少年儿童参与者居多数。

孩童和妇女做弹“蹦吉格”，赛马游戏中青年做抓“森伯格”、下鹿棋等游戏。每到晚上，轮流到各家各户做各种游戏，一展技艺，决一胜负。

4. **组织比赛**

主要是在过年、乔迁之喜、本命年寿宴期间或苏木、旗举行“那达慕”大会期间专门组织进行沙嘎比赛。比赛要分老年组、中青年组、少年组和妇女组等几个组，由比赛组织者宣布每个组的比赛项目期、比赛规则等，参赛者必须严格遵循。

比赛有奖品。根据各个组的参赛人数情况来定奖励前四名，还是奖励前八名或者奖励前十六名。奖品有绵羊、砖茶、衣料等物品。本命年寿宴的比赛有讲究，奖品必须有绵羊。

比赛开始时，参赛人围坐在一起，由年长者把沙嘎摊开，从中选一个有特殊记号的沙嘎，咏诵祝词：

十福之牲畜的
阿拉坦沙嘎在这里。
兄弟姐妹在一起，
尽情地玩耍吧！

然后，按年龄顺序轮流弹“沙嘎”。

如果在摊开的“沙嘎”里立起“翁高”（沙嘎正立面），年长者把它拿起来，嘴里念念有词：

“翁高”立在位置上，
位置定在根基上，
看看它再立起！

然后，又祝福道：

翁高立起有收获，
多多立起会走运，
看看它再立起！

如此这般掷三次。每次轮流时，上家把沙嘎交给下家时，也要祝福说：

交给你阿拉坦沙嘎，
但愿你羊群撒满坡！
交给你稀有宝物，
但愿你羊群满洼地！
齐心合力玩耍吧，
祝愿一切美好！

接过沙嘎的人回敬道：“但愿如此！纳福成喜！”游戏就这样周而复始地进行。

根据苏尼特地区的习俗，沙嘎游戏活动在腊月二十三至正月十五期间进行，正月十五晚间将沙嘎收起来进行一番抹画、祝福之后，装入口袋里放置起来。

5. 正月沙嘎游戏

正月，蒙古语称之为“查干萨日”，即白月，是蒙古人最隆重的节日。苏尼特人在正月进行各种游戏，其中，沙嘎游戏最为普遍。从除夕晚上开始至正月十五期间的游戏，被称为“查干萨日沙嘎游戏”。

除夕晚上，各家各户吃完年夜饭便开始进行沙嘎游戏。家主把珍藏的装沙嘎的口袋拿出来放在佛龛前，点香熏香，把平时收藏的沙嘎口袋递到孩子们手中后，说一声：“喳，孩子们好好玩耍吧！”然后，不论男女老少开始做沙嘎游戏，有的甚至玩个通宵。“查干萨日沙嘎游戏”中，“四难”、“赛马”、“十二属相”、“摆花青蛙”、弹“蹦吉格”、抓“森伯格”这几项游戏是必不可少的。

正月初一早晨，人们走村串户去拜年。出发之前为了图吉利，习惯掷“四难”“幸运一”等，以此占卜一切顺达。例如，连续四次撒（掷）出沙嘎的宽凸面 “好尼”（绵羊）、宽凹面“乌和日”（牛）、窄凸面“毛日”（马）、窄凹面“特模”（骆驼），就认为很吉利；掷“幸运一”，掷三次能掷出窄凸面“毛日”（马），认为非常吉利。过本命年的人，初一早晨掷十二枚沙嘎来占卜、预测当年的年景。过年期间，人们图吉利，盼兴旺，祝好运，通常都做“摆花青蛙”“吃花青蛙”游戏以及“赛马”、“给牲畜算命”、抓“森伯格”、“母驼产羔”、弹“沙嘎”等游戏。

寺庙沙嘎游戏，从除夕晚上到正月十五，大家聚在沙嘎游戏专门场地“敖包”前进行。

正月十五一过，“正月（查干萨日）沙嘎游戏”到此结束，人们把沙嘎收起来保存。查干萨日沙嘎游戏，为的是表达对新的一年生活幸福，身体安康，吉祥如意，万事顺达的美好愿望和祝福，表达了苏尼特人民对生活的热爱，对未来信心满满的良好习惯。

6. 沙嘎游戏的时间

大凡蒙古族地区，从除夕晚上开始至正月十五期间沙嘎游戏普遍开展。秋冬季节也可以进行沙嘎游戏，但是春夏两季忌讳沙嘎游戏，除非是遇婚宴或一些庆典活动，其他时间一般不做沙嘎游戏。甚至说，春天玩沙嘎会致“仔畜弯腿”，反正是对仔畜不好；夏天玩沙嘎要“遭雷击”“天大旱”等。总的意思，春夏两季牲畜产仔季节，生产劳动特别繁忙，没有玩沙嘎的闲暇时间。当然，这期间遇上婚宴或其他什么庆典活动，也可以进行沙嘎游戏和沙嘎比赛，以活跃气氛，丰富生活内容。

到了秋后，牲畜抓完油膘，过冬准备告一段落之后，沙嘎游戏便没有什么忌讳。家家户户、左邻右舍，不论男女老少都可以做沙嘎游戏。特别走“敖特尔”游牧迁徙的人们，下夜的人们，玩玩沙嘎，以此打发时间。

到了冬天，日短夜长，人们便可以开展各种休闲娱乐活动，如说书讲故事、下鹿棋、做沙嘎游戏，以此消除疲劳，提起精神。沙嘎游戏，是游牧生活时代牧民不可或缺的一项古老的休闲娱乐活动。

三、沙嘎游戏的器具

沙嘎游戏，需要有“森伯格”、“ 西哈”、“ 子弹”、玩“吉仁”的有一定规格的专门垫子、弹射沙嘎的靶牌、玩冰上沙嘎的西哈以及沙嘎口袋、“占卜”沙嘎、装沙嘎的小匣子等器具。

1. 森伯格

所谓“森伯格”，是专门用于沙嘎游戏的，是用银、黄铜或用金属制作的小连环器具。汉族地区叫“钱码头”，是用小铜钱串起来的，也有用纽扣串起来的，农村甚至有用玉米粒儿串起来的。后来，城里的孩子干脆缝制个小布袋子，里面装上黄豆或沙粒，用以替代钱码头。

森伯格的轻重不同，着点也不同，根据个人的喜好而定。有的人喜欢用重一点的森伯格，有的人喜欢用轻一点的森伯格。但是，进行比赛必须用重量统一的森伯格。

2. 西哈

所谓“西哈”，是用来射沙嘎的专门用具，由西哈、子弹两部分组成。西哈用檀香木或鼠李来做，也有用动物骨头做的；子弹用动物犄角或用动物细腿骨来做。

制作西哈要求用上等木料，精雕细琢，并且有规定的尺寸。西哈长一庹，两侧宽度两指厚，底座宽度两指。样式各地大同小异。用骆驼或牛小腿骨制作的骨头西哈最好。有些能工巧匠用银、铜镶嵌的西哈看上去更漂亮，用起来得心应手。

3. 扎哈

所谓“扎哈”，是为冰面上射沙嘎而专门制作的子弹。用母盘羊、公盘羊的骨头，骆驼细腿骨或上等木料来制作，形状长方形立体，高约一寸，宽约一寸，钻孔灌入黑铅，以增加其重量。冰面上射沙嘎，也可以用牛拐骨（沙嘎）、骆驼拐骨（沙嘎），在窄凹面钻孔灌进黑铅增加其重量。这种用牛、骆驼的沙嘎做的扎哈重量约有一斤重。冰面上射沙嘎用的扎哈和沙嘎，要求制作精良，外观好看且结实。

4. 沙嘎口袋

苏尼特人有用口袋装沙嘎保存的习俗。沙嘎口袋，一般选用毡子、大布或鞣革等材料制作，根据沙嘎的数量来定口袋的大小。薄毡子口袋用线纳缝，用大布镶边，上面绣有各种图案，非常好看。

5. **垫子**

玩“吉仁”的垫子，即玩60枚沙嘎的垫子。这种专门的垫子长度为四庹，宽度有两庹，垫子一般用薄板或晾晒得平展的牛羊皮来制作。垫子质地要求硬。在有限的范围内撒开60枚大小相等的沙嘎，也就是60个子，按指定的规则来弹玩，十分有趣，也需要相当高超的技艺。

6. **小匣子**

用于占卜或预测的沙嘎，必须在专门的小匣子里保存。

苏尼特人用于占卜的沙嘎或3枚或4枚，或者12枚。这些沙嘎需要打磨棱角，圆润光滑，放置在专用小木匣子里，不能与其他沙嘎混放在一起。这种小木匣子做得也非常精巧。

四、沙嘎游戏的种类

苏尼特草原上的牧民将沙嘎宽凸面称绵羊，宽凹面称山羊或牛，窄凸面称马，窄凹面称骆驼，并将其打磨棱角，使之圆润光滑，沸水熬煮，使之存肉尽剔，且呈乳黄亮色，还分别用天然矿物质染料染成各种颜色，使之五彩纷呈。苏尼特人游牧迁徙的时候，忌讳将沙嘎遗弃掉。如果谁在别人搬迁的遗址上捡拾到沙嘎，认为是非常吉利的事情。把收集的数百成千枚沙嘎装在专门的皮口袋或毡子口袋里保存，可以把几代人收集的沙嘎向人们展示炫耀一番。苏尼特婚俗中，新郎官在掰断羊胫骨之后取下沙嘎包在哈达里，揣入怀中拿回家去，认为这是成家立业的吉祥如意的事情。

下面介绍一下苏尼特人平常进行的主要沙嘎游戏：

1. **弹“蹦吉格”**

这种游戏，也就是弹沙嘎游戏。一个人也可以玩。两个人以上进行比赛，每人分到同样数量的沙嘎，围坐在一起，轮流掷出手中的沙嘎，如果立出马可直接拿起，然后在不触碰其他沙嘎的情况下绵羊对绵羊、山羊对山羊、骆驼对骆驼地弹中，留下对自己有利的子（沙嘎）后，拿起一枚沙嘎来。如此这般有秩序地轮流弹着玩。各人掷完分到的沙嘎之后，再从自己赢得的沙嘎中取出同等数量的沙嘎继续玩耍。如果出现三个以上形状一致的子，可以争抢，但是如果立的是马就不争抢。轮到自己时没有弹中沙嘎，下家接着掷。如最后只剩一个子，谁能掷出马，马就归谁，并且得到下一轮开局的权利。

弹“蹦吉格”，有很多规矩。如：右手掷沙嘎不能再用右手来捡取弹中的沙嘎，不能碰撞别的子，不能以握有沙嘎的手再去捡取沙嘎。如出现“都拉萨”（指重叠压倚的子）沙嘎，不能捡取，也不能更动。参加弹“蹦吉格”游戏的人，必须遵循这些规则。

2. 抓沙嘎

抓沙嘎，也叫抛“森伯格”或收拢沙嘎。主要是在过年过节、婚宴期间大家聚在一起玩这个游戏。“森伯格”，是用银或铜线串起来的连环，汉族地区称其为钱码头。玩耍的时候，人们围坐在一起，把沙嘎散开掷在毡垫、鞣革或者坐垫上。开局一个人把“森伯格”抛向空中，利用“森伯格”滞留空中的时间去抓拢垫子上的沙嘎，抓住沙嘎之后翻手还要接住正在降落的“森伯格”，看手中收拢了多少枚沙嘎，然后把“森伯格”交给下一个人。垫子上散开的沙嘎全部抓完之后，参加游戏的人每人出同等数量的沙嘎，以此类推，游戏再往下进行。

抛“森伯格”还有很多规矩。一种玩法是“单挑”，每往上抛一次森伯格，利用“森伯格”在空中滞留时间，抓下边的一枚沙嘎，再翻手接住正在降落的“森伯格”。在这个过程中，不能触碰其他沙嘎，手中的“森伯格”和沙嘎不能掉出去。这样，谁手中的沙嘎多谁就算赢，沙嘎少或没有沙嘎的就算输。还有一种玩法是，一次性手抓20~30枚沙嘎，抓得越多越好。听老人们讲，过去苏尼特左旗有一名十六岁时在那达慕大会搏克比赛中拿过冠军的搏克健将，名字叫却吉扎木苏，外号叫“十六岁”。他善玩抛“森伯格”，曾经一次就抓120枚沙嘎，由此可见，他手掌多么大。

3. 射“哈拉扎”

射“哈拉扎”，也叫射“撒胡”。因为射“哈拉扎”所用的上边有槽的木头叫“撒胡”，因此得名，也有用黄羊细腿骨做的。子弹是沙嘎上钻眼，里面灌入铅，增加其重量。玩的时候，在蒙古包门口把沙嘎并列摆放或一个一个摞起来，人坐在蒙古包最里面居中位置，用“撒胡”来射击。要求射中一枚沙嘎，不能触碰其他沙嘎，就算赢。射击摞起来的沙嘎时，要求从上面一个一个地射中，其他沙嘎不能倒，就算赢。这个游戏没有年龄区分，也没有人数限制。可以八九个人轮流射击，也可以分成两队面对面坐着，射击对方立起来的沙嘎。

4. 拴马

拴马游戏，是以选赛马、控马为内容的游戏，两个人以上都可以玩。参与者每人拿出三到五枚做记号的沙嘎参加游戏。轮流把自己做记号的沙嘎撒开时，谁的沙嘎里首先立起马（窄凸面），其主人拿起，把其他沙嘎放在一边，下一轮再把立起马的沙嘎撒开。如此周而复始，看最后谁的沙嘎立起马，就算他赢。这个游戏，多是孩童们玩。

5. 赛马

赛马游戏也不限人数，把10枚以上（没有限定的数量，限不限数量，临时商定也可）沙嘎立起马面（窄凸面）纵向放置。参赛人各拿出两枚做记号的沙嘎，一枚沙嘎放在纵向列队的沙嘎旁边，另一枚沙嘎参加掷沙嘎比赛。谁的做记号的沙嘎立起马（窄凸面），他放在纵向列队的沙嘎旁边的马往前进一步。如此这般轮流玩，看最后谁的马站在最前头，以此决出冠亚军。也可参赛者每人出同等数量的沙嘎，实行搏克比赛的一对一"淘汰制"，决出冠亚军。人们认为，这个游戏很吉利，无论大人、小孩都来参加，特别在过年的时候，玩得更是热火朝天。

6. 掷马

掷马（窄凸面）游戏，是平常玩的具有普遍性的一种游戏。平时一有闲暇，可以做掷马游戏。这个游戏多少人参加都行，沙嘎多少也可以。参加游戏的人有秩序地轮流掷沙嘎，掷出马就把它捡起来再继续。最后看谁掷出的马多就算赢。这样周而复始地进行游戏，男女老少都可以参加。还有一种掷马游戏，是参加游戏的人分别在一枚沙嘎上做记号，按顺序轮流掷沙嘎，谁做记号的沙嘎立起马面，就算他赢。这种游戏，也叫掷马游戏。

7. 摔跤游戏

摔跤游戏参加人数不限，多少人都可以。但参加游戏的人，在自己的"搏克"上做记号。游戏按蒙古族搏克的比赛规则，沙嘎数量要求16枚、32枚、64枚、128枚、256枚均可。

掷沙嘎时一对儿一对儿地掷出，谁做记号的沙嘎先立起马面，就算晋一级。如此这般实行淘汰，决出前八名，然后再赛，决出冠亚军等。曾经获得名次的沙嘎经过修理变得更好看，下次作为种子选手，其他的沙嘎做非种子选手，或者叫新手参加。青少年玩这种游戏的较多。

8. 掷"四难"游戏

一次能掷出绵羊、马、骆驼、山羊面的概率极低，难度很大，所以叫作掷"四难"。这种游戏几个人用四枚沙嘎来玩，参加游戏的人谁首先一次性掷出"四难"就算赢一次。如此这般周而复始地玩。过年的时候玩得多。

9. 摆花青蛙

摆花青蛙游戏需要50枚沙嘎。参加游戏的人轮流掷骰子（俗称色子），按骰子面朝上的点数从50枚沙嘎里取出相同数量的沙嘎开始摆花青蛙。几个人玩都可以。摆青蛙图案时脑袋3枚沙嘎，后背6枚沙嘎，尾巴1枚沙嘎，腰部2枚沙嘎，四条腿各4枚沙嘎，四条腿的爪子各5枚沙嘎。最后在谁的手里形成完整的青蛙状，他就算赢。

摆花青蛙时先从头部开始摆，最后是尾巴。摆花青蛙游戏，一般在过年的时候玩得多，主要是孩童们玩，大人也有玩的。

摆花青蛙时，也有挑选各种染过颜色的沙嘎来摆放的。

10. 掷“幸运三”

掷“幸运三”，是为了检验运气。这种游戏几个人参加都可以。轮流掷出3枚沙嘎，谁最先掷出三个马面（窄凸面），他就最幸运。这个游戏在过年或婚宴期间玩得多。

11. 母驼产羔

这种游戏几个人参加都可以。参加游戏的人按顺序掷出沙嘎，立起马时拿起，用来打立起的骆驼，让它变成绵羊或山羊，若立起马再捡起来。如果一下子打不倒骆驼，继续用手里的马来打。下一轮按没有被打倒的骆驼数量来补发沙嘎。如此这般，掷出的沙嘎不减少，仍然保持很多，所以叫作“母驼产羔”，以此来表达驼群越来越繁殖增加的良好祝愿。这种游戏大人、小孩都可以玩。

12. 连绵羊

这种游戏，主要是孩童们的游戏。孩童们玩的时候，把很多沙嘎按绵羊面立起来，头对头地摆开，做挤绵羊奶的游戏。

大人们通过这种游戏从小对孩子们进行熟悉和热爱畜牧业生产劳动的教育。

13. 挤母马

挤母马游戏，是指两手交替向空中抛掷两个或三个沙嘎的游戏。熟练掌握此技的人可以用两手交替掷抛一百多回合，不发生碰撞，无一失误。

14. 沉默掷七个子

玩这个游戏过程中，掷沙嘎中间不能说话，所以叫“沉默掷七个子”。玩“沉默掷七个子”游戏时，两个以上人参加，每个人分得7枚沙嘎，掷出7枚沙嘎之后，在两子形状一致者间以指相弹。这期间，不弹的人想方设法挑逗正在弹沙嘎的人说话。如果七个回合下来坚持不说话就算赢。如此周而复始地玩耍。

15. 计百分

计百分游戏参加人数不限，参加游戏的人按顺序轮流掷4个沙嘎，按掷出的沙嘎面来计分。掷出四个马计100分，三个马一个绵羊计75分，两个马两个绵羊计50分，一个马三个绵羊计25分，四个骆驼计66分，四个大畜（两个马两个骆驼，或三个骆驼一个马）计50分，看谁先达到100分。也可以计500分或1000分玩。

16. “吉仁–亥衣呼”

吉仁，蒙古语意为“六十”，即玩60枚沙嘎，也就是60个棋子。是在马鞍鞯上或与之大小相同的生牛皮垫子上撒开60枚沙嘎，以指相弹的游戏。二人游戏者居多。如四人参加游戏，则两人为一组。游戏至多六个人参加，而此时则需要两副“沙嘎”，分两个盘子进行游戏了。

二人游戏时，先取2枚沙嘎掷于盘上，若2枚沙嘎形状各异，则由另一人再掷，直至有人先掷出2枚沙嘎形状一致时方可开局。开局者满捧60枚沙嘎撒于盘上，观察子与子互相有无重叠压倚者，有无撒出盘外6枚沙嘎或6枚以上者。如有上述情况，则犯规，由另一人再撒，直至最低55枚沙嘎均在盘中，且子与子间互不相侵，方可以指相弹，并根据沙嘎的四个面坐、站、躺、卧形态，使名称相同的两子相弹碰撞，不可出盘，也不可碰撞其他子，如此便算吃掉一子，从盘上取下，握在手中。玩法很多，不一而足。有的规定握在手中的子满10个才能放在盘外，否则即犯规；有的规定欲碰撞哪个子时，就不能再中途变换碰撞别的子，也不准以手指指点点，只许静坐默察，然后动手弹子。就这样，直至两人将盘中子尽行弹完，以弹掉的子多者为胜。

17. 走"阿音"

即长途驮运，是孩童们的游戏。把众多沙嘎按骆驼面纵向列队而立，把小畜胫骨一端的方形小骨，即踝骨用细线串起来当作驮子担在驼背上，做长途驮运或捡牛粪的游戏。这是孩子们效仿和想念去长途驮运的父辈及亲朋的有意义的游戏。

18. 放"撒嘎哈"

即使羊羔与母羊分群，把羊羔暂放邻居家，以保存母羊奶。这是孩童们的游戏。两人以上几个人参加都行。先抓2枚沙嘎掷出，立起两个绵羊的为一方，立起两个山羊的为一方，然后开始做放"撒嘎哈"游戏。换句话说，放牧绵羊的一方掷出绵羊后拾起来交给放牧山羊的那一方，如果立起马、骆驼、山羊面不捡；同样，放牧山羊的一方掷出山羊后拾起来交给放牧绵羊的那一方。最后看两家门前绵羊多，还是山羊多。哪样多就算是给对方看好牲畜了，成为赢家。这是以牧区夏季生产活动为原型的一种游戏。

19. 掷"十二属相"

这种游戏参加人数不限。游戏时挑选12枚沙嘎，从鼠年开始轮流掷沙嘎，谁最先掷出马就算概括了十二属相，最为吉利，成为赢家。苏尼特地区古来有个习俗，举办过本命年的寿宴时，掷"十二属相"游戏不可或缺。

20. 九宝游戏

九宝游戏用3枚沙嘎，参加人数不限。立三个马，叫"阿拉坦额尔德尼"（金宝）；立三个绵羊，叫"孟根额尔德尼"（银宝）；立三个牛，叫"旭仁额尔德尼"（珊瑚宝）；立三个骆驼，叫"吉斯额尔德尼"（红铜宝）；立两个骆驼一个绵羊，叫"瑙民额尔德尼"（蓝晶石宝）；立两个绵羊一个马，叫"苏布德额尔德尼"（珍珠宝）；立两个绵羊一个骆驼，叫"塔娜额尔德尼"（珠母宝）；立三难（即三个同样面）的，叫"钢额尔德尼"（钢宝）。看谁最先"九宝"俱全，就算赢。也有玩三宝、七宝的游戏。

21. **猜数游戏**

参加游戏的人各分得同样数量的沙嘎后，随意拿起几个握在手中，再猜对方手中的沙嘎数，两数相加说出数字，猜对了就算赢，并收起对方手握的沙嘎。如此这般，谁分到的沙嘎输没了就算输。谁得到的沙嘎最多，谁就赢。也有空手猜对方手握的沙嘎数量的，但在有些地方不允许这样。这主要是为了对孩子进行智力开发的游戏，男女老少都可以参加。

22. **掷"班巴来"**

其实也是和计百分差不多的游戏。参加游戏的人按顺序轮流掷出3枚沙嘎，具体计分法是：立三个马计3分，立三个骆驼计2分，立三个绵羊、三个山羊都计1分。计百分时还采取乘三的计算法，比如：立三个马3分再乘以三算9分。这个游戏还有一个规程，同等分相互抵消清零。比如：两个人紧挨着得9分，就相互抵消清零。如此这般，谁先得百分就算赢。

23. **祝寿**

这是给过本命年的人祝寿的游戏。蒙古人十三岁、二十五岁、三十七岁、四十九岁、六十一岁、七十三岁、八十五岁过本命年的习俗延续至今。过本命年寿宴，除了做掷"十二属相"游戏之外，还有以过本命年的岁数相等的沙嘎做游戏。如：十三岁、二十五岁、三十七岁本命年的人，掷与岁数相等数量的沙嘎来玩；四十九岁、六十一岁、七十三岁、八十五岁过本命年的人，其子女掷与长辈岁数相等数量的沙嘎来玩。比如：为四十九本命年的人祝寿，49枚沙嘎掷49次，掷出的马越多越吉利。

24. **顶牛**

顶牛游戏两个人以上都可以玩，每个人在1枚沙嘎上做记号参加游戏。参加游戏的人一对一各掷自己做记号的沙嘎。如果两个沙嘎都立牛面算是平，再掷下去。直到掷出一牛一骆驼或一马、一绵羊，牛取胜。取胜的一对牛再掷出，谁的沙嘎立牛面，他就算赢。败下阵的牛之间也可以再对决。这种游戏孩童们玩得多。

25. **掷"三难"**

这是占卜幸运的游戏，几个人参加都行。参加游戏的人用3枚沙嘎。所谓"三难"，是指掷出的3枚沙嘎一次性出一马一绵羊一骆驼或一骆驼一绵羊一牛（山羊）。谁能最先掷出"三难"就算他赢。掷"三难"是过年过节时预祝好运的一种游戏，成年人玩得多。

26. **掷"幸运一"**

这种游戏参加人数不限，只用1枚沙嘎。参加游戏的人轮流掷出沙嘎，谁能立出马来，他便是幸运人，如果马面朝主人，那就是更幸运了。这也是过年过节时预祝好运的一种游戏，大人、小孩都可以参加。

27. 放马

放马是儿童游戏。几个孩子在一起收拢起众多的沙嘎轮流掷，一次掷1枚沙嘎，如立起马就捡起来摆放，最后看谁摆放的沙嘎多，就等于谁家的马多。这是孩子们平常玩的游戏。

28. 落户

这是儿童游戏，几个人玩都可以。首先选出2枚沙嘎，参与者轮流掷，掷出两个绵羊的为一家，掷出两个山羊的为一家，以此类推，掷出两个骆驼、掷出两个马的分别为一家。分成四组后撒出众多沙嘎，进行赛马、弹沙嘎等各种游戏。

29. 掷“四枚沙嘎”

这个游戏参加人数不限，用4枚沙嘎来玩。轮流掷沙嘎，每人掷4次立出4个马面算赢，也视为好运气的征兆；特别是一次性4个沙嘎都立马面，那更认为运气好得很。如此这般周而复始地玩耍。

30. 踢毽子

即踢沙嘎。挑选1枚沙嘎，当毽子来踢。踢毽子先预定出数字，或踢40下，或踢50下，甚至踢100下。谁能一口气不失误地踢到预定的数量便可赢。这种游戏主要在青少年中进行。

31. 掷“莫日格”

这不是娱乐休闲项目，而是用于占卜、预测某种事情。如：走失的牲畜能否找到，有没有损失，能否打听到其踪迹，等等。而孩童们有时也效仿大人玩这个游戏，预测出远门的父亲和亲朋何时能回来。

大人常将用于掷“莫日格”的3枚沙嘎单独以专门的哈达或大布包皮包起来精心保存。

32. 赛骆驼

参加游戏的人各自把分到的相同数量的沙嘎排成一纵队，在参赛的骆驼上做记号，合在一起轮流掷，谁的那个掷出骆驼面，他的骆驼纵队就往前挪一步，最后决出名次来。赛骆驼游戏和赛马游戏大同小异，规则也一样，不限人数，大人、小孩都可以参加。

33. 赛一千

这个游戏的规则与前边出现的抛森伯格收拢沙嘎的游戏差不多。参加游戏的人轮流撒出5枚沙嘎，上抛森伯格后赶紧收拢5枚沙嘎，并接住抛上去的森伯格。每次不出现失误，全部拢回5枚沙嘎计5分，连续20次拢回成功计1000分，争得第一。如此这般，参加游戏的人周而复始地玩耍。

34. **九智**

备有五角形棋盘，9枚沙嘎（棋子）称作“狗”，分别放置在五角形棋盘各交叉点。玩耍的人任意选择一个交叉点空下，然后走棋。最后谁的“狗”能保住，算谁赢。这是个开启智力的游戏，适合青少年玩耍。

五、沙嘎游戏的规则

“没有规矩，不成方圆。”苏尼特人的沙嘎游戏由来已久，也和其他文体游戏一样有着严格的规则。

沙嘎游戏，除了有总的规则之外，每一项游戏也有各自的细则。参加游戏的人必须严格遵守这些约定俗成的规则，否则，取消其参加游戏的资格。

（1）沙嘎游戏开局，或请最年长者开局，或轮流掷出1个沙嘎，看谁掷出的沙嘎先立马面，由他先开局。

（2）获得开局权的人掷出沙嘎开局之后，以顺时针方向轮流。有的地方也有“太阳按顺时针转，游戏按逆时针转”的说法。游戏开局按顺序有条不紊地进行。

（3）参加沙嘎游戏，要讲文明礼貌，不能胡搅蛮缠。谁要胡搅蛮缠，就要取消其参加游戏的资格。

（4）参加游戏的人，除了左撇子外，不能用左手掷沙嘎。

（5）沙嘎游戏的祈祷诗文不能念错，谁念错了就取消其一轮资格。

（6）参加游戏的人在掷出沙嘎时尽量将其散开，不能将沙嘎堆在一块，以免造成沙嘎之间触碰；或者在开局之前商定好允许出现几枚容易触碰的沙嘎。如超过商定的数目，取消其一轮资格。

（7）参加游戏的人在弹沙嘎或摘取弹中的沙嘎时，不准以手指指点点，经过深思熟虑后摘取认为最有利的沙嘎。摘取沙嘎时不能触碰其他的沙嘎。

（8）不能用掷沙嘎的手去摘取立马面的沙嘎和弹射过去的沙嘎。

（9）沙嘎游戏中掷出的马与马之间不能弹射。谁如果不把掷出的马捡起来而弹射或马与马之间弹射，就取消其一轮资格。但有的地方也有允许马与马之间弹射的现象。

（10）游戏带不带“翁高”（ 沙嘎正立面叫“翁高”），事先商定好。如果带“翁高”，在掷出的沙嘎里出现“翁高”，游戏主持或年长者拿起“翁高”扔三次，按第三次出现的为准。如果说不带“翁高”，在谁掷出的沙嘎中出现“翁高”，就取消其一轮资格。

（11）参加游戏的人掷沙嘎时要干净利索，不能哩哩啦啦，无头无序。

（12）形状一致的两个沙嘎之间弹射时，不能触碰别的沙嘎，弹中目标之后滑过去触碰别的沙嘎也算犯规。弹射沙嘎的时候或者在捡拾弹射的沙嘎时不小心触碰别的沙嘎，也视为犯规。

（13）参加沙嘎游戏的人事先划定好掷沙嘎的范围。哪怕是一枚沙嘎撒出圈外，就取消一轮资格。

（14）参加沙嘎游戏的人手里没有了沙嘎，就视为输。但是可以参加掷“幸运一”或形状一致两枚沙嘎的争抢，如果得到了沙嘎，可以继续参加游戏。

（15）不能用握着沙嘎的手去捡拾掷出的沙嘎中立的马和弹射的沙嘎。

（16）沙嘎游戏过程中严禁吵架斗嘴、悔棋耍赖和相互较劲。

（17）未经游戏主持人和年长者允许，不许让别人替代自己弹射沙嘎或掷沙嘎。

（18）掷沙嘎和弹射沙嘎过程中，只剩下3枚沙嘎或4枚沙嘎时出现“三难”或“四难”，不能摘取马，必须是出现形状一致的两个沙嘎时才可以弹射或摘取马。“幸运一”不搞争抢，谁掷出马归谁。

（19）计百分、计千分游戏中，超出的分数清零，重开张重计分。

（20）无论谁掷出的沙嘎里出现“翁高”或容易触碰的沙嘎，不能自己重掷“翁高”或挪动容易触碰的沙嘎，而是请游戏主持人或年长者来处理。

（21）参加游戏者人人平等，主持公平公道，相互监督，严禁违反规定。

（22）沙嘎游戏中严禁赌博。各项沙嘎游戏，都有其规则，大家都要自觉遵守各项规则，养成良好的习惯。

六、沙嘎的修饰

蒙古人讲究沙嘎修饰。牧人中间流行一句话：“沙嘎修饰得好，马群出快马。”人们很相信这句吉言，所以，沙嘎必须啃吃干净，打磨棱角，修饰得漂漂亮亮。

蒙古人把收集的沙嘎收拾干净，将骆驼面（窄凹面）、马面（窄凸面）打磨棱角，但特别注意避免破坏沙嘎的原来形状。修饰好的沙嘎立马面的概率会大，沙嘎的骆驼面钻个小眼儿灌

进铅打磨光滑，掷出后立马的概率也增加。

沙嘎绵羊面（宽凸面）上钻个小眼儿涂上红、黄、绿色染料，看上去很漂亮。

把岩石锈垢（天然矿物质染料）收回来泡在水里，再用此水熬煮沙嘎上色，通常涂上紫红色、绿、黄颜色者居多。

用染色的沙嘎摆放花青蛙，抓森伯格时，异彩纷呈，格外好看。

用打磨光滑的沙嘎来掷“四难”、掷“幸运三”、赛马、赛驼、摔跤和占卜，效果很好。由于黄羊沙嘎着点好，所以，将黄羊沙嘎修饰好用来做游戏的居多。

七、沙嘎祝词

喳！
在这万吉万利
吉祥的日子，
在这风和日丽
有缘分的日子，
来自各地的百姓
聚集在这里，
按着宫廷的礼仪
围坐在一起，
按着亲戚的礼仪
设宴坐在一起，
按着国家的礼仪
面对面坐在一起，
按着亲家的礼仪
设酒宴坐在一起。
阴阳和谐，
福上加喜。
游戏的首选沙嘎，
开始有一套规则。
喳！
大鹏鸟在山崖上，
生蛋把雏儿喂养。
到羽毛丰满的时候，
总会在蓝天飞翔。
疼大养大的孩子，
即使满床又满房，
从里边出来的沙嘎沁（玩沙嘎的高手），
只能有一两个儿郎。
喳！说起沙嘎，
是很好的游戏。
赢了以后，
是上瘾的游戏。

单数和双数，
有区别的游戏。
掷出以后，
只认一面的游戏。
或捡或连，
讲究规则的游戏。
抛撒的时候，
有秩序的游戏。
占卜的时候，
讲吉利的游戏。
掷色子搞预测，
很神秘的游戏。
有抓有弹，
有趣味的游戏。
比赛竞技，
有说道的游戏。
有猜有拢，
还有连续的鹿连儿，
是有福气的游戏。
牲畜的沙嘎是多宝，
牧民群众大家的宝。
绵羊沙嘎是珍宝，
我们大家游戏的宝。
窄凸面是马宝，
窄凹面是骆驼宝。
宽凸面是绵羊宝，
宽凹面是山羊宝。
正立面是“翁高”宝，
倒立面是“通高”宝。
染色的沙嘎坐垫上满满，
五畜兴旺原野上满满。
斑驳的沙嘎毡垫上满满，
雪白的羊群草滩上满满。
蒙古人吉祥的游戏，
传到我辈的传统游戏。
游戏的地方但愿红日高照，
做过游戏的主人们长命百岁！

传承人简介

图都卜　男，蒙古族，1962年9月出生于苏尼特左旗巴彦淖尔苏木塔日根淖尔嘎查。自治区级非物质文化遗产沙嘎文化代表性传承人。现任苏尼特左旗巴彦淖尔镇查干淖尔嘎查嘎查达职务。

图都卜从小开始向父亲图门、母亲诺尔吉马学习沙嘎游戏，在沙嘎文化方面积累了丰富的知识，从父母手里传承了沙嘎游戏文化。他为了继承、弘扬和发展这一民族文化遗产，并让后代传承下去，于2007年成立了“苏尼特左旗沙嘎文化协会”，并出任协会主席一职。

图都卜在多次沙嘎那达慕比赛上获得优异成绩。如：1987年，在苏尼特左旗第八届那达慕大会上获得沙嘎比赛第一名；1996年，在庆祝苏尼特左旗建旗50周年那达慕大会沙嘎比赛上获得冠军；2006年，在庆祝苏尼特左旗建旗60周年那达慕大会沙嘎比赛上获得冠军；2006年11月，在庆祝苏尼特左旗成为“全国传承沙嘎文化基地”沙嘎比赛上获得冠军；2013年8月，在锡林浩特举行的“吉祥草原·锡林郭勒”那达慕暨内蒙古自治区第八届少数民族传统体育运动会沙嘎比赛上获得亚军；2013年10月，在锡林郭勒盟总工会老年娱乐活动沙嘎比赛上获得冠军；2014年2月，在二连浩特市举办的首届中蒙两国沙嘎那达慕邀请赛上获得冠军。

苏尼特搏克

苏尼特地区，是蒙古族搏克文化摇篮之一。苏尼特左旗洪格尔苏木旭日昌图嘎查呼朗图古岩画上有很多搏克摔跤的画面，充分说明这个地区早在旧石器时代就是“男儿三技”之一的搏克文化的发源地之一。自古以来，苏尼特地区涌现出了很多搏克名将，关于他们的逸闻趣事、传奇故事在人民群众中口口相传，作为珍贵的文化遗产流传至今，并且成为一代一代搏克手效仿的楷模，激励其茁壮成长。

这些传奇搏克手中有：卷起五个哈纳的蒙古包背上，让白发母亲坐在上面奔乌梁海努图克去的著名搏克手塔布代；从王府所在地一个人拉上一串60辆勒勒车如履平地回到家的著名搏克手毕力格图；抓住发疯的牤牛的两个犄角将其摔死的著名搏克手德乐都；抓住发情的种公驼的后腿，像捆绑绵羊

腿似地将其捆绑的著名搏克手布敦道尔吉；在母腹时将母亲皮腰带蹬直了的外号“阿日班朱日嘎图”（年方十六岁拿摔跤冠军）的却吉扎木苏；用抓腹股沟的办法抓生个子马或一个人将掉进井里的牤牛拽出来的搏克手塔嘎丹；素有“左翼旗碑石”之称的著名搏克手岭沁；生根的岩石一样撼不动的“十七岁的山”希如布；外号“大象”的搏克手塔布海；如狮似虎的大力士楚勒特木；哈日亚图呼拉尔的丹丕勒；巴彦哈拉塔尔门巴扎桑的沙拉道布敦；古尔班额里根的却都格塔布海；敖伦忽都格的钟堆道尔吉；西山沟一带居住的章桑；温都尔其亚—巴彦额里图的搏克手苏嘎尔；阿尔善图的大小却扎木苏；哈日亚图布敦满都拉图的丹金尼玛、钟堆、道布敦；札剌努图克的布敦高；查干陶勒盖的高个子丹毕；泰格达瓦；萨达嘎的沙拉陶勒盖；阿拉嘎乌拉努图克的额如忠乃；查干敖包的杜尔斯贵萨木坦；舒如文哈剌乌力吉巴图；嘎海哈剌东和尔；那仁宝力格的宝音阿日毕吉呼；白日乌拉的希日巴泽尔；达赖的乌呼纳、钟堆、策旺道尔吉；巴音乌拉的旺都嘎；赛音高毕的额孟克·钟堆；巴彦布拉格的都固尔扎布，等等。

参加苏尼特搏克比赛没有年龄限制，谁都可以报名参加。苏尼特那达慕搏克比赛分中青年组、老年组、少儿组三个组。搏克比赛，视其规模来决定选手的名额为十六名或三十二名；若大型那达慕或敖包祭祀搏克比赛，按那达慕规矩，或六十四名、一百二十八名、二百五十六名、五百一十二名选手参加，根据实际情况而定。

苏尼特搏克服饰独具特色，以其做工精细、考究、漂亮而结实，为选手平添一分精气神。

苏尼特搏克的摔跤服，带有银、铜泡钉的香牛皮“昭德格”（音译又作罩达嘎，俗称坎肩儿）、皮“昭德格”，裙裤“班吉拉”、套裤。搏克手上身穿昭德格，下身穿裙裤“班吉拉”，外套绣有龙凤呈祥图案的套裤，腰间围上围腰彩带，脚蹬香牛皮靴子或牛皮靴子，靴子一般都用熟牛皮条绳子捆绑结实。脖子上佩戴一个用各色彩条挽成的彩色项圈——“章嘎”。但是，章嘎不是每一个选手都可以佩戴的，而是在摔跤比赛上多次拿过冠军的，在本地区远近闻名的搏克手才有资格佩戴。

在摔跤之前，根据以前掌握的情况，先把所有报名参赛的选手分出等次，每个等次都排起队来分成两半，种子选手、好手为一方，一般选手，蒙古语叫“伊德欣搏克”，直译为“喂人的”选手为一方。比赛开始，搏克手穿戴好摔跤服饰，蒙古族长调《搏克手上场歌》唱过三遍之后，分别从左、右两个帐篷各出两名或四名选手挥舞双臂，跳着鹰舞入场，向主席台行礼，顺时针转一圈，然后由裁判员宣布上场比赛的搏克手的尊姓大名，发令开始后，比赛双方握手致意，比赛开始。如此摔下去便是第一轮。一轮完了再分成两半来第二轮，直到决出冠军为止。

按照苏尼特摔跤习俗，凡是第一轮被摔倒的选手也有一盒香烟或一条手帕的安慰奖品。

最后的奖要根据那达慕的规模而定。大型那达慕搏克比赛第一名，奖品为戴银鼻棍的白骆驼及九九八十一件奖品。一般情况下，奖励一匹马、一只绵羊以及蒙古袍衣料、砖茶等，相当普遍。

搏克比赛上，选手超群的力气和各种摔跤技巧吸引人们的眼球，深得人们的尊重。对年过半百，久经沙场、多次夺魁的搏克手授予“达尔罕搏克”（荣誉搏克手）称号，被命名的“达尔罕搏克”将自己的摔跤坎肩和章嘎传给他所认为有希望的后代或乡邻里崭露头角的新手，接受者怀着感恩的心情，重谢长辈，有时还举行一次特别有趣的交接仪式。一般是在某一个大型的集会上（比如那达慕大会），经过上级事先批准，被授予“达尔罕搏克”荣誉称号的某两个人或几对人来到会场，披挂整齐，互相摔三轮跤。不过这并不是正式比赛，而是象征性的表演赛，最后要摔成和局，然后立于主席台前，由主持人简单介绍他们的事迹，过去所取得的荣誉，并将奖品发给他们。奖品与这次即将夺冠的搏克手的奖品相同或相近。被授予“达尔罕搏克”荣誉称号的老将当场把自己的“昭德格”和章嘎解下，给选定的接班人穿戴上，预祝他在以后的比赛中取得好名次，不要辜负老一辈的期望。这是被授予“达尔罕搏克”荣誉称号的老将一生中最后一次参加比赛。

一、敬重搏克的习俗

搏克比赛中，种子选手、好手从右手的帐篷出，非种子选手从左手帐篷出。还有个习惯，本地区举办的比赛上，尽量保留本地的好手保证其晋级，争取拿第一，起码拿第二。

禁忌在摔跤服上踩踏和从其上边迈过去，本地好手上场比赛的时候，在他们平常戴的帽子和平常穿的衣服里放入一块石头，拧住其衣领，有专人看护，以祝福其好运。无论在什么地方进行摔跤比赛，都要把本地的“达尔罕搏克”和上岁数的老搏克手邀请过来，好酒好肉进行招待。

平时，年轻的搏克手们对当地的“达尔罕搏克”和上岁数的老搏克手也敬重有加，拜他们为师，向他们请教搏克技艺。对当地的“达尔罕搏克”和上岁数的老搏克手，不能直呼其名，而是尊称为“搏克沁大伯”“搏克沁大叔”等。

二、请出搏克手

搏克比赛上，先把搏克手请上场地，是由来已久的习俗。

开唱蒙古族长调《搏克手上场歌》，是激发搏克手们的激情，鼓舞斗志的召唤，也是搏克比赛马上要开始的通报。

《搏克手上场歌》一开始，所有来观赏那达慕的人们急匆匆从四面八方往比赛场地奔来，特别是报名参加比赛的选手们必须到自己出场的帐篷报到，做好比赛前的准备。

《搏克手上场歌》唱过三遍，搏克选手上场与自己的对手交手。敖包祭祀、民间那达慕及寺庙、官方组织的那达慕，凡是有搏克比赛，都要遵循《搏克手上场歌》唱过三遍，搏克比赛就要开始的传统习俗。

《搏克手上唱歌》唱过三遍后，迟到或耽搁的搏克手，不再唱上场歌，无论他是什么来头，也不管他是多么有名望的搏克手，不再等他，他来了直接上场参赛就是了。

搏克选手由指定地点请上场，如果是大型那达慕，则左手、右手两个帐篷，两边的选手同时从左手、右手两个帐篷出场。严禁一方选手出了场，另一方选手迟到或耽搁，以免一方选手等不及的现象发生。因此，左手、右手两个帐篷的选手必须同时出场。

一直以来，那达慕搏克比赛专门邀请训练有素的人站在左手、右手两个帐篷的门口，引吭高歌，负责将各方的选手请上比赛场地的事宜。

各个地方的《搏克手上场歌》曲调、风格、音乐的高挂、亮声、重复等，都有所不同。但某个地方原来唱惯了什么就按那个唱法唱就行了。

三、搏克服饰

搏克章嘎：章嘎（又写作靖嘎、章格亦雅），不属于装饰，而是属于官方授予，是历次比赛获胜的象征布条，是荣誉记录。

搏克佩戴的章嘎中，有自己制作的章嘎、传授下来的章嘎、官方授予的章嘎等区别。一般来说，佩戴章嘎的搏克手，官方都会记录在案。

章嘎不是谁想佩戴就可以佩戴的，必须达到官方指定的标准，才可以领受章嘎，佩戴章嘎。

在旧社会，王爷的搏克手、寺庙的著名搏克手，达到了当时的标准，才可以获得章嘎。苏尼

特地区曾有过旗府授予章嘎的搏克手、盟府授予章嘎的搏克手、寺庙授予章嘎的搏克手，也有由“达尔罕搏克”传授给章嘎的搏克手。

旧时，要检验其佩戴章嘎的搏克手曾经在敖包祭祀、各地那达慕搏克比赛中的战绩时，就得数一数章嘎哈达条里包裹着的石子的数量。据说，那个时代有个习俗，搏克手每当在一个那达慕搏克比赛中拿冠军，就从比赛场地捡一块儿石子包裹在章嘎的哈达条里。

搏克手的“昭都格”，即摔跤坎肩儿，是用牛皮，或用粗帆布制作的坎肩式摔跤上衣，是摔跤手进行比赛时为便于对方抓拿的抓头，也是展现男子汉健壮体魄的装饰服。昭都格直观上看去是从古代武士的铠甲演变过来的，既保留了民族特点，也保留了地域特色，搏克比赛时，搏克选手必须穿昭都格参加，而不能穿蒙古袍参赛。昭都格无领、短袖，露胸，上松下紧，下摆部位配以腰带。用约一寸宽的皮条镶边儿，主要部位钉制大头泡钉，后心还有个五寸见方或月亮似的银镜或铜镜。镜上有錾花或鼓出来的四雄（龙凤狮虎）或大象、鹿等图案，刻有吉祥图案，也有各种纹样和蒙古文篆字或方块蒙古字，写的是选手所在苏木或嘎查的名称。在整体上显现出搏克选手的稳健、威武、英姿勃勃。从质地看，有香牛皮、粗面革、毡子和帆布等四种。从式样看，有开放式和封闭式两种。开放式又叫蝴蝶坎肩、翅膀坎肩。因为形状有点像蝴蝶翅，实际上就是一种紧身坎肩，有领口无领，袖子很短，有个后片，前面几乎什么也没有，用两根皮条（坎肩上面带着）裹回来，扎在腰上就成。在上述这些部位和后腰两侧用银或铜泡钉镶嵌出来，不然摔出汗以后就滑得对手抓不牢了。

毡子昭都格，是在薄毡子外边套上一层蓝色大布，用香牛皮或粗革层层镶边，用皮筋、丝线、麻筋等密密地缝纳出来的，紧贴身子的封闭式的，俗称“内衣昭都格”，没有抓头，没有泡钉，很光滑。过去，庙会上常见，自从皮制昭都格增多之后，这种毡子昭都格几乎见不到了。

据老一辈搏克手讲，旧时曾有缎子昭都格，是地方上的手艺人缝制的，用大布做里子，外边用上等的缎子料吊面，制作考究，样式精细美观。当时，是教练员或官府的搏克手穿的。因此，当时有过一句顺口溜——“曾进过前几名的搏克手名单里，曾抓过缎子昭都格的肩膀头”，就来源于此。

搏克的套裤：套裤不但使搏克手精神焕发，斗志昂扬，也能展示蒙古族巧妇们女红技艺。套裤完全手工制作，它设计合理，质地坚韧，在制作方法和技术上要求都很高，需要由专业制造者来完成。那些心灵手巧的蒙古族妇女们飞针走线，在套裤上绣上回纹、云纹、水纹、万字、双喜字、吉祥字及旺火、鱼虫、花草等各种图案，无所不有，十分引人注目。

搏克班吉拉：班吉拉（也有班泽乐、邦吉拉等好几种写法），白布制成的肥大的摔跤裤，有些地方把这种摔跤裤叫作“班吉拉”（摔跤裙子），是蒙古族搏克选手最具特色的服饰之一。根据人的体形大小，用20～40尺布料缝制，普通标准为32尺，腰围13尺，裤长4尺，裆深2尺。这样大的摔跤裤自然有很多皱褶，并下垂于踝骨部位。

搏克靴子：蒙古族搏克比赛，不像中国式摔跤可以在厚厚的垫子上进行，而是在满是沙石，长满草的野地里进行。蒙古族搏克手自古以来就有穿靴子摔跤的习俗，不穿靴子，不让摔跤。当然，摔跤要穿专门的靴子，它与蒙古族搏克手的昭都格、章嘎、班吉拉、套裤等作为系列物品，保存在一起。

搏克手不管参加什么那达慕的比赛，都要穿上搏克靴子，没有靴笼头（也叫绑带、靴捆），要抓紧时间扎上靴笼头。靴笼头是重要附件。用两厘米宽、六尺长的熟牛皮条一头拴铜环、铁环，或打个死扣，把靴帮与靴底、靴跟与靴筒束紧，从而达到保护靴子，防止开线和潮湿后走样子的作用。苏尼特摔跤史上有过这样一个故事：两位搏克手正在交锋，势均力敌，旗鼓相当。这时一个搏克手使用了“勾子”招数，因为对方穿的鹅顶靴子没有扎靴笼头，靴底子从靴后跟一直开线到靴鼻子头耷拉了下来。

香牛皮靴，又称压纹漆面牛皮靴，底子平整紧贴地，前后滑动时牢固，没有踩空余地，捆扎靴笼头得劲，穿起来便捷，行动起来轻便、快捷。

搏克“拉巴日赏嘎”，有的地方称其为腰围裙，是搏克手的装饰物，把蓝、青、黄三色绸、缎、布条扎起来，穿缀在一根结实的皮条上，在摔跤坎肩下边、裤带和套裤裤腰上边再牢牢地扎起来，让那些花花绿绿的布条垂下，随着人的行动就抖动飘逸起来，加上这身怪异的打扮，往往给人以一种无敌猛狮之类的奇想。蓝、青、黄三色，蓝色代表蓝天，青色代表水，黄色代表大地，在搏克手心目中是至高无上的。

四、摔跤

苏尼特搏克摔跤，和整个蒙古族的摔跤规矩一样，不分体重、不分年龄、不分民族，一跤定胜负。规模可大可小，基本技巧变化多样。

自古以来，只要个人喜好，不分官民，不分僧俗，都可以参加。

要成为一名搏克手，虽然有的天生是搏克料或有遗传基因，但对大多数搏克手来说，从小爱好，有兴趣，再加上悟性好，勤学苦练，摸爬滚打，百炼成钢，才能成为搏克健将。一般来说，重视调教的地方出快马，重视训练的地方出好搏克手。

从小勤学苦练，包括小时候和羊羔、牛犊撕扯，稍大点后和二岁子牛犊、二岁子马驹撕扯着玩耍，成为“放羊的儿童搏克”。再大点以后上摔跤场上当个“伊德欣乃搏克”（喂人的跤手），被淘汰，经过摸爬滚打，成为“家门口的搏克”。长大成人后，正式上那达慕比赛场。搏克手必须经过这样几个过程。基因传承的搏克（据说是从娘舅家传承基因），天生的搏克料到了十六七岁，便可成为著名搏克手。

苏尼特曾出现“十六岁冠军”却扎木苏、“十七岁国家健将”乌力吉、素有“雏鹰”美誉的苏雅拉图等不少优秀搏克手。

参加那达慕搏克比赛，必须经过严格的程序：

（1）参赛选手必须到相关管理部门去报名登记；

（2）点到名字之后上场顺时针绕场一周，与按程序交锋的对手交手比赛；

（3）取胜者再到登记处进行登记，被摔倒的领上奖品就可以退场；

（4）如果是平局，要服从裁判的裁决，让重新比赛就重新摔跤；

（5）由于某种原因对方没来场地比赛，经过裁判团的同意，按轮空处理，晋级下一轮比赛；

（6）比赛规则中规定，三次点名不到场，就要取消其比赛资格，因此有什么紧急事由，必须事先到搏克管理处得到批准才行；

（7）取胜者不去登记名字，就要取消其晋级资格。

摔跤比赛，除了按部就班进行之外，也有些约定俗成的做法：

不管大小那达慕搏克比赛，都需要有搏克手对阵程序安排的事宜。这得请一些老一代的搏克手、经验丰富的人和认识并了解各地搏克手情况的人来参加。

搏克手对阵程序安排有两种办法，一是抽签，二是讨论商定。讨论商定里边就包括拟出“伊德欣乃搏克”（喂人）的和需要保留晋级的搏克名单。搏克比赛，是个具有妒意的竞技，无论任何地方和单位都希望自己的搏克手晋级取胜，而不愿意让他过早被淘汰出局。这也算是一种老习惯。

搏克裁判是搏克比赛中不可或缺的一项工作。裁判组由“达尔罕搏克”、老资格的搏克手、专业人员和有这方面能力的人来组成，负责裁定谁胜谁负的结果，裁定是不是平局。

搏克好手、有名气的搏克手上场时佩不佩戴章嘎，穿不穿套裤和摔跤裙子，完全自愿。有的搏克手经过一两个轮次晋级以后才穿。

搏克奖励人数，要视那达慕规模、参加人数来定，小型比赛奖励前四名，中型比赛奖励前八名，大型比赛奖励前十六名或前三十二名。

五、搏克章嘎的授予

章嘎，是好搏克手等级的象征和搏克健将的标志。无论在什么年代，章嘎都不是自己随心所欲佩戴的，起码达到了当时所规定的标准，由官方授予，并且登记造册。旧社会，在旗王爷主办的那达慕搏克比赛中多次拿过冠军的有名气的好搏克手，会被命名为“王爷的搏克”，旗王爷亲自授予章嘎。原来，苏尼特旗历史上被官府授予章嘎的搏克手没有几位，“达尔罕搏克”传授给的、寺庙授予的，或从外地搬迁过来的佩戴章嘎的搏克手倒是有一些。

1980年，苏尼特左旗一下子涌现出10名佩戴章嘎的搏克手，他们都有个人简历、历史档案，均达到了旗里定的相关条件和标准。对于曾在256名搏克手参加的比赛中拿过一次冠军，128名搏克手参加的比赛中拿过两次冠军，512名搏克手参加的比赛中进入获奖名单的，以及在旗外搏克比赛和中国式摔跤重轻量级比赛上获得过金、银、铜牌的选手，在旗那达慕大会上授予章嘎，并且命名他们为“苏尼特左旗佩戴章嘎的搏克手”。

佩戴章嘎的搏克手，不同于一般的搏克手，是由政府部门授予的荣誉称号。在旧社会，由于畏惧佩戴章嘎的搏克手，赛场上主动向其投降的有之。对于外地来参加比赛的佩戴章嘎的搏克手，出于尊重和礼貌，也有专门安排给“喂人”的搏克的做法。

六、授予“达尔罕搏克”荣誉称号

对于从风华正茂的青年时代开始活跃于跤坛，久经沙场，扬名四方，多次在大小型那达慕搏克比赛上取得优异成绩，为地区争得荣誉，深受群众爱戴的搏克名将们，当他们年老体衰时，有关部门将授予他们“达尔罕搏克”荣誉称号。

获得“达尔罕搏克”荣誉称号的人必须达到官方规定的相关条件和标准，也要经过相关审批程序。

授予“达尔罕搏克”荣誉称号，一定要在由旗府（苏木）主办的大型那达慕期间举行仪式。在宣布大型那达慕的议程时，包括授予“达尔罕搏克”荣誉称号的一项内容，广而告之。在决出那达慕搏克比赛冠亚军之后，宣布授予“达尔罕搏克”荣誉称号的老搏克手的名单和接受章嘎的年轻搏克手的名单，《搏克手上场歌》唱过三遍，老搏克手和年轻搏克手挥舞双臂，跳着鹰舞入场。

把他们请上场后，由那达慕大会主持方宣读授予“达尔罕搏克”荣誉称号的老搏克手的简历和屡次获得的成绩单。准备接受章嘎的年轻搏克手站其旁边。宣读完毕后，老搏克手对老搏克手，年轻搏克手对年轻搏克手，进行礼节性的搏克表演赛。

然后举行章嘎交接仪式。由老搏克手将自己佩戴的章嘎传给年轻搏克手。年轻搏克手接过章嘎，举过头顶展示给大家之后便退场。老搏克手留在原地，等由那达慕大会主持方宣布授予“达尔罕搏克”荣誉称号的决定之后，从主席团那里接受荣誉证书、奖品和纪念品后退场。

这便是苏尼特地区“让章嘎”“接章嘎”和授予“达尔罕搏克”荣誉称号的习俗。

被授予“达尔罕搏克”荣誉称号的老搏克手，如果健康状况允许，可以应邀出任搏克教练、搏克比赛裁判员或参加搏克议事团活动。

七、蒙古搏克赞

如果从年轻时代开始
不曾活跃于跤坛，
如果不曾抓一抓
皮制昭都格的边上，
作为一个蒙古汉子
神气到底在哪里？
如果在那达慕大会上
不曾跳着鹰舞入场，
如果不曾吸引过
黑眼睛姑娘的眼球，

作为蒙古小伙子
风采到底在哪里？
从那摔跤场的一角，
风也似的跳上场，
向那德高望重的长者
低头猫腰行礼。
八种颜色的章嘎，
迎着风儿飞扬。
昭都格上的银泡钉，
在阳光下闪闪发光。
在绕场一周的时候，
听好对手的名字。
在洪亮的点名声中
胳膊稍微抬起。
找到交锋的对手，
向观众致注目礼，
心中琢磨好技巧
毅然决然地出手。
蒙古搏克的礼节，
叫人赏心悦目！
遥望着那达慕的旗子，
跋山涉水而来。
骑上心爱的乘骑，
快马加鞭而来。
点名声中速集合，
从搏克帐篷跃出。
名字虽然悦耳动听，
军令如山须服从。

胜者不骄，
谦逊地欠身行礼。
败者不馁，
也要跟着敬礼。
俩人勾手搭肩退场时，
还在讨论技艺。
蒙古搏克那达慕，
令人羡慕不已。
牢记长者的教诲，
出场时循规蹈矩。
不能因为找朋友，
在人群中乱窜。
虽有山岳一样的威武，
却像豹子似的敏捷。
虽有岩石一样的坚硬，
却像幼松似的灵活。
报名而来，
领赏而去，
交流知心话，
祝福后会有期。
蒙古搏克的风气，
世界体坛的奇迹。
在辽阔草原的那达慕上，
唱响搏克上场的歌曲，
每一轮次激动难抑，
重整班吉拉和套裤，
舞动双臂上场，
老当益壮去夺魁。
跑步上场欠身行礼，
握手致意赛事精彩，
叫起来名字响亮，
念起来令人敬重。
蒙古搏克的风采，
蒙古人的骄傲！

传统技艺

毡　绣

蒙古族毡绣，是有着悠久历史的实用艺术。毡绣产品，使用起来结实耐用，看上去给人以美的享受。毡绣因为其使用要求和需要，可以多种多样。

一、毡绣准备工作

1. 选用适合毡绣的毡片

毡绣毡片，必须是用绵羊羔羊毛和秋季绵羊毛擀制的毡子。毡绣用的毡片，不能是抻长了的、变松软了的和走了样的毡子。用绵羊羔羊毛和秋季绵羊毛擀制的毡子密度好、颜色整齐，纳缝起来柔软，适合于毡绣。用长羊毛擀制的毡子不适合于毡绣，因为长羊毛是秋季剪过毛之后，一冬一春长出来的毛，所以，用长羊毛擀制的毡子又厚又硬，纤维粗，颜色杂。长羊毛是初夏剪下来的，用长羊毛擀制的毡子一般做蒙古包的幪毡。

毡绣要分单层毡绣和双层毡绣。顾名思义，单层毡绣就是一层毡子，而双层毡绣，是指用一层绵羊羔羊毛毡子和一层秋季绵羊毛擀制的两层毡子。用绵羊羔羊毛毡子做正面，用秋季绵羊毛毡子做背面。比如，一块儿毡垫子，人坐的一面或能看得见的上面一层用绵羊羔羊毛毡子，下面或背面用秋季绵羊毛毡。

2. 选用骆驼毛线

骆驼毛线，即用骆驼毛纺的线。但是，骆驼毛线还要分公毛线、母毛线。骆驼脖颈处的鬃毛、骆驼膝盖处长的粗长毛，叫公毛。骆驼其他部位长出的短而柔软的绒毛，叫母毛。骆驼公毛中，鬃毛部分由于纤维长，弹性好，能纺出长线，不易弄断，较之其他部位的公毛还要结实。所以，毡绣常用骆驼鬃毛纺出来的毛线。骆驼毛线，除了毡绣一般不用，是毡绣的专用线。毡绣的时候，要准备好足够的骆驼毛线。一锭子毛线40~50米长，一片长方形毡片（1.2米×2米）毡绣需要5~6锭子骆驼毛纺线。长一点的毛纺线需要5锭子，短一点的毛纺线需要6锭子。长一点的纺线毡绣的速度快些，因为可以省去纫针的时间。毡绣用的骆驼毛线长度约0.66米，要求纺得略细且均匀。如果纺的毛线粗细不均匀，毡绣绣出来的针脚就不整齐了。

3. 编织“折格格”绳

密缝毡垫、蒙古包幪毡、苫毡、毡子门帘、接羔袋等毡子做的用品时，为了防止抻开走样或边缘起毛，往往需要用“折格格”来镶边密缝加固。“折格格”，即用骆驼膝盖处的毛来编织的扁平的细毛绳。用这种单股毛绳或双股毛绳在毡子边缘密缝加固，就叫“折格格”压条。单股毛绳镶边密缝加固，叫单“折格格”压条；双股毛绳密缝加固，叫双“折格格”压条。双“折格格”压条时，将用正反搓出来的毛绳并起来压双边密缝加固。这样做，一是“折格格”变得紧密，二是好看。将正反搓出来的毛绳并起来压双边，看上去像“糖乃”（上颚），即颚纹图案。所以，蒙古语称之为颚纹图案缝制法。毡绣用品一般都用双“折格格”压条。因此，要事先编织准备好“折格格”的毛绳。

4. 准备好镶边的布条

毡绣制品，根据其工艺可分原色毡绣和镶边毡绣两种。原色毡绣，即不加任何镶边，保持原来的色彩；镶边毡绣，就是指毡绣制品边沿上用各种颜色的布条来镶边。镶边毡绣，也有袼褙毡绣和花布镶边等几种。做这种毡绣制品，事先需做好相关的物质准备。毡绣镶边一般用棕红色、红色、蓝色大布，根据镶边的宽窄、长短的要求剪好布条，以备随时使用。

5. 准备“体格”、大针、顶针儿、剪子

“体格”、大针、顶针儿、剪子，是毡绣不可或缺的重要工具，缺一不可。

“体格”，蒙古语，是毡绣时画线的工具。这和木匠师傅锯木料时，先在木板上画出两个点，然后用墨斗弹墨线弹出一条墨线是一个道理，故“体格”可以理解为弹墨线。早先没有格尺，也没有彩笔，就用“体格”来画线。所谓“体格”，先缝制约一拃长、两指宽的布口袋，口袋底部中间留一个大针粗的小眼，把用两股拧成的丝锦线从那个小眼穿过去，再从口袋口拉出去。再把蒙古语土名叫作“古勒特固努尔”的发光的矿物质材料烧透捣碎成粉末状后装入口袋，然后扎紧口子。“古勒特固努尔”这个发光的矿物质材料的粉末极富吸附性，容易吸附在丝锦线上面。用的时候，把毡子或布料铺开，将穿过布口袋的丝锦线拉出来，对准两点后摁住线两头，用手指头使劲一弹，就会留下一条线。“古勒特固努尔”这个材料是白色的，在毡子上弹出的线不是很清晰，而在毡绣镶边的布料上很清晰。为了使毡子上弹出的线更加清晰，还要把细木棍一头削尖后烧成炭，用黑炭顺着隐约可见的印痕画出线来。也有把丝锦线放入用红土面泡制的水后拉出来画线的做法，更有把稀牛屉屉放入“体格”里画线的。据说，用浸过牛屉屉的丝锦线画出来的线清晰且不易消失，而用“古勒特固努尔”和木炭画的线容易消失。

大针：毡绣或缝制毡子用品，必须用粗点的大针。细长的大针针孔小，纫针慢，而且纳缝厚毡子或双层毡子时，针颤悠不牢固。

顶针儿：是女人做针线活儿的辅助工具，呈小型圆筒状，粗2厘米许，如成人手指，筒幅2厘米左右，厚1毫米，多为铜质，呈金黄色，亦有少数生铝或铁者，呈银白色；中间断开，既可适度捏紧缩小，亦可撑开放松；除四周边缘外，浑身布满小凹进浅坑，如草籽儿般大小，密密麻麻，排列有序。缝制衣物时，把小型圆筒状的顶针儿像戴戒指一样套在中指上，用小凹坑抵顶针鼻儿尾端，通过手指用力将钢针刺进衣物缝缀。顶针儿乃早年时女人针线笸箩中必备之物，缝制衣物时，必须先把顶针儿戴上，许多女子还像戴戒指一样常年戴在手上。顶针儿既是一种做针线工具，也是一件劳保用品，两项功能兼而有之。

毡绣时食指和中指上都需要套戴顶针儿，纳缝毡子等厚的东西，需借用食指和无名指的力量。毡绣时用大拇指和中指捏住大针，用食指将大针顶进去，再用无名指来拉出线。做毡绣活儿的人为了保护食指的指肚，必须套戴顶针儿；为了防止无名指被线磨损，也要套戴顶针儿。

加工顶针儿，是属小五金制造行业的事，有的用散碎铜、铝或铁等为原料，皆为批量生产。现在，随时都可以买得到。但在很早的时候，牧区只能就地取材，或用兽骨、犄角，或用很厚的香牛皮来制作顶针儿使用。

剪子：一般剪大布用的剪子剪不动毡子，剪毡子需要专用的剪子。这种剪子，叫作马剪子。

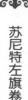

用马剪子剪羊毛也不好使，咬而不剪。剪毡子的马剪子，平时装入专用的袋子里挂在蒙古包哈纳上保存。

二、毡绣过程

1. 裁剪毡子

毡绣用的毡子，要选用绵羊羔羊毛和秋季绵羊毛擀制的成色好、瑕疵少的毡子。

裁剪毡子之前，先定好欲制作的物件，如毡垫、门帘或接羔袋等的形状和尺寸。然后，把毡子的边沿部分修理得整整齐齐，以便缝合的时候接头衔接得恰如其分。如果是不需要缝合接头的整块毡子成品，就把边沿部分整理整齐，以便加“折格格”镶边密缝加固。蒙古语有句俗语：“锯铁欠一点点，锯木长一点点，裁剪毡子正好好。”所以说，裁剪毡子需要一丝不苟。

2. 毡子粗缝

为了防止已经裁剪好的毡子错位，在裁剪好的毡片之间采取对接粗缝、对称粗缝、并列粗缝、镶边粗缝的措施。横的、竖的、斜的针脚粗略地连接起来固定住，就叫粗缝。在粗缝的基础上，在毡片对接处一针一线纳缝好，蒙古语叫“西都其乐呼”，意思是牙缝对接式纳缝。

双层毡子毡绣，为了防止缝制毡片和镶边处错位走样，粗缝时两层要缝透。

3. 画纳缝图案

图案选定之后，需要在毡片上预先画好，这叫画图案或请图案。早先的时候不像现在有格尺、有彩笔，那时连画样图的纸张也没有，只好利用蒙古语叫“体格”的弹墨线来画线。线画好了，纳缝起来就得心应手了。

画纳缝图案要从中心开始，然后往边缘部分展开，画镶边，最后画边边角角的图案。如果想画普斯贺（团花图案），那就得先画出圆形样图。画圆形样图，早先时候哪有圆规之类的工具，只能采用土办法，根据圆形图案的大小，把碗或把搪瓷盆扣过来画出圆形图案，然后用“体格”或用一头烧成炭的细木棍把里边的样图画出来。画毡绣镶边的样图案，都要用上述办法来画线。

画好样图之后，开始纳缝。纳缝忌讳猪日开工，认为猪行动迟缓，懒惰，猪日开工不顺利。所以，要选择兔日、狗日、马日开工。因为蒙古人认为在十二属相里边，兔、狗、马跑得快，行动敏捷，所以，选择这三个日子中的某一个日子开工，以图纳缝活儿进展顺利。纳缝的程序，也和画样图的程序一样，先纳缝中心，然后是边边角角，最后是“折格格”镶边。“折格格”镶边

结束，把粗缝的连线抽出来，就算完事。在纳缝的过程中，遇到有客人来，客人就要问：“心灵手巧的你，纳缝活儿顺当吧？”“粗缝快捷，纳缝漂亮？”客人临走的时候，还要留下吉利的话：“但愿你心明眼亮！”“祝贺你纳缝牢绑，毡垫结实！”等等。

三、毡绣的纹样及其象征意义

蒙古语“贺·乌嘎剌札”，即纹样。蒙古族历来有着丰富的纹样，每一个纹样有着深刻的起源和丰富的内涵。它运用不同的组织形式，广泛地应用于蒙古族的日常生活中，体现了民俗民风、宗教信仰以及审美取向。但是，在具体应用中也不能随心所欲，而是要考虑到其象征意义。比如，毡子门帘可以用乌力吉贺（即吉祥纹，也叫盘肠纹）、四雄纹样、图门贺（万字纹）、阿鲁哈贺（即锤子纹，也作回纹）、牛鼻子纹（即云纹，汉族也叫云勾子）、额布尔贺（犄角纹）等，但是，不能请用八供纹（也叫八宝纹，即宝伞、双鱼、银瓶、金盖、莲花、白螺、吉祥结、经轮）、“那木楚王丹”等宗教信仰内容的纹样。毡垫子是铺在地上，上面坐人的，因此，更不能用八供、那木楚王丹（兰扎字，为古印度天成体。神话故事中说，兰扎字不是凡人所造，而是上天造的）、四雄（龙、凤、狮、虎）纹样与和睦四瑞兽（龙、凤凰、麒麟、龟）图纹样。

家庭用品和用于畜牧业生产的毡绣上主要请用万寿纹样、吉祥纹样、古钱币纹样、普斯贺（团花图案）纹样、竹子纹样、上颚纹样、单层和双层回纹、万字纹、牛鼻子纹样、犄角纹样、大拇指纹样等。

这些纹样中，万寿纹样是祝福长命百岁，吉祥纹样是祝福万事如意，竹子纹样、上颚纹样是祝福坚固永久，四雄纹样是象征趋利辟邪，那木楚王丹（兰扎字）是象征和谐平安、幸福安康，钱币纹样、普斯贺纹样是祝福物阜民丰，牛鼻子纹样、犄角纹样、大拇指纹样是象征五畜兴旺。

四、毡绣的种类

1. 绣花毡门

用纳缝的毡子做的门叫作绣花毡门。绣花毡门，一般用双层毡子缝制。绣花毡门，还要分单色毡门和镶边毡门两种。单色绣花毡门，不用镶边，只是用毛绳压条加固便可。镶边毡门，要用红布或蓝布来镶边加固。在毡门中心部位放上方块布，在其上面纳缝吉祥纹样或普斯贺纹样，看上去更漂亮。如果在绣花毡门的上端，即与蒙古包门楣（蒙古语叫作“道陶高”）连接部位，再加上一块儿细长条垂饰，那就更显得有气派了。单色绣花毡门考虑其结实耐用，中间部位绣上竹子纹和万寿纹，也有的人家绣的是四雄纹样和团花纹。因为门帘长年累月风吹日晒雨淋，做绣花毡门一定要选用上等好的毡子，甚至有的在里层衬上一层大布做里子，使其变得更加结实。

2. 毡绣垫圈

蒙古包里最下边一层垫圈，蒙古语叫作“泰罗拉嘎”，因为它是沿着蒙古包的哈纳角围绕一圈，因此得名。蒙古包垫圈，由四块或六块三角形的毡子对接而成，靠近哈纳的边都是弧形的，靠近火撑子框的边是直线的。靠近哈纳的弧形部位，蒙古语叫“浩来布其”，意为领子。垫圈上边还要铺一层毡子，所以垫圈一般是用单色毡子来纳缝。四块或六块三角形的毡子分别纳缝和压条。垫圈中心部位或纳缝万寿纹样，或纳缝竹子纹样，边缘多纳缝回纹。有的地方把垫圈用各种颜色的布料来镶边铺在没有纳缝的垫圈上面。用红布条或蓝布条镶边的垫圈，中心部位绣万寿纹样，正中央用与镶边的布料同样颜色的布料做底子纳缝起来，这样的垫圈看上去非常华丽。

3. 长方形绣花毡

绣花毡，蒙古语叫“席日德格”。长方形绣花毡，蒙古语叫作“苏门席日德格”。 长方形绣花毡，一般都用蓝布或红布镶边，中心部位绣万寿纹样，正中央绣团花图案，也用红布或蓝布做底子纳缝起来。长方形绣花毡的四个角都要纳缝盘肠纹。长方形绣花毡要以与中心部位纳缝的团花图案的布料同样颜色的布料来镶边，上边绣回纹图案，根据其宽窄，可绣双回纹或单回纹，最后用驼毛绳来压条。长方形绣花毡是铺在毡绣垫圈上边的。蒙古包整个铺下来，需要七块儿长方形绣花毡，两个角上铺两块儿三角形绣花毡。蒙古包正北方一长两短呈“品”字形铺三块儿绣花毡，西边东面一长一短各铺两块儿绣花毡，西北角和东北角各铺一块儿三角形绣花毡。能够铺上这种七块儿绣花毡的人家，算是很讲究的富裕户了。

4. 毡绣围圈

毡绣围圈，蒙古语叫“哈牙巴奇”，是沿着蒙古包哈纳底座里外垫的围圈。围圈分里围圈、外围圈两种。里围圈一般都要镶边。里围圈分三节，每一节长度约一庹，宽两拃加一小拃。里围圈的中心部位绣万字纹、长寿纹、普斯贺和兰扎字纹。有的在绣的时候用布来做底衬。里围圈用布来镶边，每个角绣上吉祥纹样。根据里围圈边缘的宽窄，布做底衬绣上七道回纹，最后用扁形驼毛绳压条。在里围圈上端边沿上缝上几道细布带子，以便把里围圈拴在哈纳上加以固定。里围圈的边缘和中心部位常常用棕红色和蓝色布来镶边和装饰，较之单色毡绣不但显得好看，也使蒙古包里充满温馨。

外围圈就用单色毡子，不加修饰。外围圈分两节，每一节两庹，宽两拃。外围圈是防止透风的，只有冬春两季使用，秋夏两季一般不使用。外围圈主要考虑其结实耐用，一般用双层毡子来纳缝。中心部位主要绣竹子纹和长寿纹，边缘绣三至七道回纹，最后用双股扁形驼毛绳压条。

5. 毡绣驼鞍屉

鞍屉或鞍鞯，是防止马镫磨伤马肚子或驼镫磨伤驼肚子的皮鞍片或毡片。

骑马要鞴马鞍子，马鞍下边有鞍鞯，是为了防止马镫磨伤马肚子的。我们现在要说的驼鞍屉方褥垫，也叫衬垫毡片，蒙古语叫“套呼西”，其作用和马鞍鞍鞯是一样的。

驼鞍，由置于驼峰中间往两边耷拉的方褥垫、鞍定钉、毡垫、襻胸、平衡绳索、驼镫、肚带等组成。方褥垫是放在驼鞍最上边的一层长方形毡子，它的作用与马鞍鞍垫和马褥子相同。方褥垫顶上定钉，以此来把方褥垫和鞍屉连接起来。鞍屉的作用和马鞍鞍鞯的作用是一样的。平衡绳索，蒙古语叫“腾努尔格”，是两头有铁环的扁形熟皮绳，把它横放在方褥垫下边，与鞍屉毡子缝住固定。平衡绳索的两头铁环上拴上镫带和肚带。马鞍有扯肚和肚带，而驼鞍只用一个肚带。驼鞍前边套在骆驼前峰的绳子叫作襻胸，它的作用就是固定住驼鞍，防止驼鞍向后滑动。

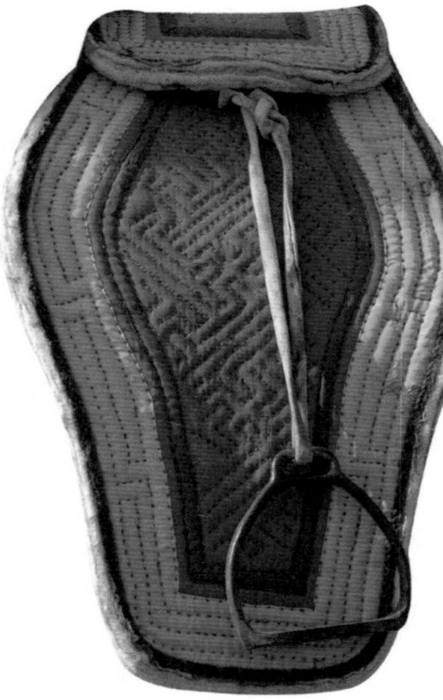

蒙古人很讲究对役畜的用具进行装饰，驼鞍鞍屉毡片上也要绣上各种纹样。毡绣鞍屉，也分单白色毡绣鞍屉和镶边毡绣鞍屉两种。鞍屉根据其裁剪的形状，分四方形鞍屉和瓶子形状鞍屉。所谓瓶子形状鞍屉，就是鞍屉的下端为椭圆形，上端稍微变窄。连接两侧毡绣鞍屉的四方毡片，蒙古语称之为“达拉巴嘎”。鞍屉要用棕红色布和蓝布镶边，用正反方向捻成的扁形驼毛绳来压双条。方褥垫中心部位绣普斯贺，两侧绣环纹图案，最后镶边，绣上回纹。鞍屉毡子的中心部位绣竹子纹，正中央绣福字纹，然后镶边绣回纹压双条。单白色鞍屉上的绣纹，和镶边鞍屉上的纹样是一样的。

6. 毡绣挽具

骆驼车上的挽具，蒙古语叫“阿拉呼西”，是骆驼驾上车之后，套住前峰从两边下拉下来的三角形毡块儿，两头儿分别在车辕上系活口拉车用的。“阿拉呼西”展开斜四角形，中缝是开缝的，折起来变成三角形。中缝开缝的两个三角毡子套住骆驼的前峰。

毡绣挽具或单白色，或镶边。挽具中心部位绣上颚纹，边缘绣回纹，最后用正反方向捻成的扁形驼毛绳来压双条。镶边一般用蓝色或红色布。

7. 毡绣坐垫

毡绣坐垫，蒙古语叫“敖鲁布嘎”，是指正方形的小块儿毡子坐垫（席日德格，苏门席日德格的一半）。毡子坐垫，一般用两层或三层毡子来缝制，大都镶边，进行装饰，使之变得非常好看。过去，这种毡子坐垫都是预备给喇嘛呼毕勒罕、长官、年长者和尊贵的客人就座的，所以，讲究做工精细，外观好看。坐垫中心部位绣普斯贺或吉祥纹，边缘绣上回纹，再用绕针把边缘绣出来。最后用捻得紧紧的双方向绳码边。

8. 毡绣袋子、口袋

（1）接羔袋：毡子缝制的用于接羔季节装绵羊羔、山羊羔的袋子，两侧有背带。接羔袋宽两尺，高一尺半，可以容纳五六只新出生的羔羊。春季产羔季节，牧羊人必须备有接羔袋，或自己挎在肩上，或挂在骆驼的前峰上。在野外放羊的时候，母羊产了羔舔干之后，就把羔羊装进接羔袋里，以防挨冻。

接羔袋上绣上图案，一是好看，二是变得结实耐用。接羔袋上绣图案，有的直接在单色毡袋上绣，有的考虑使其更加结实耐用，用布料吊面后在外面绣上图案。毡绣接羔袋的纹绣，作为牲畜兴旺的象征和祝福，接羔袋的两面多数绣吉祥纹，边缘上绣回纹。为了防止接羔袋的口子抻长或撕开，要用双方向驼毛绳压条。接羔袋的背带是从袋子下面整个兜底缝制的，如果只是缝在袋子两侧的毡子上，毡子容易撕开或裂开口子。

（2）筷子筒：用毡子缝制的约一尺高的圆形口袋，专门用来装筷子的，叫筷子筒，有绳索做的提把儿，挂在蒙古包的哈纳头上。筷子筒的口子和底座部位分别用四指宽的红布来镶边，上边绣回纹，中心部位绣竹子纹，两侧用细驼毛绳压条。

（3）碗口袋：专门用来装碗的毡绣口袋。高一尺，直径一拃。碗口袋的绣纹，与筷子筒差不多，口袋口有绳带子或有提把子。游牧走“敖特尔”或走“阿音经”（长途运输、拉脚），把碗装进去，拴挂在骆驼前峰或马鞍前鞒上。

（4）茶袋子：用于装砖茶的毡绣口袋。长方形的，单白色，绣有竹子纹或长寿纹。

（5）沙嘎口袋：装沙嘎用的毡绣口袋。圆筒形或方形，绣有竹子纹或长寿纹。

（6）熟皮口袋：装熟皮条或熟皮边角料。长方形，绣有波浪纹。

（7）零碎物件口袋：装手头用的零零碎碎小物件，走“敖特尔”，长途拉脚时随身携带。中心部位绣有竹子纹或长寿纹，边缘镶边绣回纹，开口处用驼毛绳压条。

（8）羊羔断奶袋：为了让绵羊羔、山羊羔断奶而准备的白毡子口袋。在这种袋子里装入牛粪使之发酵发臭，再把它涂抹在母羊的乳房上，以达到羔羊厌恶其味而不再吃母羊奶的目的。形状像水桶，上边安上提把子，绣有竹子纹或波浪纹。

（9）锅耳抓手：用来抓住锅耳的两块小毡片，长一拃，宽四指，长方形，上面密密麻麻地纳缝竹子纹。它的作用就是，冬天从外边搬动铁锅时防止锅耳烙手；从灶火上移动时防止锅耳燎手，以及防止锅灰沾手上。两块毡片用细绳连住，平时不用的时候把它挂在蒙古包东南哈纳头上。

传承人简介

孟根其其格 女，1959年8月出生于苏尼特左旗赛音高毕苏木（原达尔罕乌拉苏木）巴彦都楞嘎查。国家级非物质文化遗产蒙古族毡绣文化自治区级非物质文化代表性传承人。

1970—1974年，在苏尼特左旗达尔罕乌拉苏木小学读书。1975年回乡当牧民，从那时开始向其母亲学习毡绣技艺。她的毡绣作品主要有：毡绣坐垫、毡绣垫圈、毡绣口袋、毡绣书包、毡绣茶口袋、毡绣驼车挽具、毡绣驼鞍屉、绣花毡垫。

绳　艺

绳索，是苏尼特蒙古族牧民畜牧业生产的重要工具，也是日常生活中不可或缺的重要用品。可以说，自从蒙古人过起逐水草而居的游牧生活那天起，一天也不曾离开用牲畜绒毛、鬃毛、皮条编织的绳索。在从苏尼特地区发现的岩画中，人们用绳索捆绑牲畜或用缰绳牵着马、牵着骆驼的画面很多。由此可见，远古时期在这里繁衍生息的先人们已经开始驯化野生动物，并用牲畜的鬃毛和皮条来编织绳索使用了。苏尼特地区的绳艺文化，源于旧石器时代，传承至今，是一个源远流长的文化。

苏尼特蒙古人，把从牲畜身上剪下来的绒毛、鬃毛清理干净，认真加以梳理，加工成半成品——毛条，以便编织绳索用。搓毛绳，主要用骆驼毛和马鬃、马尾来搓各种用途的绳索。熟制皮张，先把皮张浸泡在水中，拿出来后用铁铲铲掉皮张上残留的油脂，将皮张放入装满乳清的大缸内，然后加一些硝盐，浸泡三天后捞出，用清水将皮张上的毛冲洗干净。将熟软后的皮张拴住一头挂在立柱或墙壁上，用皮铲反复刮铲，直到将皮张熟成布匹一样柔软，而且光滑洁白，富有弹性，然后割成皮条，以备搓绳之用。

熟皮条，主要用来做套捉马匹时使用的套索、套马杆的皮绳套，以及拴在两根或三根木桩的顶部以做拴马的链绳。有一句谚语称“力强者搓出捻力强的绳子，心灵者搓出手艺巧的绳子”，说明苏尼特人非常讲究皮绳一要捻力强，二要手艺巧。

一、搓绳

1. 加工粗毛毛条

苏尼特地区自古以来就用马鬃、马尾和山羊粗毛编织各种用途的毛绳。用粗毛搓的绳子结实耐用，伸长度小，拉脚长途运输时做煞绳拉力强。用粗毛搓绳，先将鬃毛清理干净，一根一根地理顺，以备拧毛条用。毛条的粗和细、紧与松，可以根据需要来掌握，可以用单一粗毛毛条来搓绳，也可以适当掺和绒毛来搓绳。加工粗毛毛条，其技术要求较之加工一般毛条要高得多。

2. 加工毛条

苏尼特蒙古人在游牧生活中，用羊毛、驼毛来纺毛线和搓绳、捻绳、编织毛绳。搓绳、捻绳和编织毛绳时，先把羊毛、驼毛等抖搂干净，清除杂物，以备加工毛条用。加工毛条，要把毛梳理好，粗细搭配适中。只要毛条整齐，没有打结的地方，搓出来的绳子不但粗细均匀，而且捻力强。梳理毛条需要技术，是心灵手巧的劳动妇女的基本功之一。

3. 搓绳

苏尼特人自古以来利用牲畜的毛产品来搓绳。绳索是人类生产生活中不可或缺的重要用具之一，也是蒙古族独具特色的手工艺制品。

首先把牲畜的毛、绒、鬃毛、尾毛、粗毛等精心选好，抖搂干净，用鬃毛，尾毛、粗毛加工成粗细均匀的毛条，以备搓绳之用。在此基础上，根据实际需要搓各种不同用途的毛绳。毛绳要分两股、三股、四股等好几种。搓绳子一定要注意粗细均匀，捻力相等。巧妇搓出来的绳子，抓住其一头举起来的时候，绳索像木棍一样坚挺。

搓绳时，一股用白色毛条，另一股用黑色毛条，搓出来黑白相间的花毛绳。搓绳也是一门技术活儿，不但要考虑其质量好，结实耐用，而且还要考虑其外观漂亮，做工精细，样式新颖，充分展示牧民妇女的技艺。

4. 拧毛线

拧毛线也是苏尼特妇女的基本功之一。拧毛线用的拨碟，是用牛的小腿骨或硬木材做的哑铃形坠子，中间钻一个孔，用一根铁丝穿过去做成系子。拧毛线时，左手抓着羊毛或驼毛，右手与左手配合，将羊毛撕长，一头固定在拨碟上，然后用右手抓住拨碟用力一转，转动的拨碟就把羊毛拧成了毛线，再把毛线缠绕在拨碟上。如此反复，毛线就越拧越长。当拨碟上的毛线绕得太多时，就把毛线从拨碟上取下来绕成一团，然后将两团毛线的一头并在一起，再绕成双股的毛线即可。这种毛线用于纳缝蒙古包蒙毡、毡垫、鞍韂、接羔袋，以及种公绵羊、种公山羊的试情布和驼鞍屉等。

二、绳索的种类

1. 皮绳

蒙古族先民在旧石器时代使用草绳子，后来发展到用尖利的石器和刀具将猎物的皮张割成皮条后拧绳、结绳使用。

皮绳结实耐用，用于捆扎坚硬、沉重的东西，除了单股，还可以拧成两股或三股皮绳。随着皮绳加工技艺的日臻成熟，用熟皮条来加工制作马笼头、马镫皮条、马梢绳以及马鞭、马绊、马前腿绊等，直到现在仍然在使用。

牛皮主要用来熟皮条，骆驼皮、马皮用来做蒙古包哈纳的皮钉（蒙古语叫“乌德儿”）、擀毡子皮绳、皮煞绳等。

2. 驼毛绳

苏尼特人把骆驼鬃毛、膝盖部位的毛叫作驼粗毛，其他部位的毛叫作驼细毛。粗毛和细毛各有各的用场。骆驼鬃毛、膝盖部位的粗毛一般用来拧绳，因为骆驼鬃毛、膝盖部位的粗毛质量好，经久耐用，是搓绳的极好原材料。用骆驼鬃毛、膝盖部位的粗毛搓出来的绳子伸缩性很小、结实。用驼细毛搓出来的绳子弹力大、不够结实，因此，这种绳子多用来做压边条、骆驼缰绳、蒙古包套脑的坠绳、蒙古包围绳等。

把骆驼鬃毛、膝盖部位的粗毛与马鬃、马尾等粗毛按相等比例掺和起来搓出来的绳子结实耐用，生产生活中普遍使用。

3. 粗毛绳

用马鬃、马尾和山羊粗毛等搓的绳子，苏尼特人称其为粗毛绳。将马鬃、马尾和山羊粗毛梳理好做成毛条，以备搓绳之用。粗毛绳具有捻力强、结实耐用、不怕水，不怕潮湿等特点。因此，用马鬃、马尾和山羊等粗毛搓出来的绳子做套马杆套索、母绳及蒙古包围毡绳、坠绳、毡门绳等。凡是捆绑、拉运坚硬沉重的东西，需要长久耐用的地方都用这种粗毛绳。

4. 绵羊毛绳

绵羊毛绳，是用绵羊的长毛来搓的绳子，用来做拴羊羔的绳、绵羊链绳。绵羊毛绳，较之驼毛绳和粗毛绳不够结实，所以多用于强度不大的营生。

5. 牛毛绳

牛毛绳，是用牛的暄软的毛绒来搓的绳子。牛毛绳的优点是不怕潮湿，结实耐用。养牦牛的地方，多用牦牛的粗毛和暄软的绒毛掺和起来搓绳用。用牛毛绳可以做马绊、马前腿绊、缰绳。苏尼特地区牛毛绳使用不普遍。

6. **单股毛绳**

用骆驼毛、马鬃、马尾、山羊粗毛、牛毛一正一反搓出来的单股绳，用来做压边条、骆驼缰绳、蒙古包围绳、一般捆绳、帐篷系绳等。

7. **双股毛绳**

将毛、粗毛掺和一正一反搓出来的单股绳，再以同样的办法搓出来的绳子。用来做蒙古包围绳、缰绳、拴绳、蒙古包压顶篷的毛绳、二层顶棚的毛绳、捆辐衬的毛绳、压绳、口袋等容器的吊带，等等。

8. **三股毛绳**

把用驼毛、马鬃、马尾搓出来的三条单股毛绳搓成三股绳。三股绳用作蒙古包围绳、坠绳，以及驼鞍屉捆绳、母绳、套马索、套索、链绳、拴绳等。搓三股绳要求捻力强、均匀、没有打结的地方。

9. **四股毛绳**

四股绳，是用两条一正一反搓出来的双股细绳搓出来的绳。四股毛绳相当结实，多用在长途运输时做煞绳。搓四股毛绳有较高的技术要求。

10. **缝制的绳子**

是指将一正一反搓出来的绳子并列起来缝制的绳子。并列的绳子可以是三条、四条或六条不等，缝制得紧紧的，还可以在绳子与绳子之间加毡条缝制。用作蒙古包压顶篷的毛绳、围毡绳、双压边条、肚带、捡粪篓的背带的，叫扁形缝制绳。用作蒙古包坠绳或捆扎重物的绳子，要缝制成方形。缝制绳子，可以搭配不同颜色和图案，看上去非常漂亮。

11. **包皮绳子**

是指绳子外边包一层大布纳缝的绳子，用作蒙古包顶毡绳、肚带、笼头、坠绳、口袋吊绳、蒙古包围毡绳，以起到装饰作用。王公贵族、上层喇嘛的住宅及用品追求奢华，多用包皮绳子。老百姓在平常的畜牧业生产中一般不用这种绳子。

12. **装饰性毛绳**

是指用不同毛色的毛条搓绳或做点缀，或者用各种颜色的布料、绸缎的下脚料包皮纳缝、编织或扭出不同颜色的穗子，加以装饰。这些是属于奢侈品，在其设计、规格、尺寸以及颜色的搭配方面相当有讲究。

三、绳子打结方法

常用的绳子打结法，也叫绳子扣系法很多，蒙古人常用的绳子打结法当然都有蒙古语名字。如：八字结，蒙古语称之为“华勤”扣系法；耳朵结，蒙古语称之为“其和”扣系法；死结头，蒙古语称之为“章给”扣系法；吉祥结，蒙古语称之为“乌力吉乌塔笄”扣系法；单环活扣结，蒙古语称之为“图古拉沁”扣系法；双环活扣结，蒙古语称之为“达呼尔图古拉沁”扣系法；金刚结，蒙古语称之为“瓦齐尔”扣系法；移动结，蒙古语称之为“固由木格”扣系法；螺旋状活扣结，蒙古语称之为“胡波尔亥”扣系法；蝴蝶结，蒙古语称之为“额尔博海”扣系法；拇指结，蒙古语称之为“额尔黑布其”扣系法；活绊结，蒙古语称之为“套脑图沙湖”扣系法、“毕图套脑图西湖”扣系法；三角结，蒙古语称之为“古尔巴拉金”扣系法；马莲花结，蒙古语称之为“查黑拉达嘎”扣系法、“查黑拉达嘎”三套结、“查黑拉达嘎”四套或六套结；驮运结，蒙古语称之为“径因”扣系法；马绊结，蒙古语称之为“出得儿”扣系法。此外，还有双螺旋状活扣结、交织结、紧密结、双套结、接绳结、平接扣、地锚扣、挂钩扣等很多种。

普通扣系法，即最常见的打结方式，比如平结、半结、单结等。

平结：是一种最古老、最通俗和最实用的结索，亦称接绳结、单接结、通用结、编织结等。将同一条绳的两端绑在一起，适用于连结同样粗细、同样材质的绳索，但不适用于较粗、表面光滑的绳索上。特征：其结目如果拉得太紧，就不太容易解开；不过，如果双手握住缠头，朝两边用力一拉，就会轻松解开。缠绕方法一旦发生错误，可能会变成个不完全的活结，用力一拉结目就会散开。

单结，也叫作绳头结、线头结，是所有绳结的基本结。将绳索在木桩或树木上卷一圈结一个单结，将半结打成双重就是双半结。这种结绳方式只要在绳子的一端加力，基本上不会松开。用途：防止滑动，或是在绳子末端绽开时可暂时防止继续脱线。缺点：当结打太紧或弄湿时很难解开。

双单结：并不比单结复杂，将一条绳子对折起来再打一个单结就可以了。即使绳子环形部分恰巧是绳子破损的部分，由于其无法产生施力作用，依然可以放心使用。

八字结：打法简单、易记。用途：可作为一条绳上的一个临时或简单中止、制动点。特征：即使两端拉得很紧，依然可以轻松解开。

耳朵结：为捆货物时不可缺少的一种结绳方法。

死结头：是一种对称且易结易解的结绳方法。在两端的绳子拉紧后，绳结很小，对于粗重的绳缆，可以考虑采用此结进行连接。

吉祥结：中国结中比较受欢迎的一种结饰。编法简单，结形美观，而且变化多端，应用很广。单独使用时，若悬挂重物，结形容易变形，可加定形胶固定。

单环活扣结：广泛用于拴马、拴牛犊、拴驼羔、拴羊羔或捆货物。单环活扣结，可以采用活扣、死扣，变化多端。

螺旋状活扣结：常用于套马杆、长杆鞭鞭绳接绳、拴牲畜，可灵活运用死扣、活扣、拇指结等予以加固，而且便于解开。

活绊结：多用在绊住蒙古包"套脑"时使用，是生活中常用的一种结绳法。

马莲结：亦称玉米结。最重要的是第一个结，完成了第一个结，按照同样的方法，逆时针依次压线，完成第二个结，然后依次做下去，想要几个结，就做几个结。在绳头或其他物件上结马莲结，再用寰椎状结予以加固，是比较复杂的一种打结方法。甚至可以连续结三个、四个、六个、八个结予以加固。

马笼头结、马绊结：牧区常用的结绳法，甚至在一个物件上八字结、单环活扣结、耳朵结、死结头、螺旋状活扣结等好几种打结法变换使用，特别是熟皮条结绳时使用的多。

还有令人赞叹不已的结绳法，仅举一例：在一条链绳上一环扣一环地头尾交错拴上数百只羊，放开时，解开一头的结，数百只羊的拴绳同时松开。

四、装饰性绳结

装饰性绳结广泛用于服饰、用品上。首先，说说我们常见的盘扣，俗称算盘疙瘩的编法。准备粗线绳两根，线绳左端固定住，右端环绕一圈压在左端上面（左端固定不动，用右端线头编制）；右端线头向上环绕，从左端线头下面穿过，逐渐拉紧，形成第二个圆环，用右端线头在两个圆环之间穿过（压一挑一）。如此这般，基本就完成了，剩下的就是整理工作。

服饰装饰，主要用环绕结、缨子结。环绕结，是用细布带子编织各种漂亮图案，用于装饰服装或马鞍、马嚼子扣绳和缰绳等。缨子结，也用于装饰服装、帽子、靴子和马鞍具等。

寰椎状结：蒙古语称之为"阿曼呼珠"打结法，蒙古语"阿曼呼珠"意为第一颈椎，打出的结形似第一颈椎，故得名。这是蒙古族在装饰和加固时常用的打结法。

环扣状结：蒙古语称之为"巴拉"打结法，基本技法乃是以单线条、双线条或多线条来编结，运用线头并行或线头分离的变化，做出多彩多姿的结或结组。而组合技法是利用线头延展、耳翼延展及耳翼勾连的方法，灵活地将各种结组合起来，完成一组组变化万千的结饰。

花状结：是用丝带缠绕编织而成的各种款式的花结，它们可以点缀在日常生活的许多方面。

吉祥结：步骤一，先将彩绳两头对齐，顶端出现一个圆弧，然后再分别绕出左、右两个方向圆弧。步骤二，将彩绳两端向右上方折叠，压住右侧圆弧。步骤三，将右侧圆弧向左上方折叠，分别压住之前向上折叠好的彩绳两端以及顶部圆弧；再将顶部圆弧向下方折叠，分别压住之前折叠好的右侧圆弧以及左侧圆弧。步骤四，将左侧圆弧向右方折叠，压住之前折叠好的顶部圆弧后，穿过步骤一中彩绳两端向上折叠时形成的圆洞。步骤五，分别把四个方向圆弧抽紧。步骤六，将第二步至第四步再次重复操作一遍。步骤七，抽紧四个方向的圆弧，这样就形成了上下叠在一起的两个四方结。步骤八，分别将上下叠在一起的四方结进行调整后，就形成了一个漂亮的吉祥结。

蝴蝶结：蝴蝶结是最常用的一种打结方法，因为其非常美观，所以在人们的生活中频繁出现，例如系鞋带，礼服的饰品，甚至绑长发都可用到它。蝴蝶结的系法，首先将两边的长度调成一样，然后先在脖子上打一个活结，将短的一边向反方向做出一个环绕的形状，再将中间的部分穿过去，基本的蝴蝶结就成形了。

彩结：在一条绳子的末端打一个单结，尾端要留下充分的长度；将另一条绳子从前一条绳子末端开始，顺着结形逆向穿过；两条绳子留下一定长度后，用力打成一个结。

五、使用绳子习俗

千百年来，蒙古族劳动人民在依靠自己的聪明才智创作出具有民族特色的绳艺文化过程中，也养成了有关使用绳子的习俗。古人曾经有搓绳挂在脖子上、结绳记事、结绳发誓、用绳子做祈祷的习俗，这对从人类文化角度进行研究很有价值。敖包祭祀中，用五畜的毛绒、粗毛捻的细绳围着敖包进行装饰，其中就包含着向山神祈祷保佑五畜平安、无病无灾的意思。从敖包顶峰的桅杆拉下链绳，将拴羊羔的绳、笼头、马嚼子、马绊、马腿绊等象征物挂在上边，以此来祝福五畜兴旺。

苏尼特蒙古人在祭火的时候，用骆驼毛或绵羊毛搓的细绳来缠绕绵羊胸骨，敬献给火神。这里必须用绳子这一现象，深刻地反映了人类生活中绳索所发挥的重要作用。

蒙古人之所以非常崇尚蒙古包坠绳（也作蒙古包固定绳），蒙古语称之为“其格达嘎”，是因为在极其恶劣的自然环境中，遇到旋风、冰雹、狂风暴雨等突发性自然灾害的时候，蒙古包固定绳起到保护蒙古包的作用。因此，蒙古包固定绳要用白色的毛绳，而且一定要用公种马的鬃尾、公种驼的膝盖和脖子上的粗毛来搓成，就是蒙古人崇尚力量的表现。蒙古包坠绳的拧造、将坠绳掖在蒙古包北侧的乌尼下，都有其约定俗成的规矩。在蒙古包坠绳上系哈达、从要出售的牲畜身上剪下一把毛搓成细绳拴在坠绳上、新加工的奶食的“德吉”（头份）敬献给坠绳，以表示祝福。

牧民把心爱的牲畜命名为神畜放生的时候，在其脖子上系上细细的毛绳，拴上各种彩绸和哈达。这种绳子必须是一正一反搓出来的绳子。

蒙古人非常尊崇“赫依魔力”（也作赫慕热、海莫勒），蒙古语“赫依魔力”即好运的意思。作为象征，蒙古族民间供奉或祭祀活动中使用的一种旗幡，在一块儿蓝色的布上画有一匹腾飞的白马，叫“赫依魔力”旗，汉语有好几种译法，叫“风马旗”“禄马风旗”“禄风旗”等，悬挂或张贴在牧民家中，实际就是祈祷和祝福人们好运、幸运、走运的意思。

苏尼特人用黑白相间的粗毛绳在“风马旗”旗杆上拉链绳，上边悬挂风马旗和五彩的彩带。

蒙古人用毛绳做“道木”。蒙古语“道木”，一是指禳灾祈祷仪式，二是一种治病的偏方。人发生脑震荡，用细细的粗毛绳做禳灾祈祷。如遇母畜流产，要用反方向搓成的绳子做禳灾的用器。绵羊、山羊患急性肠胃炎，在粗毛绳上系上七个或九个活扣，采用在其肚皮上来回刮蹭的偏方来治疗。为了防备家里的小畜或带幼畜的大畜在野地过夜时遭遇狼害和其他灾祸，在火剪刃上缠绕白花纹绳子或牲畜绒毛做禳灾祈祷。夏营地如遇蛇多，就用绳子围绕牧包周围画圈禳灾。

禁忌有身孕的妇女纺线、搓绳，或从链绳、缆绳、拴绳上迈过去。那样做怕孩子出生时被肚脐带缠绕。蒙古人认为，如果在野外捡到笼头、绊子、马嚼子等，认为是很吉利的事情，会珍藏起来。也有绵羊链绳打结三天以后才可以解开，驮运中驼鞍屉绳打结不可以解开等禁忌。

传承人简介

达·查干 1948年8月出生于苏尼特左旗伊和查干苏木巴彦高勒嘎查，牧民达喜策仁、杜拉玛的次子。自治区级非物质文化遗产蒙古族绳艺文化代表性传承人。

1960年在达来公社完小读书，1963年因家庭生活困难被迫辍学，回乡务牧。

1976年学习蒙医，从1977年起行医，1978年在洪格尔苏木卫生院当蒙医。1980年，创办自治区第一个苏木一级蒙古文刊物《巴彦洪戈尔之声》。1984年调入苏尼特左旗民族事务局，担任《达尔罕乌拉》刊物编辑。1986年调入苏尼特左旗史志办公室担任编辑。1988年调入苏尼特左旗政治协商会议文史办担任编辑。1999—2007年任苏尼特左旗政治协商会议副主席。

达·查干自1976年起做岩画田野调查，于1991年出版了第一部研究著作《苏尼特岩画》。

此后，撰写、出版了《石头文化》《苏尼特风俗》《蒙古人原生态游戏——沙嘎》《蒙古族绳艺文化》《蒙古族传统木器文化》《蒙古族传统牲畜塔玛嘎文化》《塔马琪草原上的古岩画》等学术著作，以及《苏尼特搏克》《苏尼特寺庙历史概况》《苏尼特祭祀敖包》《苏尼特民间祝词赞词》《苏尼特地名传说》《胡波衮洪格尔传说》《苏尼特英雄史诗》等非物质文化遗产方面的书籍。

达·查干于1984年被评为“内蒙古自治区学习使用蒙古语言文字先进个人”，受到表彰。1987年，他写的《石头文化》一书，获得内蒙古自治区第五届社会科学作品优秀奖；2003年，他的《蒙古人原生态游戏——沙嘎》一书获得内蒙古自治区第七届社会科学作品三等奖；2006年，他的散文《镌刻在岩石上的生命的温度》获得内蒙古自治区第八届文学创作索龙嘎奖；2014年，他被评为内蒙古自治区学习使用蒙古语言文字先进个人；2016年，他的《蒙古人原生态游戏——沙嘎》一书获得内蒙古自治区第十一届文艺创作萨日娜奖。

吉布吉玛　女，1961年7月出生。自治区级非物质文化遗产蒙古族绳艺文化盟级代表性传承人。苏尼特左旗原巴彦宝力道苏木萨如拉塔拉嘎查人。从小向母亲和外祖母学习绳艺，至今已有五十多年，继承和积累了绳艺技艺方面的丰富经验，多次参加锡林郭勒盟保护非物质文化遗产成果展示会议。

2015年，参加了内蒙古自治区非物质“文化日”展示活动。她定期给苏尼特左旗职业中学学生教授绳艺，并继续在苏尼特左旗非物质文化遗产中心做技术指导。她还组织嘎查一级牧民青年举办绳艺培训班。多年来，先后培养了200多名徒弟。她曾经作为贵宾被邀请到内蒙古电视台《新闻追踪》栏目做绳艺文化特约讲解员。她的事迹和作品数次在盟一级报纸上刊登。

2015年，锡林郭勒盟有关部门命名吉布吉玛为蒙古族非物质文化遗产蒙古族绳艺文化盟级代表性传承人。

制作“巴灵”（供物）技艺

蒙古语“巴灵”，意为供奉或祭祀中的供物，即供品食物。制作“巴灵”，要用山羊腰子油（网状油）和熟面（莜面）为主要原料，上色，捏成各种形状加以装饰。

一、“巴灵”制作过程

制作“巴灵”之前，先把预备好的山羊腰子网油泡在水里，将红液体分离出。所谓红液体，就是沾在腰子油上面的血渍和流入薄皮里边的血渍。红液体分离出之后，把腰子油攥紧攥出油来，清理上边的薄皮后晾干。晾干到一定程度后再泡在温水里边，拿出来再攥，反复攥紧，使之变得和揉好的面一样，揪包包子面似的揪出一点一点放在掌心上，擀包子皮儿似的擀出圆形片，再晾干。在制作“巴灵”的时候，根据所需将软卷成筒形的腰子油片放入温水里变软后再拿出来。把粉末状的染料倒入卷成筒形的油片缝隙间，用手指头把腰子油片和染料揉好揉匀。需要什么样的颜色，就往腰子油里掺进什么颜色的染料。与染料揉好的腰子油，用来做“巴灵”外观的装饰物。

作为“巴灵”装饰物的染色腰子油准备好之后，开始做“巴灵”的主体。“巴灵”的主体，是用莜面、白砂糖和黄油来和面。将白砂糖放入臼里舂成细面，再用细罗筛子筛过之后，与面粉混起来。和面用的黄油用火烧化，等变得温乎之后开始和面。和面要糅合好，让黄油充分浸透。

制作“巴灵”非常讲究卫生，制作的人要洗好脸，漱好口，戴口罩或用白布包住嘴，以防把哈气吹到“巴灵”上面。严禁疯疯癫癫的人，喝过酒、吸过烟的人以及需要避讳的人（如参加红白喜事回来的人）等进入制作“巴灵”的地方。

“巴灵”主体用面团做，附件也要用面团做。“巴灵”的“昌拉巴”（巴灵头顶上的三角形装饰物）、“米尔”（巴灵两侧插入的装饰物）、“恒日格”（巴灵前胸的装饰物），都是用木头雕出来上上色，在其上面贴上用腰子油做的彩色花纹图样。附件“巴灵”，也用面粉来做，也贴染色的腰子油装饰物。

二、“巴灵”构成、规格和装饰

“巴灵”，由大、小“巴灵”组成。由1个大“巴灵”和19~20个小“巴灵”组成一套“巴灵”。大“巴灵”的主体由“昌拉巴”“米尔”“恒日格”组成。大“巴灵”高一拃加一庹，宽四指；小“巴灵”高四指，底座宽，往上尖。

无论大“巴灵”、小“巴灵”，均根据不同的需求，上白、红、黄等不同颜色，即将不同颜色的染料粉末溶化之后，涂抹在“巴灵”上面。

小“巴灵”要与大“巴灵”相配套。例如：如果大“巴灵”是方形的，小“巴灵”也要方形；如果大“巴灵”的颜色是黄的，小“巴灵”也要黄色。“巴灵”的装饰花纹图案丰富多彩，颜色各不相同，大小不一，看上去既像各种花纹，又像某种动物的脸部，虚实结合，令人瞩目。

三、给佛上供“巴灵”的日期和供奉规则

给佛上供“巴灵”的日子为农历十月二十五日。在苏尼特地区确定这一天为“佛灯二十五日”，或到寺庙膜拜敬点佛灯，或为在家里供奉的佛像敬点佛灯。“佛灯二十五日”这天，寺庙上的喇嘛念经做佛事。给佛上供“巴灵”的仪式，每隔一年进行一次。给佛上供的“巴灵”必须是一整套，要置放在事先准备好的叫作“图尔哈嘎”的器具上。把大“巴灵”安放于中间，周围摆好小“巴灵”，恭恭敬敬地摆放在佛像前边，念经开光后上奉。为了防止放置在“图尔哈嘎”上的“巴灵”滑动或歪倒，用和好的面将“巴灵”的底座与“图尔哈嘎”的承受面粘在一起。

苏尼特左旗查干敖包庙分别为庙上的五尊佛上供“巴灵”，这五尊佛又称之为“塔本道可申”，分别为吉格吉德佛、官布佛、却扎佛、拉哈木佛和那木斯来佛。从吉格吉德佛开始依次上供“巴灵”，将“巴灵”有装饰的一面朝着佛像面放

置。隔一年把旧“巴灵”撤下来，再放置新“巴灵”。把换下来的“巴灵”拆开，与熏香混合在一块儿，做招富招财仪式之用。

上供“巴灵”之道中给什么佛上供什么样的“巴灵”，都有说道。例如：给吉格吉德佛上供椭圆形白色大“巴灵”和相应的小“巴灵”。给官布佛、却扎佛上供三角形红色大“巴灵”和相应的小“巴灵”。给拉哈木佛上供三角形红色大“巴灵”1个，三角形小“巴灵”20个；椭圆形白色大“巴灵”1个，也是椭圆形白色小“巴灵”20个；椭圆形黄色大“巴灵”1个，也是椭圆形黄色小“巴灵”20个。

四、“巴灵”种类

“巴灵”种类有：三角形顶尖的“巴灵”、有护肩的三角形“巴灵”、椭圆形“巴灵”、四方形“巴灵”、中间断开的“巴灵”、五塔形状的“巴灵”、正面背面形状不一样的“巴灵”、颜色不一样的“巴灵”、主（大）“巴灵”和附件（小）“巴灵”。

五、民间用的“巴灵”

苏尼特地区家里供佛的人家，也有给佛上供“巴灵”的习俗。个人家的供品“巴灵”，较之寺庙上的“巴灵”规格要小，制作也简捷多了。大多数人家把“巴灵”放在佛龛里给佛上供。也是在“佛灯二十五日”那天置换“巴灵”，将换下来的旧“巴灵”当作福分分别品尝享用。

传承人简介

莫尔格吉乐图　法号根敦扎木苏，1962年5月出生于苏尼特左旗就达来苏木呼和陶拉

盖忽里勒，为原查干敖包庙喇嘛桑杰的长子。自治区级非物质文化遗产巴灵制作技艺代表性传承人。现居住在苏尼特左旗查干敖包苏木阿鲁宝拉格嘎查，担任锡林查干敖包庙管理员。

1969年，从牧区巡回识字教学团宝音楚古拉、查嘎都尔两位老师那里学习蒙古文字母，次年在生产队小学读了一年多的书，便回到牧区当上了一名牧民。

1992年到1995年期间，利用劳动闲暇时间，向苏尼特左旗著名民间手艺人桑杰道尔吉老人学习藏文字母，同时学习民间工艺设计、制作“巴灵”手艺。1995年年中，被桑杰道尔吉老人正式收为徒弟，认真系统地学习掌握“巴灵”制作法、腰子油攥法、颜色配兑法以及“巴灵”种类、规格等知识。从2000年开始独立制作“巴灵”，2004年通过了师傅的合格验收。2004年，师傅桑杰道尔吉老人辞世后，莫尔格吉乐图成为苏尼特左旗制作“巴灵”技艺唯一的传承人。目前，他制作敖包祭祀“巴灵”、护神“巴灵”、上供“塔本道可申”的“巴灵”、庙会“巴灵”等十几种“巴灵”，技术娴熟，技艺精湛，深受欢迎，经常被邀请到附近寺庙主持“巴灵”更新事宜，甚至应邀到外地寺庙接受制作“巴灵”的任务。

莫尔格吉乐图以他制作“巴灵”的技艺，于2012年被任命为锡林郭勒盟盟级非物质文化遗产传承人，于2013年被任命为内蒙古自治区级非物质文化遗产传承人。

传统熟皮加工技艺

熟皮，是苏尼特蒙古族牧民畜牧业生产中不可或缺的重要用品。苏尼特蒙古人用熟牛皮子加工马笼头绳、马绊、骆驼腿绊、牛缆绳、货物煞绳、链绳、马鞍梢绳、肚带、扯肚带、套马杆套索、靴子笼头等，种类很多，不一而足。

苏尼特人常常把生牛皮鞣制加工成熟皮子。把生牛皮鞣制成柔软皮张的过程，就叫熟皮子。

熟生牛皮子，一般要经过几个固定的过程。

一、铲掉皮张上残留油脂的过程

生牛皮鞣制成熟皮，主要用入冬后宰杀的犍牛的皮子。宰杀犍牛后把皮子剥下来，在没冻硬之前，赶紧铲掉皮张上残留的油脂，这个营生，蒙古语叫“哈利玛拉胡”。然后，把皮张叠成方块让其自然冻。在宰杀菜牛期间如果来不及铲掉皮张上残留的油脂，也可以叠成方块自然冻，等来年开春化开以后再铲。把铲过油脂的皮张在水槽（如附近有水泡子，浸泡在小水泡子里也可）里浸泡数日，直到皮张上的血渍完全退去。

二、刮铲牛皮毛的过程

将泡软的牛皮捞出来后，把牛皮光面朝里、毛朝外套在专门斜放的圆木头上面，用专用的刮皮铲子把皮张上的毛刮掉。刮皮毛之前，刀子必须磨好，并且在刮毛过程中注意掌握好力度，防止出现豁口或破损，影响皮张的质量和利用率。

三、割牛皮条的过程

牛皮刮净毛之后，在外边稍微晾晒一下，趁其保持原来湿润度的时候开始割皮条。割皮条时，先从整张皮子中间割一刀，把皮子割成两块儿，然后从半张皮子割起，宽度大拇指上一节那么宽。从一边割起，到边上不割透，留一节做连接子。割过三条之后，按做马镫吊带的要求割一条三指宽或两指宽的皮条，然后再按原来的宽度割。半张皮割完之后，再按上述方法割另外半张皮子。全部割完之后，挂在通风、不被雨淋的地方晾干。这样晾干的皮条，叫作生皮条。

四、熟制皮条的过程

熟制皮条，是指把晾干的生皮条放入装满乳清、酸奶汤、硝盐、米粉的木桶或者大缸等专用容器里浸泡。熟制皮条时，需掌握好浸泡液体的配方、酽度等必要技术要领和加强后期管理。夜晚要把浸泡生皮条的容器盖严实，保持其应有的温度；白天太阳出来后把容器的盖子揭开，让阳光晒透。平常多来回翻动，使其均匀、充分地受到浸泡。下雨天盖好容器的盖子，防止雨水进入。这样浸泡15~16天，生皮条就熟透了。这样熟制的目的，就是让皮条变得更柔软且结实。熟透的皮条不怕潮湿，而且经久耐用。

五、鞣制过程

鞣制皮革，先在地上立起间隔2米、离地约1.8米高的两根带两股杈子的木桩子，在两根木桩子的杈子上横担一根木头，以便悬挂生皮条子之用。再备好约2米长的压生皮条子的木棍，以及从生皮条子下端吊起来转动的石磨（30~35公斤重的椭圆形石头）。然后给生皮条子上油。这个油是用煮肉的油汤搅拌的黑锅灰。上的油越黑，皮条颜色变得越黑亮。上完油之后，把生皮条子套在木桩的横梁上，从生皮条下端的绳口把石磨吊起来。然后把压生皮条的木棍从绳口中穿过去，随着石磨的转动把压生皮条的木棍压下去，石磨就反方向转动，把压生皮条的木棍抬起来，石磨就正方向转动。随着石磨的正反两个方向反复转动，皮条一紧一松，来回扭动。这便是鞣制生皮条的过程。如此这般，压生皮条的木棍一压一抬300~500下，其拉伸度完全退去之后拿下来，如有折叠的地方把它展开展平，再把烧开的黑油上上，放在阳光下让黑油浸透。然后再一次把生皮条套挂在压皮条子的设备上边，压1200~1500下，直到黑油完全浸透，锅灰完全褪掉。这样将变得柔软的皮条子拿下来在阳光下晾干后，用比较厚的包裹包得严严实实，保持其温度。

两天以后，当打开包裹时皮条子变得僵硬起来。把皮条子从包裹里拿出来在阳光下稍微晾晒之后，又一次把生皮条套挂在压皮条子的设备上边，再压200~300下，皮条就不再僵硬，完全是加工各种皮条用具的上等材料。

传承人简介

巴特尔苏和 男，蒙古族，1962年6月出生于苏尼特左旗巴彦淖尔苏木乌兰淖尔嘎查。自治区级非物质文化遗产鞣制皮革技艺代表性传承人。1984年至1995年，向当地鞣制皮革土专家哈丹巴特尔学习鞣制皮革技术。自1995年起，自己独立鞣制皮革，用熟皮加工鞍具、马嚼子、缰绳、马绊等用品。

巴特尔苏和从2008年起收徒弟，传授蒙古族鞣制皮革和加工熟皮用具的技艺。

擀毡技艺

擀大毡，是牧区很热闹的集体劳动。在苏尼特牧区每当擀大毡的时候，男女老少齐上阵，摩拳擦掌来参加，絮毛的絮毛，担水的担水，浇毛的浇毛，弹毛的弹毛，各负其责，各显其能，大家有条不紊，兴高采烈。但擀大毡时，忌讳大声喊叫和喧闹以及吹口哨。

一、絮毛

擀大毡时，先在地上铺一块母毡，把羊毛絮在上面。所谓母毡，就是上一年擀大毡时缺一个步骤的半成品毡子，留作次年擀大毡的母毡。母毡必须是质量上乘，厚薄均匀，没有瑕疵，不曾烟熏火燎的好毡子。擀大毡时，先把母毡平平整整地铺开，用温水浇透，然后把羊毛均匀地絮在其上面，这就叫絮毛。毡子的质量，关键在于絮毛。所以，絮毛必须由具有多年丰富经验的老手来完成。擀大毡絮毛时，大毡厚度和大小，根据实际需要来掌握。蒙古包棚毡、围毡、幪毡、毡门、毡垫等，根据其不同的用处来决定大毡的厚薄、大小以及所用的原材料（羊毛）的长短。絮毛，首先在母毡上絮好秋毛，上面盖一层长毛。有的地方在长毛上面絮上薄薄的一层绵羊羔毛，作为毡子的正面。絮完毛之后，洒上掺过乳清的温水，把毡子四角稍微往里抿一抿，加以整理，这叫“毡子压边”。有的地方在絮过的羊

毛上面铺盖一层马兰草，为的是防止粘连。

二、捆扎毡子

毡子絮好毛之后，捆扎毡子。捆扎有两种，一种是雪橇式，即带轴，另一种是不带轴。带轴的是用一根五六米长的碗口粗的圆木横杆，以其为轴，把絮好的湿羊毛卷起来，用绳子捆上。捆扎毡坯的时候，要松紧适当，均匀地滚动缠绕，以防由于左右两侧进度不平衡而造成毡坯横竖不正。捆扎毡坯需要有经验的人操作，特别是捆扎毡坯两端的人技术要求高。毡坯捆扎得好不好，关键在于两端。如果两端的口子捆扎得不好，就会两边吐出来，甚至新絮的毛都露出来。捆扎毡坯口子时，有用拴羊羔毛绳捆扎、放马镫捆扎、绕针法捆扎、纳缝法捆扎等很多有效方法。在捆扎好毡坯两端的口子同时，用粗毛绳把整个毡坯斜线捆扎好。捆扎的时候松紧要适当。捆扎太紧了，捆的绳子紧缩造成毡子断裂；捆扎太松了，毡坯越卷越紧，捆的绳子飘浮，造成毡子挪位。捆扎毡坯的过程中，不断在母毡上面浇水。

三、拽拉毡坯

拽拉毡坯，是指把絮完毛的毡坯通过滚动碾压瓷实。拽拉毡坯，有雪橇式拽拉法和“苏门”拽拉法。

雪橇式拽拉法，以圆木横杆为轴，横杆两端各有一个滑动的铁环，挽上皮绳，套上马拉着，在平坦的草地上跑，横杆上缠的毡坯随着滚动越卷越紧。根据毡坯的大小，或一匹马或两匹马来拽拉，走出一定的距离，原路返回。一去一回应该多少距离，由经验老到的毡匠来决定。拽拉滚动，必须选择平坦的草甸，不走坑坑洼洼或长有芨芨草的草滩。去的时候，马要以稳当的步态，流水一样走马步，回来时可以走大颠步。拽拉毡坯多用种公马。拽拉过程中，骑

在马上的人随时注意毡坯不要“吐”出来。

“苏门”拽拉法，是没有木杆做轴的拽拉法。拽拉的时候，用一根长长的绳子在捆扎好的毡坯中间部位缠绕一圈，绳子两头两个骑马的人轮流往相反方向拽拉滚动。一方骑马的人拽上绳子一头像拉碌碡似的拽着毡坯滚动，绳子长度快到头时，另一方骑马的人再拽上绳子这一头向相反方向滚动毡坯。如此这般拉锯似的来来回回滚动。开始时慢慢拽拉，逐步加快速度，最后奔驰。拽拉次数多少，也是由毡匠根据毡坯的规格来定。至少一方要拽拉滚动15次。拽拉过程中，还需要停顿一下浇上几次温水。如果不浇水，幼毡“口渴”发干，颜色发黄。母毡上絮过的毛，经过第一次拽拉滚动变成幼毡。把绳子解开，把幼毡展开后，再在上面絮一层羊毛，把幼毡面翻到外边来。然后再在翻过来的毡子上絮一层羊毛。这一层最后成为母毡，留下来作为第二年的母毡。如果哪一家没有母毡，擀毡子的时候手捧着哈达，到有母毡的人家“借用母毡”。

四、下毡子和压毡子

“下毡子了！”只听得有人喊一声，早已准备好茶“德吉”的人们端过“毡子茶”来，在毡坯包上滴答几下，并解开毡坯的捆绳。他们“母毡上拍一下，幼毡上拍一下”，把互相粘住了的母毡和幼毡慢慢分开后，嘴里说着“珠色！珠色！”把放过奶皮等奶食和炒米的“毡子茶”泼在幼毡上面，然后开始揉压毡子。揉压幼毡的时候，一帮人跪坐在毡子一头把毡子从一头卷起来，挽起衣袖用胳膊肘使劲揉压毡子，揉压几下，再用手掌使劲拍打。然后把卷起的毡子使劲

掷于地上展开以后，再从另一头卷起来揉压。如此这般，依次从四个方面揉压，看哪一个边沿不整齐就又压又拽，哪一块松弛了，用手掌摁压，进行整理。揉压完毕，把整块毡子展开，从四面往外拽拉抻开或在空中抖开抻拉。

在擀大毡过程中，遇有外人来，一定会说些吉利的话予以祝福："但愿雪白的毡子，成为七十顶蒙古包的幪毡！但愿擀大毡的人们，成为国家的有功之臣！"蒙古人做什么都图个吉利，非常看重吉祥的祝词。新毡子擀成之后，向天父亲、地母亲敬洒鲜奶，把鲜奶涂抹在新毡子上面，咏诵《毡子祝词》。家庭主人请帮忙的人们喝茶，喝马奶酒，给孩子们分发点心、糖块儿。按照"擀制五块毡子的人家炊烟袅袅升起"的古老习俗，晚上还要杀羊招待大家。

五、毡子制品

苏尼特牧人的毡子制品主要是自产自用。蒙古族游牧生产生活中，毡子制品不可或缺。作为北方游牧民族蒙古族游牧迁徙最轻便、最便捷的栖身之地——蒙古包，从它的顶毡、棚毡开始到内棚毡、装饰毡、围毡、毡门、哈纳底围毡以及整个铺在地上的毡子，无一不是毡子来制作。由于苏尼特牧人擀制的毡子质量上乘，用其制作的毡子制品结实耐用，不但用来做蒙古包的幪毡、围毡，而且游牧中的篷车、箱子车都用毡子来做篷子。马鞍、挽具等运输工具，毡子不可缺少。驼鞍屉毡垫，役畜的鞍屉、鞍鞯，都要用毡子来制作。日常生产生活中用的大小口袋，也是用毡子来制作，其中包括运输中的用品袋、工具袋以及接羔袋。除此之外，遇到大雨，牧人或驼夫、脚夫穿的斗篷以及在冷雨、暴风雪中披在牛犊、驼羔、役畜、老弱畜身上保暖的护腰儿，也都是用毡子制作的。

六、毡子祝词

苏尼特牧人絮完毛后，把毡坯紧紧卷起来用泡过的皮张包住，外边用细皮绳或套马杆皮套索捆扎好。当骑在马上拽拉毡子的人把脚尖从马镫里抽出来，再用脚后跟蹬镫子后，开始咏诵一段《毡子祝词》：

阿姆，赛音，阿木古郎！
恩克，赛音，吉尔嘎朗！
在辽阔的杭盖上，
在十个哈纳的毡房里，
有弥勒佛的神灵，
有心地善良的主人，
有上苍的恩典，
有圣主的保佑，
有十万只雪白的羊群，
有兴旺的五种牲畜。
兴旺源于上天，
生命来自大地。
在四季轮换中，
有着富饶的牧场。
在挤奶时把绵羊链起，
用驼毛绳把羔羊拴上。
炎热的夏天剪夏毛，
凉爽的秋天剪秋毛。
羊毛颜色像白云一样，
羊毛堆得像山一样。
自古传下来的
擀大毡的习俗，
左邻右舍的好邻里
情投意合一家亲。
壮汉子们来帮忙，
小媳妇们来搭手。
用那山上的荆条，
做起那弹毛棍。
把那雪白的羊毛，
抽它个一千次，
变得丝绵一样；
弹它个一万次，
弹得棉丝一样。
选择着美好的月份，
祝福一切平安。
选择着黄道吉日，
祝福人寿年丰。
部族亲戚在一起，
左邻右舍在一在。
在这清澈的湖畔，
在这明媚的阳光下，
在这青草如茵的绿地上，
让雪白的羊毛
一尘不染，
絮它个一尺许厚，
精心地浇上水。
在年长者的指导下，
在秃牤牛的皮子里，

紧紧地捆扎好。
让那烈性的儿马
快速地拽拉，
擀出雪白的毡子来，
做那蒙古包的幪毡。
用长长的皮绳捆扎，
把那雨水来喷洒，
叫那快马来拽拉，
围绕着那山跑吧。
用绵羊羔的毛做的
一指厚的毡子，
用二岁绵羊毛擀的
一拃厚的毡子，
蒙古包的幪毡，
鞍屉鞍韂，
锅耳的护手垫，
接羔袋，
驼鞍厚屉，
哈纳底围毡，
毡袜子，
磨不坏的结实，
拉不坏的坚固，
是好使的用品，
精心制作的产品。
擀出的毡子是雪白，
主人是襟怀坦白。
奶食品的颜色洁白，
肥壮的羊群云一样白。
在那洁白的毡房里，
洪福齐天鸿运无量。
苏尼特氏蒙古人，
须弥山一样永恒。
祝愿本族本家
平安吉祥，
祝愿亲戚朋友
幸福安康。

柳　编

苏尼特地区南部一带沙乡柳条生长茂密，居住于这一带的牧民利用荆条来编织各种生产生活用具。苏尼特蒙古人也和广大的蒙古族群众一样热爱崇尚大自然，对自然界的动植物如同生命一样爱惜，严禁随意砍伐野生荆条，只有在适合的季节里才适当地割一些，而且禁忌割长在沙坨子的阴坡、湖泊风口上和沟口的柳条。人们传说，如果割了这样有忌讳的地方的柳条，有发生骨折、掉入湖水淹死的危险。割柳条，要用锋利的镰刀来割，从左到右留很短的茬子。割柳条的镰刀要求很锋利，是因为如果用刃很钝的镰刀来割，容易折断柳条或造成茬子不齐。如果折断柳条或造成茬子分叉，柳条茬子就不容易生长出新芽，甚至有枯死的危险。

割柳条，一般在惊蛰之前的早春季节或秋末植物枯艾，树叶掉落，根须进入冬眠的时候进行。

北方用于编筐编篓的主要原料有柳枝、柽柳枝、桑条、荆条、紫穗槐条等几种，在盐碱地和沼泽地都有出产。柳编工艺的主要技法有笆条编、堂乃（上颚）编、哈塔编、苏勒吉莫勒编（交叉编）、葛吉根编（梳辫子）五种，汉语可以表述为平编、纹编、勒编、砌编、缠编五种。

一、笆条

用柳条编织的笆条，一般做畜圈。笆条用细柳条编制。其特点是经纬交织，先编排好经桩。经桩，蒙古语“高勒”，是用两三根并排的柳条竖立起来的，然后以编条，蒙古语叫“古热”，交叉上下穿行于经桩上下，循环绕行。编成后的效果，表面全为纬编所掩盖，不露经桩条。做经桩的柳条上端没有编而留下的部分，蒙古语叫“苏芽”，即芽，下端露出的部分，蒙古语叫“斜儿”，即蹄子。笆条芽长约一尺，笆条蹄子长约一拃。笆条高1.5米，长18~20米。编纬用的柳条子，不要太“饱满”，因为太“饱满”的柳条容易折断。因此，把割来的柳条“饿”两三天，使其变得比较柔软，有韧性后再用来编织。笆条编织采用压二的编织法，特别是幼畜的畜圈用细柳条编制，而且把编条的一头茬子紧挨着经桩插入，里外都不能露出茬子来，以免扎伤或划伤幼畜的皮毛和腿部。把几张笆条接起来做畜圈，也可以把单张笆条整个围起来圈数量少的牛犊或羊羔。

二、崩崩房

崩崩房，蒙古语叫“崩布根格日”，直译为“球状房子”，现在，俗称“崩崩房”，一半蒙古语一半汉语，业已通用。苏尼特人自古以来用崩崩房做临时住所、仓房，也用于畜牧业生产上。

崩崩房有45根经桩、60根经桩、80根经桩、120根经桩等，大小不等。小的相当于四个哈纳的蒙古包，大的相当于八个哈纳的蒙古包。崩崩房有四方形、圆圈形两种。四方形崩崩房四角各立一根木桩，顶棚是一张方形笆条，如同平顶的平房，也有人字形房顶。圆圈形崩崩房与蒙古包形状一样，也有穹庐似的顶棚。要编织穹庐似的顶棚，可是需要点技术。先是在硬地上挖个坑，中间留一个形似蒙古包圆顶的土堆，按此形状用柳条编织出穹庐形的房顶，扣在圆圈形崩崩房上边即可。崩崩房房顶，一般用稀糊糊牛粪来抹，也有抹泥的。

崩崩房的柱子、椽子、檩子，一般都用榆树。

崩崩房，除了可以住人，也可以当仓房贮存肉食、奶食、生产工具及牲畜草料等，也可以做厨房使用。崩崩房用途广泛，在沙乡地区使用很普遍。

崩崩房，也有土筑的。土筑的用土坯或草坯砌墙、抹泥、苫草、搭炕而成。柳编的（也有用杨树、桦树条编的）用柳条编框架、抹泥、苫草、搭炕而成。这种房屋用于冬春转场放牧，牧民们也称它为"布如格"，即窝棚。

三、柳编箱子

柳编箱子，蒙古语叫"青格里格"，是临时圈羊羔的，有正方形和长方形两种。正方形高、宽约一庹，长方形长一丈，宽约一庹，高约一庹。

将食指或中指粗的柳条剥了树皮，从四面窝过来之后，在上、中、下各放一个横撑，用细驼皮条子串起来，柳条间隔稀疏度三指宽，每条横撑双层。

春季接羔时节，把柳编箱子放置在蒙古包外边紧靠西南哈纳，里边圈新接生的绵羊羔。迁徙搬家的时候把它放在勒勒车上拉走。平时不用的时候把它靠树木立起来放，以免发生折断。

四、牛粪筐子

放在勒勒车上装牛粪用的大筐，高三尺，长约一丈，宽约一庹。按车厢的尺寸编织的柳条筐，没有底儿。迁徙搬家或从远处运回捡的牛粪时，把牛粪筐放置在勒勒车上，里边装入牛粪。不用时放在车上也行，拿下来放在地上也可。

五、捡粪篓

捡粪篓，亦称背筐、背篓、粪篓，蒙古语叫“阿如嘎”，是牧民用柳条编织的，用细驼皮条子串起来，装上扁形毛绳子做背带子，背在背上或挎在肩上捡牛粪用的用具。

不用的时候，可以把捡粪篓扣在牛粪垛的旁边或离人们来回走的路稍远的地方。捡粪篓不能直对着蒙古包的门放，也不能把空着的捡粪篓口子朝上放；口子朝上放，必须装满牛粪才行。有句批评人的俗语，叫“无所事事的人，靠着粪篓子坐”，禁忌背靠着捡粪篓坐，也忌讳坐在扣着的捡粪篓上。过去，牧区女人生孩子时有背靠着捡粪篓或搂抱着捡粪篓而坐的习俗。有的地方把捡粪篓扣过来视为不吉利。这与早期蒙古社会中普遍盛行的天葬（也叫野葬）旧俗有关。早期野葬，除了将尸体放在勒勒车上拉走之外，还有一种形式，即把两个捡粪篓一边一个驮在骆驼上，把尸体横放在驼背上运到人迹罕至，飞禽野兽出没的地方。当然，现在这种葬式早已不复存在。

蒙古人也用捡粪篓做“道木”（一种禳除灾害的仪式或治病的偏方）。如遇大风天，把捡粪篓拿到离蒙古包七步的迎风口扣过来，上边放上一块儿石头。这样，蒙古包就不会被大风刮走。

捡粪篓，也视其大小分别称之为阿如嘎、舍吉盖、本布格。舍吉盖比通常捡粪篓小些，本布格比舍吉盖还要小，是给孩童们捡牛粪准备的。大的捡粪篓有32根经桩，中等的捡粪篓有23根经桩。

六、井筒

用柳条编织的井筒，与一般的柳编相比较，要用比较粗的柳条。

七、勒勒车车厢底板

是指以木车车厢底横撑为经桩，用柳条编织的车厢底板。把柳条割回来放2~3天后便可以编织，这样勒勒车上的载物不会漏掉。

八、簸箕

簸箕是苏尼特牧人的生产生活用具，可以用柳条、红柳和树枝来编织。用于扬米去糠，也可以晾晒奶豆腐等。

九、篮子

柳编篮子，大小粗细均可，可根据用途和自己的需要随意为之。蒙古人用柳编篮子来晾晒奶豆腐、酸奶渣，以及装米、捞冰块儿、捡牛粪等。柳编篮子一般都有提把儿，便于提起来搬动或挂起来使用。

十、拉盐筐

拉盐时专门用的柳编筐，勒勒车车厢大小，高约二尺，形状下大上小。

十一、柳条挡风墙

把柳条割回来，挖一条弓形壕沟，把柳条根部埋到壕沟里填土踩实，在中间再用柳条打两道腰子捆扎好。下雪或风雪天气，可做牲畜的挡风墙。

十二、柳编门

柳编的牛圈、羊圈的门，有正方形、长方形两种。

十三、笊篱

用柳条编制成的用以捞物沥水的勺形用具，有长柄，牧民用来捞奶酪干、酸奶渣等东西。柳条笊篱离开牧民们的生活起码已有半个世纪，逐渐被铜丝、铅丝、不锈钢丝笊篱所代替。

十四、柳条柜子

柳条柜子，一般用去了皮的比较细的柳条来编织。方形柳条柜子，上端稍微呈椭圆形，上边或侧面留一个口子。牧民在冬天用来做存放奶食品或肉食的移动的“小仓库”。

木制用具加工

苏尼特蒙古人自古以来就利用木材加工制作生产生活所需的木制用具，从居住的房子到使用的碗筷，从奏出美妙曲子的胡琴乐器到放牧牲畜时使用的套马杆、长鞭子，都要用木头来制作。

一、苏尼特加工木制品的技艺

加工制作木制品之前，需要做好细致而有条不紊的准备工作。首先，要选好木料、制订制作计划、准备相应的工具、确定开工时间等，主要采取锯、砍、刨、凿、粘、贴、刻、镂、卯榫、矫正木杆、折弯木杆等各种手法和工艺。

苏尼特木匠加工制作牢固耐用的用品——棚圈、马鞍、木车（勒勒车）、驮架子、木铡刀、制革刮板、狗槽、木槽以及臼、套脑、水桶、奶桶、火盆架子、蒙古包的哈纳、拴马桩等，普遍采用砍的方法。

在加工制作家具、盖房子时，普遍采用榫卯结构技术，古代建筑中大量使用的木材衔接结构，也是现今日常生活中家具制作大量使用的结构方式。卯榫结构中两两结合或多部分结合凸出部分称之为榫，即榫头；而凹陷或通孔部分称之为卯，即卯眼。通过卯与榫的契合，达到紧密稳定，经久而不松动，愈用而愈紧凑的目的。卯榫结构有几十种，最常见的有霸王枨、夹头榫、插肩榫、棕角榫、裁榫、楔钉榫、暗榫、挂榫、格榫、托角榫、长短榫、抱肩榫等。卯榫结构，蒙古语也有专门的名称，如"达木如—札达拉""呼舒—色木—乌嘎鲁尔嘎""色木—乌嘎鲁尔嘎""色日格—乌嘎鲁尔嘎""达木如—堂乃""额柔—根吉"等。蒙古语"乌嘎鲁尔嘎"，即榫卯；"札达拉—扎拉嘎斯"，即衔接。而掌握这些方法，需要很高的修为和高超的技术。除此之外，也采用粘、钉、串等方法。其中，在平常用柳条加工蒙古包的木制品、编织柳编用品时，需要矫正木杆、折弯木杆。用矫正木杆的办法制作套马杆杆子，用折弯的柳条来编织捡粪篓、柳编筐、柳条箱子等也很普遍。

加工制作木制品，还有一种技艺就是雕刻，包括马头琴、棋子、捣奶杆、果子模子、马刮板、捣茶罐、供佛桌子、佛龛、相框、寺庙门窗、各种儿童玩具等，都需要这种技艺。雕刻，包括全雕、半雕两种。全雕，即全身雕刻，比如雕刻五畜、野鹿、盘羊和棋子等，都得全身雕刻。半雕，是指木雕艺术家抓住或突出某种动物的某个部位、某个动作和某个神态，以点带面，加以表现，这也是苏尼特传统雕刻技艺的一种。比如，马刮板、捣茶罐、供佛桌子以及一些花样图案，一般都采用半雕技艺。

二、苏尼特木制品色彩和花样图案

苏尼特传统木制品演变中，色彩一直扮演着其中的重要角色，并且在色彩的搭配中蕴含着人们审美文化的追求和表现手法。木匠们很早以来就讲究用白、蓝、红、黄、绿颜色来做底色，崇尚毡房民族色彩象征之道。白色象征清洁干净；红色象征火焰升腾，兴旺，幸福，战胜一切；黄色象征太阳的光辉，永远照亮世界；绿色象征山川大地郁郁葱葱，万物生长，一切动植物生命永昌。

苏尼特木匠对部分加工制作的木制品上色。木器上色，一是防潮、结实耐用；二是看上去漂亮，特别是蕴含和表达某种象征意义。白色在画花纹图样、压边时多为单独使用，在鲜艳颜色过渡变暖色以及在作为底色使用时，白色承担凝结的双重任务。比如，把蓝色变为浅蓝色的时候，普遍使用白色。木器红色为底色，上边用别的颜色画花样图案的概率较多。例如，蒙古包的木门就是红色，象征着出入此门的人们辟邪禳灾，像火一样欣欣向荣，好运连连。

黄色在木器画花样图案、压边时经常使用。

早先，苏尼特人利用动植物及天然矿物质和彩色土来自己加工生产各种染料。他们把来源于动物的染料称之为“西莫因包杜阁”（汁液染料），把来源于彩土、天然矿物质的染料称之为“稍绕因包杜阁”（土染料），认为汁液染料颜色鲜艳，使用相当普遍。利用彩土、天然矿物质的时候，通过烧、焙的办法来提炼出各种颜色的染料，是非常古老的办法。彩土、彩石的染料，也是质量上乘，久不褪色。苏尼特木匠、手艺人用鹿茸、山羊生脑浆、脊髓、牛奶、椰子汁、驼奶、奶酪与天然矿石染料和在一起使用，认为这样稳定性好，不易褪色。木器上色，一是可以防潮，防止木料变形；二是可以掩饰木器上的瑕疵，使其更漂亮。

木器上色，花纹图样占主要分量。苏尼特人除了直接使用于畜牧业生产上的工具之外，其他木器也画上具有各种象征意义的花纹图样，用各种颜色的染料装饰美化。

木器上的花纹图样，有的是来源于植物的花纹，如荷花等花卉图案，主要画在供佛桌子、书橱、寺庙门窗、捣茶罐外围，以此象征圣洁、兴旺、美好。

木器装饰花纹中，几何形图和其他花纹占多数。其中，包括吉祥图、可汗手镯、哈屯耳坠子、多种锤纹、弯曲的扣环花纹、纳楚克道尔基、万福、普斯贺、兰扎字、经轮等。采用这些花纹图案时，都要考虑其专门的象征意义，各有区分，加以遴选。比如，吉祥图案象征永远吉祥如意；锤纹象征牢不可破，保护财产不受侵犯；万福图案象征生活富裕。

来源于生活的图案中，有十二属相、四雄、五畜、公盘羊、鱼、蝴蝶、鸟、母鹿、白头翁等。

苏尼特人民喜欢在箱子、柜子和日常用具的表面上画些吉祥物，以图吉利。如：画狮虎龙凤“四雄”，象征护佑福祉；画牛马羊骆驼，象征五畜兴旺；家门上画狗，象征看家护院保平安；物件上画老鼠图案，象征生命的繁衍；画马，象征好运亨通；画鱼，象征灵动活泼，吉祥如意。

自然题材的纹样图案，如山、如冈、如陵、如川之方至、如水之灵动、如火之旺盛、如月之恒、如日之升、如南山之寿、如松柏之茂，不但在寺庙建筑上常用之，而且在箱子、柜子上更为普遍。

苏尼特人木器用具的加工制作技艺、色彩、图案、形状、象征意义相辅相成，互为烘托，多以寓意吉祥、富贵、喜庆的动植物为代表，具有显现美观大方的特点。

苏尼特人木器用具雕刻需要相当高超的技术，主要运用绘图、凿活修形、叠堆画法等多项工序，开头、展开、结尾，即顶部纹、基础纹、底色纹各有区别，采用上色、雕刻、叠堆等三种方法。

木器用具上多用民间花纹，往往将各自独立的花纹图样连接起来赋予新的象征意义。

三、苏尼特木器（制品）种类

（一）生产生活中的加工制品

1. 蒙古包的构件

蒙古包的构件是毡子、皮毛、木头三位一体，而木头部分，也是三位一体：套脑、乌尼、哈纳。搭建蒙古包时，只要把哈纳围起来，把套脑顶起来，把乌尼杆放上去，蒙古包骨架就形成了。因此，套脑、乌尼、哈纳这三个是基础，是相辅相成，缺一不可的。

（1）哈纳：蒙古包一扇一扇围起来的网络状支架，叫作“哈纳”。苏尼特地区一般一扇哈纳有14～15个“头”。一个蒙古包5～6扇哈纳，76～96根乌尼杆。每扇哈纳上端伸出的叉头，叫作“头”，用来安放乌尼的尾端。哈纳的根部，蒙古语称之为“斜儿”，即蹄子，说得很形象。哈纳左右两旁伸出的部分叫“哈纳口”，与邻近哈纳片的口对接。哈纳交叉的网眼叫“哈纳眼”。哈纳眼四方形，边长15～18厘米。哈纳眼撑大，蒙古包里边面积就变大，反之则变小。平常把哈纳展开，哈纳眼是方形的大扇片。如果竖立起来时，网眼是立式椭圆形的，哈纳高度增高，里边面积缩小；如果哈纳眼是横式椭圆形的，哈纳高度下降，里边的面积增大。哈纳，即把长短相等、粗细相同的两层柳条重叠起来，在交叉的位置打眼，使它们上下贯通，再用一个个皮钉穿起来。皮钉，是用割成一条一条的骆驼熟皮来做的。皮钉要用湿皮条一个个捆扎紧，如果皮钉捆扎得不紧，木条之间会出现缝隙，哈纳走形变样，坏得快。湿皮钉逐渐干起来后，紧紧扎住哈纳，在伸缩和调整高矮的时候起到折页的作用。哈纳与门框的连接，一般有两种方法。门框上都有两个或者三个焊上去的铁环，或者钻好的窟窿眼儿。用里外围绳捆绑哈纳的时候，实际上就把哈纳的口紧紧顶在门框的外侧，把它们连成了一个整体。

哈纳片与哈纳片之间的连接，叫哈纳口对接。对接起来，用毛绳捆扎，如此将4～6扇哈纳“蹄子”插在地上围起来形成蒙古包的哈纳。普通人家多住4扇、5扇、6扇哈纳的蒙古包，也有8扇、10扇哈纳的蒙古包，甚至12扇哈纳的蒙古包。旧社会只有王爷、喇嘛上层才住得起那样大的蒙古包。苏尼特蒙古包哈纳多用拇指粗的柳条棍形成弯度较小的S形哈纳。做哈纳棍的柳条的选材、扒皮、修理、折弯、矫正、穿皮钉等，都需要技巧。

（2）木门：蒙古包的门，蒙古语叫“乌德”，也叫“哈阿拉嘎”。苏尼特蒙古人大多称之为“哈阿拉嘎”，也有的连起来叫作“哈阿拉嘎乌德”。门由门框、门板两个部分组成。门框上端叫门楣，门框两边的部分叫门梃，下端是门槛。门楣与乌尼，门梃与哈纳拴在一起，门槛立柱在地上，起到固定哈纳的作用。门楣、门槛和门梃，要用厚板子。蒙古包的门，分单层门、双层门两种。单层门是往外推开的。双层门，外面是往外推开的一层门，里面是双扇门。苏尼特人在外门门板上或雕刻“四雄”图案和吉祥图案。

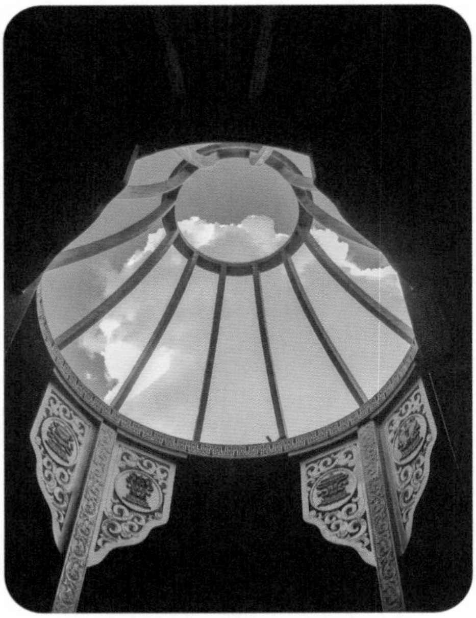

（3）乌尼：乌尼是撑起蒙古包顶棚的长木杆子，呈辐射状斜搭在套脑与哈纳之间。乌尼上边覆盖幪毡。乌尼与套脑连接的一头叫乌尼胸腰。上端要削成方头，直接可以插进套脑的插孔里。乌尼的下端与哈纳相接部位都有一个窟窿眼，穿进驼毛绳与哈纳头捆在一起。苏尼特地区乌尼一般油成棕红色，胸腰部分油成几种颜色的花纹，也有上锤纹的。

（4）套脑：是用多根乌尼支撑起来的蒙古包的顶峰。它的基本结构，是用弓形十字木架撑起大小两个圆圈，小圆圈隆起在大圆圈之上，在大、小圆圈之间，又用四到六根弓形辐衬拉住，构成一种圆顶拱形的包顶，如幼小的蘑菇一般。套脑是蒙古包的自然空调，是采光的天窗。苏尼特人非常敬畏套脑，在套脑的坠绳上系上哈达，敬洒奶食之精华，以示祝福。

苏尼特地区的套脑有两种，一种是插孔式套脑，另一种是串联式套脑。套脑主要用松木或桦木制作。

插孔式套脑，有大、小两个圈，大圈在外，小圈在里，大圈在下，小圈在上。用十字梁来固定，梁是弓形的。十字的一横为东西梁，也称主梁，蒙古语叫“诺颜和其”；一竖为南北梁，是辅梁，蒙古语叫“高勒和其”。制作套脑，首先要确定套脑的“和其”，即主梁、辅梁的长度。因为套脑的“和其”代表套脑的直径。确定大圈的长度，要以套脑主梁正中为中心，以其半径画圆圈；确定小圈的长度，辅梁正中为中心，以其半径画圆圈。因此，主梁、辅梁的直径，一般以拃为单位表述，如四拃套脑、五拃套脑、六拃套脑等。大圈和小圈之间，另加短木四根，蒙古语叫“大阿嘎”，把大、小圈紧紧拉住，把套脑撑圆，故而侧视如轮，正看像锅。串联式套脑与插孔式套脑的明显区别是，串联式套脑可以和主梁分开，搬迁时可以拆下来驮在骆驼上；而插孔式套脑则不能，因为插孔式套脑的乌尼上端插在套脑里，不易拆开。

蒙古包套脑，一般都油红漆。蒙古包内主要装饰在套脑上，主梁、辅梁、“大阿嘎”上以鲜艳的颜色画有锤纹、彩虹纹等，也有的在套脑圈上雕有锤纹。

（5）柱子：在苏尼特地区7扇以上哈纳片的蒙古包可有两根柱子或四根柱子，蒙古语称之为“图力古尔”。蒙古包越大，其重量就越增加，大风中蒙古包的套脑的某一部分容易被吹得发生倾斜或者下陷。串联式套脑多有这种情况发生，插孔式套脑一般很少发生这种情况。所以，跨度大的，7扇哈纳的串联式套脑的蒙古包必须要有柱子，但一般不超过两根柱子；8扇到10扇哈纳的蒙古包需要四根柱子。一般人家的蒙古包里，都有一个圈围火撑的木头方框，在其两面或四角上挖个小坑，用来插放柱脚，柱子的上端顶住套脑。柱子形式多样，有圆的、有方的、有六棱的、有八棱的等，上面都有雕刻图形与油漆彩绘，有龙、凤、水、云和神仙人物等多种图案。王爷的大蒙古包还有云纹、水纹衬底的浮雕盘龙柱。

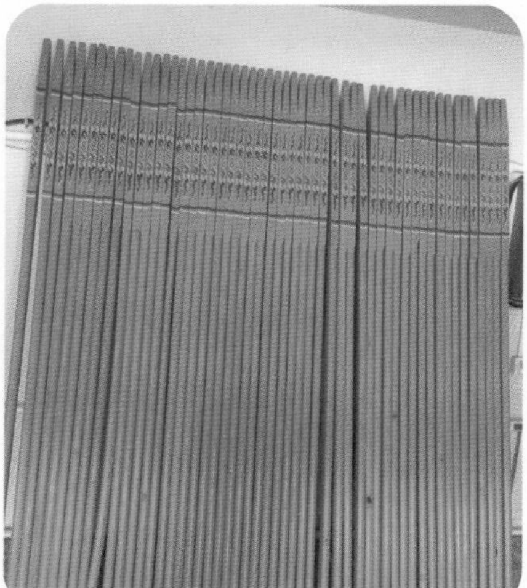

（6）木栏：是冬春季节防暴风雪的专门用具。是将高一尺、宽二指、厚一指木条两头打眼，用绳子串起来，放置在蒙古包底座外围，油上红、黄油漆，看上去

很漂亮。

2. 蒙古包里的摆设

蒙古包里的摆设，是指家里摆放的木制品，如床、箱子、柜子、地板、火撑圈、桌椅板凳等。

（1）地板：放置在蒙古包门口的火撑地板，根据蒙古包的大小来做。6扇哈纳的蒙古包地板长四尺，宽三尺，下边有三条横撑，表面可油上两种颜色的油漆。

（2）火撑圈：是与地板相配套的用具，宽度与地板一样，根据蒙古包的大小来制作。火撑圈也可以油上漆，加以装饰。

（3）木床：可以是通铺，也可以做单人床或双人床。木床的高度不能超过哈纳的四分之一以上。

制作木床什么木料都可以。床头、床架、床尾、床腿，都有雕刻图形与油漆彩绘，有龙、凤、水、云等多种图案。

（4）衣柜：衣柜是放置日常生活用品的器具，蒙古语称之为“阿布达尔”。根据蒙古包里边的空间可大可小。衣柜一般用松木、桦木、榆木来做。衣柜有从上面揭盖子和正面两扇门两种，采用连接件结合、裁口结合、半隐燕尾榫结合等工艺。把平常装衣服和粮食的柜子称之为蘑菇柜子，其他装细软的柜子，根据其在蒙古包内摆放的位置，叫作西北侧柜子或东北侧柜子。柜子的正面绘制有回纹、山水画、五畜或四雄图案，也有的在边沿钉黄铜泡钉加以装饰。

有的地方还在柜子里边加装抽屉或横隔板，存放稀罕物件。随着蒙古包的减少，柜子也相对减少了。

（5）木橱：也称橱柜，蒙古语称之为“浩日高”。木橱里可以放置碗碟、茶具、酒具等，也可以放置书籍和文具。木橱的大小也根据蒙古包大小来决定。木橱的正面，可以是封闭式的和敞开式的。

（6）厨具架：是放置厨具的架子，也叫木架、物架、碗架等，蒙古语称之为“额尔格尼

各”。

根据蒙古包的大小，可以做成四扇哈纳蒙古包的厨具架、五扇哈纳蒙古包的厨具架、六扇哈纳蒙古包的厨具架，摆放于蒙古包的东南角。厨具架多为三层结构，上层安装两三个抽屉，里边可放置剪子、刀子、锥子等针线活儿用具和筷子、勺子之类小玩意儿。中层放置两三个锅座，放置锅碗瓢盆、盛牛奶容器。底层可放置奶桶、水桶和小缸之类的用具。厨具架的规格要与蒙古包空间相匹配，一般长度为四尺再加一拃，宽度为一尺到一尺再加一拃，高度为三尺，顶多三尺再加一拃左右。挂钩架安放在蒙古包门框左右两侧。所谓锅架（锅圈儿），就是套环的适合放置锅的三角形或四方形的架子，必要时把锅放在上边。

（7）立柜：也叫立橱。上部有两个或三个抽屉，下部有两扇门。主要存放碗筷、洗涮用具、酒具等日常用品，大小与蒙古包的空间相匹配。立柜有腿。这类箱子、柜子主要油紫红色油漆，正面绘制有回纹、云纹、四雄图案或八骏图、吉祥结等。安放在柜子上边的碗橱，下部有小抽屉，上部可安两块错开滑动的薄板子或玻璃。碗橱高约一尺，宽一拃加四指，长一尺加一拃的样子。平常里边放碗筷、酒盅之类小玩意儿。碗橱的大小也与蒙古包空间相匹配。

（8）牛粪箱：是蒙古包里装牛粪的木箱子，蒙古语称之为“阿尔嘎林海日其嘎”。牛粪箱的大、小不等，但最起码要有能装一粪篓牛粪或羊粪砖的容积。做牛粪箱用什么木头都可以，但必须结实耐用。苏尼特习俗里，对牛粪箱高看一眼，禁忌任何人垂足坐在牛粪箱上面。有个说法：如果有谁垂足坐在牛粪箱上面，罚他三岁子大畜。也忌讳牛粪箱空着放，平常必须装满牛粪。牛粪箱也要油上油漆。

（9）木桌：蒙古包里用的一尺高的方木桌子。做木桌用什么木料都可以。平常油棕红色油漆，画上各种纹样图案。过年过节时在上面摆放丰盛的肉食和奶食，以招待尊贵的客人。

（10）木凳：蒙古包里平常用的小木凳，也叫短腿桌子。用各种木材的下脚料制作简易木凳，在蒙古包里使用。

（11）婴儿摇篮：是游牧的蒙古族牧民哺育子女时长期使用的重要器具。婴儿摇篮起初非常简单，只是用三拃加一小拃长的榆木、山丁子、鼠李板子两端下边各钉一块儿小枕木，皮褯褓，就算是婴儿摇车。苏尼特人对制作婴儿摇篮的木材非常讲究，不是所有的木材都可以制作婴儿摇篮的，而是一定要选择向阳地方生长的榆树、鼠李和山丁子树等结果子的，木质坚硬的木材，以象征和祝福繁衍生息、传宗接代，代代相传。平常摇篮的底架用山丁子木来做，横撑用鼠李木来做，车辋用榆木来做。

蒙古族婴儿摇篮的前端，即紧挨婴儿头顶有一块椭圆形小挡头，蒙古语称之为“Haraa”，汉语没有对应词。它是把一根黄榆树枝弯过来，两头插入摇篮前端摇车辋的孔里，再用布蒙起来形成一个半圆形挡头，在其背面画上日月图案，挂上小弓箭、小镜子及狐狸图案，以示祝福和辟邪。

3. 餐饮用具

苏尼特人除了家里摆设用木头制作，盛装餐饮品的用具也用木头来制作。

（1）木制托盘：托盘，蒙古语称之为“德布希”，用来盛放“秀斯”（全羊）或手把肉。托盘多为长方形，也有椭圆形、不规则形，大小也没有统一的规格。但盛放整“秀斯”的托盘必须要大托盘。小托盘上盛放羊背、肩胛骨和四条长肋，以招待尊贵客人和长辈们食用。

（2）木制盘子：蒙古语称之为“查尔”“巴嘎布尔”。平常盛放奶食、肉食、紫食等，是圆形、摊边儿、盘底浅的食具。木制盘子是将老榆树、旱柳以及其他老树根剜空制成，外边漆成橙色。木制盘子，在过年过节的时候用来摆放奶食、点心等招待客人。平时在家里盛放各种奶食和点心果子、炒米均可。木制盘子、盘碟大小不等，形状、制作工艺大同小异，可以绘制各种花纹图案，做得很漂亮。

（3）茶东布：东布，即无嘴铜壶，盛茶水和马奶的容器。是用鼠李、檀香木、榆木、桦木等制作，外面用红铜或黄铜包。壶身高一尺加一拃，可以盛一壶茶。壶身有三道箍，并镂有花纹，箍也多有镂花，非常好看。

（4）木制水桶：用于装水、运水的专门用具。要用木质坚硬的木板对接而成，对应的两块儿木板高一些，中间连一根横木做桶梁，可手提或担挑。所以，也称作手提水桶。桶身用三道铁箍箍紧。蒙古语称之为“兀孙苏拉嘎”，专门装水用，不做他用。

（5）大木桶：是在家里盛放水的，蒙古语称之为“阿嘎如”。也是用硬杂木制作的，根据每个家庭的需求不同，木桶的大小也不同。大木桶盛放水，中型和小型木桶用来运水。

（6）奶桶：是专门用来挤奶的，用硬杂木木板对接而成。大小不等，桶身箍有三道铁箍。奶桶提手上一般挂有铜制箭镞或铜马。奶桶专物专用，禁忌挪作他用，特别忌讳里边盛放红食类食物，也不能装水，不得靠近不洁净的东西。如果不得不装水用，必须先放进三块儿或七块儿白石头进行消毒。

（7）酸奶桶：也叫捣奶桶，由盖子、杵杆（搅拌杆）、箍组成。用桦木、榆木、松木木板对接而成，配上盖子，在盖子中间掏出小孔，插入杵杆。有圆锥形的，也有扁形的。高约四拃，可以盛装两三锅酸奶汤。是专门捣奶和盛放奶酪的容器。

（8）奶油桶：是牧民贮存奶油的桶。奶油桶的构造与酸奶桶差不多。是牧民夏天贮存奶油，到秋天提炼黄油、白油的专用贮存容器。奶油桶不做他用。

（9）杵臼：臼由榆树、桦树的根部剜空而成。底座较粗，中间部位较细，口较大。底部呈凹形，是捣碎砖茶和舂米的容器。杵由榆树、黑果栒子等硬质木头制成，是用于捣碎砖茶和舂米的杵棒。杵由杵头和把柄组成，杵头是呈弧形，约一尺长、一掌宽、半庹厚的方形木头；把柄下端较粗，顶部呈圆形，上端在杵头处的孔内。苏尼特蒙古人对杵臼很重视，不仅用于捣碎砖茶，也作为祈祷用具来使用。

（10）木制扁水桶：装上水驮在驼背上拉运水的用具，亦称水桶，是游牧生活中不可或缺的容器，牧民日常生产、生活都离不开它。

（11）水箱子：装上水用勒勒车拉运水的容器。用各种木头都可以做，能装20~30水斗子水。

（12）木制羹匙：是苏尼特牧民日常生活中不可或缺的重要用具。木制羹匙，要分日常餐饮使用、奶食盘子里使用、加工奶食使用等用途，大小不等，各有各的用处，一般不混用。日常餐饮使用的木制羹匙，有的地方绘制花纹，制作精良，等于是筷子或羹匙，家里每人一个，一般不交叉使用。奶食品用的羹匙，也分奶油羹匙和黄油羹匙等，有的也刻有花纹和图案。

（13）木碗：是人们吃饭、喝茶时使用的器皿。木碗是将榆木或其他树的根部剜空制成，根据其材质可分为木碗、银碗、铜碗，按其用途还可以分为普通碗、招福碗、化缘碗等。木碗适合游牧生活之需要，具有结实耐用，携带方便，不烫手等众多优点。将木碗用银、红铜、黄铜等镶嵌后，叫银碗、红铜碗和黄铜碗。使用银碗很有讲究，用银碗给尊贵的客人敬酒、敬茶。招福碗专门用于招福招财仪式或祭祀仪式，不做他用。

苏尼特蒙古人很早的时候有个习惯，将自己的碗随身携带而行，在外面吃饭的时候只使用自己的碗，甚至忌讳使用别人的碗筷。

（14）木勺：是蒙古人日常生活中使用的重要用品，是将榆木、桦木、鼠李的根部剜空而成，大小不一。主要用于盛饭、舀茶、奶食品加工，也用于舀水，特别是从河水、泉水里舀水的时候就用木勺，以免对河水、泉水造成污染。

（15）奶食模具：为了使奶豆腐、干酪定型而制作的木制模具，蒙古语称之为“和布”。有方形、长方形和圆形等不同形状，大小无统一标准。模具内侧刻有花纹和图案。

（16）酒具：早些时候，苏尼特人用树根剜制各种酒具，包括酒杯、酒盅，刻上花纹和图案。

（17）木制鼻烟壶：是蒙古人装鼻烟的器皿，用树根剜空而成，大小不等，各式各样，不一而足，刻有各种花纹和图案。

（18）木制枕头：早先，苏尼特人有枕木制枕头的习俗，木制枕头可以用榆木、松木来制作，有身份的上层人物还用檀木枕头。木制枕头，有死心和空心的两种。木制枕头上刻有各种花纹和图案，加以美化。苏尼特人有就寝时把腰带结个活结放在木制枕头底下的习俗。

（二）畜牧业生产中使用的木制用品

1. 马鞍

马鞍的木制部分，由前后马鞍鞒、鞍面、左右鞍翅组成。苏尼特人马鞍的原料多用榆木。有时候把榆树杈子整个锯下来，经过修整做成马鞍。这种整体马鞍没有任何对接，非常结实。

苏尼特马鞍的基本形制，分为方脑（前鞒）鞍和尖脑鞍两种。方脑鞍，苏尼特人称之为“孛儿只斤马鞍”，前后鞍鞒均为方脑，后鞍鞒稍往后仰的，称之为“额尔根弘高”。蒙古马鞍，按其形状，可分大尾（后鞒）式和小尾式，称之为大尾鞍、小尾鞍、鹰式鞍、人字鞍等；从其用途上看，又可分为生活鞍、牧放鞍、狩猎鞍、仪礼鞍等，不一而足。马鞍是苏尼特蒙古人尊崇的重要物件，制作马鞍一定要请手艺高超的匠人来做，不是随便什么人都可以制作马鞍的。

2. 木车

俗称“勒勒车”，是苏尼特蒙古人游牧生活中重要的生产工具。勒勒车由车轴、车轮、车瓦、辐条、轮心、车辕、车架等组成。通常主要以草原上常见的桦木为原料，这些树多生长在牧区的山岳地带。它的构造分为车上脚和车下脚两部分。车下脚由车轮、车轴、车头组成。蒙古车的车轮子一般是用六个木辋组成的，辋为弧形，衔接为一个轮子，车轮的高度为1.5米，每台车共两个车轮。车轴心长达45厘米，外端直径约为29厘米，内端直径约为32厘米。辐条一般用榆木和柞木制作，每根长达65厘米左右。车轴心与车辋之间，放射状排列36根车辐，支撑车轮。车轴两端有车头，这些部件，构成车下脚。车上脚是由车辕、车撑、车槽组成。车辕长达4米多，其后半部分配以八至十条横撑，辕穿过约1.5米的车槽。在两辕顶端系以编好的绳状柳条，套于牛脖子悬的横木上。辕条短，轱辘大，不易倾倒，驾驭起来得心应手，很适应本地山岭沟壑地形。一辆勒勒车自重50公斤左右，可载货二三百公斤至500多公斤。

3. 套马杆

指牧民套马用的长木杆，放牧其他大小畜时也可用。套马杆由主杆儿、梢儿（肩杆）和皮绳三部分组成。套马杆一般是“二接头”，即由两部分粘接而成，下段是较粗的主杆儿，上部是稍细的“肩杆”。两根杆儿多用质地较硬的木材制成，梢儿用柳条制成，柔韧性强，不易折断。杆儿和梢儿各有一端刻出凹槽，再把这两端扣合在一起，外面用细皮绳密密匝匝缠好，皮绳固定在梢的两端。一般用湿牛粪捂过的白桦木制成，是牧民牧马必备工具，长度多为5米，大的达9米，也可用来套狼，这是套马杆最重要的一项作用。苏尼特牧马人非常爱惜自己的套马杆，平时把套马杆搭放在蒙古包的北侧，禁忌从套马杆上迈过去。

4. 牧羊鞭

蒙古语称之为“锡里布尔”，分牧马鞭、牧羊鞭两种。牧马鞭放牧牛群和驼群时使用。牧马鞭主杆用桦木或柳条制成，长两庹半。用牧马鞭可以从马群里捉住老实一点儿的马。牧羊鞭，主要是放牧羊群时使用。牧羊鞭的长度一般五尺左右，其长短可根据需要来定。

5. 马鞭

驱使坐骑用的鞭子，泛指赶牲口的鞭子，蒙古语称之为“达西古日”，也叫“蔑拉”。马鞭不但是苏尼特牧人的重要生产工具，也是防身武器。因其鞭杆的不同和用途的不同，分别称之为藤条鞭子、苏曼鞭子、杆子马鞭子、赛马鞭子等。鞭杆分别用藤条、竹子、榆树、桦树、鼠李、杏树来制作。藤条鞭杆长约一庹，一手掌粗，外面用香牛皮绳密密匝匝缠好，上等藤条鞭子是男人身份的象征。

苏曼鞭子把一拃长或四指长，接口处用细皮绳密密匝匝缠好，看上去很漂亮。

杆子马鞭子规格与苏曼鞭子差不多，但鞭杆是用柳条做的，主要是因为柳条比较轻巧，可避免惊着、伤着杆子马。

赛马马鞭子的鞭杆用红柳做成，大拇指粗，一拃到一尺长的样子。赛马马鞭的杆子只能用红柳，一般不用其他木料。

马鞭，还有很多禁忌。如：不得将马鞭带入人家的居室或拿马鞭指人，否则即被认为对主人蛮横和有敌意。亦不得以鞭打来袭的家犬，因此举被认为是对主人的不敬。再好的朋友也忌讳互送马鞭或交换马鞭。

6. 马汗刮子

是用来刮马汗的用具，蒙古语称之为“毛日奈胡苏儿”。其形状像是一把双刃剑，有一尺多长。马因跑远路或快跑而出汗，当卸下马鞍的鞍屉后，会见到很多的汗水，如果不及时把汗水刮掉，马就会因受凉而生病。特别是冬季，马的主人更是及时把马身上的汗水刮去。马汗刮子一般用竹板或红白檀木、鼠李、桦木、榆木等木板制成，上面刻有十二属相、五畜、四雄、吉祥花纹图样。驯马手随身携带马汗刮子，曾经为名马刮过汗的马汗刮子，甚至代代相传下去。

7. 方形筐

蒙古语称之为“都尔孛勒吉”，是骆驼驮子用的长方形器具。可用各种树枝或柳条编织，中间部位和底座部位放置若干条横木撑子，用细驼皮绳捆扎加固。

8. 夹板

指骟具，蒙古语称之为“撒巴萨拉嘎”。是阉割三岁公马、三岁公驼时用的工具，长约20厘米，宽2~3厘米。捏夹处的内端平整，外端呈拱形，一端是用细马鬃松弛连接的两块木板。使用时，将公马或公驼的外阴囊割开，挤出其睾丸，用夹板夹住，再用烧红的铁板将其烙除。苏尼特人平时忌讳将夹板随意放置，使用时也要用哈达包裹后取出，并滴答几滴鲜奶。

9. 木制制革刮板

蒙古语称之为“和德尔格”，是苏尼特牧人用来制革的用具。早先蒙古人制革用牲畜下颌骨，后来的木制制革刮板，是在牲畜下颌骨刮板基础上演变而来的。

10. 驼鼻棍

也称驼鼻栓，为穿骆驼鼻孔的小木棍，是为了驯养、乘骑和驾驭骆驼而制作的工具。驼鼻棍由鼻拌子、鼻庭子、两指宽处切槽、鼻月子、鼻栓尖梢等部分组成。制作时选用红柳、榆、鼠李、柳等植物的根及枝杈为材料。这类材料不易膨胀，结实，而且断裂时不开叉，不会刺伤骆驼的鼻子。驼鼻棍的芯约一拃长，在一端打出圆形或方形帽，削尖另一端，在尖头两指处的距离切出一个槽，在鼻棍帽和切槽的里面嵌入香牛皮或皮革衬垫物即可使用。

11. 戒乳器

蒙古语称之为“竖儿格”，指戴在2~3岁牛犊鼻子上的两头带尖儿的木扦儿。戒乳器有两种，一种是从3岁山羊鼻孔处直接朝上穿出的木扦儿或从鼻隔膜横向传出的木扦儿；另一种是戴在2~3岁牛犊头部的，两头带尖儿的木扦儿架子。戴上这种戒乳器的牛犊或羊羔靠近母畜想吃奶时，木扦儿就会扎到母畜的肚子或胯部，母畜就不让其靠近，以起到戒乳的作用，保证当年出生的幼畜吃上奶。

12. 喂狗槽

喂狗的槽子，什么木头也行。长两拃多，宽一拃加三指，外侧稍微倾斜。也有的直接把榆木或一些粗木头剜空制成。苏尼特蒙古人视狗槽为“赏赐圈”，特别看重。

（三）木制的乐器

1. 马头琴

苏尼特人制作、使用马头琴历史悠久。马头琴，由马头、琴身、琴把、共鸣箱、琴码、蒙皮、琴弓、琴弦组成，因琴杆上端雕有马头而得名。琴身木制，长约1米，有两根弦，共鸣箱呈梯形，畜皮蒙面。

马头琴，是蒙古民族的代表性乐器，牧民群众非常喜欢，是每家每户珍爱之物，大家都把哈达系在琴杆上挂在哈纳头。如果谁走进蒙古包，看到挂在哈纳头的马头琴，不管你会不会拉马头琴，都应该比画两下，以表达客人对主人的良好祝愿。苏尼特人自古以来喜欢演奏马头琴，以庆贺畜牧业丰收，表达欢快的心情。当有些母畜嫌弃幼仔的时候，牧人坐在一旁拉起悠扬的马头琴，使母畜泪珠滚滚，接纳幼仔。蒙古人发明与牲畜之间的奇特的交流方法，令人叹为观止。

2. 蒙古筝

蒙古语称之为“雅托噶”。苏尼特有制作地方特色的雅托噶的匠人。苏尼特匠人制作的雅托噶长四尺五，宽六寸，由底脚、筝首、面板、底板、琴码、琴弦组成。雅托噶十三弦、十四弦的都有，是表现力极为丰富的弹拨乐器。雅托噶弦用马尾做。据其十三弦、十四弦的不同，分别称为大雅托噶、小雅托噶、宫廷雅托噶等。据传，“雅托噶”原名蒙古语叫“依塔嘎”，即劝说、规劝、劝告之意。古时通过弹奏雅托噶乐器，起到安慰、劝说、规劝、劝告之作用。

3. 箫、竹笛

箫，蒙古语叫作“毕斯古日”；竹笛，蒙古语叫作“林布”。是在苏尼特人中广为流行的吹奏乐器。笛子用空心的竹子和红木来做，上有吹孔、膜孔、按指孔（音孔）。

箫一般为竹制，吹口开在上端边沿，由此处吹气发音。笛子，古时称之为“横吹”。箫和笛子携带方便，牧人野外放牧时可随身携带，随时可以坐在畜群旁吹奏出悠扬动听的曲子。

（四）木制玩具

1. 额尔敦仓

额尔敦仓，是苏尼特人中间广为流行的一种智力游戏。用檀木、鼠李、桦木、榆木等制作木牌。木牌正面刻有哈斯、海清、老虎、龙、马、鸟、猪、狗等12种动物图案，每样4枚，共48枚牌。玩法与玩大六差不多，一般是4人在一起玩，也可以2人玩。过去，这个游戏很普遍。

2. 蒙古象棋

蒙古语称之为“夏特尔”，也写作“沙塔尔”“沙特日”等，是蒙古族部落很早就流行的一种游戏。苏尼特人很早以前就自己制作和玩耍。一般用桦木和其他软木雕刻而成。

3. 大六

大六牌，用牛骨制成。苏尼特地区一般用桦木、鼠李等木料制成。大六共有64枚牌，牌上的点数有2~12个不等的点。玩法很多，用64枚牌玩的方法叫玩大六，或叫盖房子。3人、4人、5人、6人都可以玩。

4. 西哈

西哈，是弹射沙嘎（羊拐骨）玩耍的器具，用鼠李、榆木、花木等木料制成。西哈的子弹用木头制成，扎眼灌铅增加其分量，也可以用牛骨头和犄角制成。

5. 风车

儿童玩具。将薄木板锯成铜币、鱼或小圆圈形状，中间扎出两个小孔，用驼毛绳或麻绳穿过，两头结死扣套在两只手上，转动上劲，随两只手一松一紧拉动，风车就呼呼作响。春天，大人不让小孩玩风车，说玩风车刮大风。

鞣皮传统技艺

一、鞣制马皮

苏尼特蒙古人自从经营狩猎、畜牧业生产，鞣制皮革营生就随之诞生。一年四季中不同的季节，他们对猎物皮张和家畜皮张采取不同的方法进行鞣制加工，在生产、生活中创造性地加以利用。

苏尼特蒙古人很少宰杀马匹，很少吃马肉，因此鞣制加工马皮也相对少。马皮最大的特点是不怕水，所以早先苏尼特牧人鞣制加工马皮，用来制作香牛皮靴子、马鞍韂、鞋帽以及各种皮口袋。

擀大毡时，往往用马革来捆扎毡坯。据老人们讲，过去有些人家忌讳鞣制加工马驹皮子。

二、鞣制牛皮

鞣制加工牛皮在苏尼特地区相当普遍。

熟制牛皮，常见的有两种方法：一种是以加工香牛皮为目的的熟制法。用快刀将牛皮毛刮净，在清水里浸泡7~10天，清理掉牛皮上面残留的油脂后，将皮张放入装满乳清的大缸内，再加一些硝盐，浸泡20多天，并且每天翻动几下，使得皮张浸泡均匀。另一种是以加工熟皮条为目的的熟制法。先把整张牛皮搭挂在圆木上边，用快刀、镰刀或钐刀把毛刮净，然后顺着竖的方向将牛皮割成一指宽的皮条，大约割成30~32条，然后将皮条放入装有清水的木桶或水缸里浸泡7~10天，期间每天换一次水，待油脂完全脱掉后，捞出来挂在通风阴凉的地方自然风干。

熟制熟皮条时，要加入乳清、硝和盐，按照一根皮条一把盐的量来掌握。熟皮过程大约需要1个月时间。捞出来时严禁将熟透的皮条撸掉和挤掉水，要使其自然风干，这样的皮条质量好。

鞣制皮条，还有一道工序，是将皮条埋在潮湿的土壤里，或放置在干净地方，上面用湿土覆盖住，并每天在土层上面浇水，待完全湿透后取出来鞣制。如果数量不多，可用手揉搓。如果数量较多，便用专门的皮铲反复刮铲，直到将熟皮条揉成布匹一样柔软。然后再把锅底灰与油脂拌在一起，在熟皮条上反复涂抹。熟牛皮条的用处非常广泛，牛皮绳较之各种毛绳结实耐用，使用寿命长，可以做拴牛、拴马的绳索，可以做骆驼驮运、车辆运输中的各种捆绳和煞绳。鞍具、马具上熟皮条更是不可或缺，从马鞍、马嚼子、马笼头、马绊、马肚带到套马杆的皮套绳、鞭绳，无一不用熟牛皮条。

苏尼特蒙古人用熟牛皮，除了加工制作香牛皮靴子、马鞍鞯、搏克穿的昭都格等之外，历史上有关于蒙古人的祖先在额尔古纳用七十张整牛皮做风匣子炼铁的记载。牛皮口袋可做装熟酸奶、奶酪、马奶等的容器。用整张牛犊皮做带四条腿的口袋，装面粉或炒米。

三、鞣制驼皮

苏尼特地区上辈人几乎没有宰杀骆驼、吃骆驼肉的习俗。可到了20世纪80年代，宰杀骆驼当冬季肉食的人家逐渐多了起来。过去，苏尼特本地蒙古人生产生活中很少用骆驼皮。这个地区的人们把骆驼皮称之为“乌德儿”，即弦、装订皮绳之意。谁家需要驼皮绳，便去宰杀过骆驼和死了骆驼的人家请求说：“能否给赏赐点高个子的弦？”高个子，指骆驼；弦，指骆驼皮。过去，虽然有熟制死驼羔的皮张的情况，但很少发生熟制大骆驼皮张的情况。骆驼皮可以不熟制，清理其油脂后，便可割制成皮条使用。骆驼皮皮条弹性小，干了后坚如玻璃，遭雨水不怕泡涨，不易腐烂，不易拉断，捆扎东西非常结实。苏尼特地区的人们用骆驼皮条做蒙古包哈纳、套脑和捡粪篓、四方筐上的皮钉。除此之外，也有用骆驼皮条纳缝靴底的。但总的来说，生产生活中使用骆驼皮的比较少。

四、鞣制绵羊皮、山羊皮

绵羊皮、山羊皮，蒙古语中还分别称之为“讷黑”（大毛羊皮）、“乌珠尔色格”（剪茬皮）、“僧色”（滩羊皮、麦穗儿皮）等，用来做皮袄、皮裤、皮大衣、帽子。用绵羊羔皮做大衣，用山羊羔皮做大衣，做皮帽子、皮手套、皮坎肩等，而且成为一种奢侈品。

绵羊皮、山羊皮熟皮方法是一样的，但由于用途的不同而有带毛熟制和褪毛熟制之分。山羊皮质地较好，如果想加工成光板皮，就趁扒下的皮子没干透之前赶紧把毛铲掉或褪去；如果需要带毛的皮，不用铲毛，连皮带毛一起熟制。

熟制绵羊皮、山羊皮，要分浸泡熟制、手工熟制两种。浸泡熟制是将皮张放入装有乳清的容器里，再加适当比例的硝盐、碱湖泥土，浸泡6～10天，每天翻动一遍。手工熟制法适合数量不多的绵羊皮、山羊皮和羔羊皮。熟制时将皮子展开，倒上乳清将皮张泡软，再涂抹上酸奶和青盐。每天用手揉搓，用小畜下颌骨头反复刮铲，6～7天就熟软了。然后将熟透的皮张捞出来，搭放在车辕或其他圆木上，将液体彻底流净，再把有毛的一面朝上放在地上晒干。

鞣制小畜皮张，把熟软后的皮张拴住一头挂在立柱或墙壁上，先用木制制革刮板（木钝刀）反复刮铲，再拉长撑开后，用薄刀轻轻把表皮刮掉。

鞣制皮革，先从皮张脖颈处开始，顺时针方向把皮张边沿部分鞣制，然后再鞣制皮张的中心部位，这个程序叫作“沿湖边转”。鞣制小畜的皮张分三步走：第一步将皮张表皮层铲干净，然后将它包起来；第二步，过了两三天，把皮张打开再鞣制一遍，彻底清理表皮层残留物；

第三步，用薄刀仔细刮铲，直到皮张变得棉花一样柔软，说明皮张鞣制完成，随时可用来加工各种成品。

查干伊德

查干伊德，即白食，是整个奶食品的总称。苏尼特地区盛产各种奶食，苏尼特牧人用五畜的奶子加工各种奶食品。他们的奶食品加工制作传统习俗与整个蒙古族的习俗基本一致，但是部分奶食品的名称、加工工艺、使用方法以及某些习俗，与蒙古族其他部落有着明显的区别。

一、鲜奶

鲜奶，蒙古语称之为“苏”。苏尼特地区马、牛、骆驼、绵羊、山羊都可以挤奶，并可用来加工成各种奶食品。奶，可分初乳、生奶和熟奶。刚生产的母畜的初乳，蒙古语称之为“吾日嘎”，色微黄而浓稠。初乳营养丰富，含有很多抵抗疾病的抗体，对仔畜非常有好处，让仔畜吮吸干净初乳，对其生长非常有利。3～5天以后，初乳变稀，颜色也变白。

人们对生乳直接食用的较少，一般都熟制加工之后食用。生乳主要向天地、神灵、山水、敖包祭祀时敬洒用；亲人、子女远行，走“阿音经”（长途运输）或出征打仗时，家人敬洒鲜奶，祝福他们旅途顺利，马到成功，平安回来。婚庆、过大年时，请客人品尝生乳。刚挤下的马奶趁热喝，对胃病有好处。除此之外，驼奶、三岁绵羊的生乳入药。生乳主要兑奶茶喝。牛奶兑奶茶，有人嫌稀；羊奶兑奶茶喝，茶变得稠且香；驼奶兑奶茶效果更好。兑一锅奶茶，牛奶需要一斤，驼奶有三两就够了。把生乳烧开后，可煮炒米和面条吃。奶粥加黄油、红糖，是蒙古人自古以来非常讲究的食物。

二、塔日嘎（Tarag）

奶酪，蒙古语称之为“塔日嘎”。奶酪分生乳奶酪和熟乳奶酪两种。将生乳放入器皿自然发酵的，就叫生乳奶酪。熟乳奶酪，由煮过的奶子发酵而成。做奶酪，必须用酸奶做酵母。

苏尼特地区，冬天做奶酪时要用酵母，其他季节一般都喝自然发酵的奶酪。生乳奶酪味道极好，苏尼特人一般在小型瓦罐里发酵奶酪，这种奶酪不能像捣酸奶子似的捣，要用专门的搅拌棍经常搅拌。奶酪发酵过度就会变酸，所以要常添加点生奶。如果让它变得更好喝，可以加点奶油渣或奶皮子汁，使之变得好似乳油的味道，甚至比起乳油还有独特的味道，酷夏时节享用别有一番滋味。奶酪拌白砂糖又甜又酸，提高人的食欲，帮助人消化。吃过油腻食物，如肥肉等，再喝奶酪，起到解毒、分解脂肪、助消化作用，因而苏尼特人吃肉之后爱喝奶酪。

三、胡儿嘛噶（Hyyrmag）

蒙古语“胡儿嘛噶”，是酸奶渣拌熟奶子的一种饮品，可译作“兑乳稀释酸奶”。除此之外，还有塔日嘎拌熟奶子的胡儿嘛噶饮品。胡儿嘛噶营养丰富，是夏季特受儿童们欢迎的饮品之一。

四、额德木（Eedem）

凝乳，蒙古语称之为“额德木”，也分生乳凝乳、熟乳凝乳两种。此外，还有热凝乳、凉凝乳之说。正常发酵的凝乳有特殊味道，再拌上白砂糖或红糖，既是极好的冷饮，也是含有高脂肪的营养品。凝乳的形成，一是自然发酵而成，二是添加酵母而成。自然发酵，就是放置在容器里的生奶自然发酵，上面形成一层乳油，把乳油揭去，下面的就是凝乳，可以做冷饮。孩童们想吃凝乳了，大人们就会把生乳煮沸，再加上奶酪或酸奶，就成了添加酵母的凝乳。加工奶酪干、干酪时，将生乳加热，再按一定比例加入酸奶，就成了热凝乳。这种热凝乳，人们如有兴趣可以品尝一下，但主要目的是加工奶酪干、干酪。

五、察嘎（Chgaa）

熟酸奶，蒙古语称之为“察嘎”。苏尼特牧人用生乳加工奶皮子，生奶煮沸后，把上面一层奶皮子揭去，把剩余的熟奶贮存在容器里，数天以后再煮沸，下面沉淀的是酸奶渣，蒙古语叫作“阿尔查”，液体是熟酸奶，即察嘎。熟酸奶的酸度以贮存时间长短来决定，早秋的熟酸奶非常酸，晚秋的熟酸奶酸度稍差一些。牧人们爱在煮肉的肉汤里放些熟酸奶喝，其原因是熟酸奶具有解毒、分解脂肪、帮助消化等诸多好处。

冬春季节，温水里加一些熟酸奶给老弱畜喝，会很快恢复体力。

六、艾日嘎（Airag）

酸奶乳，蒙古语称之为“艾日嘎”，用奶酒酵母发酵而成。酸奶乳与熟酸奶虽然都是经过贮存的酸奶，但区别是酸奶乳是用奶酒酵母发酵而成的。酸奶乳还要分牛奶酸奶乳、羊奶酸奶乳、驼奶酸奶乳和马奶酸奶乳等。

酸奶乳发酵，有几种方法：一是以原来贮存的酸奶乳作为曲种，加上生乳直接发酵；二是从别人家请曲种；三是自己培育曲种。

没有曲种的人家向别人家请曲种时，请曲种的人手里拎上一个装满生乳的瓦罐，用一小块黄布包上一块奶酪干去，在装生乳的容器和黄布包的奶酪干上边放一条哈达，递给那家的主妇。接受东西的主妇要拿出奶酒让来人品尝，临走的时候在其容器里装满酸奶乳，并在其黄布里包上浓稠的酵曲种。草原上有一种说法，把曲种包在黄布里，酸奶乳发酵得好，能出好酒。从别人家请曲种的人赶快往回返，到门口下了马，家庭主人必须穿戴好衣帽，恭恭敬敬地接过曲种，回到屋里立刻把曲种装入坛子等容器里，上面添加生乳，并且每天都要加些生乳，用捣奶器（搅拌杆）捣奶。

自己培育曲种，要用白酒、半生的糜子、初乳搅和，把器皿的口子扎紧放置发酵而成。这样做比较费事。

解决了曲种之后，接着就是喂酸奶乳的问题。要用毡子或鞣制过的皮张来裹好装酸奶乳的坛子，以保持酸奶乳的温度。酸奶乳的贮存量要根据蒸馏锅的大小来决定，并必须保证有一定的剩余。随着曲种的增多，再换一个大容器存放，每天还要加些生乳，而且用专门的搅拌杆频频搅动。在继续保持一定温度的同时，特别要注意酸奶乳的清洁卫生，不能混入肉食类和盐碱类东西。如果混入不洁净之物或忌讳之物，曲种遭到破坏，酸奶乳也会变坏。牛奶酸奶乳、羊奶酸奶乳发酵之后特别酸，不能当饮品喝，但有解毒作用。驼奶发酵变酸较慢，可以当饮品喝。

七、车格（Chegee）

车格，也写作其格、策克等，即发酵的酸马奶，是颜色发白，浑浊，略有腥气的饮品。苏尼特地区从农历五月中旬到七月初十前后挤马奶。挤马奶一天要挤5～6次，母马平均日产奶3～4公斤。

将马奶挤下以后，放在容器里，加进曲种生成酸奶。苏尼特地区的做法是，从新出生的小马驹舌头上取下指甲盖大小的舌苔放入生米里，上边倒上点白酒，加点侧柏树皮，用一块白布包好系死扣儿放入容器里，上边倒入放得很凉的马奶，然后搅拌发酵。或者用干净的白布包好稠米粥系上死扣儿放进容器，上面倒入牛奶酸奶乳，然后再加进放得很凉的马奶，三天之后去观察时会发现，发酵得正常的酸马奶上边，一些很小的泡儿集中在中间刷刷作响，喝一小口味道醇香，舌尖上有被刺疼的感觉。如果发酵得不正常，上面提到的现象全无，而且稠稀分明，甚至散发出不好的味道。马奶发酵，需要三个容器，第一个容器里装曲种，第二个容器里装正在发酵的酸马奶，第三个容器里装准备饮用的酸马奶。

马奶发酵好之后，还要继续喂好。酸马奶质量好不好，关键在于掌握其温度和捣奶火候。酸马奶发酵十分需要潮湿凉爽的气候和清洁干净的环境。酸马奶要放置在不生火的凉房内，或在地上挖个坑，把装有酸马奶的容器（皮奶桶或缸）半埋在地里，以保持温度相对恒定。因为温度高了，酸度加大，不但酸马奶的味道会发苦发涩，而且不易久存。只有在潮湿凉爽的环境里，酸马奶味道醇厚绵长，舀出偿喝时，嘴唇和舌尖感觉微微刺疼，味美爽口。

在保证潮湿凉爽的环境的同时，不断加入新挤的鲜奶，在此基础上捣奶次数越多，酸马奶的味道就越好。苏尼特人非常重视捣奶。据传，早先的人们爱喝一天捣过一万次的酸马奶。

酸马奶，是夏季的极佳饮品。酸马奶不但保留了马奶原有的营养成分，还增加了许多对人体有益的菌群、维生素，具有健脾胃、助消化、调节气血、润肺止咳、降血脂、降血糖、降血压、强身健体的作用。蒙医用酸马奶给人治病，说明其有一定的药用价值。

车格祝词

阿姆，赛音，阿木古郎，
恩克，赛音，吉尔嘎朗，
从那朝廷有渊源，
有那万民的传承。
按照蒙古民族的风俗，
是传统的饮品。
在那盛大的那达慕上，
是那饮品的头份。
把那洁净的车格，
盛在碗里咏诵祝词。
选择这吉日良辰，
挑选这块吉祥宝地，
拉起长长的链绳，
捉来母马和马驹，
准备好挤奶桶，
请来上等的曲种，
把那膘肥的母马的奶
挤下来，
把那体壮的母马的奶
挤下来，
装在牛皮皮囊里，
发酵得刷刷作响，
敬献给那年长者，
品尝得咂咂作响的
饮品之精华。
把那酸马奶
盛在银碗里，
让我们大家
频频品尝吧！
奏起乐器唱起歌，
频频祝福吧！
嗻——
放置在阴凉的地方
发酵的好车格，
贮存在凉爽的地方
搅拌的好车格，
美饮之首！
纯洁的车格——
饮用时成为饮品，
欢聚时成为酒饮，
出游时成为食品，
患病时成为药品，
是从祖先那里
传承下来的，
从圣主成吉思汗时代
传播下来的饮品！
嗻——
饮品之首！
得病时成为药品，
欢宴时成为酒饮，
为那达慕增添欢乐！
把这饮品之首，
纯洁的车格，
斟满那金碗里，

盛满那银碗里，
献给聚集在这里的人们
尽情地享用吧！
唱起欢快的歌儿，
让大家畅饮吧！

八、萨林酒（Saalin Arki）

萨林酒，即奶酒。苏尼特人自古以来就有酿制奶酒的历史。奶酒，亦称蒸馏酒、蒙古酒、锅酒。奶酒劲儿很大。奶酒酿制得好与不好，有很大区别。酿制得好的奶酒，既有奶香味，也有水果味。奶酒味道好与不好，不但和酒曲的味道有关系，也和原料的发酵、捣奶的程度、温度保持得是否合适有关系。特别是多加些生乳，多搅拌，味道就更好。如果生乳加少了，或曲种、温度和捣奶程度不合适，奶酒就有股酸奶汤的味道，不好喝了。酿制好奶酒，换句话说就是要增加其酒精含量。

奶酒酿造，目前最流行的方法有两种：第一种方法叫封闭式酿造法，第二种方法叫敞开式酿造法。

先说说第一种方法：大锅里倒进半锅艾日嘎（酸奶乳），上面坐上酒笼（形如无底圆桶，下大上小，用木板箍成，或用柳笆编制成再抹上胶泥），酒笼上面再坐上小铁锅。小铁锅下面，要用两条细绳悬吊一个接酒坛子。大小两个锅和酒笼之间的缝隙，都要用泥巴、毡片或羊毛之类堵严实，以防跑气。酿造时下面架牛粪火，使艾日嘎慢慢沸腾，蒸汽扑到小锅底凝成水珠，掉入下面的接酒坛里。小铁锅里要加满冷水，用水瓢不停地折扬，促使锅底蒸汽快些冷却。当小铁锅里的水热到冒热气的时候，要再换一锅冷水。如此换上三四锅水，端起小铁锅，把接酒坛的口用布蒙住取出来，坛里已经接了三四斤酒，这就是头锅酒。将头锅酒倒进新注入锅里的艾日嘎里，再酿出的酒称之为回锅酒，即通常说的二锅头，蒙古语称之为“阿尔扎”。两锅头锅酒才能酿造出一锅阿尔扎，所以，后者的酒劲是前者的二倍。阿尔扎回锅，再酿就成三锅头，蒙古语称之为“胡尔扎”。以此类推，四锅头叫“莎尔扎”“宝儿扎”等。如此可以酿到六锅。六锅酒是酒中之精华，专门用来招待贵宾。这种酒贮存时间长了，颜色变为深黄色，舌尖上沾一点就有微醉之感。

再说说第二种方法：在小铁锅的下面，吊一个略似茶壶的接酒器。壶嘴子从酒笼上穿出来，嘴子下面再接一个大瓶子。这样酿酒的时候，酒随时可以流到外面来，可以直接品尝。

酿酒的时候，要掌握好火候，不能用硬柴，以免火太猛了。如果火太猛，容易造成煳锅。锅里酸奶一煳，奶酒就带了煳味；或者酸奶开得太猛溢进接酒坛里，从而前功尽弃。如火太小，酸奶蒸发不好，影响酒的质量。

苏尼特地区主要用封闭式酿造法。

奶酒贮存要用瓦罐酒坛，放置在温度相对恒定的地方。冬季里莫说是挨冻，着凉都不行，着凉了会影响酒的口感。要用鞣制过的皮张或毡子把酒坛子包裹好，放置在温暖的地方。跨年贮存的奶酒要封好口子，埋入羊圈的羊粪砖层下面，或在火撑子附近挖个坑，坑里放入垫羊圈的土，再把酒坛埋在里面。埋藏的时间越长，酒越纯净透明、醇馥幽郁。

九、乌如莫（Orom）

乌如莫，即奶皮子。把铁锅坐在灶火上（最好是用火盆，一般不用火撑子火），倒进新挤的生奶子，用牛粪火烧开以后，用勺子反复折扬奶子。折扬奶茶时，一般用大勺子扬，但熬奶皮子时则用小勺子均匀缓慢地折扬。折杨半个小时以后，慢慢把火弄小，并停止折扬。火势减弱以后，奶沫子散开，在奶子上边形成麻点均匀的一层奶皮。这时候，在锅沿上横搭根细木棍，再把锅盖放上去。搭细木棍的目的，是为了让热气散发出来。熬制奶皮子，最好是烧红牛粪（指冬天的牛粪）或羊粪砖。用这种燃料不易煳锅，而且奶皮子厚。折扬奶子的勺子不能沾油，用沾了油的勺子折扬奶子的话，奶沫子就会变少。早晨熬过的奶子到了半晌午时再热一遍，热的时候仍然要用文火，快要烧开时停火。秋季奶子油大，再热的时候，可以用小铲子把沾在锅沿上的奶皮子边儿划开。一般人家是晚饭以后熬奶皮子，当晚把熬制的奶锅放在凉爽的地方，第二天早晨把奶皮揭去。揭奶皮子的时候，先用小铲子从锅沿上把奶皮子边儿划开。夏天熬制的奶皮子，可放在盘子上面或收存于瓦盆等器皿中。秋天熬制的奶皮子比较厚，可用竹筷子和粗点的芨芨草棍从中间挑起来，这样奶皮子就被折叠成一个半月形。如果想添加些甜食贮存或冷冻起来，可在案板上把奶皮子摊开，放上葡萄干、红糖或白砂糖后再折叠或卷起来贮存。头一天晚上熬过的奶上面奶皮子较薄，第二天可以再加些生奶继续熬。苏尼特南部地区的牧人家一般在夏天加工卓海（奶油皮）的多，秋后才熬制奶皮子。而苏尼特其他大部分地区不论夏

天和秋天，都要熬制奶皮子。苏尼特牧人喜欢吃奶皮子拌的炒米和奶皮子和的面食，爱喝兑奶皮子的奶茶。特别是奶皮子拌奶豆腐，有独特的风味。

绵羊奶、山羊奶、牛奶、驼奶，都可以熬制奶皮子，不同的奶熬制出来的奶皮子成色、厚薄稍有不同，味道也各具特色。

夏天，新奶皮子下来，牧户的主人穿戴整齐，把新奶皮子的头一份敬献给天地，祭洒给神灵，然后先让家里长者品尝，最后和孩子们一起分享。用夏天较稀的奶皮子加上白砂糖和红糖拌沙蓬米面、大麦面吃，冬天用半干的奶皮子兑奶茶喝。这在苏尼特地区是一种地方风味。享用奶食拌野生植物籽粒的食物，享用这些大自然的馈赠，也许是苏尼特人独享的口福呢。

十、卓亥（Zuoohai）

卓亥，是生奶发酵后上边凝固的一层乳黄色奶油皮，又写作卷肯、嚼肯、嚼口等。

苏尼特牧人多数在秋天加工卓亥。秋季的卓亥较之夏季的厚，而且因为秋季天气凉爽，不容易发酸，没有发酸的味道。

将新挤下的奶子放在瓦盆或瓷盆里，在阴凉的地方放上七八个小时，奶子的上面就会凝固出一层乳黄色的油皮来，蒙古语称之为“卓亥”。这是乳之精华，用卓亥兑奶茶喝，味道妙不可言，香极了。卓亥凝固形成的过程中，如果天气干燥，可在地上多洒些水，或在容器下边垫上青草皮，会有很好的效果。如果在瓦盆周围的哈纳上边插上些侧柏树叶子、艾蒿等，可使环境清洁，起到防止奶子变质变坏的作用。一般情况下，奶子放置一天头上或稍过之后，插入筷子类的细木棍抽出来时不沾奶子，说明奶发酵够了。这时候上面凝固的卓亥与下面的酸奶正好可以分离，把卓亥撇出来正是时候。如果这时候不把卓亥撇出来，酸奶里的黄汤溢出来渗入到卓亥里，还会把卓亥“吃掉”，因此要及时将卓亥撇出来。卓亥拌炒米吃，味道好极了。

卓亥是提炼黄油的原材料。

十一、出出给（Chuchugei）

出出给，是用卓亥提炼黄油之后沉淀下来的油渣，呈浅棕色。苏尼特牧人将撇出来的卓亥贮存在大布口袋或木桶里。贮存的卓亥发酵之后，渗出一层油来，便把其放入锅里烧开，提炼出黄澄澄的黄油来，下边沉淀下来的油渣，蒙古语称之为“出出给”。出出给可以直接拌炒米和炒面吃。把秋天的出出给贮存于羊肓肠或膀胱里，冬天或来年春天拿出来吃。出出给一般不单吃，而是放入奶茶里喝。在冬春季节奶食稀少的时候，兑黑茶喝，味道相当不错。

十二、胡如达（Hyryyd）

胡如达，即奶豆腐，把生奶发酵后上边凝固的一层乳黄色奶油皮，即卓亥撇出来后，把下边剩下的酸奶用文火熬制，把渐渐分离出来的酸奶水（乳清）撇出来，待到酸奶水颜色由黄变白的时候停止撇水，并用铁勺子或专用的杵木杆反复揉锅里的奶豆腐。白奶汤水量必须掌握好，白奶汤水多了，奶豆腐就有股酸奶汤味道；白奶汤水少了，奶豆腐就发干发涩发硬。所以，掌握好奶汤水很重要。接下来就是像和面团似的揉好，在文火上揉，直到渗出一层油不再沾在铁勺子勺头和专用的杵木杆上，变得油光锃亮时，拿出来倒进模子里。奶豆腐一般在秋天加工，因为此季节气候凉爽，奶子发酵得好，奶豆腐也不易坏，能干透。牛奶、羊奶混起来加工的奶豆腐显得粗糙，不光滑，而且黏合性差。倒进模子里的纯奶豆腐微干之后可以扣出来晾晒。糅合得好的奶豆腐干而不硬，泡在奶茶里很快就会软化。

十三、楚拉（Churaa）

楚拉，即奶杂子，碎块状的奶豆腐。撇出乳油之后，把剩下的酸奶子用文火烧成奶糊糊，稍稍撇出酸奶水后，不再揉，直接捞出来晾晒，蒙古语称之为“楚拉”。用绵羊奶制作楚拉最好。牛奶做的楚拉色微黄，晒干以后变得很坚硬。楚拉属于大众化的奶食品，其优点是干得快，不易变质长毛。苏尼特南部地区牧人做得多。

十四、额吉该（Ejigai）

把揭去奶皮子的熟奶烧热，加进一两勺察嘎（酸奶）。滚开以后，把火放小，待黄水浮在上面后，捞出来放在器皿里，微干以后掰成若干块儿晾晒，蒙古语称之为“额吉该”。这种额吉该多少有点酸奶水的味道。要是想不带酸奶水味道，可加火再熬，一面揉，一边撇出其酸奶水，等酸奶水完全渗透变白之后，装入透气的容器里，微干之后掰成若干块儿晾晒。这样制作的额吉该放入奶茶里喝，也可以拌在白油里吃。

十五、别什力嘎（Bieshlig）

别什力嘎，分熟奶别什力嘎、生奶别什力嘎两种。别什力嘎即做即吃，可以理解为“速成奶豆腐”，这个食品非常适合游牧生活特点。一般走“敖特尔”，经常搬迁，流动性大，不适宜生奶做成卓亥，而只能是头天晚上烧开生奶做奶皮子，第二天早晨揭去奶皮子之后，往锅里熟奶中加进曲种发酵，加火煮熬，去掉水分，再把它装入布口袋扎紧口子，上下用木板或石板夹住压上石头后，在重压之下酸奶水被挤出。这种奶食，蒙古语称之为“别什力嘎”。挤压出来的别什力嘎较之散装的别什力嘎成色细腻，而且味道也好，用刀子割着吃，别有一番风味。生奶做的别什力嘎颜色微黄，吃起来口感好；熟奶做的别什力嘎颜色发白。不过，别什力嘎一般情况下即做即吃，不晾晒。因为别什力嘎干透了以后不易泡软，特别是生奶做的别什力嘎晒干之后，变得像玻璃一样坚硬。

十六、黄油

把一夏天攒起来的卓亥（乳油）和乌如莫（奶皮子）放在锅里炼出来的透明的黄色液体，就叫黄油，蒙古语称之为“西拉桃酥”。苏尼特地区牧人夏季里把乳油贮存于木桶或大布口袋里，待发酵之后炼出黄油来，沉淀下来的酸油渣子，叫“出出给”。苏尼特人把夏末、秋初揭下来的奶皮子贮存于扁木桶中，等到秋末、冬初炼出黄油来，沉淀在下面的白油，即酸油液，蒙古语叫作“查干桃酥”。黄油实乃奶食之精华也。黄油可以少量放在奶茶里，以增加奶茶的适口性。也可以在和面时放点黄油做面食，或稠粥里放黄油、红糖或白砂糖 。

黄油是一种比较常见的食物，其中含有丰富的维生素及多种矿物质，营养价值高，经常食用对身体非常好，可以令人有饱腹的感觉，还可以改善贫血及防治各种疾病等，同时也有促进身体发育的功效。

耳鸣，用点过黄油的棉球塞耳朵就会好。胀肚子，在布块上抹些黄油加热热敷或肚子上抹点黄油再按摩后会好。

十七、白油

苏尼特牧人将夏末、秋初的奶皮子贮存于扁木桶里。贮存的奶皮子自然发酵后变得味道微苦。到了秋末、冬初时，把贮存的奶皮子放在锅里炼出黄油，沉淀下来的便是酸油液，蒙古语叫作“查干桃酥”。在酸油液里拌上额吉该或楚拉，装入事先预备好的羊瘤胃里放置起来，等到冬季或来年春天放在奶茶里喝。苏尼特人讲："喝了放酸油液的奶茶，既解渴又顶饿。"

十八、阿尔查（Aarcha）

阿尔查，汉语俗称为酸酪蛋，但实际上阿尔查有很多种，不但可以分为羊奶的阿尔查、驼奶的阿尔查，而且根据其味道和做法的不同，还可以细分为艾日嘎的阿尔查、酿酒的阿尔查、察嘎的阿尔查、塔日嘎的阿尔查、车格的阿尔查和酸奶水的阿尔查。阿尔查，就是煮熬察嘎和酸奶水之类奶食品下脚料后，装入布口袋把酸奶水渗流出来，用其干货加工而成的奶食下游产品。用阿尔查作为加工奶豆腐和阿如拉的原材料。奶豆腐与阿尔查的区别在于晒干的形式不同。

苏尼特地区牧人将阿尔查摊开在平整的木板上，再用缝衣针或马鬃毛划开若干块儿。这样晒干的阿尔查，也称之为阿如拉。

十九、阿如拉（Aaryyl）

用阿尔查加工阿如拉。先把察嘎煮熬成阿尔查之后，把阿尔查装入纱布口袋里，吊在勒勒车车辕上或什么地方，把酸奶水控干。等到酸奶水控干之后，把袋子里的阿尔查连袋子一起夹在两块木板或石板之间，并用石块压住一天一夜后，袋子里的阿尔查的水分完全被挤出，就可以把它拿出来，用马尾割成一层一层薄片放在盘子里或筛子上晾晒。这样加工出来的奶食，苏尼特人称之为"阿如拉"。阿如拉可以割成一块块，也可以用手抓捏，让其从指缝中挤出后晾晒。苏尼特牧民常把阿如拉块儿掰开放在奶茶里喝。

用艾日嘎或酿酒沉淀的奶渣做的阿如拉，那是相当酸的。艾日嘎里常加点生奶的人家的阿如拉就不那么酸。察嘎放得时间长了，做出来的阿如拉味道很涩，把它放进煮过肉的肉汤里吃，不但起到解毒、分解脂肪、助消化的作用，而且使肉汤味道更鲜。要降低阿如拉的酸度，就必须在察嘎变酸之前煮熬。用塔日嘎的阿尔查做的阿如拉味道酸甜，如果加进葡萄、红糖或白砂糖晾晒，那就更好吃了。苏尼特牧人善于用很酸的艾日嘎、察嘎加工出微酸微甜且很酥软的阿如拉来。加工这样阿如拉的窍门在于加火煮熬，舀出上面的油脂。加工这样的奶豆腐时，把艾日嘎或察嘎倒入锅里加火煮熬，同时把上面的糊状物撇出。如果察嘎煮熬不好，做出来的阿如拉就不好吃，干透后变得太硬，放在奶茶里也不易泡软。用煮熬得好的察嘎做出来的阿如拉不会干透，总保持一定湿度。加工这样的阿如拉，一定要把察嘎煮熟煮透，舀净上面的油泡，再加上些奶子之后，装入布口袋控干。用这样的阿尔查做出来的阿如拉就微酸、酥软、口感好。用驼奶加工的艾日嘎、察嘎做出来的阿如拉，一般不太酸，呈棕黑色，油亮，口感好。驼奶做的阿如拉不撇出油，颜色呈棕黑。如果撇出油，则为颜色白、酥软、口感好的阿如拉。

二十、白油加工及贮存技术

苏尼特牧人分别用乌如莫、卓亥提炼出黄油和白油贮存起来，以备冬季和来春食用。夏季，奶类盛产季节，不但奶量多，而且发酵得也快，卓亥（乳油）产得也多。所以，夏季里把撇出的卓亥贮存在白布口袋里。等装满白布口袋发酵后，马上放在锅里煮熬提炼，可提炼出上面是黄油、下面沉淀出出给（酸油渣）的两种产品。将黄油、酸奶渣两种产品分别装入小木桶或小瓦罐中，夏季和秋季随时享用。入秋以后，天气渐凉，生奶发酵缓慢，上边凝固的一层卓亥（乳油）也没有那么厚了。所以，夏末、秋初开始坐收乌如莫（奶皮子）。

苏尼特牧人把夏天的奶皮子贮存于扁形木桶或小缸里，并称之为奶皮子木桶或奶皮子缸。苏尼特人主要用绵羊奶、山羊奶和牛奶加工奶皮子。把生奶倒入生铁锅里，用牛粪火加热煮熬，快要沸腾时用大勺子反复折扬，然后把火放小。撤火之后，锅里的奶子温度慢慢降下来，折扬过的奶沫逐渐凝固成一层满是麻点的奶皮子。苏尼特人还分一次加热的奶皮子和两次加热的奶皮子。一次加热的奶皮子，就是把生奶烧开一次后上边凝固的奶皮子。两次加热的奶皮子，是指将一次加热凝固的奶皮子揭过来靠锅沿放上，或者干脆全部揭下来，再加入奶子重新加热后凝固的奶皮子。一次加热的奶皮子呈白色，用它加工出来的白油也是白的。而两次加热的奶皮子则有点发红，而且用它加工出来的白油也有点发红。苏尼特牧人一次加热的奶皮子主要用来提炼白油。他们从仲夏开始至初秋期间每天把加工出来的奶皮子贮存于奶皮子木桶或奶皮子缸里，并封好口子，使它慢慢发酵。牲畜多的人家可以贮存两三桶奶皮子。到了秋天，奶子开始变浓稠，苏尼特牧人停止贮存提炼柏油的奶皮子，转向加工准备晾晒的片状奶皮子。秋季奶子浓稠，发酵后上边坐的奶皮子也厚。他们把锅里的奶皮子用筷子或细木棍挑起来对折成半月形晾晒。这种半月形片状奶皮子备作冬天或来春食用。

与此同时，苏尼特牧人们开始准备好贮存黄油和白油的容器。贮存黄油和白油时，牧民们自古以来因地制宜，就地取材，用绵羊瘤胃、绵羊盲肠和牛羊膀胱做容器，既节省，又环保。他们在秋天宰杀牲口吃肉，有意识地将这些物件清洗干净后晾晒，以备后用。存放白油要用羊瘤胃，他们把瘤胃翻过来洗干净，在酸奶水中腌泡数日，捋掉上面的毛毛和油脂，吹上气儿扎紧口子，挂在蒙古包哈纳头。牛羊盲肠、膀胱也照此处理。晾干之后，收起来保存，等到秋后往里边装黄油、白油的时候再拿出来，在奶子或察嘎里泡软，分别将黄油和白油装进去。

一般秋末冬初，具体一点儿说是10月末至11月初开始提炼奶油。提炼白油，将贮存的奶皮子倒入生铁锅里，用红牛粪（冬天的牛粪）加火，红牛粪火不硬。据说火太硬，就不出油了。提炼白油，要选择天气好，环境安静，人员走动少的日子，特别要注意清洁卫生，锅碗瓢盆洗涤干净，严禁在室内起尘土。提炼白油的时候，禁忌大声喊叫、小孩吵闹和人们进进出出。坊间有个说法：提炼白油的时候，如果外人进屋、在屋内吵闹和有人探头往锅里看，黄油就渗没了。提炼白油的关键在于掌握火候。火候掌握得好，不但黄油出得多，而且白油黏合度也好。火小了或火大了，白油就会发干。苏尼特地区白油有额吉该和楚拉两种拌料。把黄油舀出来之后，在沉淀的白油里拌入额吉该，就是拌额吉该的白油；拌入楚拉，就成了拌楚拉的白油。苏尼特也有些牧户往白油里拌入弄碎的阿如拉。把舀出来的黄油倒入备好的羊盲肠或膀胱里真空扎紧口子，加以存放。拌入拌料的白油要搅拌好之后，装入备好的瘤胃里边。装的时候，先用饭勺把瘤胃的边边角角都撑开不留个死角，然后把白油装进去扎好口子，最后把它放在大案板或木板子上上下左右反复揉搓滚动。这样，白油和拌料搅拌得更均匀。再把装白油的瘤胃顺着瘤胃的自然状态横放起来让其凝固。装入瘤胃里的白油和装入盲肠、膀胱里的黄油，能保鲜不变质，其原有的味道不变。

茶宴之道

苏尼特蒙古人崇尚茶，奉茶为饮品的上品，饮食之首，也将其作为敬品、祭祀品、礼物之首选。不论过年过节、喜庆活动或招待远方来客或亲朋好友，首先用奶茶来招待。

在日常生活中，以奶茶作为信仰、祝福的象征。在大年初一早晨，敬天敬地、敬山神、敬树神，祭敖包，都洒祭奶茶；每天早晨为出远门的亲属，为应征入伍的儿女泼洒奶茶，祝福他们一路平安；每当游牧搬迁到新址，向山神、水神敬洒奶茶，以求天地保佑。

搭建蒙古包、剪胎发等礼仪活动，奶茶是必不可少的，而且先敬茶，后敬酒。招待客人，不分远近，不分亲疏，都要熬新茶招待，忌讳给客人热剩茶喝。苏尼特人把用茶招待客人视为表达文明礼貌，表达友好亲善的最高礼节。

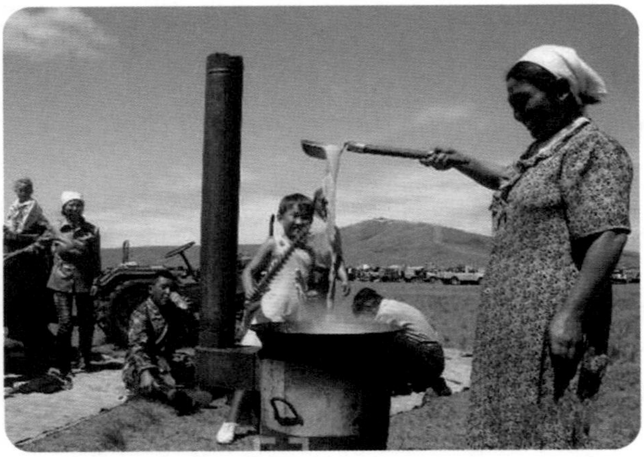

新人结婚，成家立业，乔迁新居，点上火，坐上锅（壶），首先要拿出整块儿砖茶臼捣砖茶，煮新茶，把新茶的“德吉”（头一份）敬洒天地，然后敬给搭建蒙古包的人，然后按年龄辈分顺序盛茶。

蒙古人一天的第一件事就是熬茶。自己家里人喝茶的时候，家里有老人的先给老人倒茶。如果没有老人，就从家主开始依次倒茶。递茶的时候，必须用双手，忌讳用单手敬茶。

蒙古人把茶尊为“饮食之首”，也以此象征工作和事业的良好开头。苏尼特蒙古人有个口头禅：“喝完茶就上工吧！”这就是个生动的写照。

茶也是礼物之首选，蒙古人送的礼物中一定包括砖茶，也是与其视茶为饮品之上品的习俗有关。

一、正月茶宴

苏尼特蒙古人迎新年，茶是必备之物。大年初一，亲朋好友相互拜年时，家家户户煮新茶招待来客，名曰正月茶宴。

从正月初开始蒙古人带上礼物走村串户拜大年。每家每户都煮好新茶，桌上摆满丰盛的奶制品和肉制品来招待客人。客人喝完新茶后，拿出所带的礼物送给主人。茶宴之后，主人拿出手把肉、蒙古包子来招待客人，并在客人要走的时候回赠礼物。客人临走时，往这家的“锅撑子”（灶火）里添一把牛粪，祝福他们家业兴旺，红红火火。

二、除夕茶宴

苏尼特蒙古人称农历腊月最后一天为“毕囤”，即除夕。除夕这一天，蒙古人起大早，着手过年的准备工作。安顿好了之后，下午邀请左邻右舍、亲朋好友在一起喝茶、饮酒，欢庆一通。这就叫除夕茶宴。客人告辞之后，家里进行除夕茶宴。大人们依次坐在上席，孩子们给家里长辈们敬茶，长辈们给孩子们赏赐“除夕份子”。所谓“除夕份子”，就是煮熟的手把肉，其中包括乌查（羊背）、胫骨、前臂骨、肋骨、腰子、心等。然后，煮新茶，摆上肉食奶食，举行招待至亲好友的小型宴会。

三、祭火茶宴

苏尼特蒙古人崇拜火，视火为生命与兴旺的象征。他们敬火为神，在草原上，火神是诸神中最受尊敬的神。普通牧民的祭火神都在农历腊月二十三进行，一少部分台吉贵族则在腊月二十四祭火神。有个别地方在秋季祭火神。祭日凌晨，全家人在蒙古包前设香案铺垫子，烧香拜佛，请“火神在自家门前稍候”。拜毕，回到包内，将所有物品清扫擦抹干净，再将采回的枳机草用红、蓝、绿三色彩绸条捆成四束，插在“图勒嘎”（锅撑子）的炉灶旁，开始点燃“图勒嘎”内的牛粪，全家人其乐融融地围坐在圣火四周，家主点燃一把香，绕行住宅一周后来到火撑子前，口念“呼瑞、呼瑞、呼瑞”，举香在火撑子上边摇三圈，把香插在火盆内，祭祀仪式开始。由女主人用双手托起一个盛满奶食品、红枣、羊胸叉肉及羊羔肉的小木桶，在火上摇动，颂祭词。全家老少此时再将捆有彩条的枳机草投入火中，在男主人带领下跪拜，诵念诚笃的祭火词。

祭火仪式结束，全家人围坐在一起喝祭火茶，饮酒欢宴。祭词诵念毕，“图勒嘎”里的圣火将蒙古包映得彤红，欢声笑语中，牧人们喝着飘香的奶茶，喝着美酒，吃着手把肉，引吭高歌，通宵达旦如同过节。这就是祭火茶宴。

四、乔迁茶宴

苏尼特蒙古人搬进新房子时，选择吉日，邀请左邻右舍、亲朋好友举行乔迁茶宴，庆祝一番。新家的主人点火支锅，拿出整块儿新砖茶。煮好新茶，“德吉”（头份）敬天敬地敬佛爷，然后依次向年长者和贵客敬茶。来的客人都要带些礼物，祝贺乔迁之喜，礼物包括砖茶、火柴、酒、衣服料或者毡垫、毡子等。接过客人的礼物之后，主人向客人敬酒表示感谢。大家欢聚在一起，饮酒唱歌，不亦乐乎，庆祝一番。茶宴之后，

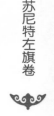

主人给客人每人盛一碗上面漂着一层黄油的大米或黄米稠粥。

参加乔迁茶宴的客人致祝房祝词，说吉利的话，忌讳粗俗语言出口。客人走时，主人回礼并招手相送。

乔迁之家，以后不管来什么人，不管认识不认识，都要熬新茶，摆上奶食，斟上美酒来招待。苏尼特地区人们非常忌讳给客人喝剩茶和冷茶。

五、新出生婴儿洗礼茶宴

苏尼特地区孩子出生的第三天举行新生婴儿洗礼茶宴，邀请至亲好友、左邻右舍的人来参加。过去，苏尼特地区没有给新生婴儿过满月、过一周岁庆典的习俗，但是，孩子出生的第三天一定要举行新生婴儿洗礼茶宴。给新生婴儿摇篮车前端挡头上挂铜钱串儿，红铜小物件，用毡子或香牛皮剪出来的狐狸、马、骆驼等工艺品。

新生婴儿出生的三天头上的茶宴，家人准备红食白食、烟酒茶糖，倾其所有款待客人。而前来参加新生婴儿洗礼茶宴的亲朋好友们当然也不能空手而来，一定会带上婴儿包裹布、婴儿服装、小玩具、银币等礼物，祝贺这家添丁增口。如果新生婴儿是男婴，祝福说“祝贺新添了一名牧马汉子”；如果新生婴儿是女婴，就祝福说“祝贺新添了一名牧羊姑娘”。如果是直系亲属，承诺要送给牛马羊等适龄母畜的很普遍。

新生婴儿洗礼茶宴上，接生婆亲自动手煮羊脖子骨头汤，用骨头汤为新生婴儿沐浴，点香熏香，在婴儿脑门上涂抹新鲜牛奶或黄油，祝福孩子健康成长。新生婴儿洗礼茶宴上，根据客人的年纪、辈分依次上茶、上酒、上肉食，热情招待客人。茶宴上忌讳耍酒疯口吐粗俗语言，十分讲究文明礼貌。

六、挤奶节茶宴

苏尼特蒙古人每到夏天开始挤奶，加工奶食品的时候，也要选择良辰吉日邀请左邻右舍、亲朋好友，举行挤奶节茶宴。这家请毕那家请，轮流举行挤奶节茶宴，祝福草原风调雨顺、五畜兴旺，人们表达相互帮助、和睦相处的良好愿望。

七、转场茶宴

苏尼特蒙古人在游牧生活中经常转场走“敖特尔”。几户牧民或在一片草场上共处一段时间，哪家要转场到别处时，相互邀请，举行转场茶宴，回忆在过去的一段时间内相互关照、互相帮助的美好日子，并表达在以后的日子里，进一步巩固左邻右舍的友好关系的愿望。转场茶宴上，喝茶、喝酒、品尝奶食、肉食，一个也不能少，但是，一般不唱歌欢宴。临别时互送礼物，预祝友谊长存，来日方长，后会有期。

苏尼特地区还有一个既普遍又让人感动的游牧民族传统的好风气，就是苏尼特蒙古人一旦得知走“敖特尔”、走“阿音”的车队从他们营盘附近经过，不管他们是哪里人，也不管认识不认识，都要带上新茶和奶食迎上前去，热情问候，为行人倒上茶解渴解乏。期间还帮他们整理行囊，问他们需要什么帮助。赶路的人们喝完茶，临别的时候再三表示感谢之情。双方互致美好的祝福，但愿后会有期。

八、擀毡子茶宴

擀毡子茶宴，是指牧民擀毡子的时候，招待来帮忙的人们的茶宴。

毡子是游牧民族生产生活的必需品。牧区擀毡子，特别是擀大毡，不是一家一户能完成的，需要众人参加帮衬。谁家要擀毡子，一定要请来左邻右舍的人来帮忙。擀毡子这家的主妇早早熬好奶茶，当铺开母毡开始絮毛的时候，往母毡上泼洒一些奶茶，并念诵一句毡子祝词：“愿用雨水喷的，用快马拉的，用圣水喷的，用宝马拉的毡子白得像雪一样，硬得像骨头一样！”然后从年长者开始依次敬茶，端来摆满奶食品的木盘子请客人品尝。参加擀毡子的人们，喝完茶，尝过奶食品之后，说声“擀毡子茶宴的奶茶真好喝”，便开始劳动。擀完毡子，主办的牧户要备些羊肉、奶食品、酒菜等款待参与制毡的人们，大家一起分享新毡制成的喜悦。

九、牲畜打烙印茶宴

苏尼特牧人在秋季把马群收拢回来，进行给马打烙印的活动。主办打烙印活动的人家向附近的牧户发出邀请，邀请他们参加打烙印，并把前来帮忙的人员请到家里举行牲畜打烙印茶宴。

打烙印那一天，主办家主妇煮好新茶，备好手把肉、美酒招待来人。在喝茶的过程中，牧户主人向大家介绍有关打烙印工作的情况，大家也口诵吉利的话，异口同声地预祝打烙印顺利进行。茶宴后，也要给来的客人敬酒。

十、阉割牲畜茶宴

苏尼特地区蒙古族牧民一般在每年春季4月底、5月初做家畜阉割（亦称“去势”，俗话称“骟蛋子”）。为什么选择这个时间呢？因为这个季节草原的气候还比较凉爽，蚊蝇还没有出来，刀口不易感染。

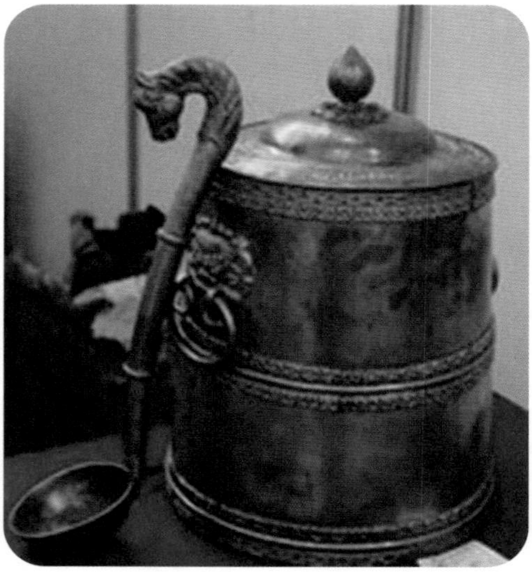

阉割牲畜，在牧区来说是一项正经严肃的营生，要举行隆重的仪式，选择一个良辰吉日举行。羊羔骟蛋子比较简单，一般的牧民差不多都会操作，但是，大畜的阉割可得有点技术含量，要求要利索，手轻，这样骟出的马才会“走”（走马的“走”，是指某些马经过调教以后行云流水般的平稳且疾行的步态。蒙古语称之为“召绕毛日”，汉语没有对应词），跑得快，体力好。所以有些地方阉割牲畜成了一些人的“专门”职业，年年有这方面手艺不错的那么几个人被大家轮流请去帮忙。

到了这一天，在离家不远的绿草滩上铺下一条白毡，请来的阉割牲畜的手艺人坐在上面，牲畜主人献上哈达，表达敬意，然后给来帮忙的人们敬茶敬酒。

阉割牲畜茶宴之后，上主食。主食是黄油烙的白面薄饼，因为阉割家畜这一天忌讳享用各种肉食。

参加阉割牲畜的人要说吉利和祝福的话，一定要忌讳说粗鲁的语言和骂骂咧咧的语言。

十一、打马鬃茶宴

打马鬃节是蒙古族传统节日之一。每年农历五月初，择吉日剪马鬃，届时举行隆重的剪鬃仪式。这一天，牧户的主人举行茶宴招待前来帮忙的乡邻。首先，向聘请来的几位德高望重、剪技高超的掌剪老人献哈达，敬茶敬酒，然后把托在盘子里的剪子交给掌剪人。这时候，骑手们将马驹套至剪鬃人面前，第一位剪鬃者接过鬃剪后，致剪马鬃祝词。

而后，向第一匹剪鬃的马驹身上泼洒奶酒，在马驹的脑门上涂抹奶油。涂抹礼毕便开始剪鬃，并将第一剪剪下的马鬃送至牲畜的保护神——“吉雅其”的神龛前供奉，剪鬃结束后大家在草地上举行欢宴，祝福马群兴旺。

烙饼技艺

苏尼特地区蒙古人有一种在盘子里堆砌而放的烙饼，蒙古语叫作“上炸”饽饽（Shangjaa Boob），汉意为“摆盘的烙饼”，是苏尼特牧人独具特色的过年过节招待客人的敬品。“上炸”饽饽是长方形油炸饼，在木盘或铜盘中整整齐齐地堆砌几层“上炸”饽饽，该堆砌几层就堆砌几层，中间再摆放奶豆腐、酸奶酪、奶皮子及糖块儿、葡萄干、红枣等。该堆砌几层“上炸”饽饽，还有说道。无论什么家庭堆砌的数字不能高出祖上的数字。台吉贵族家是堆砌九层，葛根、呼毕勒罕、上层喇嘛要堆砌十三层，一般家庭过年过节、婚宴上要堆砌三层、五层、七层、九层不等，但必须是奇数。数“上炸”饽饽的层数要从下往上数，最下边那层是“乐”，一层“乐”一层“苦”，数上去，因为是奇数，最上面那一层落在“乐”上。以此来象征人生有苦有乐，苦乐交替，但是最上面那一层落在“乐”上，是表达最终乐多于苦的意思。

供佛的“上炸”饽饽，有的地方为偶数，如二层、四层、六层、八层、十层等。但是，在苏尼特地区即使是供佛的“上炸”饽饽摆放层数仍然还是奇数。

摆盘的“上炸”饽饽上边一定要摆放奶食品，包括黄油、奶豆腐、酸奶酪、奶皮子等，每样都要放一点点。如果不放点奶食品，就成了品种单一，人们很忌讳。堆砌一层需要四张饼。堆砌三层需要十二张饼，堆砌五层需要二十张饼，堆砌七层需要二十八张饼，堆砌九层需要三十六张饼。每家每户堆砌“上炸”饽饽的规矩不同。苏尼特地区炸果中有圆形炸果子、交织炸果子、拧条炸果子、素海炸果子、瓦齐尔炸果子等，但唯独“上炸”饽饽最有讲究，其做工细腻，技术要求也高。

制作“上炸”饽饽，首先要调好和面的水。将水倒进锅里加热之后，把黄油、红糖、白砂糖放进去将其化开。苏尼特有的地方也有加牛奶的，说加入牛奶后，做出来的饼变得软乎。和好面是第一步的重要一环，一定要注意材料的调配，例如，红糖多了，“上炸”饽饽变得颜色发紫；黄油加多了，“上炸”饽饽外层变得焦碎。所以，掌握好主料和配料的比例十分重要。

和面要用温水。做“上炸”饽饽面要和得硬。先和好面之后放到盆里用湿布把它覆盖起来醒一醒。放它个半个钟头，等它醒软乎了再揉。如此反复几次。和面需要力气大的人，有的人家专门请身强力壮的人来帮忙和面。如果和面和得好，各种材料搭配得好，做出来的“上炸”饽饽就成型好、成色好、表层光华；反之，饼就往往容易走形变样，外层起泡，颜色也不好看。

面和好之后，放在平整的面板上擀。擀面杖也要完好的，要由有力气的人来擀面，因为做“上炸”饽饽的面和得硬，一般力气小的人擀不好。如果在案面坑坑洼洼的面板上擀面，会

造成厚薄不均匀。所以，要擀做“上炸”饽饽的面，面板、擀面杖、擀面的人都很重要。面擀好以后，紧接着就转入切面。铺开擀好的面之后，根据摆放的木盘或铜盘的大小，确定要做的“上炸”饽饽的大小，画好线后用菜刀或切刀来切出长方形的“上炸”饽饽。等锅里的油烧开之后，把切好的“上炸”饽饽放在事先准备好的多孔木架子（或蒸笼屉）上下油锅里炸。放在木架子或蒸笼屉上下油锅的原因是木架子会把油饼托起来，防止其变形走样。等锅里的油烧开，架子上的油饼颜色变黄时，油饼就自然浮上来。这时候可以拉住木架子的牵绳把木架提出来。油炸“上炸”饽饽，火大了，“上炸”饽饽表层颜色变黑了，火小了，“上炸”饽饽表层颜色太浅了。所以，掌握火候很重要。油炸“上炸”饽饽，必须在生铁锅里炸，这样炸出来的饼颜色均匀。绝对不能用铝锅，铝锅散热快，炸出来的“上炸”饽饽颜色有深有浅，不好看。再有一点，必须烧冬天的牛粪，因为冬天的牛粪火力保持时间长而较均衡。

油炸出来的“上炸”饽饽，要放在面板或专门准备的木板上晾起来，然后叠放在一起用木板压住。这样，“上炸”饽饽一个个平整整齐。

苏尼特牧人很在乎“上炸”饽饽的成色，甚至以“上炸”饽饽的颜色来预测年景，象征美好。过年过节的时候，人们注意观察各家各户摆放的“上炸”饽饽的颜色。如果哪家“上炸”饽饽的颜色深红或浅红，认为这家这年光景好，吉祥如意；如果哪家“上炸”饽饽的颜色发青或者发白，认为这家这年遭遇不测或倒霉。

正月十五过后，各家各户会把摆放的“上炸”饽饽撤下来，或整张或半张地分送给亲朋好友品尝，分发给孩子们吃。分送的时候，割一小块绵羊尾巴肉放在每张饼上面。寺庙里的“上炸”饽饽也一样，一层一层撤下来，分割成很多方块儿，每个方块上面放上一小块绵羊尾巴肉，分发给善男信女们品尝。

传承人简介：

呼格吉勒图　男，蒙古族，1966年出生于苏尼特左旗查干敖包苏木阿鲁布拉格嘎查。自治区级非物质文化遗产苏尼特“上炸”饽饽制作技艺代表性传承人。呼格吉勒图自1976年至1981年在苏尼特左旗查干敖包苏木小学念书。1981年至1992年，向他父亲桑杰学习“上炸”饽饽制作技艺。自1992年起，呼格吉勒图独立制作“上炸”饽饽，自2000年起接收徒弟，传承“上炸”饽饽制作技艺。现在，他所培养的徒弟中，乌达、宾巴、毕力格巴特尔等已经可以独立制作“上炸”饽饽。

传统饮食

乌兰伊德文化

一、乌兰伊德拾掇的风俗

乌兰伊德，即红食，草原牧民对一切肉类食物的总称。

自古以来，苏尼特地区人们忌讳使用宰杀牲畜、屠宰牲畜、杀掉牲畜等露骨的语言。他们通常以拾掇牲畜、做掉、放倒、煲汤、喝汤、干掉等代词来表达这个意思。在苏尼特地区，并非人人都可以宰杀牲畜，一般都是男人来拾掇。负责宰杀牲畜的男人，相对僧人而言，他们被称为“哈拉浑”，即黑人、俗人。严禁妇女、儿童和喇嘛僧人杀生。

也有些男人自认为，杀生举动为作孽，所以，他们终身忌讳动手宰杀牲畜。也有些黑人在宰杀牲畜的过程中遇到只有单只腰子（肾）的绵羊，就自然会认为：“上苍在告诫我，停止继续作孽。”因而，他从此不再宰杀牲畜，洗手不干了。

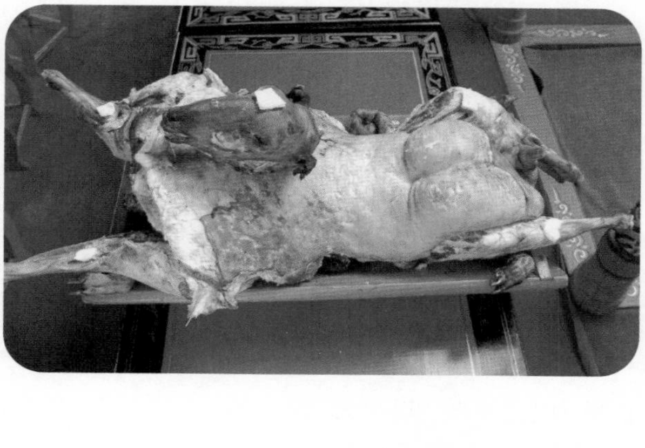

谁家如果需要宰杀牲畜，需要请别人来拾掇，就会由家人礼貌地表示邀请之意，说：“请您为我们家拾掇一只羊吧！”拾掇羊的人来了后，主人将他请进自己的蒙古包，为其端茶斟酒，让他品尝奶食。

（一）拾掇山羊、绵羊

1. 宰杀

宰杀绵羊、山羊时，由家人亲自把捉回来的绵羊或山羊交于黑人手中。黑人在蒙古包的西南处，将绵羊轻手轻脚地放倒于事先已经铺好的毛毡上。如果突然用劲过猛，会使绵羊或山羊的内腔血在体内疾溅，所以，一定要注意轻手放倒。另外，宰杀牲畜时位置一定不能正对着蒙古包的门。黑人需将羊的头朝向正北方向，把羊的肚皮朝上放倒后，左膝跪地，用左手抓住羊的两条前肢，用右大腿压住羊的腹股沟部位，右手持刀，在距离羊心窝下方的四指处腹腔肉上纵向割开一条小口子。随后，尽快将手中的刀子放下，或叼在自己嘴里，并拢右手五个指头插入羊腹腔肉上隔开的小口子，进而顺瘤胃上方，紧贴红肠，用中指和食指捅开天棚肉，摸到紧贴着脊梁跳动的主动脉，用中指将其挑断。然后，迅速抽出自己的手，交换双手的位置，并用左手摁住羊的喉头或头或嘴巴，不让羊发出“咩咩”尖叫之前叫其断气。由于山羊习性比绵羊更具灵气，一旦来不及摁住其喉头或捂住其嘴巴，将招致一阵“咩咩”的尖叫声。

依据习俗，苏尼特人动手宰杀牲畜之前，必须在其胸部放置一根白草，方可割开牲畜腹腔肉。在割开腹腔肉期间，黑人将会小声细语念叨：“并不是我割开你的肉，而是在隔断一根白草。”这里蕴含着人们企图减轻自己罪孽的意愿。有些黑人为了减轻自己罪孽，在嘴里絮叨“宰并非有意，纯属失手误杀”等语。

2. 剥皮

依据旧习惯，苏尼特牧人把已经宰杀了的羊抬进蒙古包后方可开始动手剥皮、卸肉。他们非常忌讳在蒙古包外显一大片肉色血红。他们必须等到被宰杀的羊彻底断气之后，才可抬入蒙古包内开始动手剥皮。抬入蒙古包时，宰羊的黑人用右手抓其两条前腿，用左手攥住羊的一只耳朵，而扶羊助手手抓羊的后两条腿，两人合力将宰杀了的羊抬起。先由黑人抬起羊的头部，跨进门槛。然后，将羊摆在蒙古包内西南处，但一定要使其头部始终朝向北。

之后，按顺序用刀割开羊皮。首先，从左前肢小腿内侧（膝部以下，踝关节以上部位）开始横刀划开，而后从此往下划开，直到胸骨柄，继而再用同样的方式从右前肢内侧划开，直至左右刀口相通为止。按习俗，一般不得直接纵向划开胸部皮的正中心。苏尼特人招待客人或祭祀灶火，需要燎去皮毛的胸骨，因此，需要留下其胸部毛。割开两条前腿的皮后，顺沿胸骨的两侧割开，直至通到颌骨为止。随后，从后肢左小腿内侧开始划开至阴部或乳房部位。而后，从后肢右小腿内侧划开，直至左右刀口相通为止。再从开膛处顺肚皮中心划开阴部或乳房处，直接割通肛门部位。之后，绕肛门和尿道两侧割开一圈，再顺尾骨两侧继续划开，直至左右刀口相通为止。至此，割开绵羊（山羊）皮的全部程序宣告结束。

剥皮仍然从左前腿开始，用拳头搋剥。先从左前腿开始，搋剥直至扒开颈椎、胸椎、肚皮、后背、羊尾皮。之后，再以同样的方式，搋剥另一侧的皮。按照习俗，必须留下胸骨、头部、颌骨、尾部、阴部、羊蹄、乳房部位的皮毛。在搋剥过程中，需做到用力适当，操作精心，以防油脂粘皮而留下。继而，将四条小腿卸开，割断其与羊皮连接部位。最后，从左侧开始，依次卸开前两肢膝关节和后两肢跟骨关节。

3. 掏内脏

在掏内脏之前，必须把剥下的羊皮往两边拉开伸直，在羊体下面平整、均衡地铺开。在掏内脏过程中，需要有一个小孩坐在羊的头部用双手扶正羊体。需要用双手抓正羊的前肢小腿，使羊的胸部始终呈于平整朝上姿势，以防其左右倾斜或歪倒。其间，家人必须准备好接羊肠、羊血、五脏的大盘大盆等容器，摆放于黑人手边。

（1）割开腹腔肉：掏内脏的人要蹲坐于羊体的臀部位置，从羊的阴部（母羊从乳房处）横向割开一小口子，将左手插入割开的小刀口子内，用手指抬起腹腔肉，右手持刀，刀刃朝外从腹股沟肉开始割开，直至通到软肋股为止。随后，将内脏推移至已被割开腹股沟肉一侧的皮面。之后，再用左手持刀，以同样方式割开另一侧的腹股沟肉，并将整个腹腔肉往上抬起，把前肢左侧桡骨套进开膛小刀口子，交给小孩，让他手抓左小腿，继续扶平羊体。

（2）扒开网油：割开腹腔肉之后，该掏取内脏了。首先，要扒开包在瘤胃外边的网油。扒开网油，必须做到小心谨慎，千万不能撕烂扯破，以保证其完整无损。但没有必要扒开附于瘤胃、大肠的尖尖棱棱网油，因为这些部分均属大肠网膜和幽门窦脂油。扒开网油后，把它放入准备装五脏的盘或盆中。有些时候，会遇到羊外壁长有一个水泡状的网油。所谓水泡为双层囊状体，内含有水液。

（3）割开瘤胃：扒开网油后，紧接着割开瘤胃。割开瘤胃时，一定要做到小心谨慎，精准娴熟，以防将其撕烂扯破。总而言之，割开牲畜瘤胃、肠子、胆囊、膀胱时，均不得将其撕烂扯破，以保证其完整无损。如果其中有一个内脏被扯破或刀尖桶漏，将导致血、肉中渗进反刍物、尿液、胆汁，散发一股苦辣味和膻腥味，严重影响肉的口感和质量。

割开瘤胃时，首先要拽直红肠，将反刍物捋进瘤胃内腔后，割断红肠。而后，在红肠前端的外层皮上割开一圈，并将其拽直、拉长后，打一个结扣。这样瘤胃内反刍物就不会通过红肠倒流出来。之后，把瘤胃往后侧慢慢拽出，放置于一侧的羊皮上面，将皱胃、网胃内的反刍物用手挤进瘤胃内腔，顺瘤胃与网胃连接处开刀割断。

（4）捋肥肠、割开大肠和皱胃：割开瘤胃后，将割开羊肠和皱胃。其间，必须要注意轻手割开羊肠、皱胃，把它放置于右手一侧的羊皮上。继而，开始截断肥肠。所谓“截断肥肠”，指的是手抓肥肠大头，轻手捋至小肠细头，割断一截肥肠。截断肥肠，需要娴熟的手工和技巧。如捋力不均匀或毛手毛脚，将导致肥肠中路断掉，预期长度将会打折扣。俗话称，如黑人能够截断长条肥肠，将娶回远方媳妇。这句话难免存有激励拾掇人员能够截留足够长的一节肥肠，填塞一长条肥肠，供人们食用的意思而已。截断肥肠后，将其放入冲洗瘤胃、羊肠的大盆里，交给灌血肠的人员手里，由他们去拾弄。放置瘤胃、大肠的盆中，还有皱胃、网胃、瓣胃、大肠、小肠、小肥肠等，混为一堆，因此，必须将皱胃贲门紧靠盆口边沿朝外放入，以免反刍物流出来。

（5）扒开胆囊：掏出大肠之后，将要扒开胆囊。首先，用手挑开附于肝脏的胆囊根部，轻手扒拽至胆总管细尖插入肝脏部位后，用猛劲直接掐断。之后，将其扔在锅撑子外一块儿地上。如需要留用，将其吊挂在蒙古包哈纳皮条上。胆囊对于瘭疽病（手指坏死或蛇眼病）具有明显的疗效。同时，胆囊也有很多用处。如两岁牛犊一直吃母奶不停，可以把胆汁涂抹在空怀母牛的乳房上，因为其味道特别苦，牛犊尝过一次再也不吃母奶了，以达到戒乳之目的。同样，有些牲畜有啃吃拴绳的坏习惯，可以把胆汁涂抹在拴绳上，同样会收到奇效。

（6）掏取羊腰子：扒开胆囊之后，将要掏取羊腰子。用手掏取紧贴于脊椎两侧的羊腰子，扒开其大部分肥油。之后，将扒开的腰子油与网油收入同一个大盆中。忌讳拾掇人员把腰子油取光扒净。有传说称，如果把腰子油取光扒净，将会沦落成冻死鬼或生养的孩子将成为秃子。在苏尼特习惯中，从来不会在肉食盘子上摆放把油取光扒净的腰子来招待客人。实际上，带些肥油的羊腰子吃起来鲜嫩多汁，味道极佳。

（7）割开天棚肉：掏取羊腰子之后，将割开天棚肉。将左手食指和中指插入挑断动脉时所捅开的小刀口子中，把天棚肉拽向自身这边儿，用刀割开连接胸脯内侧的天棚肉，将两条后肢拽过来，相继插入天棚肉正中被捅开的小刀口子里，以便支起天棚肉。

（8）舀血：割开天棚肉，用后肢支起后，将进入舀血工序。首先，用双手捞出胸腔内的凝血块儿放入接血盆里。之后，用勺子舀出留在胸腔内的血液，放入接血盆里。其间，扶羊小孩用手挤送脖颈部位的鲜血，使其流入腹腔，以便舀接。

蒙古族有句谚语："必须要聆听人临终前的遗言，必须要接留牲畜的内腔血。"由此不难看出，蒙古人是何等地珍惜所宰杀的牲畜的内腔血。

（9）捏碎凝血块：把宰杀的牲畜的内腔血倒进大盆之后，必须由拾掇的人员亲自动手将盆里的血搅均匀。所谓"捏碎凝血块儿"，指用手捏碎凝血块，从而搅匀盆中的鲜血。

（10）掏肛门：舀血、接血工序完毕之后，在放开支起天棚肉的后肢之前，必须掏出其肛门。所谓"掏肛门"，指的是掏出盆腔内的牲畜阴茎、膀胱、会阴肉（母畜生殖器）、肥肠。掏出肥肠的具体做法：首先，绕肛门（如母畜，同会阴肉一起）割到一圈，紧接着沿骨盆内圆孔往里割，将其与骨架相分开。其间，必须做到动手谨慎，精准细致，以免以刀尖划开或捅破肥肠和膀胱。如果肥肠被划开，将增加填塞肉肠难度；如果捅破膀胱，将导致尿液渗进新鲜肉。接着，精巧地割开肛门，使其与骨架相分离之后，从骨盆内圆孔推入内侧的同时，再用另一只手将其拽出即可。

如遇到怀胎母羊，在掏肥肠之前，需取出其胎儿。其间，应在其宫颈处（贴近子宫口处）放置一根白草，将两者叠放割开。寓意为“不是在切开子宫，而是在切断一根草”，意在以此推卸杀掉两条生命的孽罪。割开子宫之后，将胎儿取出来。如胎羔发育不全，需将其用网油裹包放入灶火；如发育较为完整，需将其放置在畜圈墙头上。

（11）割开天棚肉、扒开肝：在掏出肛门之后，应该割开天棚肉，并扒开肝。具体操作方法：首先放开拉拽天棚肉的两条后肢，将左手插入捅开天棚肉的切口，将其向上提起后，把手中的刀刃贴近肋骨和脊梁，顺边缘刀割一圈，将天棚肉与肝连体割下来后，直接放入装五脏的盆里。有些黑人，却先把肝扒开，而后才放入大盆里。之后，拿起从骨盆内掏取的肥肠，擦拭粘在里脊肉和腹股沟的血痕，并将肥肠转手递给灌血肠的人员手里。

（12）割开腹股沟肉：掏取心、肺之前，要割取腹股沟肉。按习惯，应该用腹股沟肉填塞心包。所谓“腹股沟肉”，指割开腹腔肉时，留在两侧腹股沟的薄肉。因为，薄肉易发干，并形成一层皮膜。所以，只好用来填塞心包为宜。这种习惯展示了蒙古族牧民精打细算，物尽其用，充分利用肉食资源的良好习惯以及正确的利用意识。

（13）掏开心、肺：掏开心、肺时，将一只手插入腹腔内，拉拽心肺，用另一只手稍靠胸骨柄割断其气管，继而将心、肺连体拽出即可。与此同时，胸膜也一并被附于心、肺拽出。之后，紧抓胸膜，从心耳底部，割开一条小口子，挤出羊心。最后，将心包内壁外翻，向其腔内塞入腹股沟肉，并用胸膜缠裹心包口，放入五脏内盆中。

（14）割开里脊肉：所谓“里脊肉”，指的是紧贴羊腰椎内侧的肉条。首先，将骨盆肉划开一圈，并将其向上提起后，顺腰椎内侧割开，并取出里脊肉。接着，割开里脊肉后，使得胯骨缝、腰椎关节清晰可见，易于分节卸开。

4. 卸肉

掏出内脏工序完毕后，将要进入卸肉程序（亦称之为“卸羊”）。卸肉有着较为固定的模式和流程，即通常采用从四肢、腱骨部、腰椎骨开始，直到胸骨、颈骨、胸椎骨，逐一均匀卸开的方法。总而言之，那些动作娴熟、干净利索的黑人，将会受到人们的信赖和欣赏，频繁赴邀，帮着拾掇牲畜。如果拟摆一桌整羊席，那么，拾掇的要求将会更加严格，需越加谨慎从事。

（1）卸开后肢：卸羊，通常从后大腿开始入手。主要方法：将一条后腿向上提起，顺厚肌肉下方，沿胯骨头外侧，斜刀向上侧割开，以保证留有均衡的羊背肉。如刀工不精细，割刀位置把握得不准确，将导致羊背肉外形变为抽缩不均，丧失惬意的形状，使其美观大打折扣。继而，又以同样的方法和模式，割开大腿另一侧肉。把羊背肉和后大腿肉割开后，用刀尖挑开位于骨盆上方，连接荐骨部的左右两条胯骨头，再将两条后大腿向内侧稍许使劲压下去，使得两条胯骨头脱臼而出。之后，向上提起两条后大腿按骨节卸开。卸开两条后大腿之后，手抓两条胯骨头向外侧拉拽，使得两条后腿骨缝自相分开。按习惯，必须由宰羊的人拽开两条后腿骨合缝。

（2）卸开羊背：卸开后大腿后，将要卸开羊背。卸开羊背的方法：首先，从肋骨下方向前数至第二、第三肋骨缝隙，捅开约一拃长刀口。继而，顺第三、第四肋骨缝隙向上直接割通。附于羊背的三条肋骨，亦被称为“浮肋”。虽然从胸椎骨关节上分节卸开三条浮肋，以相互分开，但应使其始终与羊背肉相连接一体，无须割断卸开。之后，再以同样的方法和模式，卸开羊背另一侧。分节卸开两侧浮肋后，将要卸开腰椎骨，与胸椎骨相连接的骨关节。用刀卸开腰椎关节，并将一只手插入两侧浮肋缝隙的刀口，将三条浮肋抓住，并向上方提起的同时，再把另一只手插入两侧羊体腰背下方，以抬起其腰部，用单手向上抬起腰椎骨，使其脱离羊皮面后，割下整块儿羊背。之后，紧接着剥开羊的尾部皮，以结束卸开整块羊背的整套流程。如拟摆设一桌整羊席，以招待客人，将不需剥开羊的尾部皮（带皮）。在通常情况下，自己宰食的羊尾尖部，凡可不剥开皮子。如拟摆设一桌整羊席，只分节卸开一根浮肋。这样卸开后，使得整块儿羊背外形呈一个半椭圆形状，令人觉得肥大而丰腴。

（3）卸开胸骨：卸开羊背流程结束之后，将要开始卸开胸骨。卸开胸骨的具体操作方法：首先放开套在桡骨的腹腔肉，将刀尖插入胸骨柄下方，向自己身体一侧逐个卸开软肋骨，直至浮肋上尖为止。紧接着将被卸开一侧的胸骨稍许向上掀开，从胸骨内侧顺软肋骨分节，将其内侧朝外翻上，继而用手压住，割开连接部位肉即可。卸开胸骨时，必须顺软肋骨关节准确地入刀分节，以谨防折断肋骨头部。有一句古老的传说称，羊断气一瞬间向黑人祈求：“我将要归来，请勿折断肋骨头部；我将要返回，请勿割断颌骨骨头。”因此，人们必须遵循卸开胸骨不割断肋骨头部，剖开头骨不折断颌骨的习俗。如果折断肋骨头部，或折断颌骨，将被视为拾掇牲畜的技艺不精不细，并遭到人们的耻笑。这一则民间传说充分说明了卸羊需要娴熟的手艺和精湛的刀工。

（4）卸开肋骨：卸开胸骨后，将要开始卸开前肢流程，在习惯中，通常称之为“卸开肋骨”。卸开肋骨，首先从右手边的前肢开始入手，即从连接颈骨与胸椎骨的骨关节开始，从短肋（假肋）前方下压刀刃，插入胸椎骨与前肢的缝隙，继而顺肩胛软骨下方，向自身一侧割刀卸开。卸开前肢，需要掌握一手娴熟的刀工和精细手艺。如果用刀不适当，或割刀位置不精准，将会导致割偏分错前肢肉、颈骨肉、胸椎骨肉，甚至存在割掉肩胛软骨的潜在隐患。手艺娴熟的黑人，通常谙熟附于前肢、颈骨和胸椎骨的块肉，能做到用刀准确无误。与此同时，能够迅速找准其具体位置，且刀工细腻精细。卸开前肢后，将要卸开肋骨。通常从短肋骨开始分节卸开。分节短肋骨虽然有一定的难度，但如果掌握了其技巧与操作规程，动起手来易如反掌。一旦卸开了短肋，为分节其他肋骨减轻了难度，操作起来将会异常顺利。卸开肋骨，使用一把锋利的尖刀为宜。卸开肋骨，忌讳在胸椎上留有肋骨头部碎块，更不许将其拧断或折断。总而言之，卸开肉骨时，非常忌讳割开不动关节和骨头头部或将其折断、掰断。俗话说，如果黑人弄断骨头，自己将迟早受骨折的灾难。除此之外，如拧断胸椎，并留下肋骨头部，将严重妨碍卸开胸椎骨、腰椎骨。卸开左侧前肢的方法和模式，同卸开右侧前置一样，但由于从内侧卸开肋骨，将更加便捷，更加快捷。

（5）卸开颈骨、胸椎骨：卸开前肢后，将卸开颈骨、胸椎骨。从连接颈骨与胸椎骨的关节入手，卸开两者相连接骨节，用手掰开后，不割断连接的肉和筋，将两者置于连体状态。按习俗，卸羊者割一块颈骨肉送给帮着扶羊的小孩子。在苏尼特某些地方，称此块儿肉为“图舒尔马哈”，意思就是做扶羊劳动报酬的一块肉。

（6）卸开羊头和颈骨：所谓“卸开羊头和颈骨”，是指卸开羊头和颈骨连接部位，割开连接头部的羊皮等流程。首先，顺沿其支气管，轻手纵向割开颈骨肉，顺咽喉部，以拽出其支气管和红肠。之后，才卸开寰椎，使其与头部相分离。卸开羊头时，应该附后颈留下约三四指厚肉。自古以来，蒙古民族在宰杀牲畜时一向忌讳割喉宰杀的做法。因此，就连卸开颈骨的时候也不会直接割开其咽喉。

割开羊头的连接皮，从其嘴角开始割开至其耳朵根部，再绕后颈划开。继而，从另一侧以同样的方式和方法割开，直至两侧的刀印相通为止。

（7）割开颈骨：所谓“割开颈骨”，指的是使颈骨与羊头相分离。按习俗，黑人必须将颈骨与羊头剖开。如拟摆设整羊席，须使羊头与颌骨以保留其原来的连体形状。剖开颌骨，首先从其嘴角开始，直至通到腮根部。继而，把羊头后脑勺朝下放置后，顺舌根两侧割开至下颌骨根部，用拳头猛劲捶打颌骨凹槽处，紧接着掰开颌骨挂钩，使其与头骨相分离。在一般情况下，黑人割开头皮后，即尽快剖开颌骨。如久拖而不剖开，将导致牙关紧闭，致使大大增加剖开的难度。总而言之，苏尼特牧人非常忌讳被宰杀的牲畜或意外死亡的牲畜出现牙关紧咬的现象。

（8）抻开皮张：拾掇羊的最后一道工序，叫作“抻开皮张”。由扶羊孩子紧紧抓住羊头部一端的皮子，黑人用刀刮去粘在皮子上的油脂，也称“刮去皮面脂肪”。之后，将刮去的油脂奉上灶火。最后，由黑人和扶羊孩子从两头使劲拽拉皮张使其抻开舒展后，置于地面上平整摆放就可以了。

拾掇羊也会伴随娱乐活动。有时，黑人与灌肠妇女之间定下口头约定，展开一场有趣儿的劳动竞赛。如黑人抢先一步完成卸羊差事，将要拿起整张羊皮披盖在对方的后背或用羊背油脂打在她们身上；如果灌肠妇女抢先一步完成她们的差事，将拿起一条羊肥肠缠绕在黑人的脖颈。因此，无论是黑人，还是灌肠妇女，任何一方都不甘于落后于对方，都会竭尽全力，抓紧时间赶活儿，争取抢先一步以赢对方。

5. 晾肉

卸开羊后，先不急于剔取肉块儿和卸开骨架，而将其晾晒一段时间，致使水分蒸发，肉汁略微发干之后，才动手剔肉、卸骨。此意为，如肉汁略干之后，易于割刀剔肉。在一般情况下，晾肉时均吊挂在蒙古包西南侧哈纳头上。首先，从后肢开始，在两条腿骨部割开一个小刀口，将后肢连体套挂哈纳木架上端，使胯骨骨头朝向北侧，两条大腿外侧均朝向哈纳墙壁，其内侧则朝向炉灶。之后，晾羊背，以两侧浮肋处割开的小口套挂在哈纳木架上端，羊背外侧朝向哈纳木架，使其整体呈一个舒展、平整的状态。

按习惯，胸骨不吊挂，而将其插入蒙古包西南侧乌尼杆与幪毡缝隙间，胸骨柄朝向套脑，胸背朝向蒙古包幪毡，腹腔肉呈低垂形状。之后，在两条前肢肩胛骨上方各割开一个刀口子，将一侧的刀口部位插入另一侧刀口后，将两条前腿对折起来直接套挂在哈纳木架上端（两侧肋骨相对应）。晾颈骨和胸椎骨，先在颈骨肉上割开刀口，将颈骨和胸椎骨连体套挂在哈纳木架上端。最后，在羊头后颈肉上割开一刀口，将其套挂在哈纳木架上端。

6. 剔肉

所谓“剔肉”，是指将略微干去的肉割刀分块。剔后大腿肉，首先将大腿内侧腱子肉附于胫骨，卸开骨节。之后，剔去一块儿大腿精肉。继而，按骨节卸开胯骨、股骨头。如急需晾干，不能割断其相互连接的肉。若割断了胫骨、胯骨、股骨头的连接肉，就没有办法将其上挂晾干。

所谓“剔羊背肉”，是指剔去羊背两侧的厚肉，卸开两侧浮肋。剔去羊背两侧肉，指与腰椎横突尖齐整割开一长条肉。之后，使得腰椎上留下的肉层，与腰椎横突尖呈平行、齐整状态。实际上从浮肋开始割开腰椎肉侧面，直到尾部肥油。而后，卸开三条浮肋，向上割通其刀口，将其对折而搭放。卸开腰椎肉，首先从腰椎关节（指连接腱骨部第一腰椎关节，蒙古语称之为“阿苏古呼瑙如”）入手，按骨节逐一卸开。俗话称，卸开腰椎时要问一句：“卸开，还是不卸开？”“阿苏古呼瑙如”，就是卸开腰椎时要问一句的意思。据说，这样问一句，就可以减小卸开的难度，可轻而易举地卸开腰椎骨。连接腰椎的关节较为粗大，且构造复杂，因此，卸开时会存在一定的难度。之后，按骨节逐一分节卸开其他腰椎骨。

卸开前肢，首先要附带其贴骨肉，按关节卸开桡骨。继而，分节卸开肋骨。与此同时，附带贴骨肉，分节卸开其四条长肋骨。紧接着分节卸开肩胛骨和肱骨。如需要继续晒肉干，不能直接割断它们相互连接的肉，而必须使两者依旧保留连体状态。

分节卸开颈骨和胸椎骨的连接后，首先要先剔去颈骨肉，直接入锅煮开，或将其从中间割开一长刀口，吊挂起来晾晒；与此同时，把胸椎骨按节分成两节或三节，并将其连体吊挂起来晾晒。

分节卸开胸骨，要将其从乌尼杆缝隙卸下，并割开其腹腔肉，随后卸开软肋骨即可。

蒙古人剔肉，非常忌讳将贴骨肉割尽刮光，使其变得瘦骨嶙峋。总而言之，蒙古人剔肉、卸骨时，一定会掌握娴熟的刀工，找准下刀位置，以保证其附带的贴骨肉厚度及其形状。

7. 割肉条

苏尼特人称割肉条为剔肉。在夏、秋季节，晒干切开的细肉条，将其割成小块，以用来做饭烧菜熬汤。干肉条主要来自前肢、后肢的精肉，或羊背两侧厚肉。

苏尼特牧人通常在蒙古包哈纳木架上拉一根绳索或斜插一根柳条，以备晒干细肉条。为防苍蝇和蚊子，通常在其下方点燃一小堆牛粪或羊粪，以烟熏的方法净化其周围的环境，驱赶苍蝇和蚊子。经过熏制晒干的肉条，口感香甜爽口，肉汁四溢，齿颊留香。

苏尼特牧人储备冬、春季节的肉食与夏、秋季节有所不同，他们一般不晒干冬储肉，而剔去其大块儿精肉，切成若干个小肉块，使其冷冻后，放入容器贮存，以备日后用来做饭熬汤。

8. 清洗内脏

所谓“清洗内脏”，是指清洗大肠、小肠，烫除瘤胃绒毛，清理皱胃、网胃、瓣胃、大肠、空肠、肥肠腔内的容物和粪便。清洗大肠，即将盲肠腔内的粪便挤入大肠后，用双手向前推捋，并注水冲洗。如果不把它清洗干净，煮锅沸开后，将会散发一股异味，苦辣不堪言，令人食欲荡然无存。因此，人们为了彻底清理其腔内的粪便和黏液，切一片肺子放入大肠内，再注入温水冲洗，用手往前推捋，以擦拭其内壁异物。如需采用这种方法，首先必须掌握娴熟的手法，否则，有挤破大肠的潜在隐患。如果大肠被挤破，粪便和黏液混成一片，会造成一片狼藉。即便是能够重新冲洗干净，仍然会加大灌血肠的难度，影响整个工作进展。

清洗皱胃肥肠、空肠：用手向前推捋出其粪便，再翻出其内壁，反复搓洗即可。

清洗瘤胃、网胃、瓣胃：倒掉其粪便之后，用开水烫掉内黏液，刮去粪便，再用水反复搓洗即可。

清洗大肠：必须备有专用泔水桶，也就是把大肠细口向内，搭放在泔水桶口，向前推捋粪便，将其倒入专用桶里。与此同时，瘤胃、网胃、瓣胃、空肠的粪便，也可以倒入该专用泔水桶中。

处理瘤胃粪便时，须选择向东或东南方向，距离家门较远的地方倒掉。习惯中，将其称为“倒瘤胃”。如家附近有灌木、芨芨草，将瘤胃粪便倒在树丛、芨芨草根部隆起的土包上即可。与此同时，冬天将一根绳索插入湿粪便中间，使其彻底封冻后，可以将其当作拴骆驼桩使用。

9. **灌血肠**

所谓“灌血肠”，是指将羊内腔血加入盐，多根葱、沙葱，野韭菜等佐料调味，加入适量荞面，也可将羊肝、羊肺剁成碎块加入，灌注大肠腔内而制作的一种食品。主要制作方法：将盲肠口往外翻开，并套在火剪股孔，以此当作一件注血漏斗，向大肠孔内灌注已经调味的内腔鲜血拌面糊糊。盲肠形状类似于擀面杖，呈长椭圆形，其中段部位与大肠相连接，此连接处被称为灌注大肠注血漏斗。把内腔鲜血注入盲肠后，用手匀力挤压盲肠两头，使得鲜血通过漏斗流入大肠空内即可。之后，再用手向前推捋大肠外壁，以调匀灌注的血量，并精准掌握血肠的粗细。

灌注血肠工序完毕，割下盲肠，往里灌注用各种佐料调味的鲜血糊糊，并缠封盲肠大口。当然，也可以用来熬制盲肠大汤饮用。

10. **灌皱胃**

灌注皱胃的基本做法与灌血肠差不多，把皱胃洗干净后，翻出其内壁，向其空内灌入以各种佐料调味的鲜血糊糊。一般情况下，把灌注血肠所剩余的零碎肥油或凝块的稠浓血灌注到皱胃内腔，继而用细木棍编穿皱胃贲门，再用空腔将其十字形交叉缠绕若干圈。

11. **做羊肠卷**

灌血肠剩下的细端为小肠，亦称空肠。通常无法向空肠空内灌注血，空肠也可以直接煮熟食用。具体做法为，将羊肝或里脊肉切成长细条后，用空肠缠绕若干圈制成。

12. **塞肉馅**

众所周知，蒙古民族以善于利用畜产品而闻名于世。他们经常把五畜的力气、绒毛、皮张、骨头、乳肉乃至粪便、尿液与自己的生产生活的实践活动有机地结合起来，加以利用，加倍珍惜。如：牲畜的任何一根骨头、任何一块肉、任何一件下水，只要有一点点利用价值，到了蒙古人的手里就成了宝贝，他们从来不会将其随意扔掉或挥霍浪费。真可谓能够本能地体现其使用价值最大化。因此，任何人耳闻目睹蒙古族牧民所拥有的这种固有本能和思维方式，无不赞不绝口，予以高度评价。

（1）填心包：首先，割开牲畜心包膜的底部，用手挤出里面的心脏。而后，翻出心包膜的内壁，向其腔内填塞腹股沟肉，用贴于心、肺的胸腔皮膜缠绕封口或用一根柳条细棍交叉编穿而封口，这就是所谓的填心包。因为腹股沟肉属于一种皮膜性肉层，所以恰好与心包膜的肥油相互搭配，成为肥瘦均匀、肉汁四溢、爽口鲜美的肉食产品。

（2）填肥肠：从细头开始塞入辅料。主要做法为：将空肠内壁翻出后，将其与网胃切条、天棚肉切条一同均匀塞入肥肠腔内。空肠、网胃、剔肉也并非不是可以直接煮食之品，可是人们总感觉直接煮食的味道不尽如人意，口感并非十分俱佳，因此，绝大部分人家将它们用来塞入肥肠，制作一种食品，以达到爽滑酥嫩、口齿留香的调味目的。

（3）填脾：在填绵羊脾、山羊脾时，首先在脾脏后端上方割开一小刀口，轻轻插入食指，撕破其内肉，掏开填肉空间。之后，将塞入以大量葱、沙葱等佐料调味的肉馅，并用细扦交叉编穿而封口。如不塞入调味的肉馅直接煮食脾肉就不会有香味扑鼻、齿颊留香的美味鲜汁。然而，进行调味后便感到肉味鲜美，香飘满堂，浓郁扑鼻。填羊脾，只属于大人们食用的美餐，而小孩没有分食的口福。大人称：“小孩吃脾，致使皮肤变成脾铁青色。”因此，不让孩子们吃。

（4）填膀胱：扒开膀胱之后，首先将其内壁翻出来，插入四指，往外抻开。之后，向其腔内塞入各种佐料调味的肉馅，并穿木扦儿封其口，这就是所谓的“填膀胱”。由于膀胱属于皮膜袋，故直接食用没有任何味道。如填塞佐料调味的肉馅，犹如肉包子味道香浓，口感极佳。填膀胱，属于小孩使用的美食。

（5）填红肠：所谓“填红肠”，即将红肠内壁翻过来，向其腔内塞入细条颈部肉，而后煮食。口感柔嫩，味道香浓。

（二）宰牛

1. 宰杀

苏尼特人宰牛的时候，同样忌讳使用杀牛、宰牛、屠牛等带有血腥味儿的词汇，而会用拾掇牲畜、做掉、放倒等代词。在夏、秋两季里，苏尼特牧户宰食牛肉的少之甚少，只有在冬储肉食季节里才能看到宰牛的现象。另外，举行敖包祭祀和举办寺庙庙会、法会或者在草原上举行“那达慕”大会期间才会杀牛，以备供品和食膳，而平时一般不存在宰牛现象。在日常生活中，犍牛通常被广泛使用于套车拉车、走“敖特尔”游牧搬迁、长短距离拉运货物等生产、生活活动，用母牛乳汁制作奶食品食用。因此，平常不会如同宰羊那样频频看到宰牛的人家。在搞冬储肉食季节，他们首先处理年老力衰的或减退奶精的弱牛和老牛。在一般情况下，在搞冬储肉食季节，一家一户顶多杀一头牛，五六只羊。

如果自家没有会宰牛的人，必将请黑人来拾掇。搞冬储肉食季节，每家每户都需要宰牛，因此，黑人将成为广受欢迎的“稀罕人物”，频频应邀走家串户，宰牛杀羊，且得到的回报也比较丰厚。按习惯，宰牛人家须向黑人赠送一些肉作为劳动报酬，蒙古语称之为“阿布拉嘎·马哈”。通常要赠送里脊肉、喉部肉和两条大腿上的精肉。与此同时，还有一种风俗，宰牛后，顺着牛的腹部，从咽喉一直到肛门，割下一条四指宽的长形皮条（蒙古语称之为“乌由赫”）以赠送给宰牛黑人。

宰牛，通常采用刺项椎和开膛两种方法。

所谓“刺项椎”，指用刀尖扎刺牛的后颈项凹，以割断脊髓，至其毙命。这个也称之为“割断脊髓”。扎项凹，主要动用蒙古刀。技艺娴熟的黑人，将牛牵至指定地点后，突然后撤一步的同时，迅速侧身，将刀尖扎进牛的项凹，使其就地倒地不动。这种宰杀法的技术要求甚高。因而，在一般情况下，多数黑人采取将牛的四肢捆绑起来摁倒在地后，才刺其项椎。刺项椎时，手中的刀刃须朝外，因为被刺项椎的牛肯定顺刀刃方向倒地。之后，迅速用大勺或盆盘接取从项椎凹流出的鲜血，倒入接血的大盆里。

“开膛宰牛”，如同宰羊。割开其腹腔肉，割断上动脉使其致死。主要方法为：首先用一根绳索或皮条捆拴牛的嘴巴，捆绑其四肢，将牛按倒在地，使其腹部朝上，压头压身，将前肢与头部连拴，予以牵制，用绳索向后侧拽紧后肢，以粪筐扶住胸脯一侧。之后，在其心窝下方腹腔肉上割开一个“十”字形刀口，然后脱掉右手衣袖，袒露一臂，将一只手插入腹腔空内，直至伸进腋窝部。继而，顺网油上方向胸腔内插进，用中指和食指捅开大棚肉，在胸腔内用两指挑断牛的主动脉。牛的主动脉比羊的主动脉更加粗大，更加硬，因此，黑人需要使出一定的力气，才能将其挑断。黑人开膛宰牛的方法也各异，有些人手攥一把斩刀带进牛的胸腔内，用刀子来割断牛的主动脉，使其断命；有些人习惯于用一根皮条系拴牛的主动脉后直接拽断。通常被开膛宰的牛肉吃起来更加鲜美多汁，香味扑鼻，质嫩爽口。

2. 剥皮

剥牛皮的方法与剥羊皮的方法基本相同，但无须留有牛的胸部皮毛，而应一律剥开扒光。如果黑人欲想取回一张细皮长条以备日后使用，那么，将从牛的咽喉颌下腺下方垂皮开始，沿胸脯和肚脐两侧，顺着牛的腹面，直至两条后肢中间，划开一条一拃宽长形皮条。之后，横刀割开颌下腺下方垂皮，并剥开一截皮后，手抓皮头往后侧使劲拽拉至两条后肢中间，即可取下一条长形皮条，即称作“皮条”（蒙古语称之为“乌由赫”）。

除此之外，还有剥开整块牛皮的风俗。人们剥下整块牛皮，通常会用来当皮奶桶，用于装酸马奶、奶酪等。装入皮奶桶的鲜奶，易于发酵发酸。据拉施特《史集》关于蒙古人的起源传说记载，在很早很早以前，一个被称为蒙古的部落，与另一些被称为突厥的部落发生了内讧，终于引起了战争。另一个部落战胜了蒙古部落，对他们进行了大屠杀，使他们只剩下两男两女，这两家人名字叫捏古思和乞颜，逃到了一处人迹罕至的额尔古涅昆的地方。他们在这里繁衍生息。久而久之，人数增多了，额尔古涅昆这个地方再也容不下这么多人了，于是，他们用七十张牛皮做了鼓风箱，用炼铁的方法熔化悬崖绝壁之后，走出了山，来到了广阔的草原。

3. **掏内脏**

将牛宰后，把外部处理干净，就准备卸开牛收拾内脏。

（1）卸开胸骨：在掏取内脏之前，须卸开牛的胸骨。剥开牛皮后，将其四肢小腿按节卸下，再用粪筐扶住胸部一侧，将尖刀插入胸骨柄下方，顺右手边开始往下卸开其胸骨。由于牛肉肉层又厚又硬，所以需要先从胸骨柄开始，顺肋骨和肋软骨关节划开，直至胸腔肉。而后，从胸骨柄开始，顺胸骨软肋骨和肋条软骨缝隙，按节割刀，逐一分节卸开，直至腹腔内。这样把右手边胸骨卸开完毕后，在胸骨肉处割开一小刀口，由另一个人插入四指并向上提吊后，继续从胸骨柄内侧开始，卸开另一侧胸骨连接。同样，从胸骨软肋骨和肋条软骨缝隙插入刀刃，按节割刀，划开至腹腔肉为止。之后，再将整个胸骨往外侧使劲别住，将胸骨软肋骨和肋条软骨连接部位逐一分节卸开，直至腹腔肉为止即可。最后，向后侧拽开胸骨，割开腹腔肉。与此同时，须将腹腔肉或与阴部、乳房的连体割开。

（2）扒开网油：卸开胸骨后，将要扒开包瘤胃的网油。与此同时，同样扒开贴于皱胃、网胃外壁的肥油。

（3）割开瘤胃：扒开网油后，将要割开瘤胃。在此之前，需扒开牛脾，任何一家都没有煮食牛脾的习惯。因为牛的瘤胃体积甚大，且十分实沉，所以如果稍许不注意，将有可能存在失手捅漏，或外撒其粪便的潜在隐患。割开瘤胃之前，需割断红肠，继而在其前端部位打一个结扣。之后，用手将其从腹腔内掏到外边来，放置于事先铺好的一张羊皮或皮革上面。之后，割开与其连接的瓣胃，从瘤胃口插入一根木楔子，用其尖头刺穿括约肌处，由俩人合力把它抬起，走到距离蒙古包比较远的地方，把里面的东西倒掉即可。

（4）割开大肠，扒开瓣胃：割开瘤胃后，将要截断大肠并扒开网胃和皱胃，依次放置于事先铺好的绵羊皮或山羊皮上面。牛肥肠一般不会截留太长，其远远不及羊肥肠长度。割开大肠后，将瓣胃摆放在畜圈墙头上，使其稍许凝冻后，用手扒开其容物，反复抖搂，去掉黏物后，冲洗清理即可。

（5）掏取心、肺：割开大肠、瘤胃后，将掏取牛心和牛肺。黑人把手插入胸腔内，挑开心包袋，掏出牛心出来。任何一家没有煮食牛肺的习惯，因此，只是用它来喂狗和喂猫。

（6）接血：接取开膛宰杀牛血的方法与接取羊血方法如出一辙，没有任何不同之处。接取刺项椎宰杀的牛的血时，应该用大勺从其后颈项凹空接取鲜血。同样，需要由黑人捏碎其凝固的血块，以搅匀鲜血。

（7）摘取胆囊、肝、腰子和割开里脊肉：摘取胆囊时，首先要用手撕开紧贴胆囊的一薄片肝，并用刀将其与胆囊连体割下即可。手部动作必须做到谨小慎微，精细准确，不得把胆囊撕破扯烂。而后，将割下的胆囊吊挂在哈纳头。牛的胆囊对于瘰疽病有明显的疗效。如发现两岁子牛犊一直到冬天仍在吃母奶不停，可以把它涂抹在空怀母奶的乳房上，会收到立竿见影的好效果。因胆汁太苦，牛犊不再吃母奶了。

扒开肝的方法是将其直接与天棚肉连体割下来即可。掏取牛腰子时，须扒光其外面包着的肥油。牛腰子外部形状如同若干微小腰子的对接，在其外壁上遍布许多对接线。割取里脊肉的方法是直接割取其紧贴腰椎两侧的一条精肉。其方法不同于割取羊里脊肉，不能从两条大腿之间开始割开。人们通常把里脊肉割取后，塞入皱胃腔内，以备以后剁肉馅，包包子用。

（8）掏肥肠：牛肥肠，亦称“空肠”。所谓的掏肥肠一说，实际上包括掏取肥肠、膀胱、阴茎（母牛的子宫）。掏肥肠时，黑人必须要做到每个动作谨小慎微，精细准确，不得失手捅漏或撕破膀胱。人们通常把膀胱扒下后，将其冲洗清理，充气抻开，挂在蒙古包哈纳头上，以备秋天用来装奶皮子或黄油。

4. 清洗牛的内脏

清洗牛肠的方法：同清洗羊肠一样，采用双手向前推捋而清洗的方法。具体做法为：首先挤出粪便，再向腔内塞入一小块肺片，一直向前推捋，并不断注水，予以清洗。

清洗牛肥肠的方法：截取约一尺长肥肠后，用双手一直向前推捋，并挤出粪便，继而向腔内不断注水，予以冲洗。

清洗牛皱胃的方法：先倒掉粪便，而后翻肠，再向腔内不断注水，予以冲洗即可。

清洗牛网胃的方法：先翻肠，倒掉粪便，而后向其腔内注水冲洗，再用开水烫除绒毛，刮除异物，予以清理。

清洗牛瘤胃的方法：先倒掉粪便，而后趁热刮掉内壁绒毛和其他异物。同样，用开水烫除绒毛，刮除异物层，予以清理。

清洗牛瓣胃的方法：先把它放置一段时间，使其发硬或略微凝冻后，从中间切开，分成两半，反复抖落腔内积攒的粪便后，再用开水烫除并刮除绒毛，用水冲洗后，其异物层自然脱落。

5. **灌肠、塞肉**

（1）灌牛血肠：由黑人捏碎凝固的血块后，放入大量的剁碎的葱、沙葱、油脂、荞面、盐面儿等佐料，用擀面杖搅匀以调味灌血肠。将盲肠口外翻，插入火剪股孔，继而将其往外翻套，以当作一根灌血肠漏斗，将血灌入大肠。把血灌入盲肠后，用手挤压盲肠两头，使血通过灌血肠漏斗渐渐流入大肠里面去。

（2）灌牛盲肠：灌血肠工序完毕后，割开盲肠，将调好味的血灌入盲肠内，将其口封紧。有时也可以不灌血，而将其清洗干净后放置起来，留作以后装奶皮或黄油之用。

（3）皱胃塞肉：通常没有灌皱胃的习惯，但是，也有的人家有时会向牛皱胃内填塞里脊肉，以备春节的时候剁肉馅、包肉包子时用。

（4）填牛肥肠：将天棚肉和颈骨肉切成若干个细条，向牛肥肠内填塞。据家乡老人们讲，虽然单独煮食天棚肉和颈骨肉，其味道逊于其他部位的肉，但将其塞入肥满的肥肠内，堪称一种美味佳肴。难怪有一种逗小孩的夸张说法，说的是吃肥肠的刹那，被人割去耳朵都毫无知觉，可见好吃得不得了。

6. **卸牛肉**

苏尼特人把卸开牛肉称之为“卸牛”。卸牛基本方法通常有两种，即卸开绵羊肉式的方法和按骨节卸开的方法。

所谓“卸开绵羊肉式的方法”，如同卸羊，以前肢、后肢、腰背、胸骨、颈骨、胸椎作为一串连贯、连体卸开。这种卸牛方法，主要用于卸开开膛宰杀的牛，其肉需要包皮贮存或需要远途携带。

所谓“按骨节卸开”，是指把每一关节、每根骨头，逐一分节卸开的工序，亦称“肢解”。这是在苏尼特草原上的牧人们较为普遍使用的卸牛方法。

（1）卸开牛后肢：主要把后肢骨头分节成两节骨头或三节大骨节。所谓“分节成两节骨头”，是指把胫骨和股骨连体卸开；所谓分节成三节骨头，是指把胫骨、股骨和胯骨逐一单独分节卸开。

连体卸开胫骨和股骨的方法，即由一个人从胫骨头抓起，向外侧使劲拽拉之后，另一个人用刀卸开股骨和胯骨连接关节，并将割开中间连接的肉。此间，股骨和大腿上的精肉，一定要被附于胫骨连体割开。继而，卸开胯骨与腱骨连接后，用单刃斧砸开连接两侧胯骨的骨缝，并逐一卸开。所谓分节成三节的方法，即先把胫骨卸开，继而将股骨卸开。最后，卸开两侧胯骨。

（2）卸开牛前肢：一般采用整体分节和分块卸开两种方法。

所谓“整体分节”，是指把桡骨、肱骨和肩胛骨连体卸开；所谓“分块卸开”，是指首先把桡骨单独卸开，而后将肩胛骨和肱骨连体卸开。

整体卸开前肢的时候，向外使劲拽桡骨后，从肱骨和肋骨缝隙向下割，向外侧扒开肩胛骨即可。

（3）卸开牛肋骨：卸开牛肋骨的方法与卸开羊肋骨如出一辙，即从胸椎骨和肋骨头的连接关节开始卸开，首先用刀划开肋骨外侧厚肉，从短肋条（假肋）开始卸开。具体方法为，先卸开短肋条（假肋）的连接关节，而后依次挑开与胸椎骨连接的肋骨头后，将肋骨头逐一向外侧压，继而割开其连接肉。接着用同样方法卸开另一侧肋骨。除此之外，有些人经常会采用以左右对称，逐一交替卸下两侧肋骨的方法。这样两侧没卸去的肋骨条，依次被当作黑人的手把，以便卸开另一侧的肋条。

（4）卸开腰椎骨：通常需一节一节地卸开。首先，要压刀卸开腰椎骨内侧凸起的关节。继而割通腰椎骨横突间连接的厚肉，以便卸开其相互连接的关节。在此之前，要卸开尾椎。所谓“尾椎”，是指第一腰椎骨连接腱骨部之间的部位。卸开尾椎，从第一腰椎骨往下数至第四节骨关节后，卸开其连接关节。割开牛头、牛蹄的时候，再扒开牛尾尖。卸开尾椎后，再卸开整体腰椎骨与胸椎骨（蒙古语称之为“阿苏呼—瑙如”）的连接。而后，从第一节细腰椎骨（连接于胸椎骨，蒙古语称之为“那林—瑙如”）开始，依次卸开六节长横突腰椎骨（蒙古语称之为“哈日赤嘎图—瑙如”）、苦腰椎（蒙古语称之为“布朗图—瑙如”），最后卸开腰椎骨与胸椎骨的连接，即“阿苏呼—瑙如”，意为问话腰椎骨。卸开问话腰椎骨的时候，也同前面讲过的卸开羊时的问话腰椎骨一样，黑人会问：“分节，还是不分节？”据说，就这样边问边卸，将会大大降低卸骨的难度，卸起来顺当多了。

（5）卸开胸椎骨：首先卸开与颈骨的连接关节，而后依次挑开胸椎头的连接关节，继而割开棘突间连接肉，用手逐一扳开即可。胸椎骨第一胸椎，蒙古语称之为“哈拉瑟儿”；第二胸椎，蒙古语称之为“阿胡儿瑟儿”；长棘突胸椎骨，蒙古语称之为“温都尔瑟儿”；短棘突胸椎骨，蒙古语称之为“包高尼瑟儿”。

（6）卸开颈骨：颈骨关节与其他骨关节相比，连接结构较为复杂，骨关节不易找准。如事先剔去颈骨贴肉，略显容易一些。卸开颈骨的时候，应该从第一颈骨（连接于胸椎骨，蒙古语称之为“毛浩呼珠”）开始，依次卸开粗颈骨（连接于第一颈骨，蒙古语称之为“布敦呼珠”）、第三颈骨（从胸椎骨部至第三颈骨，蒙古语称之为“呼出勒呼珠”）、短突颈椎（第四颈骨，蒙古语称之为“阿胡儿呼珠”）、鞍椎（第五颈骨，连接寰椎，蒙古语称之为“额么勒呼珠”）。最后，卸开寰椎（连接头部，蒙古语称之为“阿门呼珠）。

（7）剖开颌骨：首先从嘴角割刀，划刀直至腮根部。之后，顺颌骨内侧，从舌头两侧插入刀尖，通刀直至颌骨根部为止。再用斧头砸开两块下颌骨缝，紧接着用手依次掰开两只颌骨即可。

（8）割开牛头皮和牛尾皮：割开牛头皮的方法为：从嘴角上部开始划开，经耳根后部，再绕至后颈部。继而，又从另一侧以同样的位置和方法划开，直至在后颈部左右刀口相通后，剥皮取下即可。割开牛尾尖皮的方法：顺尾骨划开其皮后，脚踩牛皮，用手使劲拽开即可。

7. 剔去牛肉

所谓“剔去牛肉”，是指卸开牛骨头之后，从骨架上剔去厚肉和精肉，亦称“剔骨头”。剔去肉后，人们习惯将其切成若干小块儿以冷冻贮藏，或割成细条晾挂存放。

在寒冬季节，每家每户要用剔取的牛肉块做饭熬汤。春、夏两季，人们用晒干的肉条制成肉松食用。

8. 砸断牛骨头

众所周知，牛骨头体积粗大，入锅后占用空间也大，不便于下锅煮熟。鉴于此，人们为了方便起见，经常将冬贮的新鲜牛骨头冻一段时间后，把它拿出来锯断或砸成若干块存放备用。具体做法：在冻之前，须用刀横向划开贴骨肉，以留下一道深深的刀印。之后，肉骨稍许凝冻后，从刀印位置用斧头砸开即可。如果不予划开，肥厚的肉层包裹骨头，导致骨头不易断开。在一般情况下，人们将胫骨、桡骨、股骨、肱骨、下巴颏等骨头，从中间砸断，分成两块；将肋骨条按其长短，分成两到四块；将牛头砸为三到四块。

（三）宰马

宰马，苏尼特人同样忌讳使用类似杀呀、宰呀等词汇，他们通常以拾掇等异词来代替。在现实生活中，苏尼特人宰杀马匹、食用马肉的现象少之甚少，只有少数人家有食用马肉的习惯。

在苏尼特地区，宰马的方法有两种。第一种方法为：先让要宰杀的马奔跑，之后从其鼻孔塞进毛毡片，套上双栓唇（亦称“骨头栓唇”），连续挚拽缰绳，直至使其窒息而停止呼吸。第二种方法为刺项椎杀死。苏尼特人认为，如果在宰杀之前让马放开四蹄使劲奔跑，致使大汗淋漓，将会驱除马肉的腥味。据说，冬季食用骒马肉或乘骑怀胎骒马，将会增强人的御寒抗冻能力。马肉属于一种热性极强的食品，不易受冷冻结。据说，人吃马肉，会大幅提升耐冷御寒能力，因为怀胎骒马呼吸急促而频频散发热气，所以，使得乘骑的人颇感温暖。

宰马前，主人会剪下其一绺鬃毛和尾毛，系在蒙古包坠绳上边，以表示永久留存其在世时的大福大禄。宰后，须将其头颅放置于一高地或山顶、敖包。在绝大多数情况下，人们将会选择年老力弱、不适乘骑，常年不孕，伤病缠身的马匹，将其列入冬贮肉食计划而宰杀。

宰马前，把准备宰杀的马匹从马群中捉回来，有意识地吊困一两天。宰马后，如马血里加入一定比例的凉水稀释其浓度后，可以灌注马血肠食用。接取马血工序完毕后，将其四肢朝上放置，继而进行剥皮。剥马皮，采用刀斧相加的方法。之后，从其胸骨柄开始，顺肋骨关节，用刀划开一圈肉，直至割开腹腔肉。其间，必须做到谨小慎微，小心割漏其内脏。应该从腹腔肉内侧割开囊膪，与腹腔肉一起冷冻存放。扒开舌、红肠、肺、心等，逐一分类存放。与此同时，将部分里脊肉或碎肉塞入大肠、细肠，可以直接煮食或吊挂存放。

存放马肉的方法：主要是从骨头上剔下精肉，割成若干块，冷冻储藏，或割成细长条肉吊挂存放。除此之外，把马骨头按骨关节卸开后，在贴骨肉上划开刀印，以冷冻存放。在煮食的时候，要找准划开刀印的位置，砸断长骨，以放入大锅煮食即可。

（四）宰骆驼

苏尼特人家宰食骆驼的现象较之宰食牛、绵羊、山羊的确显得少之又少。某些人家视驼肉为至上肉食，他们一向忌讳宰食，甚至忌讳说宰杀骆驼这样的字眼。宰骆驼只采用刺项椎的一种方法。俗话说：“骆驼血本来归属上苍。”因而，宰骆驼时抱有特别谨慎的态度。他们宰骆驼的时候，非常忌讳随地溅起血液，或地上留下血迹。通常选择那些年老力衰或连年不孕、繁殖率低下的骆驼宰而食用。忌讳宰食以下几种骆驼：被封为神驼的骆驼；家里老人和小孩偏爱的骆驼；被主人当作役畜多年，付出巨大劳动的骆驼；曾驮载上辈人的遗骨的骆驼。宰杀骆驼前，必须要剪下膝盖部长毛，摘掉其鼻棍、缰绳等。

骆驼虽然其貌不扬，但是其习性非常温顺随和，且具有很强的预感。据苏尼特家乡老人们讲，骆驼被宰杀的前几天便预感到即将到来的不幸，因而，整日里泣涕涟涟，悲痛欲绝。因此，人们在宰骆驼时有一套惯用的习惯。人们在宰杀骆驼之前，把骆驼拴在远离人群的僻静地方，并在其正面立起一根木杆，将一件衣服吊挂在木杆上，试图让骆驼心里产生一种幻觉。据说，这样产生幻觉的骆驼会认为，并非主人执意要杀掉我，而是眼前的这个怪物在谋划宰杀，于是面向木杆上的衣物，泪流满面，痛哭流涕。

刺项椎宰杀方法有两种，一种方法为，使其处于跪姿状态下，用刀刺项椎而宰杀；另一种方法为，使其侧卧后，刺项椎而宰杀。如遇有技艺娴熟的黑人，在骆驼站姿状态下，黑人脚踩一粪筐，将尖刀直接刺入骆驼的项椎，干净利落地使其断气。

苏尼特地区宰杀骆驼时，通常采用的方法为：将其顺向一个陡坡地形，呈跪地卧姿，用绳索捆绑其四肢，向前拽压其头部，使其伸直脖颈，并在其着地一刹那刺项椎而宰杀。

剥开骆驼皮时，将骆驼双峰坐入事先挖开的坑口，使其四肢朝天，从四肢开始剥皮、卸开。有时也有人从双峰开始，由上而下剥皮的习惯。从骆驼的双峰开始剥皮时，使其腹部一侧处于歪斜姿态下剥开。将骆驼双峰坐入事先挖开的坑口，从四肢开始剥皮、卸开的方法与剥开其他牲畜的皮的方法基本相同。

掏取骆驼内脏的程序：依次为取出网油，割开瘤胃，割开大肠，掏出五脏。卸开骆驼肉、骨的时候，主要采用两种方法：一种方法为按肢卸开后，再按骨节逐一卸开骨头，剔去精肉的方法；另一种方法为先剔去精肉后，再按骨节依次卸开骨头的方法。

储存驼肉的习惯是通常将大块肉割成细条，悬挂晾晒。晒干的驼肉条与晒干的牛肉条基本相似，只是驼肉条略显白色，而牛肉条则略发绛紫色，其肥油略微发黄。食用驼肉的主要方法为：把驼肉切成小块，做饭煮汤或直接煮食或包驼肉包子、馅饼食用。在一般情况下，苏尼特地区只有搞冬储肉食时，才会有宰食驼肉的现象。冬藏骆驼骨头方法与牛骨头的冬藏方法相同，均以横刀割开厚肉后，按刀印砸断，以备储存。按习惯，在冬、春两季，应该把骆驼骨头食用干净。

掏出骆驼内脏后，把内脏放置在驼皮上，将皱胃、瓣胃内容物挤入瘤胃后，用木棍子穿通瘤胃，几个人把它抬起走到远处倒掉粪便。之后，将小肠、皱胃、盲肠、细肥肠、肥肠逐一割开，清洗粪便、黏液后冷冻存放。与此同时，要用开水烫掉瘤胃、瓣胃内的粪便、黏液，刮掉其绒毛，以备日后食用。

除此之外，苏尼特人经常会把驼峰和肥油熬炼成油液，以当作生活食用油。

二、储藏红食的风俗习惯

（一）冷冻储藏

冬季储藏肉食方法为冷冻存放。主要采用包皮冷冻、装瘤胃冷冻、装整皮口袋（即整块剥下来的牛皮）冷冻、对折冷冻、装容器冷冻、吊挂冷冻、切块冷冻、瘤胃包血肠冷冻等方法。

1. 包皮冻藏牛肉

所谓“包皮冻藏牛肉”，是指将肉食用整张牛皮包装存放，亦称储藏整块牛肉包裹（蒙古语称之为“乌呼其乐吉—哈达嘎拉呼”）。包装冷藏的整块牛肉包裹，蒙古语称之为“乌呼其”。 储藏整块牛肉包裹的方法：主要将牛肉按骨节卸开，并相应对折后，用牛皮包装，冷冻储藏。包装法：首先抻开整张牛皮，将牛肉摆放在其正中间位置，而后将两侧腹部、胸部皮和头部、臀部皮依次交错折叠并用绳索捆绑成方形包裹，存放于蒙古包外，使其自然冷冻。有些人家也会根据自己的肉食需求，用皮包春季食用的半扇牛肉，冷冻储藏。此意为将在冬季食用的肉食散存一部分，再包装春季食用的半扇子肉食。在春季来临之际，打开包皮储藏牛肉的行为被称之为拆开整块牛肉包裹。

2. 装瘤胃冷冻

在苏尼特草原牧区，人们随处可以看到瘤胃装牛肉、羊肉的现象，但通常装牛肉的人家为数不多，而装羊肉现象居多数。主要做法为：除了头、蹄和内脏外，把全部精肉割开剔去，晾晒一段时间后，将其装入瘤胃内，用线缝住瘤胃口或穿木扦儿封瘤胃口。用羊瘤胃装肉的操作方法为：不烫除瘤胃绒毛，将瘤胃直接洗干净，翻出瘤胃的内壁（绒毛朝外）后，把羊肉装进去，冷冻储存。用牛瘤胃装肉的操作方法为：同样不剥掉瘤胃绒毛，将瘤胃直接洗干净，翻出瘤胃的内壁（绒毛朝外）后，装入肉食，以冷冻储存。储存装瘤胃肉，都会选择遮光处存放，或者将其直接埋进雪堆下面冷冻存放。严格按规程冻藏的装瘤胃肉，直到暮春依然不化开，水分不蒸发，依旧会保留其新鲜、鲜浓的肉汁。在春季人们拆开食用时，味道鲜美，肉香四溢。尤其是老年人春季食用装瘤胃肉或喝其肉汤，将会起到调理气血，补充体力的作用。因而，有老人健在的人家，会一定储藏装瘤胃肉。

3. 装整皮口袋冷冻储藏

冷藏羊肉，一般采用装整皮口袋冷冻储藏的方法。具体操作方法为：从头部开始整块剥下来绵羊和山羊皮，将卸开的肉食装入该皮袋，冷冻储藏，亦称装整块皮袋冬藏。据说，整块山羊皮容量极大，可以装入五只羊的羊肉。因此，通常使用山羊皮装肉。装整块皮袋的羊肉应存放在圈墙上端和勒勒车上冻藏。一般在冬春之交拆开食用为宜。在冬春季节，拆开食用装整块皮口袋的羊肉，味道香浓，肉香四溢。

4. 装容器冻藏

所谓“装容器冻藏”，是指将分节卸开的肉（如牛肉，需要砸开分节），装入大缸或木桶予以冷冻储藏。装容器冻藏，便于随时掏出来煮食。装容器冻藏的肉能够长时间保持其鲜美味道，肉皮不易被晒干。与此同时，苏尼特地区也有埋雪堆冷藏肉食的习惯。也就是说，有些人家习惯于把冬储肉食分节卸开后，装入一个口袋，深埋在雪堆里，冷冻存放。

苏尼特地区也有挖坑埋地冷藏的习惯。有些人家习惯于把装瘤胃肉或装整块皮包裹埋入挖开的一口地坑里冷冻存放，以备来年开春时食用。

5. 对折冷冻

所谓“对折冷冻”，是一种按肢节卸开畜肉储藏的方法。采用这种方法的多数是储藏整羊，也就是准备在春节期间设整羊席的人家冷冻存放的方法。具体冬藏程序如下：首先把整块羊背摆放在最下边，然后，依次摆放四肢、腰椎骨，最后用带整块腹腔肉的胸骨扣在上边，将腹腔肉的两个侧边紧贴于羊腰椎的横突部位，并须穿木扦连接。

6. 切块冷藏

所谓“切块冷藏”，即分节卸开牛、羊肉时，剔取冬天食用的部分块肉冬藏存放的办法，亦称剔取块肉、留存做饭肉、留存煲汤肉等。与此同时，也有把剔取的肉分门别类，叫作煲汤肉，做饭肉，包包子、包饺子做馅的肉等，摆放在库房的横担木板上，在上面紧盖遮盖物，或者放入容器里边，以冷冻存放。与此同时，为便于随时食用，需将剔取的块肉与带骨肉割开存放，不得混放在一堆。

7. 装瘤胃冻藏杂碎

所谓“装瘤胃冻藏杂碎”，是指用瘤胃包装牛、羊血肠和内脏，冷冻存放的方法。此种方法，通常被称之为冻藏瘤胃或制冻瘤胃。具体做法为：首先把清洗过的瘤胃切成若干片，而后将血肠和心、肝、肺、腰子、肥肠等分成与瘤胃片数相同的数量。然后，用瘤胃片包装，用木扦儿穿封，并上挂悬吊，冷冻存放。通常一头牛的瘤胃里能够包装上十二包杂碎，一只羊的瘤胃里能够包装四包杂碎。人们在冬、春季煮食装瘤胃杂碎时，通常习惯每次煮上一包。

（二）储存肉干

1. 制作牛肉干

在搞冬储肉食的时候，苏尼特多数牧人家有晒肉干的习惯。他们通常剔取、留下一部分做饭熬汤的肉块后，把大部分肉块割成若干细条，搭挂在遮光阴凉、通风良好的地方制成肉干，以备夏季、秋季时食用。苏尼特人把牛肉条称之为牛肉松，而从不称呼其为肉条或肉干，因而，把晒牛肉干的工序，称之为“制作牛肉松”。在五畜产品中，牛肉干相对更能抵御风雨侵袭。因此，苏尼特流行一种说法：“陈年牛肉干可入药，久存羊肉干成毒药。”或“三年肉松可入药，三岁母牛元乳致毒。”苏尼特南部地区牧户与北部地区牧户的晒制牛肉干的做法不尽相同。南部牧区地处沙漠，艾蒿丛生，形成了喜鹊成群栖息的地理环境。因而，他们为了避免自己晾干的肉食被喜鹊叼走或被啄食一空，以柳条编织成一座圆顶窝棚，并用湿牛粪抹其墙壁，将肉干悬挂其内，以封闭方式晾肉松。而北部牧区因地处茫茫戈壁和辽阔平原腹地，根本不存在被喜鹊啄食的潜在隐患。所以，他们可以放心大胆地把牛肉搭挂在自家蒙古包门口立起的木杆上晾晒。南部地区圆顶窝棚内晾晒的牛肉干颜色略发紫色，而北部牧区在蒙古包外边吊挂晾晒的牛肉干颜色则略发浅黄色。以牛肉制成的肉松肉香四溢，非常好吃。

夏天，须将牛肉松从挂架上拿下来，并装入口袋或容器里，以防其受潮而变质。

2. 晾晒绵羊、山羊肉条

夏、秋季节为晾晒绵羊、山羊肉条的时节。所谓"晒干肉条"，是指在夏、秋季节宰食羊的时候，剔取精肉，割成细长条（约一指头宽），吊挂起来晾晒风干，以备做饭熬汤。肉条的食用方法甚多。有些时候，也可以将干肉条切成小块，直接泡入滚烫的奶茶里食用。割肉条的人，首先要选择跟手顺刀的一头，割开一个细头，交给另一个人的手里，让其抓住肉干的一头轻轻拽向己身一侧，俩人合力，顺肉纹割成细肉条。如果是刀工娴熟的人，割开一条后腿精肉时，中间竟然不会截断，一直不间断地划刀，直至大肉块被切割成一条细长肉条。割肉条的时候，通常由一名小孩担当拽拉肉条的帮手。他将用轻巧的手抓肉条的一头，与持刀割肉条的人配合。时值炎热，人们为了防止肉条变质变坏，把肉条放在面粉上翻转若干次后，再吊挂起来晾晒风干。沾了面粉的肉条，既能够快速发干，而且能够防止招苍蝇或生蛆虫。人们通常习惯于从蒙古包西南侧哈纳格子穿一根柳条或细木棍，将肉条悬空吊挂，晾晒肉条。吊挂肉条的位置不宜过高。吊挂在哈纳墙下端处时需要常撩开墙根围子，确保通风通气，以便肉条快速自然发干。肉条久久不干的话，将会容易变质变味或腐烂。如果在夏季晒干肉条，苏尼特牧人会采取在其下方点燃一堆牛粪火，以烟熏的方法驱赶苍蝇。否则，将存在苍蝇撒下蛆虫的隐患。被牛粪火烟气熏干的羊肉条，散发一股别具一格的香味。如果把它切块放入面条汤，真可谓肉香四溢。

同样，如在夏、秋季节宰食牛肉，也可以晾晒牛肉干。晾晒牛肉干的方法与晾晒羊肉干的方法完全一样，没有任何区别。苏尼特部分地区也有把肉条蘸熟嗜酸奶或盐水，以吊挂晒干的做法。

（三）捣碎储存

苏尼特地区还有一种储藏牛肉的方法是将牛肉松捣碎后装入容器储存。主要操作方法为：将晒透的牛肉松摆放在铁砧面或一个硬性物之平面上，用铁锤反复捶打，并抽出血管筋腱。将其彻底捣碎，变成一堆肉末后，装入防潮防湿的容器储存。据说，鞣制皮袋和牛膀胱为古人储存牛肉末的重要器具。据史载，成吉思汗当年率领大军出征时，每个兵士都把牛肉干捣碎装入牛膀胱里，以当作征途干粮携行。一撮肉末用开水一泡，就可以溢满一碗。值得一提的是，捣碎的牛肉干肉汁浓郁，香味四溢。捣碎的牛肉末容积甚小，不占地方，携行十分方便，所以，被人们广泛使用于诸多生产生活活动中，比如，远途运输、搬迁营地、远途行军打仗、出外寻畜时当作干粮携带，是一种方便食品。

（四）烹炸储存

所谓“烹炸储存”，是指按平时做饭的标准，把鲜肉切成小块放入大锅内，再加入盐面，加热滚沸，即以鲜肉的本身脂油和肉汁煮沸炸干。如遇有肉瘦汁少的肉块，可以加入少量的水和一定数量的肥油，以便加热煮沸。肉汁被彻底炸干，油脂渗入肉块后，可装入容器，以便储存起来。如需要储存的时间较长，可以多加些盐，以保证其保质保鲜。烹炸储存的肉块，通常被用于做稀饭、煮面条。烹炸储存的方法，通常被使用于春、夏两季。追溯苏尼特人采用烹炸储存方法的历史，时间不会太久。

（五）油炸储存

所谓“油炸储存”，是指将红食的油脂熬炼，榨取油液，以便储存的一种方法。主要是熬炼牲畜的包瘤胃网油、包腰子肥油以及部分零散的油脂等。搞冬储肉食的时候，苏尼特牧人将会以网油包装腰子油以及其他零散油脂，将其冷冻储存起来。而后，进入寒冬季节，将其熬炼成油液，装入大盆冻藏。再之后，从大盘里扣出来储存，以备一点一点抠下来食用。炸果条这种面食主要用油液，因而亦被称之为“炸果条油”。

熬炼油液的具体方法为：首先把肥油彻底剁碎后，放入铁锅里熬炼。肥油沸开，榨出油以后，用漏勺下压脂油块（油渣），继而舀出附在上面的油液。有的时候，也可以彻底榨出全部油液之后，把它一次性舀出。有些人家为了榨取更多的油液，通常把剁碎的肥油浸泡清水，并抽出筋腱和血管，扒开皮膜后，用手攥挤，放入铁锅，以熬炼油液。这样会增加油液产量，并且几乎不留油渣子。

所谓“油渣”，是指熬炼的油液出锅后沉淀在锅底的碎油脂。按习惯，把碎脂油剁碎与蔬菜搅拌在一起，可以当作包子馅包包子食用；也可以将其与炒米搅拌在一起，放入奶茶里食用；也可以当作小米干粥的配料使用。如因火大而过于烤糊的油渣则不宜食用，可将其扔进灶火烧掉或倒入喂狗盆喂狗。

三、红食的名称及分类习俗

蒙古民族通常把红食归类，不仅种类繁多，而且称呼各异，别具特色。其归类、命名的主要依据分别是：宰食的牲畜种类，骨肉、脏腑、器官的具体名称，煮熟的方式方法和形式特征，使用和礼仪的内容与习俗等。

苏尼特人对红食的称呼、分类因受其地区历史、文化、风俗习惯的影响，在内容与特性方面存在有别于其他地区、部族的独特之处。

首先，通常依据宰食牲畜的种类分为绵羊肉、山羊肉、牛肉、马肉、骆驼肉、黄羊肉、兔子肉等。其次，以宰食牲畜的骨肉、脏腑、器官的名称和骨架结构、连接部位，分别称作头骨、蹄、颈骨、胸椎骨、胸骨、前肢、后肢、腱骨、腰椎骨、尾骨，前肢肉、后肢肉、肩胛骨肉、胸椎肉、颈骨肉、大肠、杂碎（也有分类称作心、肝、肺、腰子、脾等五脏名称），网油、尾油等。再次，以其煮熟和使用用途，分别称为整羊、煺掉毛的整畜炙肉（亦称“石头烤肉”，蒙古语称“豪日呼嘎”，制作方法为在兽膛内或腹腔内放入烧红的河卵石烤制）、包皮山羊肉（蒙古语称“包德格”）、包瘤胃内脏、肉干、肉松、肉汤、盲肠汤、焖汤、三补汤、烤肉、炒肉、烤肝、肉卷、血肠等。最后，以其施礼风俗分别称为供佛整羊、婚庆整羊、羊背、肩胛骨和四条长肋等。毫无疑问，这些优良传统和优秀文化，被广泛流传于苏尼特草原，历经千百年来的风雨变迁而经久不衰，传承至今，必将为蒙古民族的文化增添内容和光辉。

（一）以宰食牲畜种类命名

苏尼特人通常将肉食大体称之为“红食”。与此同时，把以肉类为主料的食品，统统归入红食范畴，统称为“红食”。这个总称涵盖了诸多具体而细分的名称，其中，通常使用的一项是以宰食的牲畜种类大体分类而称作的名称。

1. 宰食的红食名称

（1）马肉：通常将从马身上获取的肉称之为“马肉”。为了区别于其他牲畜的肉食，故把宰食马肉称作“煮马肉”或“吃马肉”等。

（2）牛肉：通常将从牛身上获取的肉称之为“牛肉”。为了区别于其他牲畜的肉食，故把宰食牛肉称作“煮牛肉”“卸牛肉”“制作牛肉松”等。

（3）绵羊肉：通常将从绵羊身上获取的肉称之为“绵羊肉”。为了区别于其他牲畜的肉食，故把宰食绵羊肉称作“煮绵羊肉”“吃绵羊肉”“煨绵羊肉”等。

（4）山羊肉：通常将从山羊身上获取的肉称之为“山羊肉”。为了区别于其他牲畜的肉食，故把宰食山羊肉称作“煮山羊肉”或“吃山羊肉”等。

（5）骆驼肉：通常将从骆驼身上获取的肉称之为“骆驼肉”。为了区别于其他牲畜的肉食，故把宰食骆驼肉称作“煮骆驼肉”或“吃骆驼肉”等。

2. 以猎物命名

把捕猎获得的野生动物肉，统统称为“猎肉”。同时，也有以猎物本身的名称命名为黄羊肉、兔子肉等的习惯，如称为煮猎肉、吃猎肉。甚至进一步细化到具体野生动物的名称，如称为吃黄羊肉、煮黄羊肉，吃兔子肉、煮兔子肉等。

（二）以牲畜的骨肉、脏腑等命名

人们通常把红食即肉食以宰食牲畜的骨肉、脏腑的专用名称或骨架结构、连接位置、形状特征作为其名称。与此同时，还有更加具体细化的分类，如带骨头肉、块肉（亦称不带骨头的肉）、五脏、血肠、肥油等。

所谓带骨头肉，是指煮手把肉用的肩胛骨、胫骨、肱骨等贴有厚肉的骨头。所谓块肉，是指为了做饭、烧菜、熬汤，从骨头上剔取的精肉或花肉。有时候也有将块肉直接煮食的习俗。所谓内脏的食用方法，主要是以煮食食用为主，也有爆炒食用的习惯。肥油的食用方法，主要是以切小块熬汤，或用于煎炸、烧烤之用。其中，尾巴肥油和荐骨两侧肥油，经常被使用于熬面条汤，或者与瘦肉馅搅拌在一起，包包子食用。除此之外，人们通常会榨取网油和腰子肥油的油液，以便使用于炸果条。

1. 带骨头肉

（1）头骨：食用方法有两种，即燎掉毛煮食和剥皮煮食。通常被称为煮食燎掉毛的头骨，煮食剥皮的头骨等，还可更加具体地称作煮整块的头骨（为卸开颌骨的头）、煮不带颌骨的头（卸开颌骨的头）等。

如头骨带有犄角，须将犄角锯掉或砸断之后，方可煮熟食用。煮牛头骨时，将其锯成四大块后，方能下锅煮熟。

（2）颌骨：通常被分类称作燎毛的颌骨和剥皮的颌骨。煮法是与头骨一起下锅煮熟，或与其他骨肉一起下锅煮熟即可。

（3）胫骨：是指位于头骨和胸椎骨中间连接的一组骨头。胫骨由六节骨头组成。从寰椎开始，按其所在的位置分别具体称作为寰椎（蒙古语称之为“阿门—呼珠”）、鞍椎（蒙古语称之为“额么勒—呼珠”）、短颈椎（蒙古语称之为“阿胡儿—呼珠”）、出力椎（蒙古语称之为“呼群—呼珠”）、砧椎（蒙古语称之为“图希—呼珠”）、钝椎（蒙古语称之为“毛浩—呼珠”）。

（4）胸椎骨：是指位于颈骨和腰椎骨中间，两侧为连接肋骨的一组骨头。胸椎骨与肋骨之间，以十三关节连接。胸椎骨由十二节骨头组成。从头部开始，分别称作第一胸椎骨（蒙古语称之为“哈剌—瑟儿”）、第二胸椎骨（蒙古语称之为“阿胡儿—瑟儿”）、长棘突胸椎（蒙古语称之为“温都尔—瑟儿”）、短棘突胸椎（蒙古语称之为“宝高尼—瑟儿”）。

（5）腰椎骨：是指位于胸椎骨与尾椎骨中间连接的一组骨头。细分则分别被称为细腰椎、长横突腰椎骨、苦腰椎、问话腰椎骨。

（6）尾椎：是指位于问话腰椎与尾尖中间的一组骨头。有些人卸羊的时候，也有将尾椎与尾肥油连体卸开的习惯。卸牛的时候，通常从问话腰椎数至第四骨节以卸开其尾椎。尾椎，蒙古语称之为"奥努"，例如煮奥努、吃奥努等。与此同时，认为尾椎为佛的份额，并将其煮熟之后，摆放在佛像前，以祭佛供神。

（7）尾尖：通常称尾椎以下的骨节为"尾尖"。人们把绵羊、山羊的尾部，通常称作尾尖；而牛尾的最下端部位，称为细尾。人们卸开绵羊骨时，将其尾尖与尾油连体卸开后，要用火燎其毛，以便煮熟食用。卸下山羊尾尖后，通常会直接火燎而食用。

（8）胸骨：是指位于胸前壁下方的一组骨节。宰杀牲畜时，一般不剥开胸骨皮，将其火燎而食用。有的时候，也有剥皮食用的习惯。分别称为火燎的胸骨和剥皮的胸骨。胸骨的各部位依次被称为胸骨柄、胸骨剑状软骨、胸骨肋软骨、胸骨浮肋、胸骨胸腔肉。

（9）桡骨：前肢的组成部分，位于小腿和肱骨中间。在红食风俗中被称为煮桡骨、吃桡骨。

（10）肱骨：位于肩胛骨和桡骨中间，属于前肢的组成部分。

（11）肩胛骨：前端连接肱骨，其贴骨肉部分连接肋骨。肩胛骨是前肢的组成部分。

（12）肋骨：有十三条，被分别称作短肋（亦称"假肋"）、福肋（亦称"细肋条"）、四根长肋条、浮肋（亦称"胸叉骨"）。

（13）胫骨：位于小腿与股骨中间，起到连接作用的一根骨头，通常被称作胫骨，是属于后肢的组成部分。

（14）股骨：连接胫骨与胯骨的一组骨头，通常被称作股骨。股骨同样属于后肢的组成部分。

（15）胯骨：指连接股骨、问话腰椎和盆腔肉的一根骨头。胯骨属于后肢的组成部分。

（16）小腿：指牲畜四条腿的最下方。其中与其骨节连接的两节骨头，被分别称作跖骨和蹋掌骨，亦称跖骨肉和蹋掌骨肉。小腿的食用方法与头骨一起火燎煮食。

2. 块肉

（1）里脊肉：是指紧贴于胸椎骨和腰椎骨关节及其两侧横突的一条肉。割取此块肉的工序，被称为"剔取里脊肉"。宰羊时，剔取其里脊肉时，应与盆腔肉和腹沟肉连体割开。剔取牛里脊肉，不附带任何部位的肉，将其单独割开即可。卸开骨头的时候，只要剔下里脊肉，卸开腱骨和腰椎骨就容易了。里脊肉可以直接煮熟和熬汤，更合适熬制盲肠汤。牛里脊肉的主要食用方法：将其装入冷冻储存后，可以剁肉馅包包子。

（2）腹股沟肉：是指割开腹腔肉时，留在两侧腹股沟的一块皮膜状肉。主要用于装心包食用。

（3）颈骨肉：是指从颈部提取的肉块。俗话说“颈骨肉不好吃，他人之物不给力”。通常用于做饭、烧菜、熬汤。牛颈骨肉的主要食用方法：将其割成细长条，塞入肥肠食用。

（4）胸椎骨肉：是指从胸椎骨棘突上剔取的肉块。人们在一般情况下不会剔取胸椎骨肉，有时如遇较为肥厚的胸椎骨肉，会剔取一小块，用于做饭、熬汤。

（5）前肢肉：是指卸开前肢时剔取的肉块。主要用来做饭、熬汤。

（6）后肢肉：是指卸开后肢时剔取的肉块。同样，用于做饭、熬汤。后肢肉，属于牲畜身上肉层最厚的一块精肉，所以，很少有人直接煮食，而主要用来熬面条汤或剁肉馅包包子食用。

（7）腱骨肉：是指在浮肋以下，紧贴腰椎骨两侧横突的肉块。腱骨肉的食用方法：制作一包卷肉，冷冻储存，或者割成细肉条晒干，用来做饭、熬汤。腱骨肉肥瘦相间，肉层交叠，形成了一种肥瘦均匀分布的花肉。

3. 五脏

（1）心：根据被宰杀的牲畜种类，分别称为牛心、绵羊心、山羊心。食用时，通常被称作煮心、吃心等。

（2）肺：分为绵羊肺、山羊肺等。食用时，通常被称作煮肺、吃肺等。人们没有食用牛肺的习惯。

（3）肝：以被宰杀的牲畜种类，分别称为牛肝、绵羊肝、山羊肝、牛肝等。食用时，通常被称作煮肝、烤肝、吃肝等。在一般情况下，苏尼特人们没有食用牛肝的习惯。

（4）腰子：有些人把腰子称为“副肾”。同样，以被宰杀的牲畜种类，分别称为牛腰子、羊腰子等。绵羊腰子、山羊腰子表面光滑且没有任何皱纹，是一整块体；而牛腰子，看似以十几个小块腰子对接而成，其表面布满皱纹，好像有许多对接线。食用时，人们通常称作煮腰子、吃腰子等。除此之外，有些人还喜欢吃用火烤的包肥油腰子，通常称其为“烤腰子”。

（5）脾：人们很少直接煮食用脾，而有将其塞入碎肉食用的习惯。苏尼特人除了绵羊脾、山羊脾，不食用其他牲畜的脾。食用时，通常称作煮脾、吃脾等。

4. 杂碎

（1）心包：是指包裹于心脏外面的一层带有肥油的薄膜袋。空牛心包内，可以装入碎肉碎油，以备冬天包包子食用。在宰羊掏取内脏的时候，将心包与心一同拽出，割开其心包根部的一半，挤出心，继而翻出心包的内壁，塞入腹股沟肉，用肋骨条皮膜（附心肺被掏出的胸腔内皮膜）缠绕封口。同时，也可以用木扦穿梭封口。通常称为煮心包、吃心包等。

（2）血肠：灌注鲜血，拌有荞面及各种调味品的大肠，被称为“血肠”。绵羊、山羊的小肠不宜灌注，只有在大肠腔内适合灌血煮食。通常被称为煮血肠、吃血肠等。在同一锅内煮熟的血肠、肺、心、瘤胃、肥肠等，统称为煮杂碎。

（3）空肠：绵羊、山羊的细肠腔内，不宜灌注血。将其洗干净之后，可以与其网膜连体煮熟食用。通常称为煮空肠、吃空肠等。

（4）肥肠：连接小肥肠的一截，即牲畜排便的最外端的一截，称之为肥肠。将其洗干净，填入天棚肉条、网胃条和翻洗的小肥肠后，可以直接煮食。通常称为煮肥肠、吃肥肠等。

（5）小肥肠：连接大肠和肥肠的一截肠，称之为小肥肠。不宜灌注血，但可以将其翻洗后，塞入肥肠煮食或单独煮食。

（6）盲肠：位于小肠和大肠中间，容粪便的大薄膜袋，被称为“盲肠”。翻洗干净，既可以灌注血，也可以烹制盲肠汤。

（7）皱胃：连接大肠和瓣胃的一截被称为“皱胃”。制作灌血皱胃的方法：把皱胃清洗干净后，翻出其内壁，向其腔内灌注调好的鲜血，继而穿木扦子封住其贲门，并以网油包裹该木扦子，再将木扦子用空肠“十”字形交叉编穿数圈，以封闭其大口。与此同时，也可以向牛皱胃腔内装入一定数量的碎肉，备作冬天食用的肉包子馅。

（8）瘤胃：是反刍动物的第一胃。其清洗方法：先倒掉粪便，灌注开水烫掉内壁的黏液，刮去绒毛，再用水反复搓洗。清洗牛瘤胃时，须剥开其内壁的绒毛。

（9）网胃：两侧连接瓣胃和瘤胃，容反刍物的大袋，被称作“网胃”，亦称“蜂巢胃”。其具体清洗方法：先倒掉粪便，灌注开水烫掉内壁的黏液，将其大口套入火剪股孔，刮去内壁的绒毛，再用水反复搓洗。之后，将其割成细条，与天棚肉条、小肥肠一起填塞肥肠而食用。同时，也可以直接煮食。

（10）瓣胃：连接网胃和皱胃贲门，容反刍物的椭圆形大袋，被称作“瓣胃”，亦称“重瓣胃”。瓣胃的黏膜面形成了许多大小不等的叶瓣。将瓣胃清洗干净后，可以直接煮食或向其内腔填入调好味的肥油和碎肉煮食。也可以火烤食用。

（11）膀胱：是一个储尿器官。具体食用方法：先把膀胱清洗干净后，将内壁翻出来，插入四指，往外抻开。之后，填塞用大量葱、沙葱调味的肉馅煮食。与此同时，也可以把牛膀胱清洗干净，充气抻开，封口晒干后，用来装黄油、白油等奶食品。据史载，蒙古族先人在南征北战，扩大疆域的征战中，通常把牛肉松装入牛膀胱，以作备战补给食品。据说，一个膀胱腔内，可以装入一头牛的彻底晒透并捣碎的肉末。

（12）肠卷：用绵羊、山羊的空肠缠绕里脊肉、肝或碎肉零油而制成。适合于煮食。

（13）红肠：起始于牲畜口腔，将食物由咽喉送进瘤胃的器官，即食道，苏尼特人称之为红肠。食用方法：主要是将其内壁翻出，直接煮食，也可以向其腔内填塞肉条食用。苏尼特有些地区流传一种说法："吃红肠，易得癌症。"因此，人们很少吃红肠了。

5. 脂油

（1）网油：指分布于绵羊、山羊、牛、骆驼瘤胃外层包裹的肥油。主要用途为：将网油切成碎块，榨取其油液食用。

（2）尾油：指贴于绵羊尾骨的肥油。主要用途为：将尾油直接与瘦肉煮一锅，搭配肥瘦食用，或与瘦肉馅搅拌在一起，包包子食用。除此之外，也可以与瘦肉掺和在一起，熬制肉汤。

（3）腰子油：指包裹牲畜腰子的一块肥肉。当人们卸开绵羊、山羊肉的时候，须掏取其腰子并扒开腰子油。与此同时，按旧风俗，任何人不得扒光取尽腰子油，而必须留有一定量的肥油。其主要用途：将腰子油切成碎块后，榨取其油液食用。

6. 油液

（1）脂油液：指溶解牲畜的网油、腰子油以及零散小块油脂而榨取的油液，主要用来炸果条食用。

（2）肉汤油：指煮手把肉时，在沸开的肉汤上面浮出来而凝结的一层油。主要用途：将肉汤油放入专门一个容器里，将其凝结存放，以便日积月累，积少成多后，将它再次下锅溶解，彻底熬干其水分后，用来做炸油条或炸果条食用。

（3）骨头油：在苏尼特人习惯中，他们将冬储肉的贴骨肉刮掉吃净之后，骨头不会随意丢掉，而将其存放一冬天，直到来年春季来临，将其砸开锤碎，下锅沸开，以榨取油液，并将其称之为骨头油。骨头油主要用来做油卷或炸果条食用。

（4）骨髓油：指砸开锤碎牲畜腿骨，溶解其腔内的骨髓榨取的油液，亦称作骨头油。骨髓油通常用于做油卷，或当作米茶的配料使用。

7. 脑髓、脊髓等其他种类

（1）脑髓：指位于颅腔内的一种蛋白质。按习惯，刮食牲畜头部肉之后，必须砸开其脑颅，以食用其脑髓。脑髓油脂细嫩爽滑可口。大人称："孩童吃脑髓，将致愚笨。"因此，禁忌孩童食用脑髓。所以，脑髓属于大人食用的份额。

（2）颚：人们食用头骨肉时，通常扒开其颚条，以分发给身边的姑娘们食用。人们将颚条递给姑娘们时，一定会祝福一句："祝愿做一名巧手裁缝员，但愿拿起针线缝衣绣花。"

（3）鼻甲软骨：指牲畜鼻腔内的一组结构复杂，外壁以多条薄膜状软骨组成的软骨。人们吃起鼻甲软骨，总会感觉一股特别香脆的浓汁，口感爽滑。按习惯，人们砸开脑颅的时候，应该与脑髓一同食用鼻甲软骨。

（4）舌：按习惯，通常将舌与带颌骨牛的头骨一起煮食。舌煮熟了，一般就叫“口条”。大人们讲：“孩童吃了口条，将致口吃。”一般不让小孩吃口条肉。因此，口条肉自然就成了大人们享用的份额。

（5）脊髓：人们将颈骨肉、胸椎肉和腰椎肉刮食干净之后，就会将其按节卸开，掏吃其椎孔内的脊髓。同时也称：“孩童吃骨髓，将致流鼻涕的坏习性。”因而禁忌小孩们食用脊髓，脊髓也就成了大人们享用的份额。

（6）骨髓：指牲畜股骨、胫骨、肱骨、桡骨内的一种油性食物。骨髓不仅味道鲜美可口，而且含有丰富的营养成分。按习惯，人们干净地刮食骨头上的贴肉后，将砸断长骨，以食用其骨髓。但禁忌食用牲畜桡骨的骨髓，而只食用其股骨和胫骨的骨髓。

（7）油渣：指榨取油液之后，沉淀于锅底的糊油。油渣的食用方法：可以用来做面条汤的配料或与沙葱等搅拌做成馅包包子食用。同时，也可以当作茶类配料，放入米茶食用。

所有这些，都说明草原上的蒙古族牧民对于牲畜身上的各种东西凡有可用之处，都要尽量利用，充分利用资源，一点不浪费。真可谓物尽其用也。

（三）以煮熟的方式方法来命名

把红食以其煮熟的方式和方法，分别称作手把肉、炒肉、烤肉、肉包子、肉汤（含多种汤）、包瘤胃内脏、烤肉、烤血肠、干肉条、肉松等。

1. 以烤的方式来命名

（1）手把肉：指煮熟的带骨头肉和不带骨头肉。与此同时，习惯以肉骨的种类，进一步明确分类、命名所煮熟的具体名肉骨称，例如煮熟的血肠、煮熟的瘤胃等。

（2）炒肉：指炒熟的肉。人们主要炒熟食用的肉有块肉和肥瘦相间的花肉。

（3）烤肉：指采用烘烤的方法烤熟的肉类产品。同时，以其肉骨的种类，进一步明确分类牧民所烤熟的肉食，例如烤羊肝、烤肥油、烤血肠、烤腰子等。

（4）烹炸肉：指以肥油或油液炸熟的肉。在炎炎夏日，人们为防止肉食变质变味而采取的一种措施。

2. 以风干的方式来命名

（1）干肉：指吊挂在通风处或蒙古包外晒干的肉食。

（2）肉松：苏尼特人把晒干的牛肉条、马肉条和驼肉条，称为肉松。他们卸开冬储肉时，通常将块肉专门割成细条，吊挂晒干，以备春夏季节食用。主要适用于做饭、熬汤、直接煮用、泡茶、捣碎做肉馅等。在其他地区，将其称作牛肉干、马肉干和驼肉干。

（3）干肉条：指割成细条晒干的绵羊肉条、山羊肉条。苏尼特人只是把晒干的绵羊肉条、山羊肉条称作干肉条；在夏秋季，宰食绵羊、山羊，有晒干肉条的习惯。

3. 以肉汤的种类来命名

以肉汤做熟的方式和方法，分别称作不同的名称。

（1）手把肉汤：指煮熟手把肉的肉汤。苏尼特风俗中有一种说法叫作“吃手把肉，必喝其汤”，俗话称，如不喝其汤，牲畜将会埋怨说：“只知食吾肉，不懂喝吾汤。”这符合原汤化原食的道理。

（2）杂碎汤：指以牲畜内脏做主料熬制的汤。

（3）五脏汤：指以牲畜五脏做主料熬制的汤。

（4）盲肠汤：将羊里脊肉切成碎块，再放入盐面、沙葱、葱等调味佐料，装入羊盲肠内而蒸熟的一种汤，被人们称之为盲肠汤。喝盲肠汤，具有调节虚火，滋养补心，活络通经的作用，同时，对补充老年人体力，增强抗寒能力等，都有很好的功效。

（5）焖汤：将精肉和里脊肉切成碎块，再放入盐面、清水及其他佐料进行调味后，将其放入一汤盆，再用面皮封其口蒸熟。人们通常将其称为焖汤。

（6）瘦肉汤：将瘦肉切成碎块，再放入盐面、清水及其他佐料进行调味后，直接下锅煮熟熬汤。人们通常将其称为瘦肉汤。

（7）里脊肉汤：将羊里脊肉切成碎块，再放入盐面、清水及其他佐料进行调味后，直接下锅煮熟熬汤。人们通常将其称为里脊汤。

（8）心汤：将羊心整块或切成碎块，再放入盐面、清水及其他佐料进行调味后，直接下锅煮熟熬汤。人们通常将其称为心汤。喝心汤，对于滋补心气，养精蓄锐，会有明显疗效。

（9）腰子汤：将羊腰子下锅煮熟熬汤。人们通常将其称为腰子汤。喝腰子汤，对于滋补肾气，养精蓄锐，会有明显疗效。

（10）骨头汤：将骨头直接下锅煮熟熬汤。人们通常将其称为骨头汤。喝骨头汤，对于补充体力，养精蓄锐，会有明显疗效。据说，将生肉剔去后，以光骨头熬出的汤，更具补充体力的作用。

（11）三补汤：是指以羊髌骨、跟骨、肩胛骨柄熬出的汤。喝三补汤，对于补充体力，养精蓄锐，会产生明显的效果。

（12）四补汤：是指以羊髌骨、跟骨、肩胛骨柄、尾椎骨熬出的汤。喝四补汤，对于补充体力，养精蓄锐，会产生明显的效果。

（13）髌骨汤：是指以羊髌骨熬出的骨头汤。髌骨汤被广泛使用于蒙药作药引子。喝髌骨汤，对于补充体力，养精蓄锐，将会产生明显的效果。

（14）整羊汤：是指煮熟整羊的肉汤。喝整羊汤，对于解除疲劳，补充老年人体力，养精蓄锐，将会产生明显的效果。

（15）蒸汤：将羊肉切成小块蒸熟的汤，被人们称之为蒸汤。同样，喝了蒸汤，对于调理虚火，养身修心，将会产生明显的效果。

（16）韭菜花汤：是指把韭菜花放入煮熟的肉汤里面制成的汤。

（17）熟嗜酸奶汤：是指将熟嗜酸奶放入煮熟手把肉的汤或专门熬制的肉汤中煮熟饮用的汤。

（19）沙葱汤：是指以沙葱作配料熬制饮用的汤。

（20）肉粥：是指将米放入煮熟手把肉的肉汤或专门熬制的肉汤中煮熟饮用的汤。

（21）硬汤：是指将切开的小肉块放入煮熟手把肉的肉汤，再放入米煮熟饮用的汤。

4. 以制作包子、肉饼的方式来命名

（1）肉包子：是指将肉块剁成肉馅，以面皮包出的食物。因为，肉包子主要以肉类作为原料制成，所以应归入肉类食品范畴，并将其统称为红食。

（2）肉饼：是以肉类为主要原料制成的食物，所以，应归入肉类食品范畴，并将其统称为红食。

（四）以祭典、礼仪的意愿或摆件命名

红食，是蒙古民族最珍贵的食品之一，往往在重大的祭典中用红食来表达他们敬重之意和美好的祝福。因此，以其祭典、礼仪的意愿、内容等方式，详细分类称作的红食名称多之甚多。在苏尼特人传统的红食祭典、礼仪仪式中摆设整畜类食品占据主要地位，而摆设包皮烤山羊（包德格）、炙肉等其他宴席位居次要地位，且一般不多见。

1. 以祭典、礼仪意愿命名

煺毛整畜实属高贵盛筵上摆放的工序复杂、颇有讲究的一道珍贵的传统名菜，形色俱佳，味道鲜美。

（1）煺毛整牛：首先宰一头三岁以上的犍牛，剥开其皮，掏出全部内脏，然后，向胸腔、腹腔和盆腔内放入葱、沙葱和野葱等相应的佐料，为其进行调味，并缭缝腹腔内的割口，以封住整个腹腔。之后，在地面挖开一个大洞，紧贴其内壁，以砖块砌洞壁（也可以在平地上直接垒

起以砖灶)，将煺毛整牛放入其中，烘烤烹制。煺毛整牛，通常被用于大型经会法会上。

(2)煺毛整羊：同样属于高贵盛筵上的一道传统名菜。其烹制方法：宰杀一只大羯羊，用火燎掉或以开水烫除其毛，并向胸腔、腹腔和盆腔内放入适量的葱、沙葱和野葱等相应的佐料，为其进行调味，之后，缭缝腹腔内的割口，以封住整个腹腔。然后，将其放入泥灶或砖灶烘烤至熟，以款待宾客。

祭敖包整畜：是指专门为祭祀敖包而准备的整羊。

招福整畜：是指专门为秋季招福习俗和利益而准备的整羊。

供佛整畜：是指专门为供佛而准备的整羊。供佛整畜，通常由带腱子肉的胫骨和羊尾组成。

供崇拜物整畜：是指供奉自家崇拜物而准备的整羊。供崇拜物整畜，通常由一对前肢、一对后肢、胸椎骨、腱骨和羊头组成。

除夕整畜：是指专门为摆设除夕宴而准备的整羊。

婚宴整畜：是指专门为举办婚宴而准备的整羊。

探望姑娘整羊：是指专门为探望出嫁的姑娘而准备的整羊。

赐福整畜：是指春节拜年期间，专门向父母、长辈施礼的整羊。

摆设羊背席：是属于仅次于整畜席的招待礼仪。摆设羊背席的习俗，一般有两种方式，即摆设整块羊背(蒙古语称之为“呼特其—乌查”)和摆放方形羊背(蒙古语称之为“德兀恒策格—乌查”)两种。所谓摆设整块羊背，指将整块羊背与羊头、胸椎骨、胫骨、腱骨一同摆放；所谓摆放方形羊背，是指将腱骨改刀整修成一块儿四方形，并与胸椎骨、胫骨一同煮熟，以摆设宴席款待客人。

摆设肩胛骨和四条长肋席：是指将肩胛骨和四条长肋同煮一锅，以其招待宾客的尊贵礼仪。其礼仪规格，仅被排列于羊背席之后，也属于高档的招待礼仪。

2. 以摆放的骨件来命名

(1)全羊席：是指摆放羊头、羊蹄、脏腑、杂碎等全套骨肉，以招待宾客的礼仪。

(2)九件之席：亦称之为整畜宴，是指摆放胸骨、一对前肢、一对后肢、胫骨、胸椎、羊背、带颌骨的羊头等九件骨肉，以招待宾客的宴席。

(3)七件之席：是指摆放一对前肢、一对后肢、胸椎骨、羊背、羊头等七件骨肉，以招待宾客的宴席。同时，在举办各种祭典、礼仪的场所，依然被人们通称为整畜宴席。

(4)五件之席：是指摆放一对前肢、一对后肢和改刀整修的四方形羊背等五件骨肉，以招待宾客的宴席。同时，在举办各种祭典、礼仪的场所，依然被人们通称为整畜宴。

(5)三件之席：是指摆放胸椎骨、右侧胫骨和四方形羊背等三件骨肉，以招待宾客的宴席，亦称摆设羊背席。

四、红食煮熟习俗

苏尼特地区红食煮熟的方式方法风俗习惯，与蒙古族其他地区大体一致，主要有煮、烤、炒、蒸等，而煮食的方法是日常最为普遍的做法。

（一）煮熟

煮熟红食，可以分带骨头的肉和不带骨头的肉。带骨头的肉，通常被称为煮手把肉。煮手把肉的时候，如果要进一步明确分类，可以按牲畜分类，如煮绵羊肉、煮牛肉、炖羊肉、炖牛肉等；也可以按牲畜不同部位的肉来分类，如煮手把肉、煮全羊、煮羊背、煮杂碎、煮血肠、煮头蹄肉等。

蒙古人煮肉要用冷水煮，忌讳用温水或开水煮肉。用温水或开水煮肉，将会导致肉色发血红或容易夹生。煮肉的时候，先往锅里倒入冷水，紧接着放进肉，用文火煮。在煮的过程中，常用火剪子或专门准备的肉钳子把肉夹住来回翻个个儿。肉汤沸开后，不断折扬其汤，使漂浮在上面的浮沫自然消失，如果火过大过硬致使肉汤溢出锅，就要加入适量的凉水，使其得以慢开慢炖。肉汤煮沸后加盐。苏尼特牧人煮手把肉时，除了盐什么佐料也不放。再一个就是忌讳煮大劲儿，肉煮烂了就不好吃了。

煮肉按不同部位的肉来分类。

(1)煮肉：煮经过分节卸开的肉和煮精肉，都可称作煮肉。也可以分别称为煮带骨头的肉和煮不带骨头的肉。煮带骨头的肉，即煮手把肉。

(2)煮整羊：是指煮熟摆放于祭奠、婚庆宴的整羊肉。煮熟整羊，须精准掌握火候，并需要练就娴熟的技艺。煮整羊肉的常用方法为：首先把整羊放入大锅，以文火慢炖慢沸，煮成半熟半生即可。按传统，煮整羊被称作炝肉。举行触刀（蒙古语称之为“休斯—浑的胡”），仪式完毕后，才分节卸开整羊，再放入大锅煮熟煮透，再摆上桌招待宾客。在动刀割开的时候，精准把握火候的炝肉，以防血汁流溢出锅。煮整羊，必须做到细致入微，尽心尽责。其间，每个动作必须恰到好处，不得破损其四肢、腰背的原形状，以确保整羊齐整、舒展和肥满的姿势。尤其是煮羊背，要及时用刀挑断其热缩或卷曲的筋腱与血管，以做到保留其齐整、舒展和肥满的原来形状，防止其出现皱缩或弯曲的现象。

（3）煮羊背：是指为了祭奠、婚庆宴席或过年过节的盛宴而煮熟的整块羊背。煮熟羊背的方式和方法，同煮熟整羊如出一辙，没有任何区别。

（4）煮肩胛骨和四条长肋骨：是指煮熟一只肩胛骨和四条长肋。苏尼特人通常有摆设肩胛骨和四条长肋骨以招待尊客、亲人的习俗。

（5）煮头、蹄、羊尾尖：是指煮熟火燎或剥皮的牛头、羊头及其蹄、羊尾尖等。一般情况下，收拾牛头、羊头及其蹄的时候，火燎是苏尼特牧人常用的一种方法。如果煮食牛头，必须将其砸开或锯开，分割成若干块，以放入大锅煮熟。煮羊尾尖，就是指煮熟火燎的绵羊、山羊的尾尖。

（6）煮杂碎：是指煮熟血肠、皱胃、肥肠、小肥肠、灌盲肠、瘤胃、小肠等的通称。如单独煮熟其中的任何一种，就直接说出其名称，如煮瘤胃、煮皱胃、煮血肠等。

（7）煮五脏：是指煮熟牲畜脏腑、五脏的通称。主要以煮食绵羊、山羊的五脏为主。苏尼特人从来没有煮食牛肺、牛肝的习惯。

（8）煮包瘤胃内脏：是指煮熟冬季冻藏的包瘤胃内脏。苏尼特人以牲畜的种类分别称作绵羊、山羊的包瘤胃内脏或牛的包瘤胃内脏。入锅前，必须将其以凉水浸泡，待到完全解冻之后才可开始煮。如果把冰冻的包瘤胃内脏直接下锅煮开，将会导致血肠变得又干又硬，吃起来没有味道，闻起来不觉得香。

（9）煮干肉条：是指煮熟绵羊、山羊干肉条。煮食绵羊、山羊干肉条，无疑是口味浓郁，肉汁四溢。尤其是那种渗进一股熏味和稍许有些哈喇味肉条，使人总感肉脆汁多，齿颊留香的特殊味道。

（10）煮牛肉松：苏尼特人通常把切条晒干的牛肉干称作“肉松”。牛肉松，不仅可以煮着吃，而且可以生着吃。

(11) 煮骨头：就是把冬季煮食啃光刮净的那些骨头放入一个干净的容器里，积少成多后，将其下锅煮沸，然后拿出来放在一边，待骨汤冷却后，铲取上面凝冻的一层油块可以食用。经过这样熬煮取油的碎骨和平时宰食牲畜的骨头，人们从来不会到处乱扔或随意丢弃掉，而放在一个地方保存着。时节进入春季后，牧人们将这些骨头拿到宿营地的上风处点燃焚烧，烧出一股烧焦的燎燎糊味弥漫在草原上。据他们说，这种烧骨头的油性糊味能有效预防各种疾病和疫情的传播。

（二）烤熟

毫无疑问，人类最早食用的熟食应该是烧熟的肉食。不仅如此，此还为北方狩猎、游牧民族的创始和传统。

自古至今，在苏尼特地区一直传承着烤熟食用红食的古老习俗。烤肉，非常适宜于外出寻找牲畜、狩猎围猎、远途运输、远征参战、游动放牧等生产、生活活动。这应该是人们在居所不定的劳动、生产活动的间隙，为速进快餐、充饥解饿而采取的一种餐饮烹制方法。烤熟的肉食爽滑可口，口味浓郁。在苏尼特民间流传着一句民间谚语："黄皮肤人睿智，烤制肉香脆。"苏尼特人烤熟红食的种类和方法主要有以下几种。

(1) 烤全羊：自古以来，蒙古民族在盛大庆典活动中，有烤全羊，摆设全羊席款待贵宾的习俗。人们亦称烤制的整羊。烤全羊主要方法为，将羊宰杀后，不剥开其皮，而先掏出其内脏和杂碎，剪短全身的毛，火燎洗净后，在其腹腔、胸腔内加入葱、山葱、野韭菜、盐面等佐料，缝合封闭其被割开的腹腔肉，烘烤烹制。

(2) 炙肉：是指烤熟红食的方法之一。原先在苏尼特地区用猎物肉（即黄羊肉）做炙肉。剥开捕猎的黄羊皮，掏出其内脏，逐一分节卸开带肉骨头。之后，清洗瘤胃，翻出内壁，并刮掉脏内的粪便，继而装入黄羊的带骨头肉，再加入多根葱、山葱、野韭菜、盐面等佐料。然后，往腹腔、胸腔内放进烤红了的石头块，加少许水，封住其瘤胃口，向上抬起，左右晃动，均匀地搅动瘤胃内的肉块和石头块，进行烘烤烹制。这个做法也叫喝焖汤。装瘤胃的炙肉，一直被认为香味扑鼻，肉香四溢，风味别具一格。

（3）烤肉：是指用火烤熟牲畜或黄羊的任何一个部位的肉。爱吃烤肉的人，一般喜欢烤制羊的里脊肉、腹股沟肉等。某些时候，也可以将羊的大腿肉切成薄片肉，贴放铁炉炉盘煎熟食用。如需要也可以放入炉灶内烤熟，需用火钳夹住肉块烘烤烹制。如需要在野外散火上烤熟食用，需用柳条干或刀尖穿连在火苗上翻转烘烤烧熟。也可以将肉块埋入煨火烘烤烹制。

（4）烤肝：在苏尼特地区有烤肝食用的习惯，而且喜欢这样吃的人还不在少数。在夏、秋季新鲜肉稀少的情况下，显得尤为突出。具体烤熟方法为：用网油将羊肝包裹起来，再用火钳夹住肝片烘烤烹制。略微夹生的烤肝色泽红润，爽滑可口，味道浓郁。按习惯，应该从宰羊黑人开始，人皆一份，共同食用烤肝。

（5）烤瓣胃：是指清洗干净绵羊、山羊的瓣胃，烘烤烹制食用。具体烤熟方法为：直接火烤或填入肥油、蔬菜烘烤而食用。

（6）烤珍珠：阉割牲畜，叫“去势”，土话叫“骟蛋”。所谓珍珠，就是公畜被割去的睾丸，俗称“珍珠”。烤珍珠，是指阉割三岁小儿马或给两岁公牛去势后，将其“珍珠”埋入煨火烤熟食用。烤熟食用儿马“珍珠”的人家占多数，偶尔也有烤熟食用两岁公牛“珍珠”现象。羊“珍珠”烤熟食用更为普遍，还专门举行“珍珠节”。在一般情况下，不食用两岁公牛的“珍珠”，更没有食用骆驼“珍珠”的习惯。

（7）烤食熟肉：是指烤食已经煮熟的红食。其主要烤食熟肉有凉肉块、凝冻的肥油、灌肠（血肠）、空肠、小肥肠、肥肠、瘤胃、肉卷、皱胃口等。

（三）蒸熟

蒸熟食用的红食有蒸焖汤、蒸盲肠汤、蒸肉包子等。食用蒸熟的红食，具有调理虚火、缓解疲劳、补充体力、活络通经、增强耐寒力等特殊的疗效。

（1）蒸盲肠汤：属于红食中贵重的美味佳肴。熬制盲肠汤的原料为羊盲肠。主要做法为：将盲肠清洗干净后，把里脊肉剁成小块，并将咸盐、葱、野葱、蒜等调味佐料放入盲肠腔内，再加入凉水，封住其口。盲肠容量的三分之一内装入里脊肉馅，其余空内灌注一些水，但不得填满盲肠袋，以防被热蒸汽撑破漏汤。

做盲肠汤需要蒸熟。先将填塞的盲肠放进一个小盆子里，使其始终保持原有的弯曲状态，放在一个平时蒸包子的笼屉上蒸熟，通常用20~30分钟即可蒸熟。

喝蒸盲肠汤，可有调理虚火、补充体力等特殊疗效，如果气虚体弱、萎靡不振的人喝了盲肠汤，将会产生良好的效果。因此，苏尼特地区的人们把它视为一种珍贵的食疗，甚至有个说法：“喝盲肠汤的疗效胜过庸医开的药方。”但是，盲肠汤并非人们日常食用的食物，更多的时候为年老体弱者食用，或者人们在劳动强度大而疲惫不堪的时候，蒸一份盲肠汤食用，以舒缓疲劳的身体。有的时候，会为远道而来的老年贵客蒸一份盲肠汤食之，以缓解其路途的疲劳。那也算是一种特殊的犒劳和所表达的敬重之意。

（2）蒸焖汤：把牛、羊的精肉或里脊肉切成小块放入汤盆，用咸盐、野葱或葱、蒜等佐料调味，再添加一些凉水，再用面皮严封盆口，以蒸包子同样的方法蒸熟即可。

蒸焖汤，也属于红食中贵重的美味佳肴，喝蒸焖汤有调理虚火、缓解疲劳、补充体力等有特殊疗效。通常用于招待尊贵客人和远道而来的客人。也有将焖汤盛于大碗中，蒸熟食用的习惯。

（3）蒸肉汤：把肉块切成小块，倒入汤盆或大碗，再放入沙葱、野葱、蒜等佐料，再加入咸盐、凉水，以蒸包子同样的方法蒸熟即可。蒸肉汤，同样属于贵重的美味佳肴。

（4）蒸包子：把肉馅切好后，与蔬菜、熟嗜酸奶等搅拌，再加入一些佐料，拌好馅之后，继而包入薄面皮放在笼屉上蒸熟即可。同样，肉包子属于蒙古族通常食用的贵重的美味上餐之一。

与此同时，红食包子类食品中，还有一种血肠包子，即用煮熟的血肠切成血肠馅，用面皮包出的包子。包血肠包子的手法和蒸熟的方法与肉包子的做法如出一辙，没有任何区别。

五、红食的礼仪及习俗

苏尼特部落依着蒙古族共同的传统风俗，祖祖辈辈沿用着以红食献祭和供奉神佛、庙宇、敖包海日汗，用以装典婚庆典礼，招待宾客的习惯。与此同时，他们把红食奉为至上的贵重佳肴，代代尊重和传承红食文化，沿袭至今。

在苏尼特人红食礼仪的习俗中，先享全羊礼俗当仁不让地列居首位。

（一）先享整畜风俗

1. 全羊宴

全羊摆放方法：首先将胸骨朝上摆放于大盘底，然后，在其上面铺一层网油。而后，依次重叠放置瘤胃、瓣胃、皱胃、血肠、灌血盲肠。紧靠血肠下端摆放填塞的肥肠（小肥肠）。之后，在其前侧扣放一对前肢，在其后侧扣放一对后肢。将四条小腿分别摆放于靠近四肢前端处。之后，将羊背扣放在四肢上方。在最顶端放置带颌骨的羊头。在羊头前额上摆放一块四方形奶皮或涂抹一块黄油（或白油）。全羊上桌仪式开始时，首先必须以其头部在前抬进蒙古包内，将羊头朝北方向摆放在客桌上面。早先的习俗是：如果有王诺颜（即过去的旗王爷）先享的全羊，抬进蒙古包时，必须用红色彩绸蒙盖羊身，摆放在客桌上面；如果由协理（一种官衔，即过去旗王爷的助理）先享的全羊，抬进蒙古包时，要用黄色彩绸蒙盖羊身，摆放在客桌上面；如果是喇嘛僧人和活佛先享的全羊，抬进蒙古包时，在羊身上放上一条哈达，摆放在客桌上面。

招待宴席开始之时，按着礼仪规矩，将全羊摆放于客桌上面。之后，将由先触刀者朗诵祝词。紧接着，客人从羊头上伸手拿起微小一块奶食，自己品尝一口，并在羊额头上划开玉印或如意印形状的刀印，继而从羊背两侧各割开一小条肉献祭上苍，祭祀灶火。之后，自己再品尝微微一小口，并按礼节，让身边的长者微微品尝一小口，以示先享全羊。

客人施毕品尝全羊礼仪之后，由先触刀者拔出自己佩带的一把刀，分节卸开尾骨和右侧胫骨，与羊头一同放入一个大盘，摆放于供佛大柜上，以示供佛。然后，再从羊背两侧各切下一条肉，并将两者左右交换位置，放置于羊背上方，以称作“围圈羊背”（全羊席很重要的一个议程，蒙古语称之为“乌查—哈希呼”）。之后，按骨节卸开前肢、后肢，礼请宾客说道：“嗻，请大家分享全羊！”紧接着将全羊拿出去按骨节分节卸开，并煮熟煮透后，再将其分成大、小两扇肉，分别盛放于两个盘子里摆放在桌子上款待客人。大扇盘里放一支前肢、一支后肢、胸椎骨、羊背等；小扇盘里放胫骨、四条长肋、一支前肢、一支后肢及其他部位的肉骨等。按习惯，招待协理以上爵位的官员，应设大扇宴，招待协理以下的爵位官员则设小扇宴便可。除此之外，还有九白席、三白席。主要依据客人的数量多少，将全羊骨肉分成九份或三份上桌。

2. 整羊宴

在苏尼特地区，摆设整羊宴主要有两种形式。

通常采用的一种摆放形式为摆放羊头、胸椎骨、一对前肢、羊背、一对后肢。具体摆放方法为：按着活羊肢体连接的前后左右顺序，依次前端为一对前肢，后端为一对后肢，在中间位置摆放胸椎骨，在其上面扣放羊背，最上面摆放羊头。在羊头前额上摆放一小块奶皮子或涂抹一块黄油（或白油），并在四肢骨节处放置一块奶皮。通常不摆放颌骨、胸骨、脏腑和杂碎。

另一种摆放形式为摆放胸骨、胫骨、胸椎骨、一对前肢、一对后肢、羊背、羊头。具体摆放方法是：按着活羊肢体连接的前后左右顺序，在最前端为一对前肢，位于两条前肢中间右侧为胸椎骨，左侧为胫骨，后端为一对后肢。在前后肢上方纵跨扣放羊背，最上端为羊头。羊头额部摆放一小块奶皮，或涂抹一块黄油（或白油），并在四肢骨节处放置一块奶皮。按其摆放骨肉的具体数量，习惯称作“九白宴”。

整羊的上桌摆放、动刀、礼仪、食用的风俗习惯与全羊宴如出一辙，没有任何区别。

3. 祭祀敖包整羊

祭祀敖包整羊的具体摆放方法为：依据摆放整羊的习俗，将整羊摆放于大木盘或大铜盘，摆放在敖包标志物前头。具体摆放位置为：按着活羊肢体连接的前后左右顺序，依次前端为一对前肢，在中间位置摆放胸椎骨，后端为一对后肢。然后，在其上面扣放羊背，最上面摆放羊头。在羊头额部和四肢每个骨节处摆放或涂抹奶食品。整修一番之后，在羊体上搭放一条绸缎。之后，主持祭祀敖包活动的家庭的主人先触刀，割下第一份肉块（蒙古语称之为“德吉”），首先献祭敖包，而后分发给前来的众祭祀者，让大家共同品尝，并为大家逐个分发祭祀敖包的份额。与此同时，主持者留存一份“敖包福分份额”带回家中，给留守料理家务而未能赶来参加祭祀敖包活动的其他家庭成员，逐个分发祭祀敖包的福分。

4. 招福仪式整羊

自古以来，苏尼特人一直传承和沿袭着在每年的秋季招福仪式上摆设整羊席，并将其视

为至尊仪式的习俗。如果追溯其起源真可谓历史悠久。同样，苏尼特人将秋季招福整羊盛放于大木盘或大铜盘。与此同时，按照古老的习俗，用羊尾供奉佛像后，将胫骨、胸骨、肥肠放入招福桶里。供奉神佛的方式并非统一。一些家庭还沿用着另一种习俗，即他们用网油包裹羊尾后，在上面摆放或涂抹奶皮子、黄油，并插入点燃的熏香，以示供奉神佛。

主人动手先触刀，割下第一份肉，祭祀灶火，献祭上苍。而后，将整羊分节卸开，为大家逐个分发份额。与此同时，为念诵吉萨的喇嘛分发方形羊背和一定数量的其他肉食，为其他年长者分发肩胛骨和四条长肋等。分发福分，必须严格遵循规矩，使每人都能够分享到份额。

三天后，左邻右舍的人们前来聚会，分食供佛肉和招福肉。

5. 供佛整羊

通常每逢新春佳节，苏尼特人都要举行以整羊供佛的仪式。供佛整羊需摆设羊尾、带厚肉的胫骨（需右侧胫骨）。同样，把整羊盛放于大木盘或大铜盘，在羊尾上涂抹黄油或白油，插入点燃的熏香。同时，也有搭放绸缎哈达的习俗。一些家庭的习俗略有不同。他们用羊尾、羊头供奉神佛。摆放供佛整羊的供佛方法是：把胫骨的羊拐朝向佛像，摆放于右侧；把羊尾按分节卸开的关节朝向佛像，摆放在左侧。大年初五，收起供佛整羊，由全体家庭成员和左邻右舍的人们共同享用，称作分食供佛肉。

6. 供神灵整羊

供神灵整羊的摆放方法为：摆放一对前肢、一对后肢、胸椎骨、羊背和羊头。将这些肉骨按着活羊肢体连接的前后左右顺序，盛放于大木盘或大铜盘。按习俗，用网油蒙盖羊头，在上面摆放奶食品。供神灵整羊的触刀、品尝、分发仪式和规矩，与其他整羊宴的礼仪、习俗是一样的，没有任何区别。

7. 除夕整羊

在苏尼特地区，依旧沿袭着除夕年夜饭桌上摆设整羊的习俗。从农历腊月三十开始，每家每户都忙于准备年夜饭。其中最为重要、最为首要的事项为煮熟除夕整羊，以备一桌年夜整羊席。除夕整羊的摆设方法是：摆设整套羊背、带颌骨羊头、胫骨、胸骨以及其他肉骨。同样，将除夕整羊盛放于大木盘或大铜盘。将胸骨朝上摆放或在上面依次叠放羊背、羊头。在羊头左右两侧放置两条胫骨。在羊头额部放置一块干奶皮或涂抹一块黄油或白油。之后，即将整羊端上桌以招待前来过除夕夜的宾客。除夕客人，首先要动手品尝羊头额部的奶食，并在整羊头部上轻轻划开一刀口，切开羊背两侧肉，献祭灶火。而后，才可以自己品尝。

举行除夕家庭宴的时候，首先要为年迈的老人或长辈大人分发方形羊背肉。之后，为女人分发剔去胸骨柄的胸骨和胸椎骨，并附其他肉食。为孩子分发羊心、羊腰子，并附其他肉食。

8. 婚宴整羊

婚宴整羊，摆设全套羊肉，从羊头、小腿开始，有四肢、五脏、杂碎，应有尽有，不缺一件一块。婚宴整羊摆设方法：按着卧姿活羊的肢体连接的前后左右顺序，依次盛放于大木盘或大铜盘，并在羊头额部放置一块干奶皮或涂抹黄油或白油，在每个骨节处摆放奶皮，其摆设、

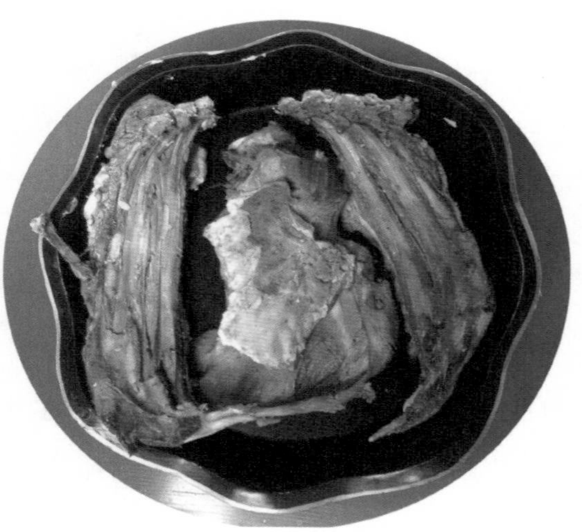

触刀、品尝、分发的规矩和习俗，与其他整羊席的礼仪、习俗是一样的，没有任何区别。触刀、品尝仪式举行完毕后，将暂时撤下整羊。继而，按习俗重新布置上桌摆设的时候，将颈骨和胫骨分发给新郎官。新郎官将胫骨卸开后，再卸下其羊拐，用刀将其贴骨肉刮食干净，并迅速用哈达包裹起来，随即揣入自己的前衣襟或直接插入靴筒里。新郎官卸开颈骨和羊拐仪式完毕后，赴宴的人们开始动刀食用整羊肉，继续进行婚庆仪式。

9. 探望姑娘整羊

在苏尼特地区，有带着整羊礼物去探望自己出嫁的姑娘的习俗。在女儿出嫁的第三天，其娘家人赶赴女婿家，赠送整羊礼物，以表示探望。探望姑娘的整羊，摆设羊头、胸椎骨、羊背、前肢和后肢。探望姑娘整羊的摆设方法为：同样按卧姿活羊的肢体连接前后左右的顺序，依次盛放于大木盘或大铜盘上，并与其他礼物一并赠送给其出嫁的姑娘。

10. **赐福整羊**

赐福整羊，是指在春节期间，由成家立业，另立灶火的儿女携带着整羊礼物探望其父母亲、叔舅辈亲人。赐福整羊，会摆设羊头、胸椎骨、羊背、一对前肢和一对后肢，但不得摆放一对前肢的短肋骨。他们进到父母亲、叔舅辈亲人的蒙古包后，首先品尝新年茶。然后，将整羊按卧姿活羊的肢体连接前后左右的顺序，依次盛放于大木盘或大铜盘上，并在上边搭放哈达赠送给亲人。之后，按着古老的习惯，由接受整羊礼物的家庭主要成员先触刀割开整羊，从羊背两侧割开肉条，分发给大家，以示共同品尝整羊福分。

11. **摆设羊背**

摆设羊背宴，是仅次于整羊席的高档次招待礼仪。摆设羊背，通常沿用两种习惯，即大羊背席和四方形羊背席两种。

大羊背席，是指摆设羊头、胸椎骨、羊背、右侧胫骨。主要用来招待封了爵位的宾客、叔舅辈或自家亲戚。摆设方法为：在大盘的正中位置以羊背做底，紧靠左右两侧摆放胸椎骨和胫骨，以围圈羊背。在羊背上方放置羊头。按习惯，应卸开并刮食干净跟骨和羊拐的贴骨肉。之后，将羊拐向上抛，使其呈窄凹面朝上的直立姿势，这称之为立大马。

四方形羊背席，主要用来招待年迈的尊贵宾客和远道而来的亲戚或者诵经的喇嘛僧人等。所谓四方形羊背，是指卸开钝腰椎骨、浮肋、羊尾后，将羊背肉改刀整修，使其外表呈一个四方形状，以上桌招待客人的礼仪。其盘中摆设盛放的肉骨有改刀整修的四方形羊背、胸椎骨、胫骨和其他肉食。四方形羊背摆设方法和先触刀等形式，与摆设大羊背如出一辙。

12. **肩胛骨和四条长肋**

摆肩胛骨和四条长肋的习俗，主要用来招待尊贵宾客、叔舅辈亲戚。摆设肩胛骨和四条长肋席，是仅次于羊背席之后的又一种高档次招待礼仪。按习俗，每逢新春佳节或举行某种欢庆仪式的时候，将煮熟的肩胛骨和四条长肋摆放在老人、辈分大的人的席桌上，以表示对他们的敬重之意。摆设肩胛骨和四条长肋席，有一条肩胛骨，并摆放以两条为单位连体的长肋条两对，共有四条长肋。同时，还有附带肉的胸椎骨。摆设肩胛骨和四条长肋条的方法为：将肩胛骨关节盂朝向客人，肩峰朝上盛放于盘中，在其两侧各摆放一对连体的长肋骨条，共有四条长肋。在其下方摆放胸椎骨。四条长肋头和胸椎骨关节朝向客人。首先，客人割取微小一块肉，献祭上天或灶火。继而卸开肩胛软骨后开始动手食用。按习惯，禁忌任何人独食独占肩胛骨贴骨肉，而必须分发给大家一起分享。可以说，任何一个人，就算是年届古稀的长者，也从来没有独吃独占肩胛骨贴骨肉的习惯。蒙古语有句俗语："达拉肉，大家吃。"蒙古语"达拉”，即肩胛，达拉肉，指的就是肩胛骨贴骨肉的意思，并且已经成为全体蒙古人约定俗成的规矩。由客人刮净肩胛骨贴骨肉分发给大家分享后，须念诵一段吉利的话语或致一段肩胛骨祝词。

13. 煺毛整畜

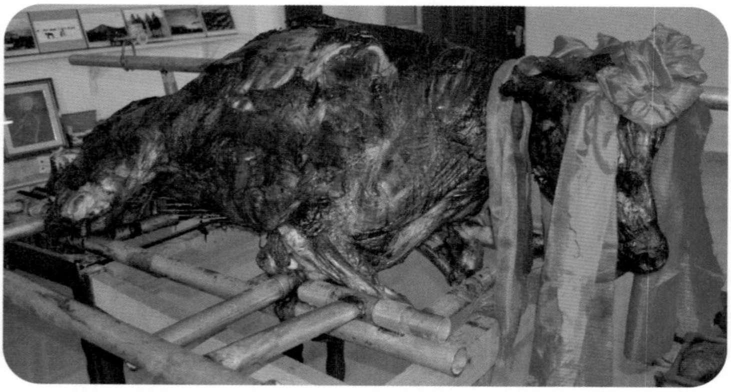

所谓“煺毛整畜”，是指把牛羊宰杀后，掏出内脏和杂碎，无须卸骨剔肉，将其整个烘烤烹制的美味佳肴。同样，属于与整羊相同档次的一种高档次礼仪。煺毛整畜又被分类为煺毛整牛和煺毛整羊两种。早先，苏尼特人每逢大型祭典、盛大招待仪式或经会庙会，都有摆设煺毛整畜宴的习惯。

（1）煺毛整牛：是指把牛开腔或刺项椎宰杀后，掏出内脏和杂碎，剥开其皮，烘烤烹制，是献祭各种祭典、招待仪式的美味佳肴。烹制煺毛整牛的方法为：将牛宰杀后，剥开其皮，掏出内脏和杂碎，向其胸腔和腹腔内加入适量的葱、沙葱和野葱、咸盐等佐料，缭缝腹腔肉的割口，从而封住整个腹腔，继而将其以活牛卧姿放入事先准备好的泥土灶或砖灶，点燃柳条、油蒿等，烘烤烹制。

摆设煺毛整牛时，将牛体以活牛卧姿摆放于特制的专用大盘，由四至八人抬上摆放于招待客人的席桌上。在其头部两只犄角中间摆放一块四方形奶皮或黄油，后颈部搭放一条黄色或红色绸缎。先触刀的程序，即剪彩仪式为：由触刀人先拿起微小一块奶食，献祭上天和大地，随即自己品尝。之后，在其前额处割开玉印或如意印形状的刀印，紧接着割开第一刀，以示剪彩。继而，举行致祝词、祭典或诵经等仪式后，将煺毛整牛撤下客桌，把肉骨分节卸开，再重新上桌摆放，给参加仪式的人员和布施主分发份额，大家共同享用煺毛整羊。

（2）煺毛整羊：同样，宰一只羊，剪短羊毛，无需剥皮，而只掏出内脏和杂碎，以火燎的方法或用开水烫的方法弄掉皮上的短毛。之后，向其胸腔空和腹腔内、盆腔空，加入适量的葱、沙葱和野葱、咸盐等佐料，缭缝腹腔肉的割口，从而封住整个腹腔，继而放入事先准备好的泥土灶或砖灶，烘烤烹制。之后，将煺毛整羊以活羊卧姿形状盛放于专用大盘，由俩人抬进来，放置在招待客人的席桌上面。

先触刀程序，即剪彩仪式：由触刀人先从前额部拿起微小一块奶食，献祭上天和大地，随即自己品尝，之后，在其前额处割开玉印或如意印形状的刀印，以示触刀仪式，或者说剪彩仪式完毕。继而，卸开羊尾，举行念诵祝词、祭奠祭祀等仪式。之后，将煺毛整羊从桌子上抬下来分节卸开之后，重新上桌摆设，为参加仪式的人们分发份额，大家共同享用煺毛整羊肉。

14. 包皮烤山羊

包皮烤山羊，即以黑毛整山羊作为原料烹制而成的高档食品。首先，将山羊宰杀，无须剥皮，掏出内脏后，在其整皮内剔下肉块，卸开骨头。而后，把卸开的骨头取出来，而把剔下的肉原封不动地留在原皮筒里。然后，将卸开的山羊骨头放入山羊胸腔内的同时，再加入适量的葱、沙葱和野葱、咸盐等佐料，并装入烤红的圆形或椭圆形有光泽的河卵石块（拳头大小），再封住割开的腹腔口，摆放于用牛粪火烤红的若干片石头块上，反复翻动烹制烤熟。也有吊挂在一堆火上，反复翻动烹制的方法。

烤熟后，首先打开其胸腔，掏出肉骨和烤红的石头块。之后，卸开包皮烤山羊肉，分成若干份，盛放在大盘里。毋庸置疑，被高温烘烤的包皮烤山羊胸腔内会积满大量的美味汤汁。因此，人们首先要品尝或饮用包皮烤山羊汤。之后，将拿起放进羊胸腔内的石块，热灸自己的手指和掌心。据说，用这些石块热灸自己的手指和掌心，有明显促进人体血液循环、疏通血管和舒筋活血的效果。毫无疑问，包皮烤山羊是属招待尊贵客人的一种高档次的美味佳肴。

15. 炙肉

在苏尼特地区，以黄羊当作原料，烹制炙肉食用的现象位居多数。狩猎人员在野外聚集在一起，分享猎物肉的时候，或者需要在野外就餐的时候，他们多以黄羊肉烹制炙肉食用。炙肉的具体做法为：首先剥开所捕杀的黄羊的皮，掏出其内脏，分节卸开其骨头。然后，清洗瘤胃，并翻出内壁，随即将肉骨放入瘤胃腔内，再装入烤红的圆形或椭圆形石块，并加入适量的葱、沙葱和野葱、咸盐等佐料，最后封住其瘤胃口，摆放在若干个烤红的石块上，反复翻动烹制。同样，人们首先要喝炙肉汤，再用其胸腔内的石块热灸自己的手指和掌心。据说，用这些石块热灸自己的手指和掌心，会有明显促进人体血液循环、疏通血管和舒展筋腱的效果。

（二）分发、食用红食的习俗

苏尼特人分发、食用红食时非常讲究，他们向来忌讳人们随意动手、挑选盘中的肉骨。须由主人或者老者先动手逐人分发份额后，才可以食用自己的份额。如果家中有客人，一定要从客人开始分发份额。如果没有客人在，将从老人、父母亲开始，直至子弟，逐一分发份额。但绝对不是随心所欲，以个人意愿来分发，而有着较为严格的规矩和习俗。老人、父母，直至子弟，均有应该领取的份额，须严格按这规矩分发给人们应该得到的那一份份额。

1. 头

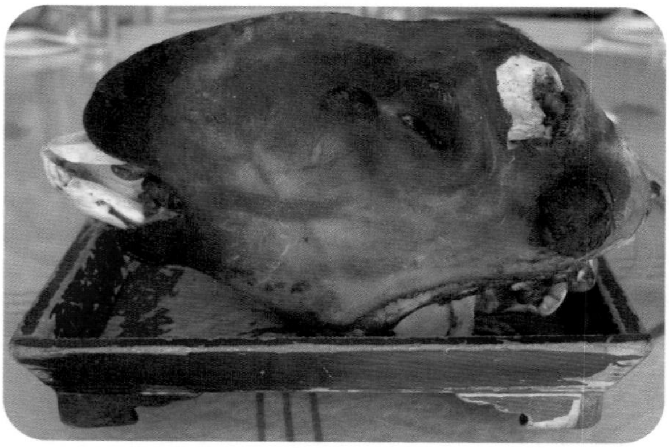

苏尼特人视牲畜头骨为上等肉食。人们携带红食类礼物探望德高望重的人家和长辈、老人时，必须要附带头骨。他们非常忌讳赠送无头牲畜肉。在苏尼特地区食用头骨有两种方法，一种是火燎，另一种是剥皮煮食。与此同时，还有带颌骨头和不带颌骨头之分。所谓带颌骨头，是指没有剖开其颌骨，并没有割下舌头的头骨。带颌骨头，相比不带颌骨头更贵重高档，更讲究些。人们通常将火燎的头骨与小腿、胸骨、尾尖同煮一锅食用。头骨为大人的份额。

食用头骨，首先从其前割取一块小三角形肉，宣布称“献祭我的火神”，并放入灶火中。之后，自己品尝一口后，将要割下其耳朵和嘴角肉，分发给晚辈和小孩食用。

分发者自己不食用颚肉，也不会把颚肉分发给男孩，因为有句俗语：“颚肉属女孩儿家。”扒开颚肉须谨慎，不得将其撕破拽烂。将其扒开后，通过在场的最巧手的缝纫者的手转递于女孩子们的手上。毫无疑问，此举蕴含着传授技艺的深层含义。转递颚肉的人让在场的女孩儿手掌心朝上打开，用颚肉抽打三下，并说：“掌握巧艺，扎针刺绣。”然后把颚肉交予女孩子手中。同时，致一段祝词以示关爱并予以重托：“要传承先人的技艺吧，要拥有一双巧手天地吧，要练成一名女红名人吧，要赢得众人交口称赞吧！”

牲畜眼球，大人自己食用。人们视眼球为预知感官，所以须低着脑袋食用。但他们只会食用眼球的外层脂油膜，而忌讳捅开眼结膜。俗话称：“捅开眼结膜，将致双目失明。”又称：“吃了眼结膜内白眼球，将致近视眼。”所以，人们忌讳食用牲畜的白眼球。人们食用眼球外层的肉和肥油后，一边说着“但愿马群里的马个个成为快马”，一边将剩下的圆形膜从蒙古包套脑（天窗）西侧格子扔出蒙古包外。与此同时，也有如是祈祷，即有一边嘴中念念有词：“世间一双明镜，神速的双重祝愿！呼瑞！呼瑞！”一边将圆形膜抛出蒙古包外的习俗。人们认为，如果向外扔的眼球不遇任何阻碍，从蒙古包套脑顺势被抛了出去，将预示着马会变成快马，并为之感到欣慰。

苏尼特人忌食用牲畜后颈筋腱。他们认为，如果食用后颈筋腱，将会染上小偷小摸的恶习。因而，只能用来喂狗。

人们食用头骨肉后，最后将砸开颅骨缝，食用其脑髓。俗话称：“小孩吃脑髓将致愚笨。”所以，只好归大人们食用。同时，还要砸开食用鼻甲软骨，但认为，“食用鼻甲软骨，将致马鼻子频繁打响”，所以，也不让小孩子们食用鼻甲软骨。

不得把抠出眼睛的头骨存放在家里过夜。如果执意要留存过夜，须在其眼窝内塞入碎肉和肥油。因为他们相信：抠出眼睛的头骨，将致牲畜死魂留恋不去或会变成鬼魅盘踞的窝点。某些人家，也有一种习惯，就是将抠出眼睛的头骨在火苗上频频转动，试图驱逐其死魂，并念诵玛尼经，为其指明来世归途。

带颌骨头骨，是搏克手食用的份额。苏尼特人认为，食用颌骨头骨，并饮用其汤，对人们发展肌肉，储备力量，将会产生显著的效果。

2. 颌骨

食用颌骨，无须剥开其皮，而有着燎毛后煮食的习惯。把它与头骨和小腿同煮一锅，专门为小孩食用。在苏尼特地区，一些人家把颌骨视为妇女儿童食用的份额。因此，任何人不得将其拿到蒙古包火灶以北的座位上去。

人们将冬储肉食装瘤胃或装整块皮的时候，一定不会把颌骨带入包装。拾掇完冬储肉食后，首先煮食颌骨，而不会把它长时间存放。有一则民间谚语称：“颌骨费肉，固执拆友。”

3. 舌

舌归大人食用。舌肉，亦称口条。这里有一句“小孩吃口条，致其口吃”的古语，所以，不让小孩吃舌肉。食用舌肉时，必须遵循将舌尖割下，放入灶火的习惯。在苏尼特人看来，如果一个人执意要吃舌尖，将不可避免地被卷入口舌之非。因此，人们非常忌讳食用舌尖肉。与此同时，全家人会把舌肉给家里的伶牙俐齿者吃。那位在食用舌肉之前，会致一段祝词：“彼此交流的时候，巧妙斡旋的舌头；婚庆盛宴席间，能说会道的舌头。”

4. 胫骨

胫骨通常为小孩食用。在食用手把肉时，将其分给小孩食用。在结婚典礼上，将胫骨交给新郎官，要求他用手拧开胫骨关节。

5. 寰椎

寰椎为黑人的份额。搞冬储肉食时，将寰椎煮熟后，给宰牛的黑人食用或将生寰椎用哈达包裹，赠送给黑人，让他带回家去。按习俗，宰牛的黑人刮食寰椎肉后，在椎空内塞入肥油，洒上一点酒。致一段寰椎祝词，以献祭主人家的灶火。

6. **胸椎骨**

胸椎骨为肉食中的上等品。与肩胛骨一同，档次仅次于羊背。胸椎骨为年迈老人或叔舅辈的份额。按习俗，要煮熟摆放好胸椎骨让他们食用。与此同时，有的将其与四条长肋一同摆放的习俗。

7. **腰椎骨**

腰椎骨，通常归属大人食用。煮熟手把肉后，将其分发给大人们食用。

8. **尾尖**

尾尖为佛爷的份额。供佛人家，首先将用尾尖祭祀佛像之后，称其为佛的恩赐，并给大家分发以共同食用。与此同时，有一句俗话："如果小孩吃尾尖，致马频频摇尾习性。"因而，不让小孩吃尾尖肉。

牛尾，可以当作占卜色子，以算卦看相。急于娶儿媳妇的家庭，将牛尾分节卸开，逐一刮食干净后，以其看好的姑娘的名字命名每个关节，并用肥油包裹起来扔给狗。如果狗用嘴叼起来写有哪位姑娘名字的骨节，那么可以直接预判那位姑娘将迟早会成为他家的儿媳妇。同样，也可以用牛、羊的尾骨占卜未出嫁的姑娘的命运。如果家里的狗捡食写有姑娘名字的骨节，那么可以预测这个姑娘将要第一个嫁到公婆家去。

9. **肩胛骨**

肩胛骨被誉为珍品中的贵品，当属年迈老人的份额。人们通常习惯于把肩胛骨和四条长肋煮熟后，摆放于招待远方来的客人或叔舅辈等尊贵客人的席桌，以表示敬重和热情款待之意。摆设方法：使其肩胛骨朝上，肩胛骨关节盂朝向客人。客人将肩甲软骨割开后，为大家分发肩胛骨贴骨肉，以共同食用。他们传承"肩胛骨肉大家分食"的古老习俗，一边说着"七十个人分食肩胛骨肉""纵使年过七十高龄，也不能独吃独占肩胛骨肉"的话，一边把肩胛骨贴骨肉分发给大家吃。肩甲软骨为孩子们食用的份额。

吃肩胛骨肉，还有一些说道。首先忌讳撕啃肩胛骨肉。还有，切忌外甥在舅舅身边手抓肩胛骨吃。有个说法，即如果外甥在舅舅身边手抓肩胛骨或撕啃肩胛骨肉吃，舅舅家将会遭殃。同样，舅舅也忌讳为外甥煮食肩胛骨肉。在日常生活中，煮食肩胛骨，应该由家里的长者先动刀，为大家分发肩胛骨贴骨肉食用。人们将肩胛骨肉刮食干净后，可以当场用肩胛骨看相或火烧占卜。肩胛骨被誉为"算命白色子"，故而人们加倍珍惜。不允许将肩胛骨随意乱扔乱放。食用肩胛骨肉时，必须刮食干净，然后，用哈达把它包裹起来，放在一个高处或插入蒙古包乌尼杆（椽子）背后存放。如果不想用来占卜，须放入炉灶烧毁或用刀捅穿肩胛骨下窝，继而向下割开肩胛骨内侧缘。据说，这样处理的肩胛骨，将会丧失占卜看相的灵性。除此之外，这样将以火烧方法占卜的肩胛骨关节盂，从蒙古包套脑扔到外边，以进一步占卜。在他们看来，如果肩胛骨关节盂朝向蒙古包方向落地，将预示着外出的家人即将返回或预示着将迅速找到日前走失的牲畜。也有个习惯，有的牧人将肩胛骨吊挂在牲畜的脖颈上，以防牲畜走失或牲畜被狼掏。

10. 肱骨

肱骨肉当属大人的份额。按习惯，从来不为客人分发肱骨肉。春节也不煮食肱骨肉。总之，不为外人分发肱骨肉。有一句谚语形容为："肱骨终究是内部分，外人毕竟是外人。"

11. 桡骨

桡骨肉为归属小孩食用的份额。通常把桡骨肉分发给小孩食用。但是，远途运输和转场游牧时，人们称其为"男人的伴当"，并携行一路，以相伴相随。人们通常将桡骨视为充满吉祥、储蓄威力的象征，并奉为至尊。还有一种习俗是：在桡骨头上涂抹锅底黑灰，从尺骨突缠绕一根线，将其吊挂在蒙古包西南哈纳顶端，并称其为弓箭。其形状看上去的确非常像佩带弓箭的人。除此之外，还把桡骨刮食干净后，在其骨头上吊挂九个环圈，并称其为度母钥匙。如妇女分娩时出现难产现象，将其交予产妇手中，让她亲自解开环圈，以试图达到顺产的目的。苏尼特人坚决忌讳折断桡骨或随地乱扔乱放的现象。桡骨，可以当作占卜色子。人们将桡骨刮食干净，拟定占卜事项之后，放入灶火，进行焚烧，直至其颜色发青后，从火中拿出来，依据其在高温中发生的裂纹进行占卜预测。

桡骨刮食干净后，应该分节卸开其不动关节，并称不动关节为苦难关节。因此，他们认为，卸开其不动关节，将会甩掉一切苦难和痛苦。与此同时，须卸开其腕骨。卸开腕骨，称之为为其指明来世归途。据说，绵羊被宰的时候将会祈求："宰杀时凶狠倒无所谓，请求你卸开腕骨。"

12. 胯骨

胯骨属年长者或大人的份额。按习俗，招待客人时，将胯骨分发给老年妇女或德高望重的女性。没有剔去厚肉的胯骨，被人们奉为至上的珍品佳肴。

膝下无子的人，切忌掏吃胯骨闭孔肉。同时，也忌讳把胯骨留存家中过夜。他们疑为，胯骨闭孔内会盘踞妖怪、鬼魅。如果执意要留存一夜，须在胯骨闭孔内塞入异物或砸开其闭孔眶，才可存放之。

13. 股骨

股骨为大人的份额。人们煮食股骨时，通常分发给大人食用。人们手抓其髌骨一头肯吃后，将其分截下来，并刮食干净。同时，将预祝"刮净髌骨，得子享福"。苏尼特人通常砸断股骨食用其骨髓的同时，也会通过视其骨髓的含量多少来判断牲畜的膘情。

14. **胫骨**

人们将胫骨奉为至上的肉食，并用来供佛，以敬称其为佛的份额。在平常生活中，通常将其分发给妇女和小孩。人们食用胫骨的同时，分解卸下踝骨（俗称“拐骨”，蒙古语称之为“沙嘎”）和跟骨，并刮食得一干二净。苏尼特牧人中流行一种说法，即“刮净踝骨，致马力强劲”或“刮净跟骨，致驼羔灵性”。在传统习惯中，来客将其刮食干净后，手摇踝骨向下扬抛，使其窄凸面呈朝上直立姿势，并称之为立马。原先在苏尼特地区食用胫骨，还有一种传统习俗，就是他们将胫骨煮熟后，分发给刚刚分娩的妇女，让她饮用熬煮过胫骨的肉汤，并让她手抓刚刚出锅的又热又烫的胫骨。

15. **肋条**

在肋条中四条长肋骨当属尊贵客人或大人食用的份额。苏尼特人通常将其用来招待尊贵客人、长辈以及舅舅、姨姨辈的人。

除了四条长肋骨和短肋外，其余八条肋骨为少年儿童食用的份额。如家中有多个孩子，将肋骨逐一分节卸开，人手分发一条肋骨。如果母亲健在，孩子将不得食用短肋骨。有一句俗语称：“小孩吃短肋，将沦落成孤儿。”在苏尼特有些地区风俗中有一种说法，叫作“吃短肋肉，缩短寿命”。因此，少年儿童和年轻人禁忌食用短肋肉。顾名思义，凡大人、年迈老人可以食用短肋肉。但在传统习俗中，还有一个说道：不得将短肋贴骨肉刮光啃净，更不得撕啃短肋肉。与此同时，还有一种说法：扒食短肋内贴骨肉，将致癌症。再有一种说法：折断短肋骨将招致自己骨头断裂，等等。因此，在苏尼特地区人们坚决忌讳掰断肋骨的做法。

16. **胸骨**

胸骨归属妇女的份额。按习惯，应为将要出嫁的姑娘、回娘家的姑娘或刚过门的儿媳煮熟分发胸骨肉，并让她们食用。与此同时，也有为尊贵的妇女煮熟摆放胸骨的习俗。煮熟摆放胸骨的方法有两种：一种是带腹腔肉的胸骨，另一种是不带腹腔肉的胸骨。带腹腔肉的胸骨，蒙古语称之为“高道素乌其乌”。上桌摆放胸骨，须将其凹窝方朝上放，将胸骨柄朝向客人方向。与此同时，在胸骨凹窝内放入心、肥肠、肝等，摆放于席桌正中位置。同样，分发、递交给他人手里的时候，也须放入以上食物。此举缘由，来自蒙古族忌讳向他人递给空盘的习惯。按习惯，食用胸骨肉，须横向割开肉。

苏尼特地区祭祀炉灶火的习俗中，须使用带腹腔肉的胸骨。他们用驼绒线或绸缎丝线缠绕胸骨，并在胸骨凹窝内放入绸缎布头、茶叶、红枣、黄油、糖果、糕点等，并点酹酒一滴后，放入灶火，以献祭火神。同时，要举行致祭火祝词和召唤福运仪式。按习俗，每逢农历腊月三十那天，煮熟带腹腔肉的胸骨。之后，在胸骨凹窝内放入心、肥肠、肝等肉食，分发给儿媳或自家的姑娘们食用。

17. 心

心是大家共同品尝的大份额。食用前，必须割下心尖供佛。之后，才可分发食用。在苏尼特有些地区，人们不食用心底部肉，而将其用于献祭火神。也有将心单独煮熟后，饮用煮心汤的习俗。饮用煮心汤对于调理心虚、补充体力将会产生非常明显的食疗效果。在蒙药药引子中，常有以煮心汤送服某些药物的例子。

18. 心包

心包归儿童食用。填塞心包后煮熟，分发给扶羊小孩食用。

19. 肺

肺同样为大家共同品尝的大份额。直接煮食或许没有肥瘦相间、香味扑鼻、齿颊留香的美味鲜汁，口感无法与其他部位肉食相提并论。然而，人们总称：“大象为兽类之首，肺子为肉类之首。”还有一种说法：“与其等候没有煮的鲜肉而嘴馋难耐，倒不如先吃掉煮熟的肺子。”近似于“远水不解近渴”之意。管他什么肺子不肺子，先吃为快。禁忌小孩子食用肺尾状叶（肺小叶），因有俗语说：“小孩吃肺尾状叶，将沦落成孤儿。”

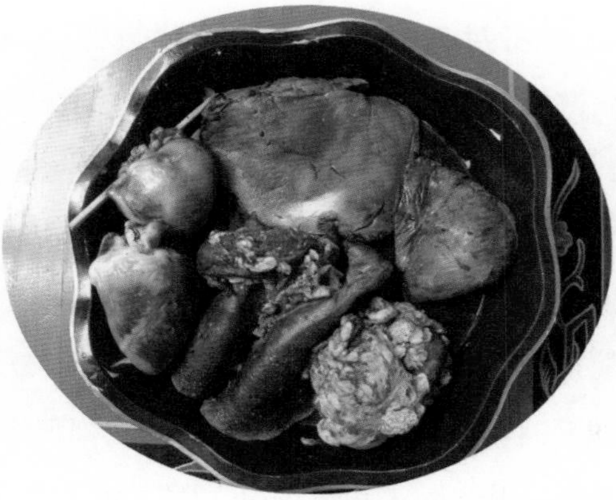

20. 肝

肝同样为大家共同品尝的大份额。通常将其烤食的人占多数。烤食的方法为：把肝用网油包裹起来，用牛粪火烘烤而食用。如果需要分发给在场的每个人，那么就得割开若干份。水煮肝，须掌握好火候，防止火候过劲。如果把握不好火候，沸开过久，将致肝抽缩一团，又干又硬。应该烤成夹生肝，略带一些血丝，即可以食用。这样食用，吃到嘴里既绵软可口，又鲜嫩多汁。食用肝，首先将其边缘薄片割下后，摆放于供佛桌前。人们不吃肝尾状叶，而用其喂狗或喂猫。人们还疑称：“小孩吃肝尾状叶，将沦落为孤儿。”意思就是坚决不让小孩食用肝尾状叶。另一种食用方法为：将肝切成长条，用网油裹包之后，再用空肠裹缠，制作卷肉食用，亦称肝卷肉。按习俗，在孟夏季节，宰食第一只羊的时候，如年迈老人食用生羊肝，将会调理自身火气。他们忌撕扯食用肝。

21. 腰子

腰子归属老人和小孩食用。按习惯，给老人食用的腰子须带脂油，而给小孩食用的腰子不必带油脂。难怪人们经常讲："应让其吮吸尾油，再使其吞食腰子。"这就是多数人家将腰子分发给年幼者食用的道理所在。同时，人们也会专门为年迈的老人熬制腰子汤喝。据说，蒸熟的腰子，对尿道疾病有明显的疗效。与此同时，腰子汤也可以在蒙药里当作药引子使用。

22. 里脊肉

里脊肉主要用来熬制里脊肉汤饮用。同时，也有煮食的习惯。煮熟的里脊肉归大人食用。据说"食用里脊肉，将致心火重生"，因而，小孩不得食用。给左邻右舍的人们送一些肉食的时候，一定会附带些里脊肉。

23. 瓣胃

通常瓣胃归属小孩食用。把瓣胃清洗干净之后，可以直接煮熟食用，也可以塞入碎肉、肥油，穿扦封口，煮熟食用。也有烤熟后分食的习惯。在苏尼特某些地区有"食用瓣胃，将致人自由散漫、懒散"的说法。因此，有着不让小孩食用瓣胃的习俗。

24. 瘤胃

瘤胃是大家共同品尝的大份。通常人们将瘤胃清洗干净后，直接煮熟，以共同享用。但按照习惯，大人分食带括约肌的瘤胃片，而小孩则食用薄瘤胃片。俗话称小孩的份额为"薄片的瘤胃，盘蜷的盘肠"。食用瘤胃，需连同括约肌一起横刀割开。如搞冬储肉食，遇有密长的瘤胃绒毛，将被视为来年冬季普降大雪；如遇有稀疏而细短的瘤胃绒毛，将被视为此冬无雪荒寒。瘤胃的用途不只如此，还可刮净其绒毛，用嘴充气抻开，封住瘤胃口，晾晒干透后，往里面装黄油、白油储藏。人们在搞冬储肉食时，可以将整只羊肉装入瘤胃腔内，以储存新鲜肉。

25. 红肠

在苏尼特地区，有些人家有将红肠内壁外翻，直接煮食或塞肉煮食的习俗。但有些地方的人认为"食用红肠，易得痤疮"，因此，从来不食用，并且有直接扔掉的习惯。

26. 气管

按着古老的风俗习惯，必须将气管与喉头和舌连体煮熟。人们按节割开气管后，分给少年儿童食用。同时，称其为"增畜发福"的象征。但是，他们从来没有食用喉头的习惯。

27. 血肠

所谓"血肠"，是指往大肠腔内灌注血而加工出来的一种食品。灌血肠，主要加入面粉（最好是荞面）、网油（或略干的肥油）、沙葱、野韭菜、咸盐等佐料进行调味。大肠需要大家共同品尝。食用血肠，须与其网膜连体食用，按盘蜷形状割开，逐一分发而食用。人们非常忌讳扒开网膜食用。除此之外，还有烘烤而食的习惯。细肠无须灌血，可以直接煮食或用于制作肉卷。宰食羊的人家，向左邻右舍的人分发做汤肉（即煮食的肉）的时候，通常不会忘记带一份血肠。

28. 盲肠

在苏尼特传统习俗中，盲肠主要用来熬制盲肠汤。熬制盲肠汤的方法为：将羊里脊肉切成碎块，装入盲肠内，再加入水和盐，并将其蒸熟后，才可喝汤吃馅。人喝盲肠汤，对于调理虚火、补充体力，将会产生明显效果。因此，人们有句口头禅：“饮用盲肠汤，胜过吃庸医开的药方。”在苏尼特地区依旧传承着为体弱病号或年迈长者蒸盲肠汤饮用的习俗。除此之外，还可以在盲肠腔内灌注调味血而煮食，也可以将其当作装黄油、白油的容器使用。

29. 皱胃

皱胃内一般都灌注灌血肠剩余的调味血煮熟食用。食用皱胃，肉香味美、鲜嫩异常，所以，有人编了一句顺口溜：“下夜守羊时但愿有人做伴，美餐皱胃时但愿无人分食。”但是，皱胃毕竟是大家共同品尝的大份。先割取一薄片幽门瓣，摆放于佛像前或放入炉灶，以示献祭火神。之后，从幽门瓣开始割刀分发。小孩禁忌食用幽门瓣，尤其是坚决禁忌女孩子食用。有人称：“女孩子吃了幽门瓣，迟迟嫁不出去。”话意十分明了，就是说，女孩子吃了幽门瓣，将妨碍其找婆家嫁人的人生大事。反而大人们则称“守候家乡土，分食幽门瓣”，并引以为自豪。因此，他们将往往会一边美餐幽门瓣，一边谈笑风生。分食幽门瓣之后，开始食用灌注血的皱胃。可以说，皱胃属于小孩食用的份额。

人们食用皱胃口，也有传统习俗。用木扦交叉编穿封口的时候，在穿扦上有意识地留有一段包口肥油，用来献祭灶火。灌血皱胃，也可以烘烤而食用。人称：“吃皱胃口，会致多嘴闲语。”因此，不让小孩食用。宰食羊的人家，向左邻右舍分送熟肉时，会带给一节幽门瓣。

30. 脾

脾的主要食用方法为：填塞碎肉，加入葱、沙葱、咸盐等佐料后，煮熟食用。脾属于大人食用的份额。大人称：“小孩吃脾，会使皮肤变成脾一样铁青色。”因此，从来不会分发给孩子们吃。填塞脾肉方法为：首先在脾脏厚端上方割开一个小口子，轻轻插入食指，撕破其内肉，掏开填肉空间。之后，塞入已经切好的肉块和各种蔬菜、佐料，并用细木扦交叉编穿封口。

31. 膀胱

膀胱通常被填塞肉后食用，并且为小孩食用的份额。宰绵羊、山羊后，将膀胱交到小孩手中，让他们清洗干净，插入手指抻开后，填塞精肉，再加入多根葱、沙葱，咸盐等佐料，以便煮食。填塞肉的膀胱香飘满堂，浓郁扑鼻，堪称美味佳肴，味道胜似肉包子。

人们将牛膀胱清洗，充气抻开，封口晒干后，可以用来装黄油或白油存放。装入牛、羊膀胱的黄油、白油不易变色变味，并便于外出携带，适宜长途运输等诸多差事。其主要用途为，可以把捣碎的肉干装进去远途携行。据说，将一头牛的肉晒成肉干捣碎成肉末后，可全部装进膀胱腔内。同样，羊的膀胱腔内也可以装进一个羊的全部肉干肉末。因此，人们形容说：“鲜肉皆在瘤胃内，干肉皆在膀胱内。”据记载，过去膀胱也是绿林好汉们走南闯北时用来装酸奶携行的一件器皿。

32. **肥肠**

肥肠经过清洗之后，填入天棚肉条、网胃条、翻洗的小肥肠而煮食，通常被称作煮肥肠，吃肥肠。制作方法为：主要把肥肠的细头向肥肠腔内推入，并与细肥肠和网胃条、天棚肉细条一同填塞直至其大头，翻出肥肠内壁即可。在苏尼特地区，直接煮熟的肥肠蒙古语称其为“豪斯”。食用细肥肠、肥肠时，必须从细头开始割切，并将其细头放入灶炉献祭火神后，大家才可以分发食用。

通常往牛肥肠腔内填塞细条天棚肉和颈骨肉。人们将牛肥肠吊挂晒干后，以备春季食用。为此，有一句民间顺口溜说道：“春日长天即来到，煮熟美餐长肥肠。”因而，宰牛、宰羊的黑人，应该尽可能地截留够长的肥肠，晒干或熏制的牛、羊肥肠鲜嫩异常，肉味肥美。按习惯，将肥肠、小肥肠与其他内脏同煮一锅，以大家共同分食。给左邻右舍的份额中须带一些肥肠、小肥肠。苏尼特地区有些家庭，也有用肥肠、小肥肠祭祀灶火的习俗。

33. **蹄**

人们通常有将宰杀的牲畜的蹄掌拔掉后火燎煮食的习俗。蹄专门为小孩食用。在一般情况下，将小腿和火燎的头骨、颌骨同煮一锅食用。民间俗语称：“连头带蹄子合起来，才能煮满一锅。”形容无论什么身份地位，只要大家团结起来，才能有不可战胜的力量。

34. **贴皮肉**

贴皮肉，是指紧贴牛、羊皮内侧的皮膜性薄肉。刮去贴皮肉，被人们称为“刮贴皮肉”。刮牛皮贴肉，被称作“刮牛贴皮肉”。人们通常把贴皮肉刮下来，把它烤熟分发给小孩食用。

六、利用猎获物肉食的习俗

1. 黄羊肉

通常苏尼特地区有捕猎黄羊，以补充红食不足的习惯。捕猎黄羊，主要采用放铁夹子、枪杀，或将其围堵于冰面上、悬崖边、沟壑边等不易逃脱的地形处，截断其逃路，以一举捕获的方法。还有放开猎狗追捕黄羊的方法。苏尼特人只对被枪杀捕获的黄羊用刀宰；对那些放夹子捕获的、滑倒在冰面上被捕获的或遭到围困抓捕的黄羊，坚决禁止开腔或割喉的宰法，而必须用手拧断其脖子宰杀。苏尼特人通常把黄羊尊称为“苍天的羊”，因此，他们禁忌宰杀已腹中怀胎的母黄羊和哺乳期内的母黄羊以及小黄羊羔。春季黄羊体态瘦弱，而且母黄羊腹中怀有自己的小黄羊羔。夏季，黄羊正值增肉抓膘的时节，且哺乳自己的小黄羊羔。所以，春、夏季节里，他们禁忌捕获黄羊。只有在秋末、冬初，才捕猎黄羊。

人们通常在野外捕宰黄羊，掏出其内脏后，把猎物驮载于马背上带回家中。剥开黄羊皮、卸开黄羊肉和煮熟黄羊肉的方法，与宰食绵羊的操作方法无异。把黄羊肉卸开后，可以炙肉烹制食用。黄羊肉以瘦肉为主，所以，人们通常将其与羊尾肥油剁在一起包包子食用。黄羊肉包子，真可谓美味佳肴。同时，也可以将其切成小块，熬制成手擀面条的肉汤。

苏尼特人热情大方，捕获猎物回来，一定会邀请左邻右舍的人来，大家共同分食捕得的猎物肉。

2. 兔肉

人们捕猎野兔主要采取的方法有放猎狗追捕，在其经常来回奔跑的通道上放套子捕获，乘其进入惊惶状态时击倒捕获等。烹制兔子肉主要以水煮食用为主。人们尊称其为“圣主赐予的福分，鬃毛白脸兔子”。同时，也将其视为“圣主分发的汤”，常常奉其为至上的高等佳肴。兔子肉，以瘦为主，所以，人们通常将其与羊肥油剁在一起，包包子食用。兔子心、肝、肺、腰子，均被列为珍贵的药引子。

3. 地鹕肉

地鹕鸟，别名羊须鹕，学名是鸨，蒙古语称之为“陶都格”，分布于我国内蒙古及我国以外的西伯利亚东南部地区。地鹕不但是草原上最大的鸟，也是世界上最大的飞行鸟类之一。它身高背宽，雄鸟体长可达1米，两翅展开有2米多，高约0.7米，体重10公斤。雌鸟比雄鸟相对要小得多，体长不足0.5米，平均体重3.5公斤。雄鸟的头部深灰色，喉上有纤羽向外突出，很像胡须，雌鸟没有。地鹕鸟体背棕色，并有黑色斑纹，它的腿很长，脚趾只有3个，没有后趾。

地鹌鸟是典型的草原鸟类，栖息于广阔草原半荒漠地带及农田草地，通常成群一起活动。地鹌鸟虽看似笨拙，却十分机警，昂首观察周围动静，以防敌袭击，而且它十分善于奔跑，在草原上行走时，快速如飞，比骏马还快。地鹌的鸣管已经退化，因此不能鸣叫。地鹌既吃野草，又吃甲虫、蝗虫、毛虫等各种昆虫，是捕食昆虫的能手，称得上大草原的保护神。

苏尼特人原先曾有捕猎、食用地鹌肉的习俗。人们常说："一只地鹌，溢满一锅。"猎手捕猎地鹌，主要采用射猎的方法。也有骑马人从其下风处进行突袭，用套马杆击倒的捕猎方法，因为地鹌逆风起飞速度迟缓而笨重，所以从其下风处突然袭击，会轻而易举地将其捕获。地鹌的皮层特别厚，所以人们如同宰羊剥开其皮，卸开其肉骨，煮熟食用。据说，饮用煮地鹌肉汤，对医治凉脾症、补充体力，均产生明显疗效。

4. 獾子肉

獾子，也叫狗獾、欧亚獾，蒙古语称之为"明嘎斯"，是分布于欧洲和亚洲大部分地区的一种哺乳动物，属于食肉目鼬科。獾被单独列入獾属，共有5个亚种。通常獾的毛色为灰色，下腹部为黑色，脸部有黑白相间的条纹，耳端为白色。主要吃蚯蚓，但也吃昆虫、甲虫和小型哺乳动物。毛可制笔，毛皮可制裘，其脂肪熬炼的獾油可治疗烫伤等。

苏尼特南部地区是适合獾子繁衍生息的风水宝地。獾子肉非常油腻。人们通常禁忌食用獾子腋窝内的一块肉，亦称"人肉"。在苏尼特地区，有一种利用獾子肉的方法。人们捕获獾子，剥开其皮，将其骨、肉装入瓦罐，在羊圈内埋地三尺深。三年后，埋入地下的獾子肉会融化成油液。獾子油对烧伤的和其他各种伤疤，均有明显的疗效。与此同时，人们经常用烧獾子油烟熏的方法杀驱牲畜的寄生虫。

七、阉割牲畜及其食用"珍珠"的习俗

阉割牲畜及食用其"珍珠"的习俗，是苏尼特红食传统风俗的重要组成部分之一。苏尼特人非常讲究阉割牲畜的清规戒律，选择良辰吉日，聘请技术娴熟的，专门从事阉割牲畜的"骟匠"（蒙古语称之为"达尔罕浑"），对适龄公畜进行阉割。按传统古法，苏尼特地区要对三岁公马进行阉割，对两岁公牛进行阉割，对五岁公驼进行阉割。

对五畜中的公畜进行阉割的时候，均有着相应的习俗和严格的戒律。同样，在煮熟、烹制、食用"珍珠"的过程中，也要严格遵循其各项戒律、程序和传统的习俗。

苏尼特人对牲畜阉割，遵循其严格的要求。在阉割之前，必须对牲畜的食欲、喝水、入圈、膘情等状况进行认真细致的观察后，精心选择一个良辰吉日，以确定阉割的具体日期。与

此同时，必须保持畜圈的清洁卫生；严禁快速催赶、鞭打拟阉割的牲畜；不得将其阉割的伤口上流出的血直言不讳地称为血，而必须用蒙古语称作“兴胡”（“朱砂”之意）。除此之外，还把骟匠的洗手、洗刀的水倒入盆里留存一段日期，直至被阉割的牲畜的刀口彻底愈合为止。其间，有时有用这盆水对被阉割牲畜的刀口进行洗礼、净身洁身之习俗。如果被阉割的牲畜刀口愈合不好或出血不止，将让牲畜饮用这盆水，也会收到良好的效果。

每逢阉割季节，牲畜的主人要专程赶到骟匠家中，敬献哈达，发出邀请，并迎请他到家中实施阉割牲畜事宜。骟匠须遵守拟定的阉割日期，按时赶赴人家，不得姗姗来迟，以免耽搁。家主将骟匠迎进蒙古包后，由家庭主妇盛奶茶，端奶食，斟酒水，以示发自内心的敬重与欢迎。

（一）阉割三岁马及其“珍珠”

阉割三岁马，在苏尼特地区用蒙古语亦称作“乌日也海日呼”，即烤三岁马；“乌日也阿嘎塔拉胡”，即去势让其变成骟马。这里每逢阉割三岁马的场面，真可谓声势浩大，热闹异常。牧民确定牲畜阉割日期后，便向邻近的牧户逐一发送请柬，邀请大家前来参加帮忙。阉割时，把马群归拢在指定地点，点燃堆火，烤红去势时使用的烙铁，骟匠始终将夹板插于腰带。套马手乘杆子马或步入马群中，用套绳套住三岁公马，几个年轻人便七手八脚合力将马按倒在地，压头压身，捆绑其四肢，骟匠横刀割开公马的阴囊外皮，将骟刀横叼嘴中，挤出其睾丸，用夹板把睾丸根部的精索和血管夹紧，再用烤红的烙铁将输精管烙断。按此做法，把马群里所有三岁公马阉割完毕，即完成阉割。之后，将其“珍珠”烘烤食用。公马“珍珠”对肾病有明显的疗效。完成阉割后，家人把骟匠和其他帮忙的人请进蒙古包内，以设宴款待。与此同时，家人说着“我家拥有了许多骏马”并向骟匠赠送礼物。有些人家也会同时向所有前来帮忙的人赠送礼物。苏尼特草原初春冻结雪钉时节为操刀阉割三岁公马的最佳时期。

（二）阉割绵羊羔、山羊羔及其“珍珠”

苏尼特草原春夏之交，是阉割绵羊羔、山羊羔的最佳时节。苏尼特牧人选择吉日良辰，确定确切日期之后，便专门邀请骟匠来。进行阉割的头一天晚上，必须把公、母羊羔隔离开来，做好标记，使它们分开来露宿。阉割当日凌晨，挑选出需阉割的羔羊，骟匠就坐于蒙古包门前铺开的毛毡上，操刀阉割。在他的旁边放置一个火盆，加入一堆煴火，放入一些谷子米、奶皮等，有意识地烧开一股糊味，以飘散一缕又一缕熏烟。据可靠论据，这样会有利于被阉割的公羔刀口的迅速愈合。与此同时，苏尼特牧人认为，如以谷子米烧熏香，将有助于加快牲畜增势，使牲畜头数如同米粒一样数不胜数。届时，在装珍珠的桶内，还要放入鲜奶、谷子米、奶皮等，再把割下的珍珠放入其中。在阉割之前，家主与骟匠共同商量，并确定留用种羊的羔子，在其脖颈系上一条哈达或绸缎条，以留下标记，放回群里。然后投入阉割工作。骟匠在动刀前，将会致一段祝词和颂词。阉割工作进行完毕后，将骟匠洗手的水和所使用的折刀留下保存一段时间，直至绵羊羔、山羊羔刀口彻底愈合为止。

在苏尼特地区，把阉割绵羊羔、山羊羔，称之为割“珍珠”、“去势”等。阉割完毕后，把大家请进蒙古包，品尝茶饭，祝愿吉利，大家异口同声地说“现在拥有了许多羯子羊了”等吉祥语。阉割绵羊羔、山羊羔后，一般要招待大家，但不摆设肉类食品，通常上桌的食品有阿木苏（加入黄油、红糖的稠粥）、白面煎饼和酒水。还有煮熟的珍珠，算是极好的下酒菜，大家共同食用。

通常也有向骟匠赠送礼品的仪式。礼品主要有羊、绸缎衣料、钱币等，礼品的数量和档次，主要取决于主人家的家境如何。如果是生活状况较好的家庭，很可能赠送大羊或羊羔；经济较为拮据的家庭，也许赠送一些烟酒类礼品。在传统习俗中，禁忌外带绵羊羔、山羊羔的珍珠，禁忌随地倒洒珍珠汤，应该用其献祭炉火。在苏尼特地区，沿袭有为骟匠蒙古袍的腰带内包缠谷子米，以预祝牲畜头数快速增长的习俗。届时，他们还沿袭着横放一条木棍，让被阉割的羔羊们从其上面跨过去的一种古老习俗，寓意为防止发生被阉割的羔羊刀口愈合不好或流血不止的现象。

（三）阉割两岁牛及其“珍珠”

阉割两岁牛的程序与阉割羔羊方法基本相同。同样也沿袭煮食两岁牛“珍珠”的习俗，通常也会进行向骟匠赠送礼品的仪式。阉割的程序进行完毕后，将骟匠请进蒙古包内，摆设阿木苏和白面煎饼并盛酒水，以招待参与帮忙的人们。此时，大家都要说些诸如“这回拥有了许多犍牛了”之类的吉祥话，以示祝贺。

与此同时，还有从被阉割的两岁公牛肚皮下方扔过一条绳子的习俗，寓意为预祝两岁公牛的流血即止，刀口很快就愈合。

（四）阉割五岁公驼及其“珍珠”

每年秋季为阉割五岁公驼的最佳时节，亦称“烤五岁公驼”。 阉割五岁公驼的方法和程序与阉割三岁公马的方法和程序相同，但从来没有煮食公驼“珍珠”的习惯。届时，把阉割的公驼“珍珠”挂在骆驼的脖颈上，随后放走它即可。

八、有关红食的戒律

苏尼特人在宰杀牛羊等牲畜以及在拾掇、食用等方面通常有很多戒律，最常见的和使用的有：

（1）对牲畜，禁忌使用“屠杀”“宰杀”等词汇，通常以拾掇、做掉、喝汤等词汇来代替、

（2）严禁宰杀封神放生的牲畜。

（3）如果失手放跑拟宰杀的牲畜后，不得再次捉回。正准备宰羊时，一旦羊“咩咩”大叫，不得将其宰杀。人们认为，如谁人要执意宰，将会倒大霉。

（4）禁忌宰杀五条腿的羊（指在其桡骨内侧长有胼胝的羊）。

（5）禁忌宰食有三个肉痣的羊。

（6）禁忌宰杀繁殖率高的母畜。

（7）宰杀牲畜，禁忌将其头部朝向南侧摁倒，须将其头部朝向北侧摁倒。北侧被认为是佛爷就座的方向，故朝北侧后，死魂将不会迷失方向。与此同时，也蕴含不久的将来踏入来世归途的祝愿。毋庸置疑，此习俗蕴含着使其依山傍水的意思。

（8）宰杀牲畜时，如其颈部带有颈圈或颈绳，须将其解开或割断后，方可宰食。

（9）宰牲畜，禁忌将其正对蒙古包大门正中位置放置。

（10）宰杀绵羊、山羊时，禁忌将其猛劲摁倒。

（11）宰山羊，不得使山羊发出“咩咩”叫声。割断其主动脉后，须迅速用手捂住其嘴巴，以防止其大声咩叫。

（12）宰牲畜时，忌讳在蒙古包外边出现大片血水。

（13）牲畜没有彻底停止呼吸之前，严禁剥其皮卸其肉

（14）严禁女人、喇嘛僧人和不满16岁的孩童宰杀牲畜。

（15）如黑人在宰杀过程中遇到单只羊腰子（肾）的牲畜，从此以后不得再宰杀牲畜。因为他们会认为“这是上天在告诫，不得再继续作孽”，因此，终身不再宰杀牲畜。

（16）严禁骑在绵羊、山羊身上实施宰杀。

（17）卸开绵羊、山羊头骨时忌讳不带筋骨，被认为头骨将埋怨。

（18）砸开颌骨时，禁忌将骨尖断留在腮根部。

（19）砸开颌骨时，禁忌将颌骨尖肉剔光卸秃。

（20）严禁用钝刀来宰杀牲畜。

（21）忌讳自己独食头骨肉，须大家共同分食。

（22）严禁食用脖筋，否则被认为将当贼，或致便秘。

（23）忌讳分食牲畜眼睛。

（24）忌讳食用牲畜单只眼睛，如果想食用，须吃一对。

(25)忌讳食用牲畜白眼珠，否则被认为将致双目失明。

(26)严禁捅破牲畜眼膜，否则被认为将致双目失明。

(27)忌讳孩童食用牲畜脑髓，否则被认为将致孩子愚笨。

(28)忌讳食用舌尖，否则被认为口舌是非缠身而无法脱身。

(29)忌讳孩童食用舌肉，否则被认为将致孩子口吃。

(30)在苏尼特有些地方忌讳食用鼻甲软骨，否则被认为将养成懒散习惯。

(31)在有些地方忌讳孩童食用鼻甲软骨，否则被认为致马养成频频打响鼻的毛病。

(32)不得将抠出眼睛的牲畜头骨在家存放过夜，否则被认为将致牲畜死魂留恋不去或将成为妖怪盘踞的窝点。

(33)在有些地方忌讳食用红肠。认为“吃红肠，将致巴塔干（痤疮）”而不食用。

(34)忌讳自己一个人独食肩胛骨肉，应该是“肩胛骨肉大家分食”。

(35)忌讳撕啃肩胛骨肉。

(36)切忌在舅舅身边手抓肩胛骨肉吃。反过来，舅舅也忌讳为外甥煮食肩胛骨肉。如在舅舅身边手抓肩胛骨肉或撕啃肩胛骨肉，被舅舅认为自己将遭遇倾家荡产的困境。

(37)切忌扔掉完整无损的肩胛骨。如执意要扔掉，须用刀尖捅穿肩胛冈下窝，继而向下割开肩胛骨内侧缘。

(38)扒开颚肉须谨慎，不得将其撕破拽烂，并且要保留其完整无损的形状。

(39)如扒食肋骨内侧贴骨肉，被认为将致癌症，故忌讳食用。但在苏尼特有些地方却没有类似习俗。

(40)母亲健在的孩子不得食用短肋肉。有一句俗话：“小孩吃短肋，将会成孤儿。”

(41)切忌年轻人食用短肋肉，否则通常被认为将缩短其寿命。

(42)不得彻底刮干净短肋肉。应该把厚肉吃完后，献祭灶火。

(43)切忌撕啃短肋肉。

(44)切忌拧断、掰断肋骨，否则被认为将招致断裂骨头。

(45)卸取肋骨时，忌讳在脊骨上留有肋骨条碎块。有称，羊在断气的一刹那，会向黑人祈求：“我将归来。请勿折断我肋骨条；我将返回来，请勿割断我颌骨。”因此，宰羊必须做到谨小慎微，精工细作，不得掰断羊的肋骨头和颌骨。

(46)切忌为外人煮食肱骨。

(47)切忌在春节煮食肱骨。

(48)切忌折断桡骨。

（49）切忌随地乱扔桡骨。

（50）必须做到将桡骨与其不动关节分节卸开。切忌将两者连体扔掉。他们认为，卸开其不动关节，将会甩掉苦难和痛苦。据说，羊正当被宰杀的时候将会祈求："宰杀时凶狠倒无所谓，但祈求卸开腕骨。"因此，要必须卸开其腕骨。卸开腕骨，认为这样能为被宰杀的山羊指明来世归途。

（51）忌讳把胯骨留存家中过夜，否则被认为在其闭孔内盘踞妖怪。

（52）膝下有独子的人，切忌掏吃胯骨闭孔肉。

（53）必须将髌骨刮食干干净净。忌讳带肉扔掉。与此同时，要预祝："刮净髌骨，得子享福。"

（54）必须将胫骨与其踝骨分节卸开。切忌将两者连体扔掉。并必须把它刮食得干干净净。有句传说形容为："刮净踝骨，致马力强劲。"

（55）切忌在搬迁时在营地留下踝骨。

（56）切忌孩童吃尾尖肉。有称，如果孩童吃尾尖肉，致使马养成摇尾习性。

（57）禁忌孩童食用肺尾状叶（肺小叶），认为"如果小孩食用肺尾状叶，将沦落为孤儿"。

（58）禁忌孩童食用肝尾状叶，认为"孩童如果食用肝尾状叶，将会沦落成孤儿"。

（59）禁忌撕啃肝，否则被认为将痛苦得撕心裂肺。

（60）忌讳把腰油扒光割尽。有称如扒光了腰子油，将招来冻死的厄运和将生养秃头的孩子。

（61）禁忌孩童食用里脊肉，认为孩童吃了里脊肉，将致心火重生。

（62）禁忌孩童食用骨髓，认为孩童食用骨髓，将得"鼻涕虫"。

（63）禁忌用刀割食珍珠食用。

（64）在苏尼特一些地区，忌讳小孩食用瓣胃，认为小孩食用瓣胃，将养成脏乱的坏毛病。

（65）忌讳童孩食用脾，认为"如果孩童食用脾，致使皮肤变铁青色"。

（66）禁忌扒开血肠的网膜食用，须与其网膜连体一同割开食用。

（67）禁忌食用盲肠阑尾，认为如果食用盲肠阑尾，将会招致记忆力衰退。

（68）忌讳孩童食用盲肠。如果孩童食用盲肠将会导致记忆力衰退。

（69）忌讳孩童食用网胃口。

（70）严禁随地乱扔宰食的牲畜胎盘，更不得用来喂狗。必须将其用肥油缠包起来，献祭灶火。如果执意要随地乱扔，被认为将致仔畜冻死。

(71)严禁女童食用幽门瓣，否则将来会妨碍其相亲出嫁的人生大事。

(72)禁忌食用幽门窦。应该将其用来供佛或献祭灶火。

(73)禁忌孩童食用缠皱胃口的空肠，否则被认为将会长成话痨。

(74)禁忌抻拉食用空肠。如果执意要以这样方式食用，将会沦落为一个饿鬼。

(75)禁忌食用胰腺，否则被认为将养成睡懒觉的习惯。

(76)禁忌食用腺体，否则被认为会身染不洁之物。

(77)忌讳从项椎孔掏吃脑髓，否则被认为会致愚笨。必须砸开吃。

(78)严禁以撕扯的方法食用肉食。

(79)严禁用嘴叼着肉块将其用刀割开。此举被认为如同边吸母乳汁边割开乳房。

(80)严禁食用胸口骨肉，否则会成为胆小鬼。

(81)严禁焚烧黄羊骨头，否则被认为会导致猎运倒转，猎物消失。

(82)忌讳夜晚携带红食外出。如需要携行，须在肉块上摆放干牛粪。

(83)忌讳外带羊羔、山羊的珍珠。必须在其主人家食用。

(84)忌讳给病人煮食股骨肉和胯骨肉。

(85)忌讳用持刀的手发放份额、递送肉骨。

(86)忌讳用左手向他人递肉。

(87)忌讳食用鼻梁骨上的燎皮，否则会致使马养成打响鼻的习惯。

(88)忌讳食用头额燎皮，否则被认为将使人的性格变得粗暴急躁。

(89)忌讳食用缠系的血肠头。

(90)忌讳以骨头敲击骨头。

(91)忌讳扒食瘤胃皮层，否则被认为脸皮会被冻伤。

(92)忌讳捏拽而食用瘤胃括约肌，否则被认为将招致马背被鞍磨破。

(93)忌讳姑娘食用鼻骨肉，否则被否则姑娘出嫁时马会不停地打响鼻。

(94)卸骨时，忌讳将肉剔光刮净，否则被必须留有煮食手把肉食用的贴骨肉。

(95)煮整畜、胸骨时，忌讳与下水混煮一锅。

(96)忌讳为客人煮熟和摆放短肋、桡骨、尾尖和阴部肉。

(97)宰骆驼时，须解开其鼻棍、缰绳。

(98)禁忌将牲畜的小腿与皮连体留存。

(99)禁忌用刀尖插肉而食用。

(100)禁忌抽丝而食用。

传承人简介:

尧·额尔登陶格陶 1961年出生于苏尼特左旗原查干诺尔苏木。自治区级非物质文化遗产苏尼特红食文化代表性传承人。尧·额尔登陶格陶的祖父朋斯克,就是当地非常有名的黑人,将红食技艺传承给了尧· 额尔登陶格陶的父亲。尧·额尔登陶格陶从十几岁开始向父亲尧恩敦学习红食拾掇、加工方面的技艺,全面掌握了宰牛宰羊、卸肉剔肉、晾晒肉干、清洗内脏、灌血肠、冷冻储藏、蒸盲肠汤、蒸焖汤、装瘤胃储藏等全套技术,成为家乡一带小有名气的红食文化专家,并且收集、编写和出版了红食传统风俗以及有关红食的民间故事。

尧·额尔登陶格陶从20世纪80年代开始写诗歌,先后出版了《格鲁格泰巴特尔的苏尼特》《古代英雄的海青》等8部诗集;录制了《格鲁格泰巴特尔》《孛斡儿出的草原》《辽阔的塔木钦》等7部音乐专辑。他还筹资出版了苏尼特历史文化丛书《格鲁格泰文学丛书》22卷。

2012年,出版《苏尼特红食传统习俗》;2013年,出版了《苏尼特民间故事》。

尧·额尔登陶格陶先后被评为"苏尼特文化建设突出贡献者""锡林郭勒盟文化艺术先进工作者""锡林郭勒盟优秀歌词作家";获得过内蒙古文学创作"索龙嘎"奖,内蒙古艺术创作"萨日娜"奖,内蒙古自治区学习使用蒙古语文先进个人奖,全国"苍天的驼羔"诗歌大赛组委会授予的"民族文化功勋奖"和蒙古国作家协会授予的"为了文学"奖等。

苏尼特制"包德格"

蒙古语"包德格",即包皮烤山羊。包皮烤山羊,是以黑毛整山羊作为原料烹制而成。首先,将山羊宰杀,无须剥皮,掏出内脏后,在其整皮内剔下肉块,卸开骨头。而后,把卸开的骨头取出来,并把剔下的肉原封不动地留在原皮筒里。然后,将卸开的山羊骨头放入山羊胸腔内的同时,再加入适量的山葱、沙葱和野韭菜、咸盐等佐料,并装入烤红的圆形或椭圆形有光泽的

河卵石块（拳头大小），再封住割开的腹腔口，摆放于用牛粪火烤红的若干片石头块上，反复翻动烹制烤熟。也有吊挂在一堆火上，反复翻动烹制的方法。

烤熟后，首先打开其胸腔，掏出肉骨和放入里边的石头块。之后，卸开包皮烤山羊肉，分成若干份，盛放在大盘里。毋庸置疑，被高温烘烤的包皮烤山羊胸腔内会积满大量的美味汤汁。因此，人们首先要品尝或饮用包皮烤山羊汤。之后，将拿起放入里边的石块，热灸自己的手指和掌心。据说，用这种石块热灸自己的手指和掌心，对于促进人体血液循环、疏通血管和舒筋活血，会起到非常明显的效果。

传承人简介：

刚照日格　男，1970年4月出生于苏尼特左旗达来苏木奥尔格勒图雅嘎查。自治区级非物质文化遗产苏尼特“包德格”，即包皮烤山羊烹制技术技艺传承人。1986年，刚照日格中学毕业后回到家乡务牧，其间向他父亲宾巴学习“包德格”，即包皮烤山羊烹制技术，自1987年起自己独立操作。从2005年开始收徒弟传授“包德格”，即包皮烤山羊烹制技术，现已培养出了吉儒木图、新吉乐图、达呼尔巴雅尔等9名徒弟。2014年，在中央电视台第十频道《舌尖上的中国》节目中，向全国观众展示了苏尼特制“包德格”，即包皮烤山羊烹制技术。

肉类装瘤胃储藏技术

在苏尼特草原，人们到处可以看到瘤胃装牲畜肉现象。但通常装牛肉的人家为数不多，而装羊肉现象位居多数。装瘤胃储藏的主要做法为：除了头、蹄和内脏外，把全部精肉割开剔取，晾晒一段时间后，将其装入瘤胃内，用线缝住瘤胃口或穿木扦儿封瘤胃口。用羊瘤胃装肉的操作方法为：不烫除瘤胃绒毛，将瘤胃直接洗干净，翻出瘤胃的内壁（绒毛朝外）后，把羊肉装进去，以冷冻储存。用牛瘤胃装肉的操作方法为：同样不剥掉瘤胃绒毛，将瘤胃直接洗干净，翻出瘤胃的内壁（绒毛朝外）后，装入肉食，以冷冻储存。储存装瘤胃肉，应选择遮光处存放，或者将其直接埋进雪堆为宜。严格按规程冻藏的装瘤胃肉，直到暮春依然不化开，水分不蒸发，依旧会保留其新鲜、鲜浓的肉汁。在春季人们拆开食用时，将会感到味道鲜美，肉汁四溢。尤其是老年人春季食用时装瘤胃肉或喝其肉汤，将会起到调理气虚、补充体力的作用。

晒肉干技术

在搞冬储肉食的时候，苏尼特多数牧人家有晒肉干的习惯。他们通常剔取、留下一部分做饭熬汤的肉块后，把大部分肉块割成若干细条肉，搭挂在遮光阴凉，通风良好的地方制成肉干，以备夏季、秋季时食用。苏尼特人把牛肉条称之为牛肉松，而从不称呼其为肉条或肉干，因而，把晒牛肉干的工序称之为“制作牛肉松”。在五畜产品中，牛肉干相对更能抵御风雨侵袭。因此，苏尼特流行一种说法：“陈年牛肉干可入药，久存的羊肉干成毒药”或“三年肉松可入药，三岁母牛元乳致毒”。苏尼特南部地区牧户与北部地区牧户的晒制牛肉干的做法不相同，存在一定的差异。南部牧区地处沙漠，艾蒿丛生，形成了喜鹊成群栖息的地理环境。因而，他们为了避免自己晾干的肉食或被喜鹊叼走或被啄食一空，以柳条编织成一座圆顶窝棚，并用湿牛粪抹其墙壁，将肉干悬挂其内，以封闭方式晾干肉松。而北部牧区因地处茫茫戈壁和辽阔平原腹地，根本不存在被喜鹊啄食的潜在隐患，所以他们可以放心大胆地把牛肉搭挂在自家蒙古包门口立起的木杆上晾晒。南部地区圆顶窝棚内晾晒的牛肉干颜色略发紫色，而在蒙古包外边吊挂晾晒的牛肉干颜色则略发浅黄色。以牛肉制成的肉松肉汁四溢，香味扑鼻。

夏天，须将牛肉松从挂架上拿下来，并装入口袋或容器里，以防其受潮而变质。肉松、制作肉松这个词，只有用在牛肉上，别的畜种的肉类上不使用这个词。

装瘤胃冻藏技术

苏尼特人把用瘤胃包装牛、羊血肠和内脏，冷冻存放的方法，称之为冻藏瘤胃或制冻瘤胃。具体做法为：首先把清洗过的瘤胃切成若干段，而后将血肠和心、肝、肺、腰子、肥肠等分成与瘤胃片数相同的份儿。然后，用瘤胃片包装，用木扦儿穿封，并上挂悬吊，冷冻存放。通常一头牛的瘤胃里能够包装上十二包杂碎，一只羊的瘤胃里能够包装四包杂碎。人们在冬、春季煮食装瘤胃杂碎时，通常习惯每次煮上一包。冻藏的瘤胃包装血肠，能够很好地保留新鲜味道。煮食装瘤胃杂碎之前，必须在凉水里拔一拔、化一化，然后才开始煮。如果化不好，煮出来的灌肠就会发干，不好吃了。

熬制“阿木苏”技艺

蒙古语“阿木苏”，即稠粥，用小米、黄米或大米作原料，用文火煮粥，再将葡萄干、红枣、红糖和黄油等按一定比例倒入米粥里并不时搅拌，待锅里的汤烘干，米稠糊即可。阿木苏，是苏尼特人的一种礼仪食品。熬制阿木苏，不放咸盐。在苏尼特阿木苏有两种做法：寺庙法会、孩子剪胎发茶宴、阉割牲畜（对两岁公羊羔、两岁公牛、三岁公马进行阉割）茶宴以及为逝者准备的福膳，一般是素餐，阿木苏也是白水煮米，加上葡萄干、红枣、红糖和黄油等。祭火等可用红食献祭的祭祀活动，阿木苏是在煮肉的肉汤里下米熬制。

在苏尼特地区，做好阿木苏，无论是招待客人，还是自己家里吃，首先把“德吉”（头一份）献祭上天和佛爷，或者献给火神。庙会上的阿木苏，第一份也献给佛爷，然后喇嘛们用餐。无论是什么茶宴，首先敬茶，喝完茶就开始用阿木苏招待客人。家庭主人或宴会主持人把阿木苏“德吉”献祭上天，然后招呼客人用餐，品尝阿木苏。

传统习俗

苏尼特服饰

苏尼特传统服饰主要有冠饰、头巾、袍服、腰带、鹅顶靴子等。苏尼特男人戴的帽子主要有圆顶立檐帽（亦称将军帽）、尤登帽子两种。苏尼特女人常围白绸子头巾。苏尼特人穿老羊皮德勒、剪茬皮德勒、鞣革皮德勒、绵羊羔皮德勒、山羊羔皮德勒、达呼（Dah，皮外衣）几种。袍子是总称，按照蒙古族地区的习惯叫法，把有皮子的袍子叫“德勒”，布匹和绸缎做的袍子叫“特尔力克”。这些袍子分别在不同季节、不同场合穿。苏尼特“特尔力克”，要分单特尔力克、夹特尔力克、棉特尔力克三种。苏尼特人主要系黄绸子腰带，鹅顶靴子里面穿毡袜子。苏尼特袍子的特点是袍身宽大，下端左右不开衩，下摆宽6～7拃。前胸后背和腋下宽松肥大，最适应牧区生产生活环境。因袍子肥大，适合参加各种劳作和活动，不觉得碍手碍脚，乘马放牧时可护膝防寒避风，袖子长，乘马持缰，手持套马杆、长鞭子时，可以防寒护手。上身宽松，支起套马杆上马、搭弓射箭、提拉水斗子饮牲畜时不碍事。而且夜晚睡觉时横过来可以当被子盖在身上。

苏尼特服饰有别于蒙古族其他部落服饰的明显的特点或风格，就是袍身宽松肥大，不开衩，边沿镶边、钉扣子，做工精细，虽然说没有过分的装饰，但是穿上后，给人以简约大方，高贵端庄的印象。

据传说，早先苏尼特人不论男人和女人，都穿直襟的长袍。到了17世纪以后，喇嘛僧人穿直襟衣服，其他人就改穿右衽袍子。

苏尼特人在接触现代测量单位和量具之前，裁剪衣服和量身材的时候，一直采用手、手指头量的方法。这种量法与现代通用的标准量具出入不大，甚至在民间沿用至今。裁剪衣服时用的量具，有肘（长肘——从肘到手指尖的长度；短肘——从肘到拳头顶的长度）、大拃（张开大拇指和中指两端的长度）、中拃（拇指与食指伸张的长度）、小拃（拇指与食指屈折之间的长度)、四指、三指、二指、一指、寸等。

苏尼特人服饰缝纫方法主要有缭缝、粗缝、绷、绗、缉缝和犬牙缝、缀缝等。其中,犬牙缝、缀缝主要用在缝制毛毡用品上,缀缝也用于缝制皮衣和鞣革上。

一、帽子

苏尼特男人主要戴圆顶立檐帽(亦称将军帽)、尤登帽子两种。圆顶立檐帽,下面是标准的圆形,往上收时渐成平顶,其梢又尖锐起来,顶着一个算盘疙瘩,下面一圈,另钉半圆形四块瓦,上面可以绷皮子。其做法是,先从脑门和后脑勺斜转一圈,量出帽主的头大小,将其一分为四,做成四个桃花瓣儿,再加上缝头,作出帽子的本体。里面粘上袼褙做的壳子。四块瓦也用袼褙做底,大小一致,绷上皮毛或大绒,跟帽底沿缭在一起,向上翻起来,大小要跟头顶相当。帽子过大或过小都不好看。缭时要注意在缝合的部分絮些棉花,防止天冷时把耳扇放下来的时候,风从缭缝处透进来。将军帽是男人戴的,面料不可太艳,但在缝合桃花瓣和四块瓦的夹缝处,可以适当加一些颜色稍艳的布条。这些布条要一次弄好,大小宽窄一致。正面的帽檐正中,镶有一块宝石或装饰物,主要是为了美观。天冷时,可以把三面的帽檐放下来遮盖耳朵和脖颈,起到防寒的作用。但一般情况下,该帽子是春秋两季戴的。冬天很少戴这种帽子。

苏尼特人冬天戴的是尤登帽子,狐狸皮子的,既挡风又美观。

在苏尼特男人看来,帽子、腰带是一种人格和尊严的象征。在郑重的礼仪场合,必须穿戴整齐,一定要戴帽子扎腰带。

二、头巾

苏尼特妇女扎的是白色绸缎,两端缝出齿状纹。苏尼特男性过去在夏天不戴帽子,有头缠白绸缎头巾的习惯。后来,苏尼特男人开始戴大布帽子和礼帽,头缠白头巾的习惯逐渐被淘汰了。而现在有的年轻人则用白绸子头巾做起了围脖,成为一种时髦的打扮。

三、腰带

苏尼特人比较喜欢扎黄绸缎腰带,也有的扎绿绸缎和天蓝色绸缎腰带。但没有扎红腰带的习惯，更忌讳扎白绸缎腰带。他们腰带长25~30庹（25~30尺）。苏尼特人像对待帽子一样，视腰带为高贵之物，非常看重，不论在何时何地，帽子和腰带都要放在最高处，或放进箱子里，忌讳随处乱放。也有的在腰带两端用各种丝线缝出齿状线条或绣上花边，加以装饰。

四、袍子（德勒）

袍子是通称，蒙古语有两种叫法，一个叫“德勒”，另一种叫“特尔力克”。按照蒙古族地区的习惯叫法，把有皮子的袍子叫“德勒”，根据皮子的不同，分别称之为老羊皮德勒、剪茬皮德勒、鞣革皮德勒、绵羊羔皮德勒、山羊羔皮德勒等。布匹和绸缎吊面的袍子叫“特尔力克”。还要根据面料的不同，分别称之为绸子特尔力克、缎子面特尔力克、柞丝绸特尔力克和大布特尔力克等。不吊面的，就叫白茬皮袍。老羊皮袍子，就是用冬天卧羊（宰杀）时节的羊皮做的皮袍。这种皮袍毛大毛厚，沉重但暖和，专门在冬季上山劳动或放牧时穿。剪茬皮德勒，是用夏秋季剪过的羊皮做的；鞣革皮德勒，用铲掉了毛的皮子做的。剪茬皮德勒、鞣革皮德勒，一般用大布吊面。鞣革皮德勒，分别在秋末、春初穿；剪茬皮德勒分别在仲秋、仲春季节穿。吊面的袍子镶有一条、两条或三条边。白茬袍子一般不镶边，镶也只能镶一条边。

绵羊羔皮袍，顾名思义，就是用小绵羊羔皮对起来缝制而成的皮袍，是苏尼特人最讲究的礼仪服装，在过年过节等隆重的礼仪场面时都穿上绵羊羔皮袍子。绵羊羔皮袍子，一定要用上等的绸缎来吊面，镶上三到四条边。

鞣革皮袍子，用山羊羔皮鞣制而成，用布料或柞丝绸吊面，主要加工儿童衣服。苏尼特袍子袖子长，宽松肥大，下摆宽，不开衩。过去，苏尼特蒙古袍袖口多为马蹄形，蒙古语称之为“努达日嘎”。平时向上翻起，冬天可放下来，防寒护手。成人老羊皮袍子、剪茬皮袍子、鞣革皮袍子，需要6~7张成年绵羊皮；绵羊羔皮袍子、山羊羔皮袍子需要40~50张羔皮。无论绵羊羔皮、山羊羔皮，都是稀有之物，凑齐这么多，是很难的。

五、特尔力克

苏尼特人根据春、夏、秋不同季节、不同气候，分别穿单、夹、棉三种特尔力克。平时劳动生产时穿的特尔力克面料选择颜色素淡的布料，显得朴素大方，而在一些宴会或集会等公众场合穿的特尔力克面料要选择颜色鲜艳、质地上乘的绸缎，而且做工考究，追求漂亮。

苏尼特“特尔力克”宽松肥大，袖子长，不开衩。苏尼特女性根据女性的线条缝制漂亮的

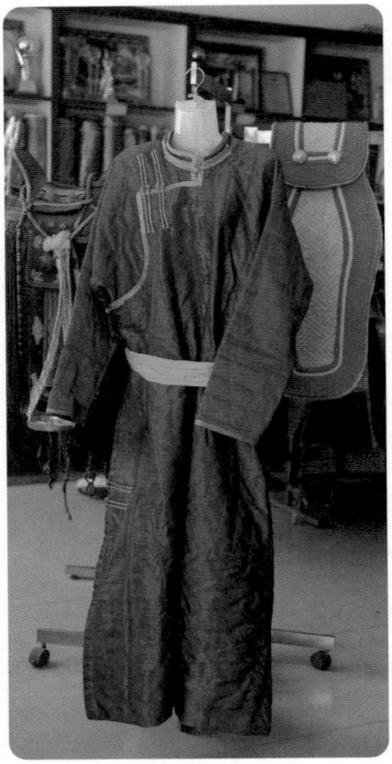

袍子，但不失宽松之风格。用与底色反差大的各种库锦、绸缎、柞丝绸来镶边，而用纯白色、浅黄色绸缎镶边的居多。

蒙古袍镶边有一道、两道，一宽一窄两道、四道、六道都有。根据其穿者的年龄，用途是平时穿，还是在一些宴会或集会上穿来安排到底镶几道边。早先，苏尼特人蒙古袍镶边一般只镶一道或两道边的居多，而如今除了上岁数的人袍子镶一、两道边之外，一般礼仪服普遍镶三、四道边，年轻人甚至镶三、四、六道边的都有。

夏天热穿单袍。夹袍一般春、秋季节穿。夹袍子主要用青蓝、蓝色的布料、绸子、柞丝绸来吊面，用画布衬里子，用与底色反差大的颜色的绸缎、库锦来镶边。苏尼特女性喜欢穿天蓝、棕色的蒙古袍子，而苏尼特中年以上男性喜欢穿褐色的蒙古袍子。

棉袍是秋末、春初穿的。面和里子之间薄薄地絮一层棉花，然后从两边绗缝，一道道直线一针一线密密匝匝地绗缝下来，这样里边填充的棉花不跑，看上去针脚整齐，十分好看。棉袍子的镶边和钉纽扣，与单袍、夹袍一样。

袍子的纽扣要与镶边相搭配。纽扣有金纽扣、银纽扣、铜纽扣、算盘疙瘩等几种，做纽襻的绸缎、柞丝绸的颜色须与镶边的颜色一样，并且根据镶边的道数来决定纽扣的数量，纽襻的数量与镶边的数量相对应。镶一道边，领和裉各一个纽襻，襟和下衩钉双纽扣；镶两道边的袍子领、襟、下衩各钉两个纽扣，裉钉一个纽扣；镶三道边的袍子领钉两个纽扣，襟、下衩各钉三个纽扣，裉钉一个纽扣；镶四道边的袍子领钉两个纽扣，襟、下衩各钉四个纽扣，裉钉一个纽扣；镶六道边的袍子领钉一个纽扣，襟、下衩各钉六个纽扣，裉钉两个纽扣。带纽扣的纽襻，蒙古语称之为“额日锡里必”（阳性纽襻），带扣门的纽襻，蒙古语称之为“额么锡里必”（阴性纽襻）。

六、乌吉

乌吉，是苏尼特妇女装饰性服饰之一，好似一种无袖子的齐肩长袍。乌吉，还要分长乌吉、短乌吉两种。苏尼特妇女的乌吉无袖、直襟，选料多用有金银花纹的柞丝绸和绸缎。钉有银扣子、绸缎纽襻。苏尼特妇女平时穿短乌吉，过年过节，或参加喜庆活动时穿长乌吉。苏尼特地区已婚妇女穿乌吉，姑娘不穿。

七、长衫

布衫，亦称长衫，蒙古语称之为“查米查”。布衫的基本样式与单特尔力克差不多。苏尼特男士穿腋下和前胸宽松的布衫。平时穿的是用市布做的，装饰型布衫则用白绸子或白柞丝绸做。女性平时穿的布衫，也是用市布做，装饰型长衫则用白色的或用海蓝色柞丝绸来做。女式长衫较为紧身，以显示女子身材的婀娜与健美。

八、裤子

裤子，蒙古语称之为“乌木都”。苏尼特人根据不同季节的不同气候，分别穿皮裤、去毛鞣革裤、棉裤、单裤、夹裤。皮裤、去毛鞣革裤也有用布匹吊上面子穿的。平时穿的单裤、夹裤，是用蓝、灰或黑色大布来做。装饰型的裤子，是用黑色绸缎、柞丝绸或条绒来做。

九、皮外衣

皮外衣，蒙古语称之为“达呼”，是牧区下夜的马倌、跑长途运输的车夫、脚夫们穿的皮外衣。皮外衣是用山羊皮、黄羊皮缝制的，要套在皮衣外面穿，所以要求很肥大。山羊皮外衣有毛朝里和毛朝外两种；黄羊皮外衣一般是毛朝里。黄羊皮外衣也可以当作雨衣，因此，下夜人、跑长途贩运的车夫、脚夫常常把它带在身边。

皮外衣，是寒冷的冬季野外作业的人的必备之物。蒙古族有句谚语，具蒙古文诗歌合辙押韵的味道，叫作“达呼（皮外衣）里面出好汉，达嘎（二岁子马）里边出快马”，延伸出的意思：一是，对今天出身低微或其貌不扬的人你不要小瞧，将来也许会变成令你刮目相看的角儿；二是，艰苦的环境能磨炼人，英雄好汉是在艰难困苦中摸爬滚打、千锤百炼摔打出来的。

十、靴子

苏尼特人不论男女，都穿自古以来传承下来的鹅顶的、纳底儿的香牛皮靴。春、秋、夏穿的靴子靴底用生牛皮包裹，冬季穿的靴里衬毡。夏天和春末、初秋，在靴子里穿用大布缝制的袜子，冬季和秋末、初春，在靴子里穿毡袜子。过年过节时穿的靴子靴帮刺有虫草花卉各种图案、花纹。鹅顶皮靴的特点是靴靿宽大，骑马时只有靴底的前半部分能够伸进马镫，靴底的中部和后半部伸不到马镫里。马万一急跑将人摔下，骑手的脚卡不到马镫里，不会发生拖镫现象。再一个是，鹅顶皮靴穿上感觉很舒服，踩在地上也很合适，穿上它在长满牧草的野外走路，靴子的尖头很容易把草划向两边，不会出现缠绕现象。

十一、儿童服装

苏尼特地区娃娃长到了一周岁可以穿衣服了，要给做布衫、裤子、特尔力克、德勒和软底皮靴穿。小孩子穿鸡心领后开口襟的袍子，缝制系带儿，并将缝衣服时剪下的衣领布块钉在其衣领后边。一些曾经孩子夭折的人家，或出于对身体虚弱的孩子的宠爱，不论男孩、女孩，都给穿反襟衣服，甚至穿到十八岁。

在给宠爱的孩子的前襟上戴一个被称作“天箭”的青铜箭镞，给宠爱的孩子穿新衣裳之前先套在狗身上（一种巫法）上，然后才给孩子穿。所有这一切，都是为了能够保佑小孩健康成长。给孩子做好新衣裳之后，试穿新装时，以奶食行涂抹礼表示祝福，孩子的父母及老人在新衣服的内襟上象征性地抹点鲜奶、奶皮或油脂，衣服兜里装上点心和糖果之类。

在穿着新衣时要举行仪式并吟诵祝词：

愿你衣领上，
鹏鸟高歌鸣唱，
愿你双肩上，
二龙腾飞，
愿你大衣襟里，
装满珠宝。
愿你紧束腰带，
挂满金银。
愿你前大襟，
牵来马驹。
愿你后大襟，
引来羔羊。
物品短暂脆弱，
主人天长地久。

愿新衣的主人，　　　　　　　　　　永远平安康泰！

凡事如愿以偿，

孩子穿着新衣时都要举行仪式，不但家里人，而且左邻右舍的亲朋好友们也前来表示祝福，热闹一番。

传承人简介：

敖云其木格　女，蒙古族，1957年10月出生于苏尼特左旗巴彦宝力道苏木乌兰格日勒嘎查。为自治区级非物质文化遗产苏尼特服饰代表性传承人。敖云其木格的祖母道尔吉，当年是苏尼特王府的裁缝。敖云其木格从小向其祖母学习、掌握苏尼特服饰裁剪、缝纫技艺。1996年，敖云其木格在苏尼特左旗满都拉图镇创办了绿草地民族服饰公司，自己出任经理至今。

敖云其木格是深受苏尼特人民欢迎和爱戴的著名女红手，也是蒙古族服饰的研究专家。她缝制的蒙古族传统服饰和她所设计的服饰多次参加国内国际服饰展示与评比，并获得好评和嘉奖。

苏尼特婚礼

一、提亲

苏尼特古老的婚俗，并不是男女青年自由恋爱，自订终身，而是由父母做主包办。首先，请一位算命先生来，占卜儿子及相中的姑娘的生辰八字，如果测算结果不相克，就委托一个精通礼仪、能言善辩，且比较有威信的人当媒人。男方的父亲将媒人邀请到家里来盛情款待，并提出：“我们想向某某某的女儿求亲，劳驾您做个媒。儿子的终身大事拜托于您了。”“成全这等好事，也是缘分。那我就当个媒人吧！”来人答应选个黄道吉日，去那家说媒。提亲的人要骑上白马（忌讳骑白鼻梁褐色马），带上好酒、哈达、烙饼、点心等，以找牲畜为借口，或以串门的名义到那位姑娘的家里，和姑娘的父母亲互致问候，在一边喝茶，一边唠起今年的雨水、草牧场长势、牲畜膘情等，当话说到一处，趁对方高兴的时候，说出“不是打听的打听，不是找寻的找寻”，提起媒事。如果对方说：“随他们的缘分吧！”媒人赶紧拿出哈达和随身携带的礼物送给对方，如果姑娘的父亲接过礼物后放在佛龛前面，表示同意谈论婚嫁；如果姑娘的父亲不同意这门亲事，就不接受媒人敬献的哈达，并以“姑娘尚小，拿不动别人家的锅”等托词婉拒，将媒人打发回去。如果女方家长表示同意，那就进一步商量下一步的事情，并给媒人以回礼。

苏尼特蒙古人婚俗中也有定娃娃亲的。娃娃亲是指男女双方在年幼时由父母定下的亲事。主要是一方的孩子特别宠爱，而找一个人丁兴旺的人家定娃娃亲。一般是来往亲密的两个家庭之间有定娃娃亲的习惯。待孩子长大成人后结婚成家，不得反悔。

二、订婚

男方提亲取得对方同意之后，择吉日举行敬献哈达仪式，即订婚仪式，蒙古语称之为“哈达嘎—塔毕呼”仪式。男方由属相相生的长辈带队，祭奠者1人、礼物管事1人、驮运牵引者1人、男方主要亲家2人以及随从，一共七到九人到女方家。到达女方家，在喝茶品尝奶食的工夫，祭司在女方家供的佛像前面点燃佛灯，敬献哈达。与此同时，男方接亲的首席，从怀里掏出银碗斟满酒，放在长长的哈达上面敬给女方的父母亲大人。女方家的父母亲接过银碗后抿一抿，然后，女方家父母亲也向客人敬酒回礼。这时候，礼物管事把整羊、烙饼、酒、哈达等礼物拿出来送给对方，其中包括给女方父亲一件绸缎袍子面料、一条绸缎腰带，还有好酒；给女方母亲一件袍子面料、一条绸缎腰带、一条头巾等。然后，女方摆全羊席，热情款待男方来献哈达的客人。订婚宴上具体商量孩子们结婚有关事宜，主要商定彩礼要多少牲畜、多少银钱，女

方陪送什么嫁妆，确定婚礼日期、服饰、头戴、聘礼等。商定完了以后设宴热闹一番。男方客人出发的时候，女方送毛巾、哈达等，每人一份回礼。客人要登程出发时，女方家全体成员出来送行。参加“哈达嘎—塔毕呼”仪式的客人不能在女方家住宿。

三、女方家宴

女方家宴，蒙古语称之为“萨林宴”。女方家请算命先生占卜男女双方生辰八字，定下送亲的黄道吉日后，便通知所有的亲朋。亲朋们得知后，纷纷来到家里，举行“萨林宴”连续好几天。“萨林宴”，主要是女方亲戚们为将要出嫁的姑娘带来各种礼物，并嘱咐出嫁姑娘有关事宜。来参加“萨林宴”的亲戚们给出嫁的姑娘主要送“热嘴头牲畜”（一般指绵羊）、绫罗绸缎、珍珠玛瑙、金银首饰等。亲属们回去的时候，姑娘家根据客人的年岁、辈分，每人回赠一份礼物。

四、为姑娘做嫁衣裳

随着婚期的临近，女方家为出嫁的姑娘准备嫁衣裳的工作紧锣密鼓地进行。他们请来当地小有名气的女红手和女亲属，为姑娘缝制四季衣服而日夜忙碌。在苏尼特看见别人忙碌，就顺嘴说一句：“着啥急呀，也不是为出嫁姑娘做嫁衣裳。”从另一个角度说明为姑娘做嫁衣裳是多么紧张而忙碌。嫁衣裳缝制完毕，母亲在其袍子前襟系上一条哈达，涂抹鲜奶，祝颂道：

祝愿你后大襟，
引来羔羊。
祝愿你前大襟，
牵来马驹。

祝愿你的福禄，
像米粒一样生长。
祝愿你的福禄
像鲜奶一样喷涌！

对于参加为姑娘做嫁衣裳的人们，家人一定会摆茶宴，送礼物，表示感谢之情。

五、送姑娘茶宴

苏尼特婚俗中，有举行送姑娘茶宴的习俗。在姑娘出家的前几天，姑娘的父母亲邀请至亲好友举行茶宴，大家欢聚一堂，祝姑娘新婚快乐，永远幸福。茶宴上，先由父母亲给姑娘盛一碗茶，姑娘接过后品一下，然后，分别向父母亲敬茶并磕头谢恩，然后大家一起喝茶，品尝奶皮、奶豆腐等奶食，也给姑娘赠送些小礼品。

送姑娘茶宴，让姑娘喝上娘家的茶，意在宽慰姑娘的心，让她放心地出嫁。

茶宴上，亲戚朋友嘱咐姑娘要好好尊重公公、婆婆，夫妻恩爱，持家过日子，等等。姑娘感谢父母养育之恩，感谢亲朋好友的关爱，大家其乐融融，暖语满堂。

送姑娘茶宴，如果是在夏天，会用奶油、奶皮拌炒米招待客人；如果是在冬季或春秋两季，一定会煮上手把肉招待客人。送姑娘茶宴不备酒。

六、送姑娘

选定结婚日期，做好一切准备，定好送亲人员，等待结亲队伍的到来。苏尼特人认为，婚姻是孩子的终身大事，所以，一定要把孩子的婚礼办得隆重、热闹、体面。

男方接亲的队伍必须午时出发，未时到达姑娘家。接亲的人员来的时候是单数，回去的时候是双数（8个人、12个人或16个人），送亲队伍讲究偶数。

男方接亲人员到了女方家，顺时针绕蒙古包三圈下马。

女方祝颂人献词：

骑上竖起呼兰耳朵的骏马，
风驰电掣般地飞奔而来。
披弓挎箭一身威武，
天兵神将般打扮而来。
满脸吉祥之福的
官吏诺颜驾到。
问候你们万安！

男方祝颂人：

在这富饶的草原上，
向博格达伊金的宗族，
向你们大家问候。
祝福你们贵体康健，
祝福你们五畜兴旺，
祝福你们家乡平安，
把一切美好的祝愿
献给你们！

双方互相问候后，女方祝颂者把男方接亲的客人往里边请。到了蒙古包前，有人用横杆拦门，不让对方随意进门，双方说颂人要费一番口舌。

女方说颂人：

在那午时的时候，
就听得见马蹄声声。
在那放牧羊群的草场上，
望得见烟尘阵阵。
远方来了很多人，
听见孩子们嚷嚷。

跨出门槛出来，
向远处张望，但见
桂冠锦袍像神兵，
披弓挎箭似官差，
看似武功无敌的一帮人，
来到了饮水的井边，
来到了拴牲畜的连绳下。
是哪位可汗的后代？
来这里有何贵干？
是哪位可汗的后裔？
他们到底去哪里？
请你们前去，
一定要打听好。
向他们问候请安，
把他们请进屋里来。

男方说颂人：

有博格达腾格里的恩典，
有佛爷的保佑，
有上天的安排，
有黄金家族的联姻。
是上苍的姻缘，
是香火的继承人。
今叫你们的女婿，
拜见岳父岳母大人。
来到异地他乡，
来到亲家的门前，
遵照圣主的规定，
依照祖先的习俗，
今天我们来到了。
尊敬的亲家地盘上，
请睁开双眼明鉴，
请在宽阔胸怀里包容，
向亲家的管事官
快快禀报一下。

女方的说颂人：

有博格达腾格里恩赐，
有福同享的缘分，
让那祖上的香火
世世代代兴旺！

拦门的习俗对答结束，女方众人出来，在外面铺开新毡子，请客人坐在上面品尝奶食。然后，献给新郎盛一碗奶，新郎喝完奶时，双方看谁眼疾手快能把奶碗抢到手揣进怀里，以此显示双方哪一个获胜。

男方接亲的首席、祭奠者、祝福者、乐器手、歌唱者、祝颂者、牵引者和新郎等被请进屋里，逐个向女方长辈问候请安，寒暄一番后，按辈分依次坐下，品尝奶食，互敬鼻烟壶。然后，祭奠者向

女方佛龛点灯焚香，献哈达。首席向女方父母敬献全羊和奶食等九白礼物，新郎给岳父岳母大人敬献绸缎袍子面料、腰带、好酒、烙饼、哈达等礼品。之后，女方摆设全羊席，给客人敬酒，奏起乐器唱起歌，欢声笑语此起彼落，欢乐异常。宴席其间，客主都要注意穿戴整齐，尊老爱幼，举止言谈文明礼貌，避免出现疏忽大意，忌讳演唱格调不高或悲情的歌曲和胡言乱语。参加宴席的双方婚礼总管、祭奠者、祝福者、乐器手、歌唱者、祝颂者、牵引者和新郎等各负其责，说吉利的话。宴席进行到何时，由双方首席代表商定。

姑娘出嫁出发时间仍坚守午时启程，未时到男方家的规矩。

临近启程时，为新娘穿上嫁衣裳。出发前，让新娘进屋与新郎见面。祭奠者用黑白圣水（黑圣水即水，白圣水即鲜奶）给新娘、新郎洗一遍面额；给新郎扎上腰带。据说，腰带是人之灵魂所在之处，所以，极为重视。然后，让新郎给大家表演分节颈骨和踝骨。先把颈骨和踝骨放在盘子里，用哈达盖住。新郎拿出刀子，将羊脖子上的寰椎骨卸开放在盘子里，再把踝骨迅速卸开剥下羊拐，用哈达包好，塞入自己右靴的腰筒里。此时，向男方接亲赠送礼物。

姑娘就要出发了，这时候，姑娘的母亲把盛满鲜奶的碗放在哈达上，给女儿品用。这时候，由男方祝颂者吟诵感念母亲的祝词：

依照上苍的安排，
按照前世的缘分，
投胎于您的怀里，
做了您的女儿。
您怀胎十月多艰辛，
一朝分娩喜降临。
您用甘甜的乳汁，
把女儿喂养成人。
您辛劳金子般的身子，
视我为掌上的明珠，
用心血疼爱孩儿，
把我抚养长大。
您的大恩大德，
要用这鲜奶来当回报。
以婚礼的习俗，
献上八十一件礼物，
略把心儿表。
白发苍苍的母亲，

您的恩情比地厚，
比天大，
比海深，
比山高。
用洁白的鲜奶，
感念您的恩德，
是您十月载在身上。
当我降生时，
用那钢剪子，
剪断我的肚带，
把我包在羊皮襁褓里。
用脖颈肉汤为我沐浴，
知冷知热知疼爱，
一年四季不停歇，
百般呵护在身边。
母爱情深活菩萨，
纵使用露水熬茶喝，
人间大爱难回报。
从摇篮到现在，
日日夜夜您操劳。
女儿能有今天好，
全靠母亲心血来灌浇。
在那寒冬腊月里，
在那烈日盛夏里，
在那漫漫长夜里，
在那呼呼大风天里，
母亲时刻为孩儿操心，
遮风挡雨真辛劳，
母爱情深比山高！
实难用语言来表，
山再高也有顶，
母亲的恩情难回报。
草原再大也有边，
慈母的恩爱报答不完。
仁爱慈祥的母亲，
是我命运的天神。
在母亲温暖的怀里，
孩儿已经长大成人。
今天女儿要出嫁，
去那异乡他地的婆家。
女儿要牢记慈父的教导，
知书达理品行高。
女儿要遵循母亲的嘱咐，
敬老爱幼懂礼貌。
您的恩情比山高，
孝顺的女儿忘不了。

今日佛心妈妈在上，
女儿跪在您脚下，
手捧鲜奶敬您老，
略表心意当回报。
大爱无疆比地厚，
母亲的恩情比天高，
父母的爱与日月同辉，
您们的恩情终生难回报！

当祝颂者吟诵完毕，迎亲队伍出发。此时，男方来两个人，用红布盖头盖住新娘的脸从家里接出来，双骑在白马上顺时针绕蒙古包一圈，这时候来两位骑马者端过来奶食，让新郎、新娘双方品尝奶食。送亲队伍出发时，双方随从、驮运同时出发，新娘的母亲亲自送女儿。如果其母亲已去世，其父亲在招福桶里盛鲜奶，在送亲队伍后面敬洒，直至队伍的身影消失在路尽头。新娘起程时，女方拦路，抢口舌。到男方家途中，进行赛马，认为谁家马快，谁家吉利。

七、迎新娘

接亲的队伍回来时，男方两位骑马者端着摆放奶食的盘子迎上前来，为大家品尝奶食。当女方首席等送亲者来到时，男方全体出来迎接，互致问候，并手捧哈达和美酒表示欢迎。与此同时，让新娘骑在马上顺时针绕过浩特一圈后，把马牵到毡子上。此时，男方一名年长者将新娘连同马鞍子一起抱下来，让她品尝鲜奶。然后到另一个蒙古包里休息。

男方迎接女方陪嫁物品时，用带叉的木条打驮着物品的骆驼的缰绳，从骆驼驮子上边扔过一个羊头后，卸下陪嫁物品，再把哈达系在骆驼鼻棍上。迎亲和送亲双方，在婚礼总管的安排下回到各自的蒙古包喝茶，品奶食，稍作休息之后，婚礼马上要开始。让新娘给灶火神磕头之前，新郎、新娘双方各出一名嫂子，给新娘分髻，这个习俗称为打开乳发。女方嫂子将新娘的头发分开，男方的嫂子将新娘的头发辫成辫子，佩戴银簪、各种垂链式头饰和耳垂耳环等头饰。这时候，双方婚礼总管、贵族台吉、祭奠者、祝福者、乐器手、歌唱者、祝颂者和主要亲属，在新郎的新房里以辈分大小依次落座，专门有人伺候他们吸烟。

让新娘给灶火神磕头之前，在新房门口双方祝颂者又舌战一番，男方一个人让新娘品鲜奶。当新娘喝完鲜奶，双方也抢碗，以此来判定祝颂者的胜负。然后，新娘开门把双方客人请进包。然后，新娘在两位嫂子的引领下向灶火、佛爷磕头，向公公婆婆、长辈依次磕头。之后，引领的两位嫂子掀起新娘的盖头，新娘向灶火敬献黄油、酒和点心果子，开始宴请客人。歌手开唱宴歌三首，新郎、新娘给客人每人敬三杯酒，人们喝酒欢宴，欢声笑语此起彼伏，宴会高潮迭起。

主宴完毕，向新娘的母亲表示答谢养育之恩仪式，赠送骒马、母驼、乳牛、母绵羊、母山

羊，外加“九白”礼品。之后，双方乐器手、歌手唱三首宴会结束歌。宴会结束，婚礼祝颂人开始诵《逐客词》，并给送亲人员赠送小礼物。祝颂人《逐客词》中咏诵道：

湛蓝的天空中
冉冉升起的太阳，
在寥廓的宇宙里。
自由移动的
云彩和空气，
在广袤的大地上。
所有的动植物，
必然有它的规律。
我们大家人生在世，
虽然相隔异地，
由于心心相印，
也有相聚在一起的规律。
在万里晴空中，
一轮红日高照，
光芒四射照耀大地。
在苍茫大地上，
粉红色的花儿绽开
迎风起舞的规律。

我们虽然天各一方，
曾经互不相识，
也有千里姻缘一线牵的规律。
全凭前世的缘分，
结为儿女亲家。
你们把姑娘送来，
婚礼圆满结束后，
尊敬的客人返回府上，
今宣布婚礼到此结束。
请把骆驼的驼屉整理好，
请把马鞍鞴在马背上。

当你跨上骏马，
返回你的府上，
松开缰绳出发的时候，
依着古代可汗指定的
风俗和习惯，
再敬上三杯酒。

遵循伊金可汗的指定的
风俗和习惯，
莫要迟疑，
快快喝下去。
有福气的客人们，
不是撵你们走，
是佛祖可汗的规定。
万人行走的大道上，
祝你们路途顺利，
平安到达！
祝你们万事顺意，
幸福安康，
永远吉祥！

送亲的人们不能住男方家，必须当天回去。婚宴散场，客人一定要唱着《芒乃图尔根》的歌儿翻身上马。这时候，新郎要骑上一匹白马送行，在马背上为客人一一点上烟，说吉利的话告别。

当新娘的母亲临出发时，用九块白色小石头压住新娘的前后衣襟下摆，说："那里的石头，在那里有分量。姑娘嫁到谁家，就在谁家有分量。"并起程。此时，男方家把石子收起来，堆在蒙古包内的北侧。

八、贺新房祝词

苏尼特人和全体蒙古人一样，儿子结婚时搭建新蒙古包，举行贺新毡房仪式，并设宴欢庆。

当儿子娶妻结婚，或另起炉灶单过时，都要选择黄道吉日，举行以祝福他们吉祥幸福、事业有成、生活美满为内容的贺新房仪式。

苏尼特人自古以来具有居住在蒙古包里，吃着红白食，逐水草而居，经营畜牧业的历史。蒙古包，是苏尼特人的栖息之场所，安身立命之地，因此要选择黄道吉日举行贺新房仪式，并事先向亲朋好友发出邀请。凡是接到贺新房仪式邀请的人理应前来参加，但因特殊情况不能参加的，就应该告知对方。

新房应该搭建在父母亲蒙古包的旁边。在新房开伙的时候，献敬黄油、美酒等，灶火烧得越旺越好，视为吉利。按顺时方向绕蒙古包一圈，把熬的茶的头一份"德吉"敬献给上苍，祝贺天地间又增添了一户人家。到了正午，贺新房家宴开始，新房主把父母亲以及长辈们请到自己的蒙古包正中席，其他客人按辈分依次入席就坐，新房主妇盛茶，从父母亲开始依次敬茶。家主在银碗里盛满奶酒或白酒，从父母亲开始依次敬酒。前来参加贺新房家宴的亲朋好友各自拿出带来的礼物送给家主，祝贺他们幸福安康，兴旺发达。

父亲在新蒙古包套脑上系上一条绸缎哈达，涂抹奶皮；母亲再拿起奶桶，按顺时针方向绕蒙古包一圈，敬洒鲜奶，以示祝福。祝颂人手捧哈达，在银碗里盛满鲜奶，咏诵道：

嚯——
阿姆，赛音，阿木古郎！
恩克，赛音，吉日嘎朗！
在那巍峨的罕乌拉山麓，
在那辽阔无垠的草原上，
在那奔腾不息的河岸上，
依着恩赐我们福禄的
祖先制定的规矩。
在这圣祖成吉思汗指定的
吉祥如意的日子，
请高明的葛根占卜的，
家国代代兴旺之地，
在太平盛世，
结成美满婚姻之缘。
在富饶美丽的家乡，
兴旺发达的土地上，
盛上圣洁的马奶酒，
摆上膘肥的绵羊肉，
奏起悠扬的乐曲，
祈祷永恒的幸福，
为这幸福美满的家庭，
送上吉祥的祝福。
用那檀香木制作的，
没有接头弯过来的，
用那文冠木加工的，
没有瑕疵对起来的，
有经纶般的套脑，
有珍宝的雕刻，
有白檀香木的外圈的，
有如意宝的纹饰的，
有紫檀木的箱柜的，
有宝轮装饰的。
金色的阳光照耀，
象征延年益寿。
银色的月光照耀，
昭示福禄双全。
启明星照耀，
象征圣火兴旺。
在那高高的套脑上，
有一对金鱼图案，
象征年年有余。
有一朵盛开的荷花，
象征爱情甜蜜。
如今你们的慈父，
在套脑上涂抹奶皮、黄油，
祝福你们幸福！
系上一条哈达，
祝福你们吉祥！

祝颂人在祝词中从蒙古包到蒙古包里的家具、摆设无一遗漏地祝福一遍，在座的大家也随声附和着："但愿如此！"高举酒杯，一饮而尽。

念诵新房祝词完毕，桌上摆上全羊，一对新人继续为父母、长辈及客人敬酒，人们有的拉起马头琴，有的高歌一曲，家宴上荡起欢声笑语，洋溢着热烈的气氛。祝新房宴会上人们要注意举止文明礼貌，尊重长辈，说些吉利的话、高兴的话，禁忌举止粗鲁，口吐粗俗语言。祝新房家宴，除了上全羊之外，还要上主食拌上黄油、葡萄干和奶豆腐的"阿木苏"给客人吃，这其中包含福禄如米粒一样多的意思。祝新房家宴散场时，要为父母、长辈及客人赠送礼物，表示感谢之情。客人走的时候，家主一定要亲自为客人送行。

九、"格日一合勒必呼"

苏尼特婚俗中，有一个非常奇特的习俗，叫作"格日一合勒必呼"，近似汉族的"闹洞房"。婚宴散场，到晚上就寝时间，一帮没有走特意留下来的年轻人来到新郎、新娘的洞房"闹洞房"。先是由嫂子把新郎、新娘的被子、褥子按睡觉的样子铺好，叫新娘先躺下。一帮年轻人在洞房或坐或躺下，满满登登，无有立足之地。然后，让新郎从外面走进来，要求他从或坐或躺的人群中走进去，不能触碰任何人，来到新娘旁边。然后脱下衣服，稍微躺一会儿后起来穿上衣服，再从或坐或躺的人群中走出来。或坐或躺的人尽量想办法让新郎触碰到他身上。如果新郎做到没有触碰任何一个人而走出去，就算他赢，宣布"闹洞房"结束。如果新郎触碰了任何一个人，算输。第二天，"闹洞房"还得来一遍。

十、探姑娘宴

按苏尼特习俗，姑娘出嫁后的第三天，姑娘的父亲来探望姑娘，带上乐器手、歌手等十几名随从人员，蒙古语叫"胡很额日格呼"。探望姑娘，要带上全羊、烟酒茶糖、衣服面料、哈达等。亲家要设宴招待。姑娘的父亲临走的时候，新郎的父母亲给亲家赠送蒙古袍面料、腰带、哈达、银元宝等，并给随从人员也送些小礼物。

十一、姑娘回门

姑娘出嫁一个月后，与新郎一起回娘家探亲，也叫回门。蒙古语称之为"图若呼摸其乐呼"。回门也要带全羊、点心果子、烟酒糖果、哈达、毛巾等礼物。这时候，姑娘的亲朋好友都要聚集到她娘家里来，与她互赠礼物，又要欢宴数日。姑娘的父母亲分给女儿其分内的财物。姑娘在娘家住些日子，回婆婆家的时候，其弟弟们陪同送到。

哈达崇尚之道

“饮品至上为酒水，礼品至上为哈达。”苏尼特蒙古人自古以来崇尚哈达。哈达是一种礼仪用品，蒙古族人民每逢贵宾来临、敬神祭祖、拜见尊长、婚嫁节庆、祝贺生日、远行送别、盛大庆典等许多重要场合，都离不了哈达，都要通过献哈达来表示自己的诚心和祝愿，它是源远流长的蒙古族文化重要载体。千百年来，逐水草而游牧的蒙古民族在日常生活中，拥有广泛使用哈达的礼仪习俗，以促进人与人之间的相互尊重、理解和友好往来。哈达，是一种生丝织品，以绫、绸、丝为原料制成，采用丝绸做哈达，是蒙古族对丝绸文化外延扩展所做出的重要贡献。

一般认为，哈达是在元代传入西藏之后传入蒙古草原的。据藏族学者赤列曲扎撰写的《藏族风土志》一书中记载，哈达是元朝时期传入西藏的，八思巴觐见元世祖忽必烈汗后回西藏时，带回了第一条哈达。众所周知，八思巴是藏族历史上，特别是在中央同西藏地方关系史上非常重要的历史伟人。1247年，萨迦法王八思巴随父萨班·贡嘎坚赞在凉州（今甘肃武威）会见元太宗次子阔端，并在宫廷生活了数载。1260年，元世祖忽必烈继位，封八思巴为国师，统领全国佛教。1265年，八思巴第一次返藏至萨迦寺，并向各大寺院的佛像和高僧敬献了哈达。学者巴拉桑伦卜说：“蒙古语‘哈达格’，藏语音译为‘卡达格’。根据藏语语音习惯和词汇，哈达不是藏语，而是蒙古语的藏语发音。”由此可见，哈达是在元朝时候出现，明末清初，随着喇嘛教的传入，献哈达的仪式很快被蒙古族人民普遍接受，从而成为蒙古族崇尚的风俗。

一、苏尼特人使用哈达的习俗

苏尼特人使用哈达，不但有一定的约定俗成的规矩，还有习惯用语，忌讳直接说“给”和“要”，而是用敬献、敬赠、敬送、呈递以及接收、退回等说法。敬献，即对上敬献；敬赠，在赠给客人礼物或作为婚庆礼物赠送时，在礼物上边放上哈达；对下赐给，平级之间互赠，都有一定的规矩和讲究。而在请求帮助时，随同礼物也同样敬哈达，如果应允所求事情，叫作接收哈达；如果不应允则将哈达退回。

哈达，是蒙古族人民生活中广为使用的一种礼仪用品。在拜年、婚庆、祝寿、剪胎发等喜庆活动中对长辈和贵宾表示尊敬，都要敬献哈达，给远方的客人和至亲好友赠送礼物时敬送哈达，在民俗节庆、拜会尊长、迎送宾客等礼仪活动中致颂词者咏诵祝词时，要手捧哈达给客人敬酒。

蒙古人除了喜庆活动之外，办丧事时也使用哈达。如：用白色哈达为逝者蒙脸；为逝者办后事，到寺庙请喇嘛为亡灵念经超度，要敬赠哈达。葬礼上献哈达，表示对死者的沉痛哀悼和对死者家属的亲切安慰。此外，在畜牧业生产经营活动中也会使用哈达。如：将马、牛、羊命名为神畜时，在其脖颈上系上哈达；在牲畜打印的烙铁把子上，招财桶子的提把儿上系哈达；也有用哈达将牲畜烙印的烙铁包裹起来，放入柜子或塞在蒙古包乌尼和哈纳的接口处。

不同规格、不同花纹、不同颜色的哈达，都赋予不同的象征意义，因而在实际生活中，不同的哈达都有不同的涵义和讲究。如：按花纹来区分的话，印有佛像或八瑞图像的哈达要敬献给父母，以感谢父母养育之恩，祝愿父母寿比南山、福如东海；按名称区分的话，“阿尤西”哈达，也要敬献给父母；按颜色区分的话，黄色哈达，敬献给寺庙，敬献给活佛、呼图克图、高僧喇嘛。

男大当婚，女大当嫁。在苏尼特为儿子求亲时，先请媒人去女方家提亲时献哈达。男方家的人在女方家品尝奶食、喝点茶之后，先给佛像点香点“朱拉”（佛灯）、敬献哈达。然后向女方父母长辈说明来意，手捧洁白的哈达，银碗斟满酒先给女方父母长辈，同时递赠带来的礼物。这就叫作敬献求婚哈达。

苏尼特人在佛法会上，向喇嘛和活佛敬献哈达，表示对喇嘛活佛的无限敬仰和信教的一片虔诚之心。到神佛前祈祷时献哈达，以示信佛者的虔诚和希望菩萨保佑，万事如意的祈祷。

敬献哈达是一种既普遍又崇高的礼节，是对对方表示纯洁、诚心、忠诚和尊敬的意思。献哈达者应将哈达对叠再对折成四幅双棱，把折口处朝向贵宾，躬身俯首，双手奉献，递到对方手掌上，表示恭敬。赠送礼物的时候，也要把哈达对叠再对折成四幅双棱放在所赠礼物上面，把折口处朝向对方，以表达美好的祝福。接受者也必须站起身来，弯腰俯首，双手承接，同时把哈达折扣处再朝向敬哈达者，表示回敬。切忌用一只手相送哈达或用一只手来接受哈达。忌讳将哈达套挂在对方的脖子上。接受者用右手把哈达折叠在左手手掌上，揣进怀里或放入所带的包里。

二、哈达的名称

根据哈达材料质地、花纹、规格的不同，有不同的名称：没有花纹的小型缎子哈达，叫“达喜”哈达；有佛像的锦缎哈达，叫“阿尤西”或“苏努木”哈达；两头有穗子的哈达，叫“旺当”或“南基德”哈达；长度2~4米长的锦缎哈达，叫“巴仁札德”哈达；有花纹的短哈达，叫“萨尔斯”或“超浩尔”哈达；最普通的哈达，叫“散白”哈达。

三、哈达的颜色的象征

苏尼特蒙古人和全体蒙古人一样，基本上崇尚五种颜色的哈达，即白色、蓝色、黄色、红色和绿色的哈达。这五种颜色的哈达被誉为“五彩哈达”。在蒙古族人民的心目中，每一种颜色的哈达都象征着一个深刻的含意。

（1）白色：与母乳一样颜色，蒙古民族对洁净无瑕的本能崇奉，逐渐形成了崇尚白色。希望发扬慈悲之心，驱病辟邪，照亮黑暗，心想事成。白色哈达多用于为老人祝寿和高规格的大型活动场合。

（2）蓝色：蓝色是天空的色彩，又称为青色。蓝色在草原象征着永恒、兴旺、坚贞和忠诚，牧民特别喜爱蓝色，在生活中的装饰图案多采用蓝色哈达。

（3）黄色：体现尊贵和至高无上。黄色哈达用于供奉庙宇、敬献喇嘛之用。

（4）红色：象征灶火兴旺，九愿实现。红色哈达专用于空行护法，不能送人的。

（5）绿色：象征江河湖水，山川大地，有繁荣、繁衍的寓意。苏尼特人将绿色哈达用于敖包祭祀或献给有神祇的山水。

四、哈达收藏习俗

苏尼特蒙古人有收藏哈达的习俗。有人将葛根（活佛）赐福的哈达、长者用过的哈达、过年过节的时候敬献的哈达和祭祀礼仪上使用过的哈达珍藏起来。有的把哈达连同熟皮系绳、原浆白酒一起珍藏在供佛柜子里边，熟皮系绳象征五畜兴旺，原浆白酒象征福星高照，所谓“饮品之上为酒水，礼仪之上为哈达”就是这个道理。苏尼特蒙古人自古认为，能终身珍藏哈达、熟皮系绳和酒者，其家庭就会财源滚滚，生活蒸蒸日上。有的人家把五彩哈达系在招福之箭或招福桶的提把儿上收藏起来。

五、哈达的禁忌

苏尼特蒙古族禁忌习俗中，涉及哈达的禁忌也很多。敬献哈达时，忌讳将折叠口朝内；忌讳说“给”，而要说敬哈达；忌讳随意扔掉哈达；忌讳把哈达当作腰带；忌讳把哈达缠绕起来；忌讳将哈达套挂在对方的脖子上；忌讳从哈达上面迈过去；忌讳从哈达上抽丝，忌讳哈达起毛、毛脱落；忌讳洗涤哈达。

六、哈达赞词

礼品至上是哈达，
礼仪之首是哈达，
礼节至尊是哈达。
她象征着纯洁，
她象征着吉祥。
在那太阳初升方向的
聪慧睿智的南人，
用那蚕丝所纺的，
用那锦丝所织的，
荣冠祭品之首的，
象征万福吉祥的，
放置日月行星的，
陪衬红花绿叶的，
绘有八莲宝座的，
绣着五爪飞龙的，
回纹中有那吉祥纹，
正中间有那锤纹，
两头都有金丝穗子，
长度为两庹长的，
灰尘落不到颜色新，
油脂沾不上质地好，
尘土落不到颜色艳，
污垢沾不上质量好。
因为是上苍的恩赐，
所以颜色是洁白的。
因为是长生天的象征，
所以颜色是蓝色的。
我们把洁白的哈达捧在手掌，
祝福人们吉祥如意。
我们把蓝色的哈达举在头顶，
祝福草原四季如春。
这是蒙古族最高礼节，
尊贵的客人请您接收吧。

传统祭祀

敖包祭祀

祭敖包是蒙古民族传统的习俗，是草原民族崇尚自然思想的表现形式之一。祭敖包：蒙古族的祭祀，最隆重的是祭敖包。敖包亦作“鄂博”，是土堆子的意思，即人工堆积起来的石堆、土堆。蒙古族一向认为天地是人类赖以生存的依托，特别加以崇拜。由于天地神没有偶像，人们就堆敖包作象征，从而敖包就成了人们的崇拜物。人们通过祭敖包祈求天地神保佑人间风调雨顺，国泰民安，牛羊兴旺，丰衣足食。祭敖包的时间不固定。蒙古族地区多在农历五月十三日。祭祀时，先在敖包上插一树枝或纸旗，树枝上挂五颜六色的布条，旗上写经文。仪式大致有四种：血祭、酒祭、火祭、玉祭。血祭是把宰杀的牛、羊，供在敖包之前祭祀。认为牛、羊是天地所赐，只有用牛、羊祭祀才能报答天地之恩。酒祭是把鲜奶、奶油、奶酒洒在敖包上祭祀。火祭是在敖包前拢一堆火，将煮熟的牛、羊肉丸子、肉块投入其中，人们向火叩拜。玉祭是古代人们以最心爱的玉器当供品祭祀。这些祭祀方式，都是表示对天地的虔诚，祈求天地给人们以平安和幸福。

敖包祭祀，也是苏尼特蒙古人自古以来的习俗。苏尼特人将敖包分为普通敖包和祭祀敖包两种。所谓普通敖包，就是指修建在居住地巍峨的山峰、山头、泉水、四季轮牧的宿营盘的高地上或在令人肃然起敬的特殊地带的敖包和作为路标或界标而立起来的敖包。修建普通敖

包，并不像修建祭祀敖包那样诵经，埋藏金银珠宝类器具等，参加修建敖包的人们尽可能选择吉日良辰，在修建敖包的地方焚香、奠基，便可修建敖包。甚至有时不焚香、不奠基，怀着虔诚之心，也可修加建敖包。

一、普通敖包

普通敖包一般都是用石头堆起的圆形独个大敖包。有的地方也有主体敖包居中，两翼各有一个共三个的敖包，或形似如意宝的三个敖包。

敖包的地方多选择明快、雄伟且水草丰美的高山丘陵。敖包均有名称，其名大部分以所在之山名或地名来命名，例如：巴彦敖包、乌兰海尔汗敖包、呼和敖包、布尔古德敖包、额布根敖包、甘珠尔敖包、哈拉敖包等。

普通敖包，虽然不似祭祀敖包那样摆上全羊，举行隆重的祭祀活动，但人们出于对于大自然的敬畏之心，向敖包敬洒鲜奶、美酒之习俗古来有之。每当遇到喜庆之事，如建新房、婚庆喜事、过年过节、宣布为某种牲畜放生免除使役（蒙古语称之为“斯特尔乐乎”或“达尔哈拉呼”）、阉割牲畜、擀大毡、长途运输出发和返回、游牧迁徙出发和返回，都要把饮食之精华恭恭敬敬地奉献于家乡的敖包。

普通敖包不似祭祀敖包每年都要进行祭祀活动和举办那达慕，然而，苏尼特人也如同敬仰祭祀敖包一样敬仰普通敖包。不许任何人破坏敖包。路遇敖包，骑马的下马参拜，坐车的下车参拜，祈祷平安。到敖包跟前的人必须顺时针方向绕三周，并随手拣石添上。被宣布为神骑的牲畜一旦死亡，将其头放在敖包上边。祖辈多年使用的物品如果不能再用，也要拿到敖包上放置。

二、祭祀敖包

所谓祭祀敖包，是指按照完整的祭祀规矩来祭祀的敖包。

苏尼特人在选好地址，修建祭祀敖包之前举行“压桑”（奠基）仪式。在敖包选址上挖一个较深的坑，把喇嘛念经开光后的九宝、五谷籽、绸缎、茶以及龙、蛇图案、弓箭等放入陶瓷瓮中埋入地下，然后在上边修建形似蒙古包的圆形石碓。苏尼特人每年祭敖包的时候，在主体敖包与两翼敖包（亦称“子敖包”“徒弟敖包”）之间用细绳连起来，在链绳上边系上各种彩条、绿马风旗和哈达，用柳条围起来。在苏尼特地区，祭敖包的方式有荤祭、素祭两种。荤祭用红食，即用杀了的整羊当作祭品；素祭用白食，即用奶食当作祭品。实际上，荤祭比较普遍，而素祭也有一些。总的来说，苏尼特地区祭敖包的习俗，如压桑、敖包那达慕的准备、敖包那达慕的禁忌等，大体与蒙古族其他地区差不多，但是有些地方保留着自己的特点。

祭祀敖包的规模不一样，有1座敖包、2座敖包、4座敖包、5座敖包、7座敖包、9座敖包、13座敖包等。在阿巴嘎旗、苏尼特左旗交界的独石山上，曾经有过主体敖包居中，东西南北四面各延伸一字排开，每排12座子敖包，总共49座的敖包。

苏尼特地区祭祀敖包分为旗敖包、苏木敖包、寺庙敖包、绿林好汉敖包、诺颜（官吏）敖包、将军敖包、苏力德敖包、葛根（活佛）敖包、喇嘛敖包、誓言敖包、狩猎敖包、求子敖包、寻觅敖包、儿童敖包、羊羔敖包、“塔玛嘎”敖包、骆驼敖包、那达慕敖包等，精神寄托在不断外延扩大，甚至多到无所不及，包罗万象，应有尽有。但所有的敖包的终极使命均为倡导敬畏生灵、和谐自然、天人合一、生态文明。

祭祀敖包的构造不尽相同，有石头敖包、柳条敖包、笆条围起来的敖包、草皮敖包、木头敖包、砖头敖包、土堆敖包、雪堆敖包等。雪堆敖包，是指过春节的时候祭天时用雪堆起来的临时敖包。

苏尼特地区敖包祭祀活动，自农历五月初三至农历八月初十期间进行。其中，绝大部分祭祀敖包原来就有固定的祭祀日期，有的敖包的祭祀活动，则是在这期间择日选定。苏尼特地区荤祭敖包，也可以象征性地拿出白食，但主要还是红食。素祭敖包，则绝对不可以拿红食来祭祀。

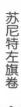

苏尼特地区历史上普通敖包和祭祀敖包共有95座，现在，已经恢复祭祀的敖包有21座。虽然，苏尼特地区敖包祭祀的规矩、习俗大体相似，但有些禁忌方面还是稍有区别的。本书以旗敖包、锡林查干敖包、塔日干洪格尔敖包、乌尼叶琪敖包、朱乐根敖包、格鲁根巴特尔敖包等6座敖包的祭祀作为苏尼特地区敖包祭祀习俗的代表作一介绍，读者可以略见一斑。

敖包祭祀桑

阿姆，赛音，阿木古郎，
恩克，赛音，吉尔嘎朗，
有那祖先的遗训，
是那圣洁的蒙古的习俗。
在那高山上产下的
雪白的绵羊羔，
在鼠年产下的，
在牛年长膘的，
是虎年捉来的，
未曾用拴羊羔的绳拴过，
未曾让孩童骑上玩耍过，

在水草丰美的牧场上
自由自在地觅食的，
珍珠般的羊群里，
遴选了一只羯羊。
请来孟克腾格里的“黑人”
用银刀鞘的刀子来拾掇，
放入巨大的铜锅里，
点上熊熊的火来煮的，
这只膘肥的羯绵羊。
在长满多根葱的草牧场，
喝过甘露般的泉水，

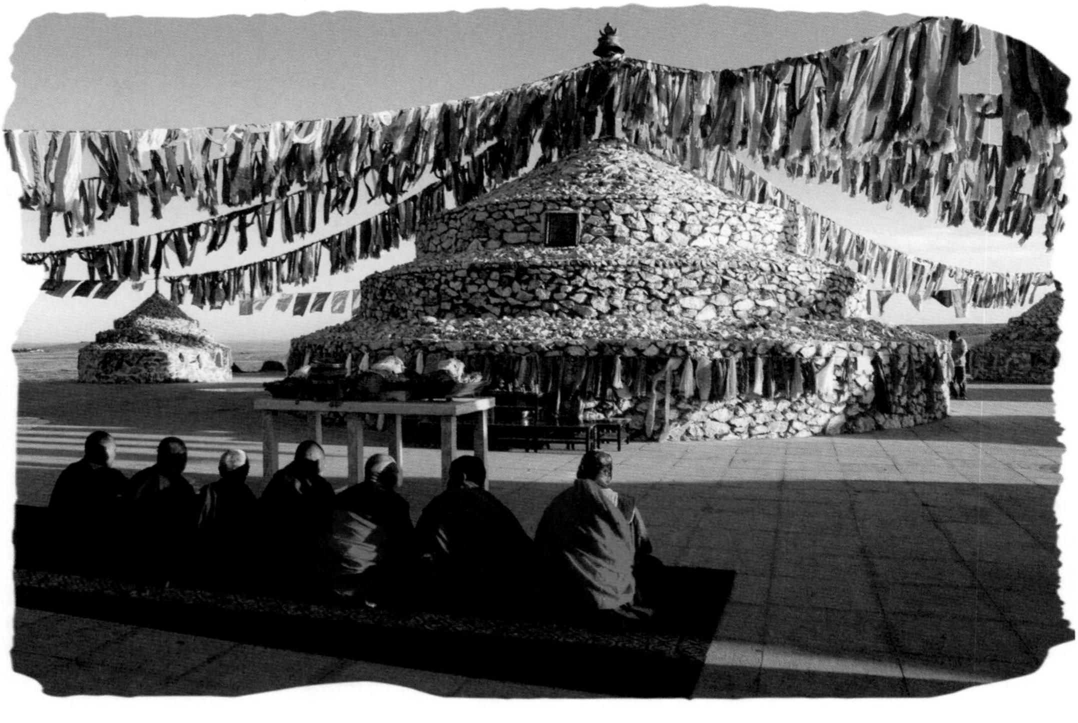

有黄玉般的脑袋，
有匀称肥壮的体型，
有小巧玲珑的嘴巴，
有宽阔的椭圆形鼻梁，
有宝石般的眼睛，
有蝴蝶般的耳朵，
有紧密的六节寰椎，
有一十二根胸椎骨，
有二十根肋条，
有凤凰般的胸叉子，
有八根腰椎骨，
有三条长肋骨，
有一十二节肢体，
有坚硬短粗的小腿，
有带叉的四蹄，
有平展的后背，
有肥美的大尾。
将这只膘肥的羯羊肉，
按照四种方法[①]，
将红食烹饪好。
那檀香木的大盘里，
把红食摆放好。
把那德高望重的长者
请过来为红食剪彩，
取其精华，
敬献给上苍和大地，
敬献给水神和火神！

①四种方法：蒙古民族烹饪红食的四种基本方法为煮熟、火烤、炒煎、蒸熟。

祭 火

蒙古族崇尚火，蒙古人把火看成是纯洁的象征和神灵的化身。灶火是民族、部落和家庭的保护神，幸福和财富的施予者，也是人丁兴旺、传宗接代的源泉。向火神祈求五畜昌盛，祈求人丁兴旺、生活平安、富足幸福。苏尼特蒙古人和全体毡乡民族一样，自古以来有祭火的传统习俗。苏尼特传统习俗中，祭火有固定的日子，有日祭、月祭、年祭三种。日祭是每三天祭一次；月祭是每月的初一、初二祭火；年祭是农历腊月二十三祭火。但后来好多人家祭火以年祭为主，即腊月二十三祭火，已经很普遍。只有苏尼特王腊月二十二祭火。苏尼特人视火神为女神，所以用胸骨祭火。苏尼特人祭火，只用一个胸骨。腊月二十三那一天，牧人们早早地起床，把室内和院落打扫得干干净净，利利索索，开始准备祭火用的休斯。在煮胸骨和在招福仪式上用的肉的时候，先焚香燃侧柏，清洁空气，熏过锅勺的器具，在锅里的水中滴一下鲜奶，然后把肉放进锅里开始煮。这些胸骨、胫骨，是在冬季宰羊时连同四条长肋骨用网油包裹起来特地保存下来，做祭祀炉灶火用的，它含有用带皮的整绵羊祭祀火神的意思。肉煮熟后，放置在盘子里，然后整理胸骨。所谓整理胸骨，即把肉从骨头上剔下来，并保持胸骨的完整性，把连着胸骨两端的脯肉从外围留一细条肉连起来。胸骨柄上那块指甲大小的带皮部分也要按原样留下，把腹膜肉剜下来。胸软肋骨和内侧不能触刀。有的人家把腹膜里边薄皮留下，把外边的肉割下来。剜下腹膜肉的时候，不能伤及胸软骨和浮肋。和胸叉肉一起献的胫骨的肉剔下来。有的人家也把四条长肋骨一起献。这实际上是献完整的胸叉肉的意思，但考虑到燃烧得快些，就把厚肉剔下来供在佛像前。然后把祭火的胸叉用羊护肚油包裹起来，再用碱草和芨芨草捆绑成火炬，渗进些黄油。在其上面放上五谷籽、九宝之类物品，用哈达包住，再用绵羊毛、驼毛、公山羊的鬃毛捻个细绳把胸叉骨缠绕住。然后把羊胸叉摆放在盘子里，把它放在蒙古包西北角桌子上的招福桶的旁边。招福桶里要放胸骨肉、胫骨肉，还有羊直肠、奶食品。有的地方把羊直肠装入招福桶之前，叫孩子在一头咬上三口。也有的人家不叫孩子咬，直接装进去。招福桶里一定要装满招福用的物品。

到了傍晚，把牲畜收拢安顿好以后，天上的星星也出来了，祭火仪式便可以开始。供品齐备之后，在祭火之前先把图拉嘎（火撑子）内的灰全部掏出来，铺上一层干净的细沙子，然后在图拉嘎四个撑子顶上各放一块网油，图拉嘎里码好干牛粪，由女主人点火。全家老小身着新衣或礼服，端坐在各自的座位上。早先的时候，祭火仪式由萨满或亦都干（女巫）主持，后来，黑人（即俗人，也就是男主人）来主持。祭火仪式主持者或男主人手提招福桶进行招福。敬献胸叉由男主人或其儿子来敬献。敬献胸叉之前，在图拉嘎和蒙古包门之间铺上毛朝上的一张绵羊皮，脖颈一端必须朝北。有的人家是铺一条毡子，毡子上边摆一张桌子，桌子上把胸叉骨柄朝北放置。

这时候，男主人穿戴整齐，戴好帽子，把衣袖挽起来，带领全家大小背门跪在灶前。贵族台吉要戴好顶戴。如果家主不在，其儿子代为行之。男主人双手高举一托盘供品行跪拜礼。其他男性家庭成员以长幼次序跪拜于年迈男主人之后，女性成员则跪拜于最后面。

祭祀仪式开始，由高举祭品的男主人祈祷："火神即将升上天界，他将领受上天赐予我家的丰收和幸福。祈求火神将上天赐给我们的丰收与幸福悉数带回来!"这时由专人吟诵祭火祝词。祈祷毕，把木盘中的胸骨和其他祭品投入正在燃烧的灶火中。

投放完毕，由主人带领全家人向火神行三三九次叩拜礼。接着，由穿戴整齐，戴好金银首饰，戴上高高的"姑姑管"的女主人站在图拉嘎的左侧，将从煮胸骨汤上撇取的油脂、白酒或奶酒掺合成的名为"哈里木"的祭品，每行一次三三九叩礼，向炉灶中洒入一两滴。这时放在炉灶周围的九只佛灯和佛龛前的佛灯被全部点燃，霎时间家中变得灯火辉煌。祭火礼毕，人们回到各自的座位，户主把摆放在炉灶周围盘中的食品分发给每人一份。然后拿起垫盘的红白纸边放入火中边说："敬请火神上升天界!"遂由全家人将手中装有祭品的小盘子，双手举至齐眉，呼招福词："呼瑞！""呼瑞！" 这时，户主则举起桌子，即大祭盘，带领大家高："呼瑞！""呼瑞！"此刻，专门请来的致祭词的祝颂人吟诵祭词。

人们在敬送火神升天吟诵祝赞词祈祷保佑的同时，要用祭火饭祭炉灶，待三日后重新祭祀时，才由全家人分享该祭品。等户主把祭盘中的食品作为祭祀物放好之后，全家人才开始吃祭火饭。祭火饭是在煮胸骨的肉汤里加入米、红枣、葡萄、奶豆腐等做成的，煮的时间比较长，所以味道特别鲜美可口。吃过祭火饭之后，喝祭火茶，并向户主和长者们敬祭火酒。祭火完毕，三天之内禁忌往外拿走东西。满三天，收起招福桶，把招福桶里的祭火饭分送给住在附近的亲友品尝。

祭火的时候，将封为神畜的牲畜找回来，给它品尝奶食，并在它鬃毛或尾巴上重新系上新的绸缎彩带。

祭火神祝词

阿姆，赛音，阿木古郎，
恩克，赛音，吉尔嘎朗，
用阿拉美文字[①]命名，
用神仙法术脱生，

渗透着生命的神奇，
由甘露泉水形成，
您性格磊落光明。
发明火的恩重的圣母啊，
我们把那乳之精华黄油，
我们把肉之精华网油，
敬献给您磕头吧！
从岩石上取火镰，
从榆树上取火种，
把坚硬化为松软的，
把黑暗变为光明的，
普照大地的，
照亮一切的，
慈悲为怀的火神圣母啊，
我们向您敬献黄油和肥油，
我们向您敬献醇香的奶酒！
以火石为母，
以火镰为父。
以石头为母，
以青铁为父。
点燃那百草，
点燃那碱草，
点燃那香蒿，
点燃那侧柏，
青烟冲上云端，
热力可达九天。
我们打开那
蒙古包的门，
掀开那
蒙古包的天窗，
把图拉嘎的灰掏净。
聪明贤惠的妻子，
点燃了牛粪火，
明事达理的媳妇，
向您敬献黄油，
敬献肥油。
向九十九层天的
大慈大悲的火神圣母祈祷，
请保佑我们：
无病无疾健康，
无苦无痛太平，
无旱无涝心安，
无灾无难平安，
天天高兴吉祥如意，
月月安康万事通达，
年年平安幸福永远。
向您祈求恩典，
向您祈求福祉，
叩首敬献：
奶皮奶豆腐、
黄油和肥油、
侧柏和檀香、
绫罗和绸缎、
膘肥的胸叉子！
赐予我们福禄吧，
邪恶离我们远去吧。
赐予我们美好吧，
鬼蜮离我们远去吧。
赐予我们安康吧，
病魔离我们远去吧。

赐予我们牲畜吧，
狼害离我们远去吧。
赐予我们财富吧，
贫穷离我们远去吧。
赐予我们知识吧，
愚昧离我们远去吧。
请上苍赐予我们
寿禄和福分吧，
愿亲朋平安幸福。
请大地赐予我们
幸福和吉祥吧，
愿亲族们平安幸福。
向火神圣母祈祷吧，
驱邪避祸幸福万年。
向浩恩的上苍祈祷吧，
吉祥如意寿禄双全！

①阿拉美文字：畏吾儿斤蒙古文字母，是从最古老的阿拉美字母发展演变来的。阿拉美字母产生于公元前6世纪至公元前4世纪。

传统文化

骆驼长途运输

苏尼特蒙古人自古以来通过骆驼运输，将畜产品、土特产品，如绒毛、皮张和当地产的青盐、芒硝等驮运远销至内地省份和邻国，通过商贸交易来促进当地政治、经济、文化、商贸和手工业的发展。

一、长途运输

长途运输，蒙古语称之为“阿音经”。关于苏尼特地区古代骆驼运输，史书上尚无发现文字记载，但是，在苏尼特地区岩画，可以作为古代生活在这一地区的人们驯养骆驼，广泛用于驮运的有力依据。它完全证明，骆驼运输是蒙古人古代交通运输的主要形式。

近代史上，苏尼特地区骆驼运输的组织者，是内地大商号及其在各地区的商铺掌柜和代表。除此之外，当地王公贵族、寺庙吉萨，也组织骆驼运输。平民百姓也自愿组合，进行一些短途骆驼运输。

大商号组织的骆驼运输，是指由北京、张家口、归化城（今呼和浩特）运往大库伦（今蒙古国首都乌兰巴托）的“绿箱子”和普通货物（亦称大路货。蒙古语称之为“Har Baraa”）。当地王公贵族雇人组织的骆驼运输，主要是把当地资源土特产、畜产品，如羊毛羊绒、牲畜皮张、猎物皮张以及当地产的湖盐等驮运到张家口、多伦淖尔、乌兰花、土木尔台、张北，以此来换回米面、布料、烟酒茶糖、点心果子等日常用品。寺庙吉萨的骆驼运输，也是拉上畜产品和湖盐，换回寺庙用的米面、烟酒茶糖、点心果子等日常用品以及寺庙建筑、修理用的木料等建筑材料。平民百姓左邻右舍、浩特艾力的人们自愿组合的骆驼运输，也是把各家各户的为数不多的骆驼凑起来，再从寺庙或从富裕人家雇上部分骆驼，驮运畜产品、湖盐和猎产品（主要是拉盐的多），去上边所提到的一些地方，换回少量的米面、布料、砖茶等生活必需品。新中国成立之前，苏尼特牧区所有生活用品的运输，都是通过这种骆驼驮运和勒勒车运输的形式进行的。

自1949年以来，由旗、努图格（人民公社）、嘎查（生产队）统一组织长途运输，驮运日用商品、生产资料、粮食、饲料等，直到20世纪70年代，随着修通四通八达的公路，骆驼运输逐步被汽车运输所替代，“叮咚”驼铃声早已成为遥远的回忆。

苏尼特地区骆驼运输，一般一个驼夫（亦称脚夫）牵10峰骆驼，每峰脚驼驮载150～200公斤货物。一个长途运输队至少由3个人组成。平常日行程80～100公里。有时因气候变化，临时

变更日行距离，或延长，或缩短，短则日行30~40公里，长则日行100~140公里。

长短途拉脚，采用喀尔喀式和喀喇沁式拉脚两大类。喀尔喀式拉脚也分为少壮式、年迈式以及喀尔喀式与喀喇沁式相接的方法，是根据行程距离长短、出发时间和宿营时间不同而区分。

喀喇沁式拉脚：半晌午驼运队出发，日夜兼程，直到三星西沉时宿营，喝茶吃饭，除了值日，其他人稍作休息。太阳升起之后，整理检查驮运的东西，放牧骆驼吃草。半晌午，人们吃饭喝茶之后，把骆驼抓回来，装载货物，按惯例出发，如此周而复始进行。喀喇沁式拉脚方法，也分“呼和喀喇沁式”和“乌都太喀喇沁式”各具地区特色的拉脚方法。还有“喀尔喀式与喀喇沁式相接”的拉脚方法，这个方法，较之其他方法行程距离更远些。

喀尔喀式拉脚：一整夜行走，即吃完晚饭，太阳落山便出发，赶夜路直到次日中午卸载，人吃饭休息，脚驼放牧吃草。等到傍晚按惯例出发，如此周而复始进行。有时候，路途艰险或遇盗匪猖獗，喀尔喀式改做白天行进，即日出前出发，行进一整天，太阳落山便宿营休息，次日凌晨再出发，如此周而复始进行。喀尔喀式拉脚分少壮式、年迈式以及“喀尔喀式与喀喇沁式相接”的方法。

少壮式，指日夜兼程地行进，多在远途运输中或天气不好的时候采用，即晚上太白金星升起时吃完饭出发，第二天晚上太阳一竿子高的时候宿营。蒙古脚夫多采用“少壮式”方法，有时候还倒换着使用，或白天或黑夜行进。脚驼膘好，脚夫年强力壮，且路段无艰险，则主要采用“少壮式”。

年迈喀尔喀式，是指脚夫喝茶吃饭，黎明时分出发，近黄昏宿营休息。民间运输、寺庙运输，采用年迈喀尔喀式较为普遍。

喀尔喀式与喀喇沁式相接的方法多见于蒙古脚夫长途运输和远途运输，即黎明时分出发，日夜兼程，途中只有趁骆驼撒尿的工夫，牵驼人可以整理一下驮子，或者休息片刻，喝口茶、吃点干粮，连续几天几夜行进不停。这样一走一个行程100~150公里。天气不好的时候多采用这个方法。

蒙古脚夫行走在异地他乡，时刻要注意了解掌握所经过之地的山势水情、戈壁、草地、沙漠的牧草生长以及气候变化，随时调整路程和速度。对脚夫们来说，掌握时间最为重要。在歇息打尖的时候，他们并排放上三颗马粪蛋儿，用火镰从一头点燃，当这三颗驼粪蛋儿烧完，他们就得上路了。这就是传统的计时方法，白天看日头，夜晚按马粪蛋儿燃烧来计算时间。

驼夫的工钱也不尽相同。从张家口到大库伦的长途拉脚，工钱相对多一些，能得到银元宝。而为王公贵族、寺庙吉萨拉脚，工钱很少。长途拉脚条件非常艰苦，体力消耗大，而且工钱很低。在当时长途运输的脚夫们，无疑是个繁重体力劳动者。

二、驯驼

在所有被人类驯养的动物中，骆驼也许不是最出色的，但它却拥有吃苦耐劳、不畏艰险、淡定从容的品格和气质，它以最敦厚最坚韧的，极强的耐力和膂力而为人称道。骆驼素有“沙漠之舟”之美誉，无论沙峰有多高，无论沙暴有多猛，它都能够沉着淡定，如履平地攀上沙漠的最高处，站在沙山之上——驼峰才是沙漠之巅。在蒙古人眼里，骆驼是天赐的神兽，是吉祥的生灵。苏尼特养驼历史悠久，苏尼特双峰驼在国内双峰驼中体格最大，一峰峰高大伟岸的苏尼特双峰驼，它们曾经不顾严寒酷暑，穿梭于戈壁大漠，背上承载着牧人对美好生活的向往。苏尼特人把马、牛、骆驼、绵羊和山羊称为“五畜”，也叫“五宝”，其中骆驼被尊为“五畜之王”。斗转星移、沧桑巨变，虽然说以往坎坷险峻的驼道如今早已被公路、铁路所替代，古朴悦耳的驼铃声也早已被马达的轰鸣声所淹没，但是苏尼特人对骆驼一往情深，对骆驼的赞赏和偏爱就像酿就的民族传统文化酒一般浓郁醇香，折射在他们日常生活和风俗之中。骆驼万难不屈、团结合作、任劳任怨的精神已成为草原文化的精髓，成为苏尼特人永恒的记忆。

骆驼运输，是季节性的。因为蒙古人通过自然放牧来抓驼膘，所以，从春季到秋季在适宜的戈壁草原上放牧骆驼，等到秋季，骆驼抓上油膘之后，开始驯驼吊驼，准备长途运输。在戈壁草原地区，从9月底10月初到第二年春末，是适合长途运输的季节。冬春两个季节骆驼绒毛长得厚实，抗寒抗风能力强，而且这两个季节里雨水也少些，骆驼体力好，适宜背负重载，长途运输。

训练使役长途运输的骆驼，是个技术性很强的艰苦细致的工作，也是驼夫经过长期实践积累起来的宝贵经验。要对脚驼进行上鼻梁桊儿、戴笼头、拴住腿腕、拴、羁绊以及驮载起卧方面的训练。在进行起、卧、牵、拴的时候，严禁猛劲拽拉其缰绳，或用缰绳抽打和用木棍等来棒打脚驼。如果主人对脚驼态度粗暴，措施不得当，脚驼会养成烈性、爱闪躲、喷刍沫、尥蹶子、踢人等坏毛病。牧民从来都十分爱惜牲畜，对待牲畜很耐心、温和，忌讳虐待牲畜。驯使役骆驼，先让其适应骑，然后适应套车或驮载货物长途运输。

用于长途驮运的骟驼，俗称脚驼。脚驼都要提前一两个星期就捉回来，对其饮食进行节制。节制时间根据运输路线的长短，或七天、或十四天、或二十一天，由经验丰富的骆夫来决定。每天适当放出去吃一点草，头七天每隔一天饮一次水，后七天则每隔两三天饮一次水，拴在灰堆或有硝的地方“控”起来，这样对脚驼驼蹄掌有好处，适宜长途跋涉，无论是在硬地，还是在沙路都不怕。什么时候脚驼的毛色发亮，粪蛋子能捻碎，没有潮气，说明骆驼吊得恰到好处了。吊得不好的脚驼，耐力自然就不行。

这是苏尼特牧人驯驼、骑驼、用驼的诀窍和经验。

三、长途运输设备

长途运行，各种必要的设备必须准备齐全，缺一不可。准备一顶携带轻便、搭卸方便、可以容纳五六个人的双层大布帐篷，帐篷需要两根柱子，一杆横梁，十二个固定帐篷的地钉，必须做到帐篷能挡风遮雨。也要随身携带铁锹、斧子、炊具、锅撑子、火剪、铜壶铜锅、脸盆、水桶、牛粪袋子、刀子、锥子、针线以及预备用的鼻棍、熟皮绳、常用药等。脚驼的驼具有笼头缰绳、鼻棍、驮鞍（驮架）、梯架、鞍屉、鞍垫、梢绳、压驮绳（杀绳）、驼铃等。这些用品连同帐篷等，单独驮在一峰骆驼上，走在队伍的最前边。若有哪一种东西用缺失了，到沿途村落上及时予以补充。

长途运输队，把训练有素的老骆驼与新近训练的年轻骆驼搭配好，然后，择日出发。

一个小型运输队可由3～4个人组成，包括伙头（蒙古语称之为“嘎林阿哈”）、火夫、向导、驮载整理者、装卸工等，虽然有不同的分工和名称，但实际上除了商铺、王公贵族派的“领班”之外，其余都是脚夫。他们由富有经验、身强力壮、没病没灾的汉子来组成。参加长途运输的人数，当然是根据驮载的货物的多少，脚驼的多少来决定。

四、出发看日子

蒙古民族在游牧生活中处处图吉利、求平安。蒙古人出门远行，走“阿音”时，先请占卜师或当地德高望重的长者、经验丰富的老资格的“嘎林阿哈”看日子、择吉日，而且喜欢挑选狗日，认为狗对主人忠诚。蒙古人走“阿音”，一般是一个浩特（蒙古牧民住的自然屯）左邻右舍的人自愿组合在一起的，择定吉日良辰后，大家聚在事先约定好的一户人家里，举行出发仪式。这家人早早起来熬好新茶，拿出丰盛的奶食

招待大家。浩特的德高望重的长者致祝词，祝愿大家旅途平安，满载而归。

运输队出发的时候，按顺时方向绕过点燃香火的铁容器三周之后，驼运队慢慢启程。牵驼人的家长或乡邻中的白发老人，要把鲜奶涂抹于牵驼人的额头上，祝福他们一路平安，吟唱优美动人的祝词以壮行：

呼瑞呼瑞呼瑞！
但愿：
高耸的驼峰不打弯，
坚固的驼掌不磨穿，
口袋箱子不漏，
杀绳缰绳不断。
黎明时早点动身，
中午要记住打尖，
傍晚趁凉快赶路。
吃喝时不要散懒，
睡觉时不要太沉。
不要把鼻棍折断，
不要把缰绳弄断，
不要把驼背压伤，
不要让驮子弄偏。
远途中不遇麻烦，
脚驼个个膘肥体健，
长途运输一路平安。
愿皮张食盐能卖好价钱，
满载而归尽开颜。
路途平安不遇险，
牛粪干柴预备全，
弟兄之间要和睦，
拣水好的地方行，
拣草好的地方走。
呼瑞呼瑞呼瑞！
阿爸额吉在祝福你们，
妻子儿女在等待你们。
呼瑞呼瑞呼瑞！
手搭凉篷在盼望你们，
险要地段加小心，
要精心爱护脚驼，
要尊重你们的伙头，
行路要避开灾祸，
橛子连绳加固好，
笼头缰绳预备好，
火堆火灰要压好，
所带器具保管好，
驮载物品清点好，
土匪强人提防好，
愿你们满载而归，
愿你们吉祥而返，
父母大人在祝福你们！
呼瑞呼瑞呼瑞！
献洒鲜奶遥祝你们。
呼瑞呼瑞呼瑞！
乡里乡亲在惦记你们。
呼瑞呼瑞呼瑞！
祝愿你们平安而归。
呼瑞呼瑞呼瑞！
儿女儿孙子想念你们。
呼瑞呼瑞呼瑞！

掏心挖髓在怀念你们。

呼瑞呼瑞呼瑞！

愿你们吉祥而归。

呼瑞呼瑞呼瑞！

笑逐颜开与家人相逢。

呼瑞呼瑞呼瑞！

五、出行初宿宴

苏尼特地区驼运队一定要举行初宿宴，蒙古语称之为“芒来—布达勒”。长途运输队刚离家的头一天不走远，走个几十里地便住下，或等待还没来得及报到的其他队员在这里集合后，举行出行初宿宴。所谓“初宿宴”，是大家汇合之后的第一次郑重其事的统一行动。所以，很有仪式感。首先，由“嘎林阿哈”（伙头）把帐篷从骆驼上卸下来，按年龄论老二、老三把柱子立起，其他几个人七手八脚地帮忙把帐篷支起来。“嘎林阿哈”放好锅撑子，年龄最小的摆放好牛粪，“嘎林阿哈”首先用火镰打着火点燃牛粪火，大家也随之拿出各自的火镰打火点牛粪。“嘎林阿哈”首先把铜锅放在锅撑子上边，有人往锅里倒满水。“嘎林阿哈”带头拿出一小把捣碎好的砖茶放进锅里，大家也纷纷把自己的一份茶放进锅里，以示从此后大家在“一个锅里吃饭，一个帐篷里睡觉”，同甘共苦，不分彼此。茶熬好后，“嘎林阿哈”将头一碗茶先向天地祭洒，然后向着家乡的方向泼洒，祈求天地保佑一路平安。然后，一位年龄最小者先给“嘎林阿哈”敬茶。而后大家拿出各自的干粮，略摆小宴。大伙儿互相品尝各自带来的食品，一边喝茶漫话，一边商量一些路上的事情，“嘎林阿哈”嘱咐几句注意事项。

此后，整个长途运输在“嘎林阿哈”的领导下进行，其他人必须严格遵守“嘎林阿哈”的吩咐，听从指挥，包括运驼的前后排列、装卸驮载的程序、搭建帐篷、烧茶做饭、捡粪拾柴、放牧骆驼、打更守夜等，分工明确，各负其责。

初宿宴仪式结束，然后便早早休息了。这次长途运输算正式开始。

六、驼夫的生活

牵驼人离开家乡，离开亲人远行，一路上的生活非常艰苦。跑一趟运输，时间短则半个月二十天，长则一两个月。他们要行走在荒无人烟的沙漠戈壁，经常要受到断草缺粮的威胁、高寒炎热的煎熬、豺狼和风暴的袭击、疾病和洪水的侵扰，还要注意防匪防盗。牵驼人必须准备好路上穿戴的衣服帽子、吃的干粮、御寒的衣袍自然不必说，脚夫主要食物有肉、白面、炒面、炒米、砖茶、黄油、奶豆腐、奶油等，不一而足。

一般情况下，30峰脚驼组成一支长途运输队，由3名驼夫负责。运输队的脚驼一路纵队前行，将缰绳的一端在前边的骆驼驼屉后架上系活扣，这是为了防止某个骆驼猛然站停时出现缰绳折断、鼻棍别断和骆驼鼻翼豁开。驼运队长时间不停顿地赶路，一般在黎明时分一次，下午一次的固定时间暂停让脚驼撒尿。骆驼撒尿占用时间较长，驼夫们可利用这个时间整理一下驮载物、钉蹄掌、捡牛粪甚至打个盹儿都来得及。

驼夫在前行路上时刻要注意观察脚驼蹄掌出没出毛病，驮载物匀称不匀称，驮载物有没有跑偏。一旦发现驮载物跑偏、驼屉磨损驼峰、驼背等问题及时采取措施加以解决。

长途运输中，驼掌磨痛的事情经常发生。因此，必须及时处理驼掌磨损的问题，把塞入骆驼脚掌缝隙里的石头子、木梢等清理出来，把马皮烧成灰补入破损的漏洞里。作为一个优秀的驼夫，必须具备吃苦耐劳的毅力，聪明机智的品格和随机应变的能力。

运输途中，培养新近训练的年轻骆驼的适应能力，也是不可忽视的一件事情。对第一次参加长途运输的年轻骆驼，开始负荷不能太重，而且要驮载那些尥蹶子时不易摔坏的、不发出很大声响的东西。如果一开始就负荷很重，骆驼容易灰心死心，因此，必须根据其体质和力量，安排适当的负荷。

驼夫遇到的还有一个难题，是骆驼因受惊尥蹶子狂跑而造成驮载物受损失，这是驼夫们极不愿意看到的现象。因此，驼夫们一路上聚精会神，步步紧跟。运输队三七二十一天头上找一处水草丰美的地方，让脚驼稍作休息，驼夫们可以到附近的村落、集市上购买、补充所需物品。重新启程时，把火堆火灰掩埋好，以防止发生火灾，再一个就是提防盗匪。经验老到的驼夫们晚上睡觉时，把碗扣住枕着睡，就是为了探听由远而近的马蹄声和脚步声。

较之其他民族的驼夫，蒙古族驼夫有明显的区别，就是运输途中有很多禁忌：

（1）蒙古族驼夫埋锅造饭时，忌讳往火堆里放入脏东西，认为那样做会弄脏了火神。

（2）忌讳锅撑子上或三块基石上放歪锅子，认为那样做，骆驼上的驮载物容易跑偏。

（3）忌讳用刀子或锥子捅咕火堆，认为那样做会遭殃。

（4）忌讳吃饭喝茶时用左手拿碗或抓偏碗，认为那样做会跑了口福。

（5）忌讳面朝行进路线的方向大小便，认为那样做容易遇到预想不到的阻碍。

（6）忌讳在道路上撒尿，认为那样做脚驼容易受惊疯跑。

（7）忌讳用手指直指路途中的山峰、敖包、泉水，认为那样做，山神水神会生气。

（8）要尊重“嘎林阿哈”，听从“嘎林阿哈”的话，内部要团结互爱，更不允许打架斗殴。

（9）驼队行进程序，一定要服从“嘎林阿哈”的安排，不得有任何违背。

（10）在整个运输过程中禁止喝酒。

（11）驼夫吃剩下的茶饭不能随意倒掉，可做“和睦饭”，分给大家吃。

（12）在异地他乡，要与所有遇到的人以礼相待，主动搭话问候，无论走到哪里，要入乡随俗，遵守当地风俗习惯，不得无事生非，更不能引发口舌之战。

（13）拔帐离开时，要打扫干净，填埋清理异物，禁忌乱倒垃圾、挖坑和折断活着的树枝。

（14）要爱惜脚驼，禁忌打骂、虐待役畜。

作为蒙古族游牧文化的重要一项内容，蒙古拉脚运输之文化，崇尚人与人之间的和睦团结，人与大自然之间的和谐相处，继承和发扬勤劳睿智、艰苦奋斗的优良传统，为传承和弘扬人类优秀文化做出了贡献。

七、“巴音乌德”（丰盛午宴）

当一次长途运输返回来临近家乡，走到最后一站的时候，也要举行一个参加本次拉脚运输的驼夫或车夫分手的丰盛午宴，蒙古语称之为“巴音乌德”，祝贺本次长途运输平安无事，满载而归。仪式跟初宿宴相同而隆重，时间可以拉得长一点，酒也可以多喝一点。人们各自从口袋里拿出一些带回来的糖果点心、红枣之类摆放在一起，不分彼此品尝。还要给劳苦功高的“嘎林阿哈”敬酒，感谢他一路上既劳身又劳心，带领大家圆满完成本次长途运输任务。作为“嘎林阿哈”，也要分别送给大家一点小礼物作纪念。因为“丰盛午宴”之后大家就各奔前程，各回各的家，大伙儿免不了说一些依依惜别的话，并相约下次长途运输再结伴而行。当驼夫们拉着骆驼满载而归的时候，孩子们欢呼雀跃，奔走相告，老人们满脸堆笑，左邻右舍的人们都要出来迎接，一派欢天喜地的氛围。让驼夫尝过鲜奶，迎进家中，熬新茶为其接风洗尘。驼夫也要把带回的点心糖果取出一些，作为“阿音之福分”发送给前来欢迎的孩子们。少不了拿出酒来，与来人把盏共饮，传播一番旅途所见所闻，趣闻轶事，有时甚或欢宴持续数日。一路上备尝艰辛的脚驼，背上的鞍架松一松，再控上一礼拜，待汗落掉以后，将驼架垫子取掉，只留一块屉子，在水清草嫩的地方放牧十几天，再赶回浩特在灰堆上控两三日，才能最后取掉驼屉放入大群。

骆驼车

苏尼特牧人有套骆驼使役的习俗。套骆驼的车，当然就叫骆驼车了。骆驼车，即木车。苏尼特牧人冬春季节套骆驼，夏秋季节套牛。苏尼特牧人骆驼车的用途很广泛，转场游牧、拉运牛粪烧柴、拉运硝碱、拉运粮食物品、拉水和拉冰，都离不开骆驼车。

一、骆驼车构造及用途

骆驼车大体上由车辕、车轮两个部分组成。

第一部分车辕：车辕由辕条、压厢、立柱、横撑、鞍木、羊角桩子、车底板组成。辕条是车上最长的部分，长两庹，由两根一模一样的平行放置的圆木组成，细头部分套牲口，粗头部分修成方棱，用来安装压厢和横撑。用榆木或桦木制作。连接两个车辕的横杆木叫车撑子。车辕上安装车撑，每辆车有十二根车撑。压厢是防止装载物移动或丢失，挡在木车两旁的木杆。压厢形状为长方形，长三尺、高一尺。苏尼特南部是盛产柳条的地方，用柳条在车撑之间穿插编织制成细木网，叫车围子（车厢）。这样，既保护了车撑，也防止行车上装的行李、物品从车撑间漏掉。骆驼车车轴是连接两个木轮的木轴，用柞木、榆木、桦木等木制作。

第二部分车轮：车轮由车辋、辐条、车毂、车轴、车辖组成。车毂是固定辐条的圆木，左右各一个，主要用榆木、桦木制作，长一尺，宽四拃左右，车毂为空心，将其塞入车轴，车毂外圈凿十八个孔用来固定辐条。固定辐条的孔，蒙古语叫“宝鲁因萨日海纳格”。车毂两端安装铁环以防止车轮皴裂。辐条是连接车毂和车辋的木条，用柞木、榆木、山榆等硬性木材制作。木条长三拃余，每个车轮十八根辐条。辐条两端称辐条掌和辐条头，套在“宝鲁因萨日海纳格”部位的叫辐条掌，套在车辋部位叫辐条头。车辋是套入辐条头的弧形木头，用柞木、榆木、山榆等木材制作而成。一个车轮有六个车辋，每个车辋凿三个眼，在眼中套入木制辐条。苏尼特地区的骆驼车上一般没有车轭。骆驼车，根据其用途或装载物的不同，分别称其为柴薪车、拉水车、货车、箱子车、篷子车、拉草车等。直到20世纪80年代中期，苏尼特地区牧户每户差不多有6~7辆骆驼车。骆驼车一般在房后或东北，车辕头朝日出的方向串起来放置。骆驼车具有装卸货物便利，装载量大，负荷多，行车速度相对快等众多优点，深受

牧民群众的欢迎。

二、役驼

苏尼特牧人把套车使用的骆驼，称作役驼。驼羔长到两岁时，就可以开始训练乘骑，到五岁就可以训练套车使役。但也并不是所有的骆驼都可以套车使役的，要根据骆驼的体魄、力气、脾气等进行遴选。套车使役的骆驼要选个头大、驼掌大、有抓力、脖子长、驼峰直立、后腿筋肉有爆发力的。开始训练套车的时候，需要两个人配合，一个人抓住骆驼缰绳，另一个人把车子拉过来。如果是烈性子或爱踢人的骆驼，先叫它卧倒，然后把车拉过来，避免车辕碰其身体而受惊，轻手轻脚套上，老实的骆驼或站着直接可以套上车。训练有素的骆驼拽住驼缰叫其往后捎就可以捎进两个车辕当间套上车了。刚开始训练套车的时候，注意车上载物负荷不宜过重，如果负荷过重，骆驼容易落下“死心”“怯懦””的坏毛病。要用温和耐心的态度，循序渐进，不宜采取简单粗暴的态度。刚开始车载2～3方筐牛粪，因为牛粪非常轻。

三、骆驼车用具

人们知道，勒勒车套犍牛，脖子上面有牛鞅子，下面有下轭，能有效地保护牛脖子，拉车时能使上劲。而套车的骆驼脖子上没有鞅子和下轭，是因为骆驼身材高大，与车辕不搭配。怎么办?

骆驼套车，有一种主要用具，就是挂住在骆驼身上的挽具，蒙古语叫作“阿拉呼西”。这个挽具斜长方形，中间有个孔，把这个孔套扣骆驼前峰鞴在骆驼背上，看上去像是给骆驼穿上了“背心”。用从背心三角形头上牵拉下来的皮绳穿过车辕辕条最前面上下贯通的孔里系上，拉着车往前走。这个挽具，要分纳缝的白毡子片挽具和压条的纳缝毡子片挽具两种。大多数人家考虑其结实耐用，都使用压条的纳缝毡子片挽具。纳缝的毡子片挽具，只纳缝，没有在毡子上贴任何布料，而压条的纳缝毡子片挽具，有的用布条压条，甚至有的用扁形鬃毛绳或扁形熟皮条压条。挽具两侧的鬃毛绳压条或熟皮条压条接缝部位各系有一个铁环，在铁环上系住牵拉下来的皮绳穿过车辕辕条最前面上下贯通的孔里系上。挽具下面有肚带和扯肚带，鞴上挽具后扯上肚带。挽具要用双层毡子缝制，并且在挽具与骆驼身体接触部位，如脊背和肩胛部位垫上有填充物的软垫，以防这些部位磨破。挽具拖绳（从铁环系上的皮绳）不宜过长，如果拖绳长了，容易打在骆驼前腿腋窝而使其受伤。如果拖绳过长，可以缩短拴绳或在车辕辕

条上缠绕一圈系上活扣，系上死扣解开时就费劲了。车辕头应紧靠挽具的铁环，不易往下耷拉。如果耷拉下来，也最容易打在骆驼前腿腋窝而使其受伤。骆驼车装载物重心应在车轮稍往前位置，如果重心在车轮上边或靠后，容易发生翻车。要经常注意钉紧楔子和常给摩擦最厉害的车毂、车键两个部位蘸上油刷油。木车车轮最容易干裂，所以要不时给浇上点水，防止其干裂。苏尼特人在钉紧木车楔子或木轮上浇水的时候，有几句顺口溜："木头车靠楔子，蒙古人靠吃肉。""木头车靠浇水，蒙古人靠喝茶。"

"塔玛嘎"文化

蒙古语"塔玛嘎"，即烙印。

在漫长的历史岁月中，马是蒙古民族不可缺少的重要家畜，马匹是牧民逐水草迁徙、逐水草而居的重要生产和生活工具。12世纪末至13世纪初，漠北草原的养马业已相当发达，马匹身上几乎都有自己的烙印，以示区分。

在北方草原，打马印的风俗由来已久。数千年前，匈奴、突厥先民已开始使用马烙印。蒙古民族使用马烙印的时间大约始于12世纪。成吉思汗时期，为辨别各部马群，在马身上打烙印。

古老的打马印风俗在草原流传至今，说明我国古代北方游牧民族较早创造和使用了"商标"。在古代，马烙印是一个部落、家族财产权和地位的象征。

苏尼特人自古以来就有为牲畜打烙印的传统。他们选择自己的信仰中某种吉祥的图案制作成烙印，为五畜打烙印，并称："承诺是为人的证明，烙印是牲畜的证明。"蒙古人用的烙印分为大烙印、小烙印两种。大烙印印在马、骆驼身上，小烙印印在牛、绵羊、山羊犄角上。

苏尼特牧人给五畜打烙印的时候，都有举行茶宴和其他形式的庆祝活动的习俗。其中，打马印显得更为隆重。

打马印，是蒙古族马文化的重要组成部分。打马印历史悠久、影响广泛，是我国古代北方游牧民族智慧的结晶。马烙印与蒙古民族的牧马业经营管理、社会生活、风俗礼仪、文化艺术等有着密切的关联。具有民族特色的马烙印图案，蕴涵着丰富的文化内涵。古老的打马印风俗礼仪在草原上传承千年。

春风习习，和煦的阳光洒满大地，茫茫草原上的积雪慢慢消融。草原迎来了特有的节日——给五畜打烙印。给五畜打烙印，一般选择清明节前后的吉日良辰。春末夏初，大地解冻，蚊蝇尚未繁殖，这时候阉割牲畜最好。考虑到工作效率，骟马蛋、打马鬃和烙火印往往三管齐下，一气呵成，可谓一举三得。有的地方等到秋天牲畜毛长起来后烙火印，其中，骆驼秋天烙印的较为普遍。

选定大烙印的日期后，预先通知左邻右舍，远近亲朋。到了那一天，牲畜的主人早早把牲畜归拢至自己家或饮畜井附近来。

苏尼特牧人非常看重给五畜打烙印的事情，整个打烙印过程有着非常庄重的仪式感。自发出给牲畜打烙印的邀请即日起，牲畜的主人就开始整理套马杆子和马鞍子，吊“杆子马”。打烙印的那一天，牲畜主人一家都穿上新衣服，出来迎接前来帮忙的客人。

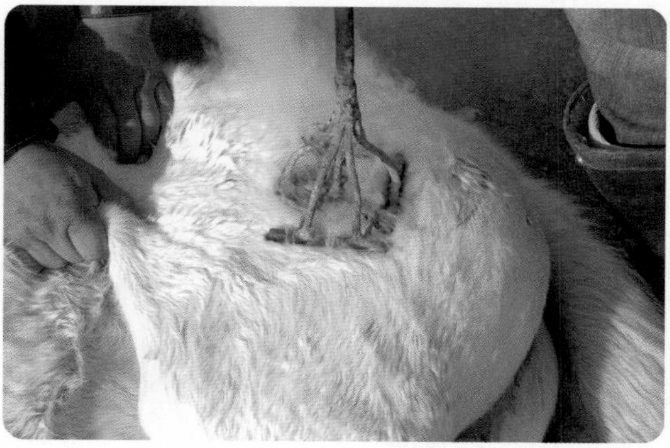

这天，牧民们在平坦的草地上燃起篝火，铁制的烙印横在火中。在待客的蒙古包里，炒米、奶茶、黄油、奶皮子等摆满方桌。年纪大的牧民一边喝着香喷喷的奶茶，一边唠家常回忆着以往的打马印的情景。德高望重的长者为打马印仪式主持人，他身穿民族服饰，戴着帽子，高呼：“打马印开始！”打马印时，长者在马烙印上涂抹黄油，在烙印柄上系上哈达，双手捧着马烙印，走到蒙古包外的火撑子旁边，将马烙印顺时针转三下，然后放入火中。这时候，家主人或祝颂者诵颂着古老的《打烙印颂词》。其内容丰富，语言诚挚：

遵循宗族的习俗，
依着祖先的传统，
把这能工巧匠打制的，
象征吉祥和福祉的，
烧红的钢铁烙印，
烙在牲畜的身上。

这是家族财产权的象征，
区别于别人家的印记，
牲畜繁殖发展的昭示，
生活兴旺发达的赏赐。
愿牲畜多若繁星，
千里草原蒸蒸日上。
愿牲畜多若草根，
吉祥如意幸福万年长！

祝颂者诵颂祝词完毕，家主和德高望重的长者开始为牲畜打烙印。第一批打烙印的牲畜要挑选繁殖率高的优良品种和三岁母马（其他畜种也如此）。打烙印前，把打烙印部位的毛剪下来并喷上水后烙火印。剪下来的毛不能随意扔掉，揪下来一撮儿留作纪念，其余的放进烤烙铁的火里烧掉。烙火印时如果过于使劲，会把牲畜的皮肉灼伤；过于轻了，烙印很快就变得模糊。所以，掌握好力度很重要。马、骆驼，都是在三岁的时候打烙印，牛等到犄角长硬了便可烙火印。有的地方小畜，如山羊也有烙火印的，绵羊剪耳，如果是长犄角的绵羊，也有在犄角上烙火印的。山羊一般火印打在其犄角上面，如果是秃头山羊，那么就剪耳。苏尼特地区小畜，无论绵羊还是山羊剪耳的较为普遍。

蒙古民族在千百年来的逐水草而居迁转游牧过程中，吸纳各民族文化之精华，牧马业高度发展，打马印文化也随之发展，逐渐形成一套完整的打马印风俗礼仪。打马印是牧民的一件大事，古老独特的打马印风俗具有浓郁的草原风情。打马印工作量大，需要许多人的参与和分工操作。由于参与人数众多，场面活泼喜庆，从而打马印也成为具有浓郁民族风情的喜庆活动。

此时，骑手们根据个人的力气和擅长，分成收拢马群、按马头、揪马尾巴、运送火印、打马印等几个组，各司其职，分头行动。一阵激烈的马蹄声响过，只见几名骑手追逐一匹火红的骏马，那马奋力奔跑，好胜的骑手们紧追不舍。一位身穿蓝色蒙古袍的小伙子从众骑手中策马跃出，几鞭赶上，一抖马杆，杆上缠绕的牛皮绳甩成一个圆圈，正好套在前面跑的马的脖子上，杆子马往后一坐，套马人乘势横过身来，借助马劲，将那呼啸狂跳的马拉住。这时，有一位牧民跑过来，一把抓住那匹被套住的马尾巴，借套马人松马杆的一瞬间，借巧劲将那匹狂跳的马摔倒在地，众人一拥而上，七手八脚按住马，剪鬃的剪鬃，烙印的烙印。他们一般给两三岁的马打马印，从此它就有了一块永不磨灭的烙印。

当为最后一匹马烙完火印的时候，德高望重的长者祝福道："愿打烙印的牲畜撒满草原，祝剪耳的牲畜像天上的星星一样多。愿上天恩赐的福祉传万代！"打马印后，要用新鲜的马奶洗马烙印，用哈达包裹起来，放到蒙古包哈纳头上。参加打烙印的人们分头把各种牲畜赶向草牧场，直至牲畜走出很远，烧烙铁的火堆一直烧得很旺。等牲畜全部到了草场上安详地吃草，家主才出来把火压住。这是反映蒙古人敬畏和崇拜火，祝福五畜兴旺的良好祝愿。

打马印结束后，重新点燃篝火，举行牲畜打烙印宴会。由于打烙印的牲畜或多或少数量不一样，工作量也不一样，所以，牲畜打烙印宴会也没有固定时间。总的来说，无论谁家为牲畜打烙印，一般都是从早晨开始，中午完毕。所以，牲畜打烙印宴会在中午或下午举行。

由于打烙印牧户的生活水平不尽相同，因此，宴会的规模和准备也不一样。打烙印家主为了对大家表示感谢之情，尽其所能地备酒备肉慰劳大家。另一方面，也包含向大家宣布牲畜的增长及作为家族财产权象征的烙印的意思，同时也祝福五畜兴旺，分享畜牧业丰收的喜悦的内容。打烙印牧户摆上奶食，奶皮拌炒米吃，并且拌上黄油、葡萄干的大米“阿木苏”，作为“牲畜大烙印的福分”是必不可少的。接着还要煮上手把肉，摆上美酒，引吭高歌，尽情欢乐。大家都说些“今天牲畜大烙印很顺利，你们家牲畜膘肥体壮，一定会兴旺发达”之类的吉祥的话。有的人家还在牲畜打烙印宴会期间，举行搏克比赛和赛马，对获胜者发奖品，以活跃气氛，庆祝牲畜打烙印圆满结束。

在苏尼特如果儿子结婚成家，另立门户以后，要对父辈传下来的印纹上做改动。如父亲传给儿子的马烙印是月亮纹，那么儿子要在月亮纹上加一横，如果再往下继承，他的下一代在制作烙印的时候就在月亮纹上再加一横，或加另一个记号，以示和上一代的区别。换句话说，烙印印纹每往下传一代，就要在上辈留下的印纹上加个新记号，以代表自己家庭的新印纹。蒙古人制作烙印，一定要请本宗族的铁匠来锻制，并且毫不吝啬地付劳动报酬。继承马烙印是地位和继承财产的象征，要进行传统的马烙印继承礼仪。

牲畜打烙印，是一项很吉祥的事情，也有很多规矩。在苏尼特地区，打马烙印、骆驼烙印、牛烙印，烙印必须要烙在牲畜的左臀或左髀部位，忌讳打在牲畜右臀或右髀部位，而且印纹必须向上。打过烙印的牲畜的主人忌讳在一个月之内出卖牲畜、赠送牲畜和宰杀牲畜，特别是新打上烙印的牲畜忌讳当年内出卖、送人或宰杀，以示珍惜打过烙印的牲畜的福气。

打马烙印，是苏尼特每一个人都愿意参与的一项劳动。打马烙印、打马鬃、阉割牲畜，是年轻人在套马、捉马、驯马中一展风采的好机会，也是杆子马、套马能手技艺比拼的好机会。

在苏尼特草原，有奖励马烙印的风俗习惯。据史料记载，清代苏尼特旗，如某户人家某种牲畜数量达到一万头（只），朝廷要奖励“钢印”和“钢制图拉嘎”（锅撑子），并举行大

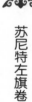

型庆祝仪式，进行赛马、搏克比赛。给跑第一的马、搏克冠军予以九九八十一的重奖。

蒙古族打马印风俗，以及马烙印的制作、保存、继承、奖励风俗，实际上是在风俗礼仪形式下进行的牧马业生产技能传承，也是一种民族文化的传播，对游牧社会发展进步具有十分重要的意义。锻造牲畜烙印，要选择黄道吉日。户主要亲自到工匠的家里，献上哈达，送上袍子面料等礼物；富裕人家甚至送上绵羊，邀请匠人给锻制烙印。铁匠也无条件地答应，并按商定日期制作出来。到了那天，户主来匠人家里请回烙印，付给劳动报酬并表示感谢后，把牲畜烙印掖在腰带里请回家里来。

蒙古族牧民对马烙印爱如珍宝，平时系上哈达，放在蒙古包的哈纳头上。逢年过节时，要将马烙印取下，用新鲜马奶进行洗礼，并唱诵祝词膜拜顶礼后，再放回原处，常常礼敬，平时不能轻易取下。

一、牲畜烙印传承礼俗

苏尼特牧人家的牲畜烙印都是世代传承下来的，父亲要给守灶的儿子传承牲畜烙印。子承父印要挑选一个吉祥而庄重的日子进行，要请家族亲属和朋友邻居参加，也是一个隆重的小型聚会。届时，父亲把马打烙印的全部过程示范给儿子，把在火堆里烧红了的烙印按顺时针摇一摇，涂抹上黄油，在烙印柄上涂抹几滴鲜奶。亲自完成打烙印的详细步骤后，把烙印递到儿子手里，儿子接过烙印之后，向父亲叩首致谢，然后在烙印柄上再缠绕白色的哈达，在火堆上顺时针方向摇三下，再涂抹鲜奶和奶油，接受烙印仪式礼毕。要给第一匹马打烙印的时候，父亲拿过烙印把儿做出打烙印的架势比画一下，最后把烙印交给儿子，让儿子打烙印。这个牲畜烙印交接仪式，实际就是向人们宣布儿子从父亲手里继承了财产和权力，从此以后就有了户主的地位。

二、抹画烙印礼俗

除了大牲畜烙印时抹画烙印，在秋季祭火，腊月二十三祭火，正月初一抹画种公绵羊、种公山羊或为牲畜过年时，都要举行抹画烙印的仪式。秋季八月，举行牲畜火祭时，要将烙印请出来隆重举行“抹画烙印”仪式。因为牲畜火祭，是具有为牲畜招福，祝福畜牧业丰收的象征性意义，因此把烙印请下来，点燃侧柏和香蒿焚香熏印，把当年出售的牲畜的毛、为小畜剪耳时耳朵上剪下的一小块皮子用线串起来拴在烙印柄上，为牲畜招福，祭洒鲜奶，在烙印头儿上涂抹奶皮，等到傍晚牲畜归来后进行畜群“宝门桑”（祝福牲畜繁殖增长的仪式），进行洗礼，唱诵祝词，把烙印放置于蒙古包哈纳上端和乌尼之间。腊月二十三祭火时，把烙印上面的灰尘擦拭干净，涂抹白油或黄油后放回原处。大年初一或为牲畜过年时，牲畜的主人为牲畜烙印献洒鲜奶，为烙印招福，为畜群福分而祈祷。苏尼特有的地方有正月为牲畜过年时，给牲畜系上哈达、缎带，并从五畜种公畜身上剪下鬃毛扎在烙印柄上的习俗。抹画牲畜烙印的仪式由户主或由幺子来主持，也有结婚成家、另立门户的儿子邀请父亲来主持的。

三、“请”牲畜烙印礼俗

单身汉乘骑的马、骆驼或一两头母牛，需要打烙印，就要向其兄弟等直系亲属借用其牲畜烙印打，这个叫作“请”牲畜烙印。借用烙印必须经过户主的同意，而且打烙印的位置必须与那家的打烙印的位置有所区别。向牲畜烙印主人借用烙印时，向主人赠送礼物，并请主人亲自来打印。因为同样的烙印，但打烙印的位置不同，依此证明是烙印的主人亲自来打的印，再有图吉利的意思在里边。

牲畜少的贫困户自己没有牲畜烙印，就得借用亲属家的牲畜烙印，这当然要经过其主人的同意。有的人家因害怕“牲畜福分跑掉”而不愿借给别人烙印用。非直系亲属一般不借用别人家的牲畜烙印。如果不是亲属，其主人也不会同意把牲畜烙印借给别人施用。借用牲畜烙印，只有在亲属之间才可以。

四、祭拜、崇尚牲畜烙印礼俗

苏尼特人崇尚牲畜烙印之习俗古来有之。祭拜、崇尚牲畜烙印之道，有两项内容。祭拜牲畜烙印，是指哪一家的五种牲畜中的有一种头数达到一万头（只），札萨克便奖赏“万”字钢烙印。给牲畜打烙印时不施用札萨克奖赏的钢烙印，而是作为牲畜的福分、五畜兴旺的象征珍藏和加以祭拜，这就叫“祭拜、崇尚牲畜烙印”。在“万”字钢烙印柄上系上哈达和缎带，种公畜或神畜的鬃毛、尾巴毛等，再用白绸子包裹布包好，装在专门的箱子里加以珍藏。除了在秋季牲畜祭火、腊月二十三祭火、正月初一拿出来祭洒鲜奶之外，平时不会往外拿。巴拉珠尔业仁匹勒当苏尼特左旗旗王爷的时候，达尔罕乌拉一带巴盖达盖努图格有个名叫根敦的富户绵羊发展到三万只，朝廷奖励他三个“万”字钢印和一支钢制“图拉嘎”（锅撑子）。只有得到朝廷奖赏的钢印的人家才有资格祭拜烙印的资格，而不是随便什么人都可以祭拜烙印。

早先马群发展到一万匹，打制一微型“金质水槽”“金马驹”，举行盛大的庆典，进行施舍，由家乡德高望重的长者奖励用锦缎制作的套马杆绳，打制“万”字印打马烙印。如果骆驼发展到一万峰，要打制银鼻棍，为种公骆驼戴上银质鼻棍，也要举行盛大的庆典活动，由家乡长者主持奖励金缰绳，打制“万”字印，给骆驼打印。牛发展到一万头，造“银箍紫檀木桶”，举行盛大庆典，进行施舍，并由部落长主持奖赏金质或银质微型牛鞅，给牛打“万”字烙印。绵羊发展到一万只，打制钢图拉嘎，举行盛大庆典，进行施舍，制作“万”字印，在绵羊的犄角或耳朵上打烙印做记号。山羊发展到一万只，用枫树打制“梯子”，举行盛大庆典，进行施舍，制作“万”字印，在山羊的犄角或耳朵上打烙印做记号。牲畜大量繁殖增长，在箭镞上扎上五彩绸，举行招福仪式，祝贺畜牧业获得大丰收。

“万”字印，不是哪家哪户可以随便打制的，而是哪一户人家哪一种牲畜头数发展到一万头，由旗王府和朝廷衙门派来官员进行核查认定之后，颁发朝廷奖励的“万”字钢印、钢制“图拉嘎”、骆驼银鼻棍、黄金水槽、银箍紫檀木桶、用枫树木头打制的梯子等。“万”字印，可从被奖励那年起开始施用，以后也继续可以施用，也可以施用原先的烙印。总之，要施用“万”字烙印，一定要举行盛大的仪式进行庆典。

可以认为，苏尼特人崇尚牲畜烙印的习俗，和全体蒙古人一样源于古代蒙古氏族共同的崇拜物——氏族印记。古代氏族众多的印章图案在蒙古高原岩画上比比皆是，后来作为蒙古人财产的标志牲畜烙印保留至今。因此，蒙古人牲畜烙印的制作保留其象征意义，包含祝福牲畜兴旺发达，生活蒸蒸日上的良好愿望。其中，在烙印柄上扎上心爱的牲畜的鬃毛、尾毛，出售牲畜的绒毛，祭洒鲜奶，涂抹奶食，用火洗礼，把烙印放置蒙古包最尊贵的位置等崇尚之礼和很多禁忌习俗等，一直传承至今。

打牲畜烙印的时候，烙印不是随随便便从蒙古包中往外拿走的，而是必须要用侧柏火精心洗礼，涂抹鲜奶、奶皮、黄油等奶食品，户主要穿戴整齐，戴上帽子（特别忌讳不戴帽子，光着头），在烙印柄上系上哈达，或掖在腰带里或抓在手里，拿到打烙印的地方。

保存烙印，有两层意思：一是烙印施用完毕保存起来；另一个是日久天长遭到损坏和变得陈旧，不能再施用的烙印要保存起来。任何一个牧户人家也不是随便什么时候都可以打牲畜烙印的，必须在春季和秋季固定时间打烙印。打完烙印之后，一般把烙印掖进蒙古包西北角哈纳头和乌尼之间放置，不可以随地乱放，不可以塞进外边箱箱柜柜之中。有的人家专门备有装烙印的桶或毡袋子。转场走“敖特尔”时，把烙印装入箱子里，或用大布包裹起来，与蒙古包套脑放在一起驮走。

报废的烙印，换句话说，施用多年之后变得陈旧不堪或者由于某种原因受损的烙印，或者是更新后被淘汰不用的烙印，也不能随意丢弃，而是把它作为“遗产烙印”装入专用的毡子口袋里加以珍藏。只有在每年过年的时候拿出来擦拭，点燃侧柏焚香熏印，涂抹鲜奶之后，再把它装入毡子口袋里加以珍藏。

五、牲畜烙印的禁忌

苏尼特人自古重视打牲畜烙印，作为一项吉祥、象征加以遵循，并且也有很多禁忌，形成游牧文化习俗传承了下来。

牲畜烙印，是蒙古人崇尚的用具，禁忌随意乱放；禁忌从其上边跨过去；禁忌将牲畜烙印放置于蒙古包外边；禁忌用左手抓着走；禁忌将牲畜烙印头朝下；禁忌将牲畜烙印打在地上，认为这样会得罪神灵，会使主人世代受穷；禁忌用牲畜烙印打人，禁忌用牲畜烙印打牲畜；无论是马、牛、骆驼、绵羊、山羊，禁忌将烙印打在牲畜右侧脸部，如果将烙印打在右侧脸部，被认为是牲畜的命运受委屈；禁忌在牲畜身上横七竖八乱打烙印，那样做被认为是折福；有的地方忌讳在马右侧脸部打烙印，认为那样对男人运气不利，这与我们蒙古人把马视为男人的运气，忌讳鞭打马头，忌讳剑指马头是同一个道理；从马、骆驼打烙印部位剪下来的毛不能随意丢弃，认为那样做牲畜的福分打折扣，所以一定要把它扔进烧烙铁的火堆里烧掉；早先，苏尼特地区甚至忌讳用汉字烙铁，认为不吉利。

牲畜烙印不能打在别人家的牲畜身上，那样属于盗窃。牲畜烙印非亲属绝对不能给借用，认为那样牲畜福分会逃脱。

打牲畜烙印的人绝对不允许不戴帽子光着头去打烙印。禁忌在山羊身上打带叉子烙印，对山羊有碍。为绵羊、山羊打烙印时嘴里念叨“苏鲁克、苏鲁克”，寄托了游牧民族衷心的祝福与希冀，体现了草原游牧社会的祈福风俗和崇拜观念，对羊群繁殖增长有好处，忌讳打印时默不作声。

无论是马、牛、骆驼、绵羊、山羊哪一个畜种，打完烙印之后的七天之内和一个月之内，禁忌抽打、谩骂、惊吓牲畜。为牲畜打烙印时，禁忌打架斗殴，口吐粗话、脏话和说不吉利的话。骂骂咧咧、口吐脏话，对牲畜运气不利。

忌讳女人给牲畜打烙印。逝者家里人逝者过世未满49天忌讳去参加别人家牲畜打烙印活动。禁忌儿童用牲畜烙印来玩耍，被认为那样福分会跑掉。

禁忌在牲畜原来烙印的痕迹上再打烙印，那样被认为是顶坏的凶兆。蒙古人从来不会在一头牲畜身上打多枚烙印。

蒙古人特别忌讳在马前腿上打烙印，认为那样会“伤了牲畜肌肉，对不起牲畜”。

凡是打过“翁根”（神圣）烙印的马，禁忌剪其鬃毛。禁忌女人捉放和乘骑打过“翁根”（神圣）烙印的马。

打过“翁根”（神圣）烙印的马，其主人使役后，必须拴在专门的勒勒车和拴马桩，禁忌拴在别的拴马桩上。

为马打过“翁根”（神圣）烙印之后，如家里有逝者，此后49天之内禁忌使役这匹马。

为牲畜打过烙印的人家忌讳在3天或一个月之内将新打印的牲畜赠送与人，那样被认为是牲畜福分逃脱掉了。新打印的牲畜禁忌在当年出售。有的地方准备出售的牲畜烙印打在前腿上。

蒙古人忌讳让别的民族的工匠打制牲畜烙印，必须要请本民族的工匠来打制。

请工匠打制烙印时忌讳讨价还价。不论什么价位心甘情愿付酬。

早先，苏尼特地区只用“宝木”（十万）、“图门”（一万）、“明安”（一千）文字字样的烙印，除此之外，忌讳用所有阿拉伯数字的烙印，认为那样阻碍和限制牲畜繁殖发展。

六、牲畜烙印图案的形状、规格

苏尼特蒙古族牲畜烙印，不仅仅是为了表示自己的畜群有别于其他畜群，而且在这些牲畜印记图案中蕴含着丰富的文化内涵，是极其珍贵的文化遗产。

中国北方草原游牧民族牧放五畜已有数千年的历史。自古以来，苏尼特蒙古族以牧业为主，他们非常喜爱动物，把自己心爱的马牛羊比作珍珠玛瑙，赋予美好的向往与祝福。苏尼特岩画中有大角鹿、麋鹿、羚羊等动物图案。他们将动物的形体抽象化、写意化，或加以夸张并模式化，刻在牲畜烙印上，羊角纹、牛头纹、鹿纹、羚羊纹、双鱼纹、犬纹、飞鸟纹、猎鹰纹等，有畜群兴旺、子孙繁衍、平安祥和等寓意。大体分为动物、自然、天体、生活、几何、文字、宗教七大类别。据了解，马烙印由蒙古族工匠锻制，印面一般为 8~10 厘米，采用起凸阳文、镂空透雕。马烙印柄长60~80厘米，柄端中空，以便装木柄。

七、五畜打烙印时间、打烙印的位置

马一般2~3岁的时候，在春季和秋季打烙印。而在苏尼特地区春季打烙印较为普遍。秋季，是马群抓油膘的季节。在这个季节里来回赶马群，会影响其抓膘，因此秋季打烙印的很少。但是，从别人手里买来的或者别人作为礼物赠送的马因怕丢失，又等不得来年春天，只好在秋天打烙印。马烙印必须打在左臀或左髀部位，而且烙印头必须朝上，如火印，形似火苗，必须火苗朝上。打马烙印，可以把马按倒在地打，也可以在其站立状态下打。

骆驼也是2~3岁时打烙印，春末夏初的时候打印。可以把骆驼按倒在地打，也可以在其站立状态下打。骆驼印也必须打在其左臀或左髀部位。

牛印一般打在牛犄角上，也有用火印烙在牛耳朵或者蹄子上的。牛一般2~3岁犄角长够了打印。牛印比马和骆驼的烙印小一些，比绵羊和山羊的烙印稍微大一些。

绵羊烙印打在其耳朵或脸部，如有犄角就烙在犄角上面。绵羊2~3岁时候打烙印。苏尼特地区绵羊剪耳做耳记的多，打烙印的比较少见。绵羊主要在春季打烙印。

山羊绵羊2~3岁时候打烙印，烙在其犄角上。山羊主要在春季打烙印。

八、牲畜烙印的象征意义

苏尼特人选择牲畜烙印图案时，主要选择吉祥的、象征意义的图案。牲畜烙印中有大量的植物图案，是蒙古族牧民在长期劳动、生活、实践中提炼的，如树纹、花朵纹、草纹，有顽强、幸福、长寿、顺利、丰满等寓意。牲畜烙印中的天体天象纹非常生动，其中，太阳纹体现了太阳的周而复始，象征着万物生生不息；火纹有温暖大地的寓意；月亮纹有万物生长、阴阳互补等含义；星星纹寓意马群像星星一样繁多；云纹有风调雨顺的寓意。

蒙古族将具有游牧特色的生产生活用具，牢牢地铸造在了马烙印上。马鞍纹、马镫纹、勒勒车纹、牛鞍纹、驼铃纹、驼鼻棍纹、弓箭纹、布鲁纹、蒙古包纹、火撑子纹、铁锅纹等，代表了游牧生活的时代水平，是自然形态下游牧生活平稳富足的表现。

几何纹马烙印，巧妙地运用了点、线、面的图案，是蒙古族在长期生产生活中对世间万物的概括、提炼、取舍而形成的艺术创作，表现了丰富的想象力。

文字类马烙印非常珍贵，有契丹文、古蒙古文、八思巴文、满文、汉文等马烙印。契丹文是辽太祖耶律阿保机时创制的文字。蒙古族显然是从远祖继承了契丹遗字的马烙印。古蒙古文是成吉思汗时代以回鹘文字母为基础创制的文字，在元代时广泛使用，已有800多年的历史。八思巴文是元朝忽必烈时期由八思巴主持创制的文字。古蒙古文、八思巴文马烙印是蒙古民族世代相传的烙印。

蒙古族马烙印是北方草原牧马业发展的一个历史缩影。马烙印文化不仅是研究北方草原民族牧马业发展的重要资料，也是研究蒙古族文化历史、社会管理、道德风尚、文化艺术、宗教信仰等的重要资料。马烙印丰富多样的图案在设计艺术学中具有借鉴意义。

在苏尼特博物馆印记文化展区，陈列着古迹研究家达·查干先生收集和恢复制作的上千种不同形状的、具有不同象征意义的牲畜印记图案让人目不暇接。这些牲畜印记图案分别是1940年之前锡林郭勒草原普遍使用的牲畜烙印，1958年之前苏尼特左旗白日乌拉苏木牧民用过的马烙印图案，1958年至1984年间苏尼特左旗范围内用过的牲畜烙印图案。在这里挑选几个具有代表性的烙印图案做一简要介绍：

玉纹：自古以来，美玉得到蒙古人的万般垂爱和崇尚。蒙古人认为玉有防妖避邪的作用，玉韧性强，受得住铁锤击打。因此，在盾、马鞍、马嚼环、锁头上镶玉，玉印打在战马和参加比赛的快马上。据蒙古族长篇史诗《江格尔》的记载，江格尔的臣民的右脸上都有玉印。

火纹：蒙古人认为火是天神赐给人类的圣物，是世界上最圣洁的神灵，是善良和光明的象征，具有驱邪、净化的功能。

驼鼻棍纹：驼鼻棍纹烙印，反映了牧民驯服骆驼所使用的工具，生个子骆驼力大性烈，驯服后温良聪明，是游牧人亲密朋友。

皮奶桶纹：皮奶桶纹烙印，源自蒙古祖先部落最早挤马奶，加工马奶酒的器具。皮奶桶纹烙印象征奶子和奶制品更多，更加丰盛。

兰扎字纹：兰扎字是天竺（古印度）梵文的一种。据称，藏文是以兰扎字为蓝本创造出来的。用兰扎字制作烙印，是表达借经文密宗使马变得更快的希冀，认为使用兰扎字烙印，马群兴旺。

如意纹：如意，蒙古语称之为“钦达穆尼”。汉语“如意”，顾名思义，万事如意，它是玉雕件中比较神秘和特殊的制品，也是中华民族的传统吉祥之物。蒙古人也借用此意，希望“九愿如愿以偿”，制作如意纹烙印。

太阳纹：太阳纹马烙印，体现了太阳的周而复始，“阴阳相合，化生万物”的本原哲学，象征着生命无限延续和万物生生不息。

锤子纹：锤子纹烙印象征坚固不摧，不断繁殖增长，不受损失，战无不胜的意义。

车辕纹：车辕纹烙印，象征马群坚强有力、有秩序、和睦。

鱼纹和鱼眼睛纹：鱼纹和鱼眼睛纹烙印，象征牲畜像水中的鱼一样繁衍生息，像鱼眼睛一样不眨眼，一心为主人效力。

弓箭纹：弓箭纹烙印，是与游猎民族最早使用武器是弓箭有关。护牧狩猎时，运用弓箭是一种心雄气壮的心理保障。再一个是祝福草原的骏马奔跑如飞，像射出去的箭一样快。

月亮纹：月亮和太阳一样都是牧人崇拜的天体对象，认为月亮可以免除灾害，太阳的阳性和月亮的阴性内涵，有着生命永存、万物生长、阴阳互补的含义。

经文纹：宗教图案的广泛使用，反映了苏尼特蒙古族祈求神佛保佑马群兴盛的宗教思想。

宝贝纹：宝贝，蒙古语称之为“额尔德尼”，蒙古人视马为宝贝，制作元宝、珊瑚、贝壳、甘露瓶等模型图案的烙印。

心形纹和桃形纹：为了象征“物品脆弱短暂，主人天长地久”之意，制作心形纹、桃形纹以及眼睛形状的纹样烙印，以图新颖、富裕。

火撑子纹：火撑子纹烙印则是人们取暖和饮食不可缺少的生活用品。火撑子纹烙印，象征牧人家像火一样兴旺发达。

器具纹：器具纹马烙印图案，包括铁锅、家具、油灯、剪刀等。铁锅是人们煮肉饮食所用的器具，家具是蒙古包内放置的物品器具，油灯是用来照明的日用品，剪刀、纺线坠是手工业生产中所使用的工具等。这些器具虽然质朴无华，却是生活中不可或缺的重要物件。苏尼特人之所以用这些器具纹来做马烙印图案，是因为它代表了游牧生活的时代水平，是自然形态下游牧生活平稳富足的表现。

星星纹：星星纹马烙印图，点点繁星寓意自家的马群像星星一样繁多，牧人最崇拜的就是北斗七星，认为它能给予人生命和长寿，反映北方游牧人的天道观念。

法轮纹：苏尼特牧人非常崇尚法轮纹烙印。苏尼特人视法轮套脑（蒙古包天窗）像太阳一样而崇拜。法轮纹烙印象征事事圆满，心想事成。

吉祥结纹：吉祥结纹烙印有五眼吉祥结纹烙印和十眼吉祥结纹烙印。吉祥结，是平安、吉祥的象征，以此来象征牲畜繁殖增长，人们生活蒸蒸日上。

巴图纹：巴图是蒙古语，坚固、牢固之意。传统蒙古文的“巴图”字烙印，是苏尼特左旗独具特色的牲畜烙印。据苏尼特左旗老一辈人说，这是苏尼特左旗达尔罕乌拉一带的白马群使用过的烙印。传统蒙古文的“巴图”字烙印，象征畜群抗灾抗病能力强，牲畜强壮结实的意思。

砧子：铁砧子，是铁匠铺锻打铁器所使用的垫铁，有方形左右对称的方铁砧子，也有两头尖的羊角砧子。苏尼特人制作形状如砧子的纹样的马烙印，象征坚固、结实，希望牲畜稳定增长。

马鞍纹、马镫纹：马鞍纹、马镫纹烙印，代表了马背民族向往骏马雕鞍的心理，有了骏马与雕鞍，游牧人便插上了翅膀。

勒勒车纹、牛鞍纹：勒勒车纹、牛鞍纹烙印，是草原游牧民族迁徙游牧最重要的交通工具的象征，勒勒车运载了游牧人的全部生活用具，表现乘坐勒勒车行驶在辽阔草原上的舒闲与快乐。

钱币：钱币纹烙印，源自“玉有防妖避邪的象征意义”，也反映过上富足生活的良好愿望。

山字纹：山纹烙印，源自蒙古人对大山的崇拜。蒙古人自古感恩大自然以其阳光、雨露、空气滋养着世间万物，山水、森林、草原将其丰富的资源恩赐给他们，哺育他们生存繁衍，使人们对大自然产生了崇拜和热爱。山纹烙印，一方面反映了草原牧人对山水、森林、草原的感恩，另一方面也祈祷草原的牲畜像山一样坚固、永恒。

苏尼特草原牲畜烙印活动的每一个过程都包含了许多礼仪细节，都具有着深刻的教化思想内涵，如施印中的颂词，子承父印礼上的祝酒歌等，每一句颂词唱词都体现了蒙古社会的道德风俗观念。下边是一首《塔玛嘎祝词》。

塔玛嘎祝词

阿姆，赛音，阿木古郎，
恩克，赛罕，吉尔嘎朗！
用山上的矿石烧红的，
用红彤彤的火炼就的，
用岩石的矿石烧红的，
用高温的火来炼就的，
依着氏族的传统制造的，
世世代代崇尚的，
用那生铁锻造的烙印啊！
撒满草原的牲畜啊，
这是上苍的恩典啊！
这是大地的赏赐啊！
是兴旺发展的象征，
是继承保护的财产，
是吉祥运气的偶像，
是继承遗产的凭证，
是氏族间的连接，
是宗族的传统，
是五种牲畜的福分，
是祖父留下的遗产，
是成家立业的财产，
是发家致富的本源。
我那种公马的运气，
是马群壮大的象征。
我那种公骆驼的神气，
是驼群繁殖增长的象征。
我那种公牛的神灵，
是牛群增多的象征。
我那种公绵羊的福分，
是绵羊繁星般增长的象征。
我那种公山羊的福气，
是山羊珍珠般撒满原野的象征。
是安定生活的保障，
是那牲畜的烙印。
但愿马群万马奔腾，
磨损它个十枚铁烙印。
但愿羊群填满山谷，
磨损它个二十枚铁烙印。

但愿驼群撒满戈壁，
磨损它个青铜打制的烙印。
但愿牛群数不清，
磨损它个铁打的烙印。
但愿羊群满山坡，
磨损它个钢制的烙印。
但愿主人安康，
但愿财富永存，
牲畜像星星一样多，
幸福生活万年长！

传承人简介

达·查干 男，蒙古族，1948年出生于锡林郭勒盟苏尼特左旗伊和查干苏木巴彦高勒嘎查，为达喜策仁、杜拉玛的次子，是盟级非物质文化遗产塔玛嘎文化传承人。

1960年就读于达来苏木小学，1963年因家庭生活困难而辍学，回乡务牧。

1976年学习蒙医，从1977年起行医，1978年在苏尼特左旗洪格尔苏木卫生院当蒙医。1980年，创办内蒙古自治区第一个苏木一级蒙古文刊物《巴彦洪戈尔之声》。1984年，调入苏尼特左旗民族事务局，担任《达尔罕乌拉》刊物编辑。1986年调入苏尼特左旗史志办公室担任编辑，1988年调入苏尼特左旗政治协商会议文史办担任编辑。1999—2007年任苏尼特左旗政治协商会议副主席。

达·查干自1976年起做岩画田野调查，于1991年出版了第一部研究著作《苏尼特岩画》。此后，撰写、出版了《石头文化》《苏尼特风俗》《蒙古人原生态游戏——沙嘎》《蒙古族绳艺文化》《蒙古族传统木器文化》《蒙古族传统牲畜塔玛嘎文化》《塔马琪草原上的古岩画》等学术著作，《苏尼特搏克》《苏尼特寺庙历史概况》《苏尼特祭祀敖包》《苏尼特民间祝词赞词》《苏尼特地名传说》《胡波衮洪格尔传说》《苏尼特英雄史诗》等非物质文化遗产方面的书籍。

达·查干于1984年被评为“内蒙古自治区学习使用蒙古语言文字先进个人”，受到表彰。1987年，他写的《石头文化》一书，获得内蒙古自治区第五届社会科学作品优秀奖；2003年，他的《蒙古人原生态游戏——沙嘎》一书，获得内蒙古自治区第七届社会科学作品三等奖；2006年，他的散文《镌刻在岩石上的生命的温度》获得内蒙古自治第八届文学创作“索龙嘎奖”；2014年，他被评为“内蒙古自治区学习使用蒙古语言文字先进个人”；2016年，他的《蒙古人原生态游戏——沙嘎》一书，获得内蒙古自治区第十一届文艺创作“萨日娜”奖。

苏尼特人秋季招福仪式

在苏尼特地区秋季举行招福仪式，以此表达蒙古族牧人招福祈祥的心愿。招福仪式，被称之为牲畜招福或绵羊招福。之所以称之为绵羊招福，是因为招福仪式上摆放整羊席。秋季招福仪式没有固定的日期，各家各户自己来选定。苏尼特地区牲畜招福，自古以来一直是为牲畜招福，而到了清朝末年，增加了供佛念经的内容，念的经有《甘珠尔》经和《阿拉坦格日勒》经（《金光明经》，又名《金光明最胜王经》）。也有那木斯来招福、苏力德招福。各家各户招福形式不尽相同，但招福的目的、内容和季节是相同的。

秋光绚丽，金风送爽，碧空如洗，千里草原一片金黄。在这牛羊膘肥体壮的美好的季节，蒙古人要举行绵羊招福仪式。如果说，春季招福仪式，是迎接新春来到，万物复苏，大雁归来，草木生长，那么，秋季招福仪式与之正好相反，是为了把生命的绿色，南飞的候鸟等一切动植物的福分留下来而举行招福仪式。早先，蒙古人有自己的招福咏诵词，但后来随着喇嘛教进入蒙古地区，改为请喇嘛念经。喇嘛们根据蒙古人传下来诵词又编了一套。举行招福仪式，要邀请左邻右舍、亲朋好友来参加。参加招福仪式的人们都带些礼物，至少带一瓶酒、五张烙饼、哈达和自己酿制的奶酒等。供佛的人家打开佛龛，把供的佛像亮出来，在佛像前点燃佛灯，再摆上桌子，在盘子里摆上招福的红食和奶皮、奶豆腐等。招福用的饼要烙成三角形，一角朝里，一面朝外，摆放多层。春节摆放的烙饼是四方形，串

门子做礼物带的饼是圆的，但招福时用的饼要烙成三角形。苏尼特地区每家每户招福时用的饼倒不一定都是三角形的，但苏尼特氏自古就有招福时用的饼要烙成三角形的传统，这与古时祭天供神时烙三角形饼的习俗有关。饼的这种形状是以天箭为象征，照箭镞的形状仿造的。秋季招福上整羊摆放和其他招福仪式上的摆放有区别，把煮出来的整羊按活羊走路的样子盛摆在大木盘或大铜盘里，头朝佛像，上面放置奶食品。整羊旁边放一瓶打开瓶盖的酒，瓶颈上系上缎带。苏尼特地区多数人家摆放卸开的全羊，但也有一些人家摆放的是没有卸开的全羊。摆放没有卸开的全羊，只把羊内脏掏出来，四条腿去掉其蹄子，囫囵个儿煮出来，按活羊走路的样子头朝佛像扶住东西摆放在整张羊皮上面。把客人带来的礼物全都摆在全羊的周围。招福仪式开始之前，将所有的牲畜归拢回来，进行“宝门桑”仪式，念诵“宝门桑”祝词。蒙古语“宝门”，即十万，所谓“宝门桑”仪式，就是包含牲畜多多繁殖增长的祝福。进行“宝门桑”仪式时，在三角木架上安放火盆，火盆里有火炭，上边点燃侧柏等有香味的植物枝叶和各种奶食，对牲畜进行烟熏洗礼。这不但对各种牲畜疾病有预防作用，也是表达对畜群平安的良好祝愿。

秋季招福仪式不似骆驼招福那样晚上天空布满星星以后才进行，而是在下午未时（下午1点至3点），所有牲畜回到营盘后进行。

招福仪式进行时，大家围坐在蒙古包内，招福念经喇嘛坐在北面正中。户主手拿招福桶，参加招福仪式的所有人不能空着手，大人可以手上放条哈达或一种奶食品，儿童手里拿着糖块儿或点心果子。当念经吉萨的喇嘛手摇晃时，大家随着用右手或用双手顺时针方向摇晃。招福桶，是颜色微黄的长筒布口袋或是木桶，正面挂有黄铜或红铜镜子以及红铜制的箭镞、铜铃、哈达、彩绸等很多东西。里边装有用毡片剪下来的五畜的图案和小马镫、马嚼子及其祖先遗留下来的一些遗物。另外还有五谷籽种、宝贝物等。户主又在招福桶里加入一点点羊胸叉肉、肥肠、心包、羊心和奶食、点心等，用哈达盖住招福桶的口子。招福仪式结束后，把整羊肉卸开，大多数人家把整羊的头、尾、胫骨卸下来供在佛像前，其余红白食、酒、饼等作为招福福分分给集聚而来的大伙儿享用。也有的人家把整羊右

前腿整个割下来供在佛像前，甚至把右前腿蹄子都不卸开，连皮带毛留下来。把招福仪式上摆放的整羊收起来重新煮过之后，将方形羊背放在念经吉萨的喇嘛前面，其余的分别盛放在盘子里摆放于大家面前。参加招福仪式的男男女女，老老少少围坐在一起，喝着招福的茶，品着招福的酒，分享着招福的整羊肉，欢歌笑语，热闹一番。招福仪式结束，人们回去的时候，户主分给他们一些招福福分带回去。招福仪式进行期间如有客人来，当客人走进蒙古包，有人赶紧过去，在客人骑过来的马尾巴上剪下一小撮马尾放入招福桶中，意在防止自己的福分跑到别人家去。

传承人简介：

额乐布格巴雅尔　男，蒙古族，1955年出生于锡林郭勒盟苏尼特左旗达来苏木巴彦宝力道嘎查，为自治区级非物质文化遗产五畜招福仪式传承人。于2015年去世。他从10岁开始，向其父亲丹巴达尔扎学习五畜招福仪式风俗，后来自己能独立主持五畜招福仪式。他培养了额尔德尼达来、阿拉坦松布尔、温都尔很、额尔德尼扎布等4名徒弟。

堆“阿日嘎拉”（牛粪）垛子习俗

牛粪，蒙古语“阿日嘎拉”，马粪，蒙古语叫“浩毛拉”，骆驼粪，蒙古语叫“胡日古拉”，各有名称，作为可做燃料的牛粪、马粪、驼粪蛋，一般统称为“阿日嘎拉”。

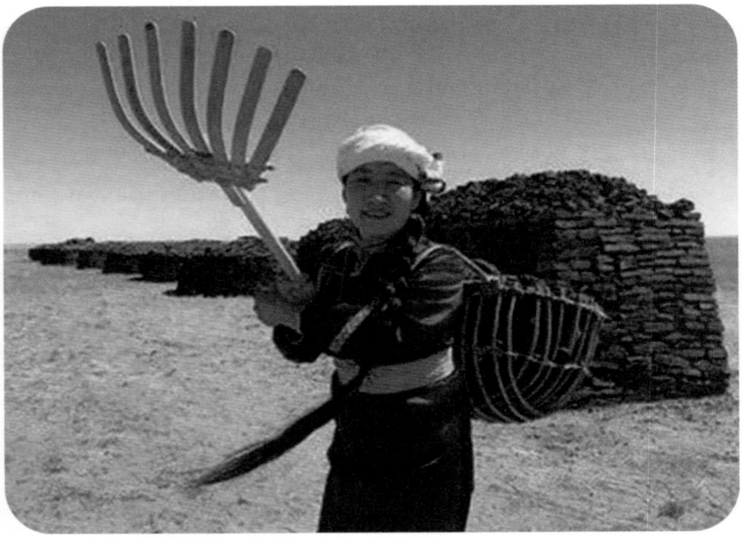

苏尼特牧人将五畜的粪作为燃料来利用由来已久，其中，阿日嘎拉，即牛粪，是主要燃料。《蒙古秘史》卷十第234节中即有成吉思汗降旨“朵歹（人名）扯儿必（官衔）必须要经常在宫帐的后边，吃着尘土，烧着马粪紧跟吧”的记载；《柏朗嘉宾蒙古行纪》第一章中写道：鞑靼地区

（即蒙古）“那里所有的人，无论是皇帝、达官显贵还是其他人，都利用牛粪马粪火来烹饪食物和围火堆而坐”；南宋彭大雅出使蒙古后写的《黑鞑事略》中说“他们的燃料是草煤”，指的就是牛粪或羊粪砖。由此可见，蒙古人自古以来就是用牛粪、羊粪、马粪做燃料的。

“阿日嘎勒”在蒙古族牧民生活中有着举足轻重的地位。蒙古族有句老话说：“有牛粪燃烧的蒙古包温暖，有爱支撑的日子温馨。”并且认为用牛粪当作燃料熬出来的奶茶最香，煮出来的肉最好吃，在烧牛粪的火炉旁生长的孩子身体最结实、眼睛最明亮。游牧民族无论走到哪里都离不开牛粪。转场迁徙时也会将牛粪与蒙古包和粮食一并带走，以防下雨时没有燃料可烧。在过去绝大部分时间里牧人背篓不离肩，走到哪里都会捡牛粪，就连熬奶茶的工夫也会出去捡一些牛粪回来。蒙古人除了让孩子从小学会骑马，还会教孩子捡牛粪，通过这样的劳动磨炼孩子的意志，让他们从小明白“积少成多”的重要意义。阿日嘎拉，在蒙古族生活中根据颜色和季节的不同有着各自的名称以及不同的用途，如哈拉阿日嘎拉、乌兰阿日嘎拉、哈拉塔尔阿日嘎拉、西拉阿日嘎拉、呼和阿日嘎拉、查干阿日嘎拉等。

哈拉阿日嘎拉（黑牛粪）：春季牛粪干了后，其颜色变成黑灰色，故称之为哈拉阿日嘎拉（黑牛粪）。

乌兰阿日嘎拉（红牛粪）：冬天的牛粪到了夏天颜色变成灰红颜色，故称之为乌兰阿日嘎拉（红牛粪）。

哈拉塔尔阿日嘎拉（斑驳牛粪）：黑牛粪、红牛粪到了秋天其颜色变得斑斑驳驳，故称之为哈拉塔尔阿日嘎拉（斑驳牛粪）。哈拉塔尔阿日嘎拉耐烧，火劲儿大，一般在冬天烧。

西拉阿日嘎拉（黄牛粪）：夏季的牛粪比较稀，颜色较为淡黄，故称之为西拉阿日嘎拉（黄牛粪）。牧民把它用粪叉子反过来晒干。

呼和阿日嘎拉（灰白牛粪）：隔年的牛粪，颜色变得灰白，故称之为呼和阿日嘎拉（灰白牛粪）。

查干阿日嘎拉（白牛粪）：在野外风吹雨打的牛粪，不禁烧，火劲也不大。蒙古人一般不捡隔年的牛粪，而是让它留在野外，这样牛粪就会经过雨水的冲刷渗入泥土，使土质更肥沃，让牧草更丰茂。

“呼勒都古斯”牛粪：即冻牛粪。牧民冬天把它堆在一起，等晒干以后当作燃料。加工奶食品，烧用这种“呼勒都古斯”牛粪最好，耐烧但火劲儿稍弱一些，不易造成糊锅。

“钱串”牛粪：冬季牛因饮食不足或空腹拉出的粪，看上去形状如一串串铜钱，故叫“钱串”牛粪。

扁牛粪：夏季牛拉得太稀，地上薄薄的一层，就叫扁牛粪。

“迭儿嘎拉”牛粪：牛拉出的粪稠，重叠干透的，就叫“迭儿嘎拉”牛粪。

苏尼特蒙古人讲究勤俭持家，又追求干净利索。不会把牛粪这儿一堆、那儿一堆地乱堆，而是将捡来的牛粪用木栅栏围住或整齐堆放在蒙古包东南或西南方向等便于取用的地方。这种堆好的牛粪垛，蒙古语称之为“达楞太—阿日嘎勒”。牛粪垛堆好后，还要用湿牛粪在边面抹上一层防护层，以防止风吹雨淋遭到损失。在牧区看一个牧户的光景如何，一看他们家堆放的牛粪垛可略见一斑。牛粪垛大不大，是否整齐，牛圈里的牛粪是否清理，往往反映出这户人家是否勤劳持家。因此，蒙古族谚语中有许多有关牛粪的精彩谚语，如：“有牛粪的人家最暖和，有绒毛的家最富裕。”“好吃的人仓房里没有余粮，懒做的人门前没有牛粪垛。”“与其闲游好闲，倒不如去捡牛粪。”等等。

根据牛粪垛堆放的形状，也可以分别称之为达楞太阿日嘎拉垛、码垛的阿日嘎拉垛、围栏的阿日嘎拉垛、上边抹的阿日嘎拉垛和散堆的阿日嘎拉垛。

达楞太阿日嘎拉垛：蒙古语“达楞”，即土埂、堤坝。苏尼特地区牧民在冬营盘把冬天的冻牛粪一趟一趟地堆放起来，看上去像土埂或河堤，因此得名。秋后，再回到冬营盘后，把它堆积成垛。牛粪垛长宽高低没有固定标准，牧户根据各自的情况而定。

码垛的阿日嘎拉垛：是用大块牛粪在外边码垛成一圈，小块儿牛粪或马粪放进里边。

围栏的阿日嘎拉垛：外边用羊粪砖或笆条、树枝来围成一个围栏，里边堆入牛粪。

散堆的阿日嘎拉垛：就是平常烧的牛粪堆，随捡随烧。

上边抹的阿日嘎拉垛：在牛粪垛上边用稀牛粪抹上一层，不怕雨淋，不怕风吹，有利于长期保存。

阿日嘎拉，不仅可以当作燃料，而且有着驱赶蚊虫和一定的杀菌能力。蒙古族祖先很早就发现了阿日嘎拉的杀菌能力，因而，他们用牛粪烟熏肉以防变质，这一传统一直保留到今天。除此之外，遇到极度劳累而病倒的人和畜也会用阿日嘎拉烟熏后，再进行其他治疗。对于极度劳累而病倒的人和畜，蒙古人采取的传统治疗方法是：先用牛粪烟熏后，再击碎牲畜髓骨煮在

浓茶中，用其蒸汽熏。这样一来，患者内外能量被激发，身心很快得到康复。

自古以来，用“呼和阿日嘎拉”焚香的风俗广泛地存在于游牧蒙古人中。蒙古人认为，历经三年的风霜雪雨，集天地之精华，得日月之灵气的“呼和阿日嘎拉”具有消毒驱邪的功能。据了解，蒙古人患过敏性疾病的概率在世界上处于最低的位置，其原因的解释是与蒙古人从小在牛粪烟中熏陶成长有紧密的联系。

印度的医生、专家夏尔马博士发现蒙古牛粪烟的神奇功能后，从蒙古带回牛粪，用牛粪烟治疗肺结核患者获得成功，对其奇特的疗效非常惊诧。日本科学家研究确定，牛粪烟能杀死300多种病菌。他们这一发现成为证明牛粪烟能治病的重要信息。然而，并不是所有地区的牛粪都有这个功能，只有草原上的蒙古牧民经常用背篓捡回来的那些蒙古牛粪才具有神奇的功能。

蒙古人具有把经书包好后供放在蒙古包内上位箱子上的传统，而放在箱子上的经书便经历多年的牛粪烟熏陶。这样的经书在1920年蒙古国中央图书馆成立时收藏，至今有百年历史。这些经书丝毫没有遭受现代纸质书籍易发霉、虫蛀、受潮、发灰等通病的侵害，这也是牛粪烟熏的神奇功能的又一个佐证。

那么，草原上的牛粪为什么有这样神奇的功能呢？

2014年7月14日，蒙古族游牧文化与生态文明国际研讨会在内蒙古赤峰市阿鲁科尔沁旗召开。在当天的研讨会上，内蒙古大学教授、草原生态专家刘书润发言时手里拿了一块牛粪砖，介绍说：这是一块真正的、晒干了的草原牛粪砖，有芬芳的味道。为什么草原上的牛粪是香的？以蒙古牛为例，它们常食200多种药用植物。草原上的牛吃的是天然牧草，汇集了几百种草的香味。这样的牛粪被点燃以后，既可以取暖，烧水烧饭，还可以让人提神。民间广为流传的“草原上的牲畜吃的是中草药，喝的是矿泉水，拉的是六味地黄丸”的说

法并非太夸张。套用一句俗话：“老牛始终吃的是嫩草。”草原上的蒙古牛确实不喝脏水，也不吃脏草。

历史的车轮滚滚向前，随着社会生活的变迁，许多蒙古人因学业、工作，以及其他各种原因离开草原走进了城市，过上了现代化生活。然而他们经常思念草原，思念毡房，更会思念草原蒙古包的炊烟。在蒙古人心中，阿日嘎拉早已不是一个简简单单的燃料，而是融入在心底和血液的一种温度、一种依赖、一种情愫、一种乡愁。

物质文化遗产

古遗迹及岩画

通古尔盆地中世纪哺乳动物化石

以哺乳动物化石产地之一而遐迩闻名的通古尔盆地，位于苏尼特左旗赛汉高毕苏木所在地东北12公里处。它于1929年被发现，迄今已有90余年。中外生物学家根据通古尔盆地的化石群，研究证明了“迄今为止在我国发现的最重大哺乳动物群是内蒙古通古尔动物群”。国际上被确定为“中上新统阶层”的标准地点。

这里就是闻名世界的恐龙化石产地。现在此地建有恐龙博物馆。早在7000多万年以前的中生代，这里曾是地球上最大的爬行动物——恐龙的王国。从恐龙之乡出土的这些较完整的各类恐龙骨骼化石，包括恐龙蛋化石和鳄鱼化石等，为人们了解这种早已灭绝的动物提供了很大的帮助。据分析，距今7000万年前，通古尔曾树木葱郁，湖泊广布，是一个爬行动物的王国。随着地球的剧烈变迁，山崩地裂，天翻地覆，在这里生存了一两千万年的恐龙和许多爬行动物灭绝了，这里便成了世界著名的动物化石宝库，通称为

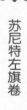

“通古尔”高地、“恐龙墓地”。

早在19世纪初叶，通古尔就吸引不少国家的考察队和探险队。据专家介绍，内蒙古是马的故乡，在距今1000多万年前，通古尔盆地就已生活着马的始祖三趾马了。迄今为止，在通古尔一带已发现的恐龙化石有亚洲似鸟龙、欧洲式阿莱龙、姜氏巴克龙、蒙古满洲龙等。从1959年开始，中国的地质、考古、古生物学工作者在这里发掘出较完整的鸭嘴龙类“巴克龙”骨架以及小型食肉恐龙化石。最近几年又发现了一些重要的化石标本，堪称世界罕见的珍品。近年来在苏尼特右旗境内的查干淖尔碱矿附近挖掘出一具完整的恐龙化石，是目前亚洲最大、最为完整的恐龙化石。经专家鉴定，这具恐龙化石属蜥脚类，是恐龙家族中最大的一种，身长21米，高6米，体重近百吨，现已定名为“查干淖尔恐龙”。

现在，通古尔的含义是泛指整个通古尔地层分布区域，一个西北部高出于周围地面的一个平台，向东和向南该平台逐渐和周围地表融合，通古尔组地层不再出露，仅在其东、南角，因有一盐湖形成陡壁再现通古尔组地层，平台的西北部高出周围地表40余米，形成陡壁出露很好，这也是化石最集中的地区。

1986年，中国科学院古脊椎动物与古人类研究所、锡林郭勒盟文物保护管理站联合组成了内蒙古通古尔考察队，以中年知识分子、著名教授邱占祥为队长（现中科院古脊椎动物与古人类研究所所长、1959年中苏考察团成员）对达布哈尔、准乌古尔南、敖尔森查布、曼德琳查巴、墨尔根、呼尔郭拉金三角架西北约2公里及郭尔呼拉金敖日格勒进行了发掘考察。

此次收获最大的是小哺乳动物化石。美国第三中亚考察团和中苏古生物考察团的注意力都集中在大哺乳动物的采集上，小哺乳动物化石收获甚少，只发现6种而且材料不多。内蒙古通古尔考察队通过应用筛选法采集了近3吨砂样，发现了大量的牙齿，计近2000件标本，将原有的6种又增加了22个新种类，其中最少有3种在我国尚属首次发现。

通古尔盆地范围内包括“哈日点”“满都拉点”“乌拉干点”“俄罗斯点”“都热根忽都噶点”等13个点，上述动物化石均发现于这些点。

中外生物学家认为：“通古尔盆地，是中世纪新生时代的地球史近代重要层型地点，是表现哺乳动物发展史的快速变化转折的化石宝库。”

1996年，通古尔盆地被列为内蒙古自治区古生物化石保护区。

苏尼特岩画

苏尼特草原上古岩画，是原住居民的文化遗迹。20世纪70年代（1978年），苏尼特左旗蒙古族岩画研究家达·查干首先发现苏尼特草原古岩画，并将其命名为“苏尼特岩画”。

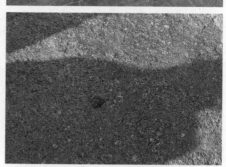

苏尼特岩画分布很广，达·查干根据这些岩画的地理位置以及其特点，分别命名其为“陶恩图岩画”“毕其格图岩画”“塔木嘎图哈达岩画”“呼和朝鲁岩画”“哈丹布查岩画”“巴兰图因哈达岩画”“兔来哈达岩画”“哈丹布查岩画”“毛瑞舒图岩画”“特莫图哈达岩画”“呼兰图岩画”等。苏尼特岩画从“陶恩图岩画”开始往东到“宝德尔朝鲁岩画”绵延100多公里，分别在17个不同地方分布着不同历史时期遗留下的岩画，主要集中在“呼和朝鲁岩画”区域内，“陶恩图岩画”“毕其格图岩画”“呼和朝鲁岩画”“巴兰图因哈达岩画”“也客土来岩画”“巴嘎土来岩画”“宝德尔朝鲁岩画”“温都尔楚鲁岩画”“哈丹布查岩画”“呼兰图岩画”“奔巴图因哈达岩画”“哈布其拉岩画”“毛瑞舒图岩画”“也客塔木嘎图岩画”“巴嘎塔木嘎图岩画”“玛塔尔楚鲁岩画”“达里黑图因楚鲁岩画”“扎拉因哈达岩画”“呼舒呼都嘎岩画”“阿尔善布拉格岩画”“萨达嘎敖包足迹岩画”“巴音陶鲁盖岩画”“塔木嘎图哈达岩画”等。其中，岩画比较集中在“呼和朝鲁岩画”“毛瑞舒图岩画”“宝德尔朝鲁岩画”“巴兰图因哈达岩画”“哈丹布查岩画”“毕其格图岩画”等区域，其他地方也就1~2处。就是“呼和朝鲁岩画”区域内，各处岩画之间距离较远，而且有些山头蜗牛石上的岩画由于经年已久，已经变得模糊不清了。

岩画是一种石刻文化，人类祖先以石器作为工具，用粗犷、古朴、自然的方法——石刻，

在岩穴、石崖壁面和独立岩石上以彩画、线刻、浮雕来描绘，记录他们的生产方式和生活内容。它是人类社会的早期文化现象，是人类先民们留给后人的珍贵的文化遗产。

岩画研究家、科学家们对岩画的内容、制作技术、存在现状、风格等进行细致的调查，探讨岩画内容所反映的时代和族属等问题，付出了卓有成效的劳动。岩画研究已经有了200多年的历史，在世界范围内岩画研究成为独立的科研项目。

苏尼特草原发现的岩画，是曾经生活在这一带的古人类对世界观和自我的表达，狩猎和食物采集表现了当时人们的生活方式，古人或用石器或某些尖锐的东西，采用磨制、敲凿和涂画，来描绘人类的生活，以及他们的想象和愿望。学者们将它称之为“岩画”。岩画中的各种图像，构成了文字发明以前原始人类最早的“文献”。对岩画的“阅读”，是我们探知史前文化方方面面的一个通道，生动古朴的画面中承载着人类初期的历史和记忆。

苏尼特岩画，是古代游牧民族在苏尼特地区岩石上敲凿出来的图像，野生动物及人们狩猎、放牧等画面占多数，表现人们的生产生活、斗争、思想、宗教信仰等，囊括了当时社会客观情况。

苏尼特岩画图像反映的内容有母盘羊、公盘羊、岩羊、山羊、鹿、犴、狼、狐狸、猞猁、野

猪、豹子、黄羊、鸟、野马、野驴、野骆驼、蛇、羚羊、老虎等动物，其中，最多的是鹿、岩羊、母盘羊、黄羊、狼等，其次是野驴、野马。这些野生动物有的刻画得栩栩如生、生动逼真，而有些动物形象刻画得夸张、扭曲，给人以想象的空间，表明当时的创作者的艺术水平还相当高超。在动物岩画中，狩猎画面非常多，有单人打猎、两三个人打猎以及多人围猎的画面。用弓箭、猎犬、猎鹰打猎的画面中，使用弓箭的特别多，而且使用的弓箭多种多样，有射犴的、射盘羊的、射岩羊的、射黄羊的、射袍子的，射野驴、野牛、野骆驼的也很普遍。

苏尼特岩画中，反映北方草原游牧文化题材的岩画内容丰富多彩，构思新颖，生活气息浓郁，内容色彩斑斓，具有全面反映古代游牧生活的特点。由起初的解决肉食而狩猎，逐渐转化为捕获、饲养野生动物的幼仔，进而驯化野生动物。经过数千年的努力，终于培养成了草原五畜。驯化野生动物的每个阶段的经历，在岩画中得到了不同程度的反映。这些岩画中出现的骑马的人、骑鹿的人、骑牛的人、骑羊的小孩、骑骆驼的人、牵马的人、牵骆驼的人、牵狗的人、众人骑马、马车、骆驼车、牛车、骑马放牧的人、骑马射箭的人等，无不反映不同时代生产生活的特点。

苏尼特岩画中，反映人的岩画更多。除了表现狩猎、游牧、战争之外，直接表现人类活动的画面更多，例如：跳舞的人、正在给上苍磕头的人、部落间的互斗、萨满教的亦都干、死人、分娩的人、男女交媾、摔跤手摔跤、手牵手的人、相互追赶的人、俩人搏斗、躺着的人、徒手推车的人以及面具、手印、足印、动物蹄印等不同时代的图像，其中刻画细腻、生动形象的不在少数。

苏尼特岩画作品延续时间很长，反映不同时代。据目前的研究推断，以新石器时代晚期至青铜时代的岩画为最多，岩画内容反映了北方草原荒漠地带猎牧人的生活、生产、宗教信仰、原始思维、生命意识等各方面的历史概貌。

以北京—张家口—大库伦—恰克图为中心的丝绸之路、茶叶之路，即蒙古人称作的“运输路”“老倌路”“回回路”“公主路”“库伦路”“甘嘎路”“库伦—多伦淖尔沙拉扎木”，苏尼特左旗、苏尼特右旗、浑善达克沙漠、塔木钦塔拉草原，是必经之路。

从20世纪四五十年代起，在苏尼特草原发现了旧石器时代中末期的陶片、硅石片、石锄、石摇篮、石碗、刮削器、石锤、石磨棒、石转盘等。石器有白、蓝、绿、紫、粉、黑等丰富多样的颜色。苏尼特左旗德力格尔罕苏木境内图布新胡都嘎新石器遗迹发现于20世纪70年代，地形是随着阳面山势的盆地，建筑呈形。所发现的石器中有石磨盘、石磨棒、石斧、石臼、刮削器、石片等。从形状、技艺上看，是新石器时代遗迹。此外，恩格尔高勒河沿岸，巴彦宝力格苏木境内还发现了很多新石器时代石器和细石器，苏尼特地区多处还陆续发现了这样的石器，说明苏尼特地区土地上蕴藏着很多旧石器时代古人类生存遗迹。

苏尼特岩画，比较多地表现了狩猎画面，如：手持木棒追打野兽的，往陷阱里围逼追赶野兽的，用弓箭射杀野兽的画面以及抓住鹿的尾巴的，抓住岩羊后腿的，多人围住野马抓马的，有人抱住野马脖子制服的画面，有马车、牛车、骆驼车、狗拉雪橇等画面，等等，客观、生动、真实地反映了古代北方各狩猎民族由起初的扑杀野生动物逐步转向捕获、驯化野生动物的游牧民族的漫长历史转变。

苏尼特岩画中还有很多日月星辰和手印、足印、动物或牲畜蹄印，还有乐器、文字、符号、图腾以及动物、行猎、放牧、舞蹈、车辆、器物，不仅表现古代北方各狩猎游牧民族的经济生活、生产活动，也表现了他们宗教信仰、原始思维、意识形态、审美追求、生命意识等各方面的历史概貌。岩画充分表现了古代游牧民族的智慧、文化和艺术创造力，表现了他们对大自然的理解和对生活的热爱，以及对图腾的崇拜。一幅幅惟妙惟肖、形象逼真的精彩画面，将人们带到了神秘而久远的远古时代。

苏尼特岩画，是蒙古高原以及中亚古岩画的重要组成部分。苏尼特岩画画面精彩逼真，风格独特，延续时代长久，参与的民族众多，分布范围广泛，题材丰富，表现生活真实，手法简练形象，时代特征鲜明，艺术水平高，保存良好，不仅反映了古岩画的典型性，又有鲜明的地域特点，因而引起国际岩画研究界的广泛关注。

岩画是我们祖先留下的极其珍贵的艺术瑰宝。包括苏尼特岩画以及丝绸之路、茶叶之路沿途各地的岩画在内的数以万计的古代岩画，从产生到发展的历史长河中显现出以下几个特点：①以真实的生产生活为题材，表现当时的经济生活、自然环境、宗教信仰、原始思维、意识形态、审美追求、生命意识，成为一种独特的艺术；②岩画越发展越具备了传统性和典型性，在反映部落、氏族萌芽和形成历史的同时，也反映同一目的生产工具因不同地域、不同环境而各具特色的踪迹；③随着社会发展，岩画所表现的内容里不断增加新的内容，从多方面刻画社会人文发展，形成不同时代的特色，内容丰富、思维新颖、刻画生动、范围广泛，成为最早的一部历史教科书；④出自不同时代，不同种族、部落之手的特色鲜明、色彩斑斓、手法古朴，

与大自然融为一体，为艺术史上的奇葩；⑤纵观岩画产生、发展和传承，从原始社会的人们智慧和自觉行动中可以判断他们是敬畏自然、热爱生活，对未来充满信心。因此，完全可以说，岩画是人类文明史上的一个里程碑，对于了解、研究人类发展史、狩猎史、游牧史、文化艺术史、自然环境地理史、宗教史……有着非常珍贵的价值。

1996年，苏尼特岩画被确定为内蒙古自治区级古迹保护项目。

苏尼特石器文化

苏尼特籍考古学家达·查干先生经过田野调查，发现了毕力克河遗迹、满都拉图遗迹、敦达霍博日遗迹、塔林衮遗迹、高林哈什雅图遗迹、乌尔图嘎勒遗迹、呼和陶勒盖遗迹、准布拉格遗迹、毛瑞舒图遗迹、卫藏新石器遗迹、阿布达蓝图遗迹、朱勒格图新石器遗迹、恩格尔高勒遗迹、衮撒达嘎沙包一带遗迹、古尔班马嘎塔拉遗迹、苏吉遗迹、图布新胡都嘎遗迹、哈尔干图遗迹、巴彦文化遗迹等新石器时代的遗迹。他将被发现的遗迹和石器，以家乡的名字命名为“苏尼特石器文化”。在苏尼特地区——塔木钦塔拉草原被发现的新石器和石器分布广泛、时代漫长、种类众多、形状多样，既极具草原特色，又与世界各地被发现的石器形状相近而吸引人们的眼球。达·查干认为，如果像挖掘“大窑文化”那样对苏尼特新石器遗迹进行发掘，不但将会有很多重大发现，甚至可能会将人类在这个地区繁衍生息的时代往前推进。因为，苏尼特地区发现的石器所选用的原材料（石头、硅石），制作的形状、种类，都和“大窑文化”的很相近。苏尼特古石器中有石核、石片，多种砍砸器和刮削器，证明那时狩猎占据主要地位。另外，还有很多尖状器、石铧、和泥石、石板等，说明当时已经开始经营农业。刮削器，器身厚而重，背部隆起，底部平坦。看来，当时是用它从兽皮上或兽骨上刮肉用的，这种器具应视为原始人类以狩猎为主的生活中经常使用的重要工具。在石器中还有呈盘状或棱柱状的石核，单边或多边的砍伐器，以及各种手斧、尖状器、石球等。其中砍伐器的数量仅次于刮削器而占第二位。草原氏族遗留下的石斧、石锄等石制生产工具，反映了当时处在温暖潮湿的自然环境和先民以狩猎为主兼营原始农耕的状态。

一、苏尼特石器种类

砾石器：随时可以捡到的砾石。可根据需要，经过简单的打制、砸制，加工出石锤、石斧、石刀、刮削器、投掷器等石器作为工具，这个就叫砾石器。

石片器：把打砸下来的石片经过打制，制成石刀、石斧、石锛、尖状器、投掷器、半月形砍刀、半月形长柄工具等。

硅石器：人类使用硅石器经历了相当长的历史时期。大约旧石器时代中叶，人类发现了坚硬的硅石，并利用它来加工器具，一直到新石器磨制石器工具时代。

利用各种自然硅石砍砸成长柄石刀、尖利器、石镞、三角石器等。

磨制石器：旧石器时代是打制石器工具，新石器时代是磨制石器工具。随着社会发展，人类加工器具的能力和技术明显改善，迎来磨制石器工具的崭新时代，主要以打制石器和细石器为主，开始使用磨制石器。不但石器磨制精细，钻孔、扎眼、磨制等工具也细化了。

二、苏尼特石器应用种类

砍砸器：粗制的石杵、石斧、石锛、石锤、石凿子。适合当时加工某种工具、打击猎物和砸击东西的主要生产工具。

生活用具：形状不一的各种硅石石刀、多种砍砸器和刮削器、石针、石锥子、石锯等日常生活用具。因不同地区社会发展有差距，使用时代前后有别。尤其是出于从兽皮上或兽骨上刮肉用的实际需要，石刀、刮削器较为普及，到了旧石器时代中叶制作已经相当成熟。

狩猎用具：其中包括石剑、石斧、石枪、石镞、投掷器、渔网石坠子等各种工具，其中，使用较为普遍的是石剑、石斧、石枪、石镞。最古老的石镞是投掷标枪，在此基础上不断改进改造，逐渐发展成为石镞、骨镞。弓箭是在投掷器和投掷标枪基础上发展而来，其速度快、距离远、准确度高。

农业用具：人类在刀耕火种时期，生产用具十分简陋，只是用木头、动物骨头、石头制作些工具。苏尼特地区发现的农业用具有石铲、打孔的砾石、石镰刀、石刀、石镢头、圆形手磨。人们用上了带把的石镰刀，加工粮食的手磨。

礼仪用的物件：打孔的石球、齿状石斧、用各种颜色的硅石制作的尖利器，用于礼仪活动，还打造石人（女人）加以供奉。

装饰类：包括粗制的石件（打孔的石头）、细制的石坠子、耳环、石项链、用鸵鸟蛋皮制作的项圈以及玉石、玛瑙等。新石器时代装饰物，除了各种石头、珠母，还有动物獠牙、公母鹿臼牙、犄角等。

石头人

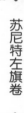

在广袤的苏尼特草原上石头人、石碑很多，这些石头人、石碑，是苏尼特古代地域文化的重要遗存，是生活在这里古代先民的不朽创造。它反映了北方草原民族的兴衰嬗替和生活习俗，体现了苏尼特草原古代民俗文化的源远流长，是苏尼特古代民俗文化中的珍贵遗产。

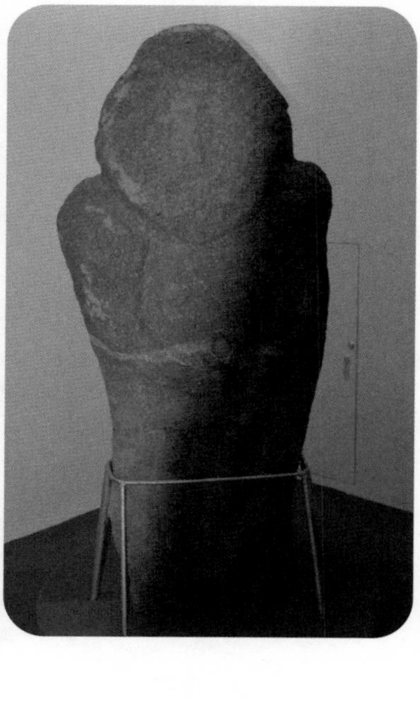

目前在苏尼特地区发现的石头人有：宝德尔朝鲁石林西侧丘陵上的圆形墓葬中并排着的3个石头人，是在1米平面石板上雕刻的。3个石头人的模样是一男、一女和一个孩子，在“文化大革命”中遭到损坏；巴彦都兰苏木境内的石头人用花岗石精雕而成；德力格尔罕苏木和白日乌拉苏木交界处的石头人与上述石头人很相似；位于德力格尔罕苏木的较突出男性生殖器

的石头人也在“文化大革命”中被毁掉；哈日亚图的石头佛像，雕刻精细优美，在“文化大革命”中头部被打掉。纵观这些石头人的人物形象和神态以及雕刻的风格和技巧，可初步断定这些石头人是13—14世纪蒙古人的作品。

位于苏尼特左旗红格尔苏木旭如昌图嘎查苏莫图山北边丘陵地一座古墓发现的石头人，用黑色火山石雕刻，在圆形古墓中间面向日出方向竖立。由于日久年深，石头人虽然从中部折断，但对接起来后天衣无缝。这个石头人没有明显的服饰符号，属裸体男性形象，胸肌特别发达，赤脚站立，右手拿着圆口酒杯紧靠肚脐，左手自然放在左腿膝盖上。这个石头人高166厘米，肩宽60厘米，厚度26厘米。石头人前额上有一条横线，应该是显示其圆头发发型。石头人总的形象是宽肩、阔胸、圆脸、小眼睛、鼻梁挺拔、嘴微翘、颧骨高、目光温和。虽然阔胸，但腰部以下锥形。迄今为止在各地发现的石头人中没有与此相仿的。

苏莫图石头人，由于没有服饰和佩饰，因此很难断定其年代。只从其右手拿着酒杯，面朝日出方向以及其脸面、身材，可以初步认定其为13—14世纪蒙古人的石头塑像。苏尼特岩画、石头文化研究家达·查干如是说。

成吉思汗拴马桩

苏尼特左旗现在的巴音乌拉苏木巴彦芒来嘎查（原达尔罕乌拉苏木巴彦芒来嘎查）赛音温都尔敖包南边，由东到西并排竖立4根花岗岩石碑。据传，当年成吉思汗南征路过此地时，

竖起这4根石桩子拴过马，故当地人们称其为“成吉思汗拴马桩”。

这些石碑高约2.5米，宽50~70厘米，全部都是花岗岩，石碑由东到西在一条线上排列整齐，相隔距离2米。这些石碑上没有任何文字和符号记载，下边也没有坟墓存在的痕迹。

当地牧民一直将这些石碑视为“成吉思汗拴马桩”加以尊崇，用链绳把它们连起来，系上风马旗。

金界壕

苏尼特左旗有一条由东到西横跨全旗的古边墙遗迹，即金代界壕边堡，亦称金长城、金界壕。蒙古语称之为“和日木扎玛”，即边墙之路。为什么把古城墙叫作路？是因为经过多年风吹雨淋，边墙倒塌，自然成了一条土路，人们常常赶着牛车走这条土路，所以也就称其为“和日木札玛”（边墙路）。因为路基稍高于地面，且当年筑墙是掺加了碎石，所以这条路雨季不泥泞，不陷车。

金代界壕边堡主要分布于内蒙古境内，少部分在蒙古国及俄罗斯境内。大部分为东北至西南走向，横跨东北、华北，绵延2500公里，实际总长度约7000公里。可谓近古史上的大工程，仅次于举世闻名的万里长城，是国家级保护文物。

横贯苏尼特东西的金代界壕边堡全长211公里。东边由阿巴嘎旗策格林山北边伸进来，经由苏尼特左旗巴彦乌拉苏木—满都拉图镇—苏尼特右旗布图木吉苏木—新民乡—朱日和镇，直插乌兰察布盟四子王旗境内。这条路宽3米左右。土石混合垒筑，路两侧曾经挖堑壕取土的坑现在仍然依稀可辨。目前，苏尼特左旗冲胡日格呼都嘎、塔木钦塔拉草原边缘、乌兰善达、哈沙图的巴彦努如、沙拉好来的额木讷温都尔、甘珠尔查干楚鲁一带还有些建筑台基和院

落、住屋遗迹的轮廓。

金东北路界壕边堡，即金代东北路界壕与长城，是金朝为防御北方游牧部族的侵扰而修筑的金界壕与金长城的东北部分。金东北路界壕边堡包括金初界壕（婆卢火界壕）、大定五年边堡、明昌长城。金初界壕修建于金朝公初天会七年（1129年），大定五年（1165年）修筑了边堡。明昌五年（1194年）至泰和元年（1201年）修筑了金长城。金长城将金初界壕作为副壕，副壕在外，金长城在内，辅以边堡、屯兵城，形成一个完整的军事防御体系。

金朝修建界壕与长城的主要目的就是为抵御北方游牧民族的侵扰。它东起嫩江右岸，西至阴山，在大兴安岭东南坡下，沿岭而卧，过草原，历沙漠，跨江河，绵延4500公里，是亚洲地区同期最大的土建工程。

据历史学家王国维考证，修筑事宜当萌芽于天眷，讨论于大定，复开于明昌，落成于承安。据《金史》记载，天眷元年（1138年）以前，即上京宗室婆卢火迁泰州屯垦时建。大定十七年（1177年）和二十一年（1181年）曾大规模修筑了东北路、临潢路（今赤峰市巴林左旗林东镇南）、西北路和西南路辖境内的界壕，并把它们连接成一条长壕。明昌三年（1192年）至承安三年（1198年），又在西南路、西北路、临潢路以内泰州边境挖掘了新的界壕，这便是史籍上记载的“明昌新城”。又据《金史·地理志》“边堡”，大定二十一年（1181年）三月，世宗以东北路招讨司十九堡在泰州之一境，及临潢路旧设二十四堡障参差不齐，遣大理司直蒲察张家奴等往视其处置。于是，东北自达里带石堡子至鹤午河地分，临潢路自鹤午河（今霍林高勒河）堡子至撒里乃（在赤峰市巴林右旗境内），皆取直列置堡戍。评事移剌敏言：“东北及临潢所置，土脊樵绝，当令所徙之民姑逐水草以后，分遣丁壮营毕，开壕堑以备屋。上令无水草地官为建屋，及临潢路诸堡皆以良人戍边。”

为了便于叙述分布和走向，把界壕暂分为北线和南线，南线又分为第一、第二两条主线。北线即天眷元年以前兴筑的界壕，东起内蒙古呼伦贝尔盟根河南岸，向西伸延至额尔古纳河南岸，经满洲里市北面穿过俄罗斯国再向西伸入蒙古国境内，行经乌勒吉河和克鲁伦河之间，直到肯特南麓上，全长约700余公里。

南线，包括金代东北路、临潢路、西北路和西南路等境内分布的界壕。东起内蒙古莫力达瓦达斡尔自治旗尼尔基镇北约8公里土家子屯附近，西止内蒙古武川县上庙沟南面大青山主峰北侧，连同分支线在内总长约6500公里。东端起点界壕有两条线并行，向西延伸10公里合为一条，沿大兴安岭东南麓向西南方伸延，穿越扎兰屯市、扎赉特旗，到科右前旗乌兰毛都乡满族屯，分为内外两条主线，称第一、第二主线。

第一主线在外侧，经突泉县、科右中旗沿霍林河上游越过兴安岭，经扎鲁特旗北部进入东乌珠穆沁旗、西乌珠穆沁旗伸延蒙古国境内，再从阿巴嘎旗北部伸入中国境内，直向西南方向延展，经苏尼特左旗、苏尼特右旗，在四子王旗补力太庙东约20公里和第二主线会合，再经达尔汗茂明安旗坤兑（浑地）滩、武川县二分子和腮忽洞，直到上庙沟南山的西端起点。第一主线如何划分各路兴筑地段，已难考释清楚。

第二主线位于内侧，自科右前旗满族屯向西南伸延，经突泉县周家街等地，在科右中旗吐列毛都乡的东白青乌拉越过霍林河，沿昆都伦河北岸向西延展，经扎鲁特旗、阿鲁科尔沁旗、巴林左旗、巴林右旗、林西县、克什克腾旗，绕过达来诺尔湖，在湖西南进入正蓝旗罕乌拉苏木境内。又分为南北两条支线，北支线经正镶白旗、镶黄旗北部，西伸延至商都县境；南支线经正蓝旗、化德县，在商都县境内与北支线会合。第二主线再经苏尼特旗、察右后旗，西延到四子王旗补力太庙与第一主线相合。

在今霍林河以东地段，应为金东北路所筑；自霍林河以西至克什克腾旗西部达里诺尔湖附近的地段就为金临潢路所筑；自克什克腾旗达里诺尔附近到商都县境地段，应为金西北路所筑，自商都县两条界壕会合处以西的地段，应为金西南路所筑。

南线上有三条支线：一是位于第一主线外侧，起自科右前旗索伦军马场境内，沿果以其根河，经毛西盖沟，过乌拉盖河，经东乌珠穆沁旗东北部，伸入蒙古国，止于贝尔湖的西南方，在中国境内长约200公里。二是位于第二主线内侧，起自扎赉特旗解放屯附近，经科右前旗好仁乡太平山、大石寨乡、古迹乡等地，在突泉县境内与第二主线相合，全长约200公里。三是在第二主线内侧，分布在林西县和克什克腾旗境内，全长约200公里。

界壕形制：主要结构是挖一条堑壕，以防战马冲越。堑壕上口一般宽长5~6米，底宽3米，深2米。据壕所取出的土石方，堆积在壕的内侧。连接成一道长墙（或称长堤）。墙身有土石混合垒筑的、土垒筑的或夯筑的，现存一般高度在4米以下。在南线第二主线和支线外侧，都掘了副壕，垒筑了副墙（副堤），形成主墙、内壕、副墙和外壕等4个部分。外壕上口宽3~5米，底宽2~2.5米。副墙现存高度在2米以下。在墙上加筑有马面和烽台。马面伸出墙外4~5米，底宽6~8米，高出墙身1米多，各马面间距离120米，多设在险要地段或墙身转折处。烽台有的筑在主墙上，有的筑在堑壕附近，残高5~6米，各烽台间距离500~2500米，多建在山顶和谷口，以便于瞭望和传递信息。凡是加筑有副壕、副墙和马面的界壕，都是明昌、承安年间开掘修筑的。

边堡关隘：按形制和位置的不同，可分为戍堡、边堡和关隘三种。

（1）戍堡，亦称壕堡。大部位于界壕内侧，且多为利用界壕主墙作为北墙，只筑东、南、西三墙，也有在界壕内侧另筑子堡的，戍堡平面呈长方型或正方型，边长30~40米。堡内仅有建筑遗址一处，曾发现内有火炕遗迹，出土残碎的陶盆、陶罐、粗白瓷碗碟等生活用具，应是居住戍卒的地方。

（2）边堡。在河谷交汇处的冲积平地上建筑，位于界壕的内侧，有的距界壕仅数米，有的在界壕南面5公里处，平面多为正方型，少数呈长方型，边长120~180米。残墙高度在5米以下，墙上加筑马面，南面正中开门，个别的加筑瓮城。堡内一般在正中夯筑一座方形建筑台基。有的台基上还保存有不规则的石柱础，地表散有砖瓦碎块及白瓷片，应是官吏居住的地方。在中央台基的附近，发现有小型建筑遗迹，出土陶罐、陶盆及粗白瓷碗碟等生活用具，并有铁镣、铁甲片、铁马镜、铁刀、铜钱等，应是屯兵的地方。

（3）关隘。设在界壕所经过的南北交通要道上，往往在河谷的开阔地。在界壕上留有豁山，再在界壕内侧加筑三面墙，一侧开门，如瓮城形制。关隘与界墙的高度相等，平面呈方型，每边长30~40米不等，关隘内未发现有建筑遗迹。

金长城碾子山段，位于碾子山区西北与扎兰屯市以界壕为界，约长10公里，边堡1座（丰荣古城），是金东路界壕边堡的一段。1986年12月17日被列为省级文物保护单位。2001年6月25日，经国务院批准列为国家重点文物保护单位。

2005年11月29日，苏尼特左旗人民政府将该旗境内的金界壕遗迹确定为旗级文物保护项目。

恩格尔河元代古墓

恩格尔河元代古墓，位于距苏尼特左旗满都拉图镇135公里的恩格尔河北麓白日乌拉西侧，属苏尼特左旗巴彦淖尔镇达布希拉图嘎查境内。恩格尔河地区墓葬发现于2001年，原为木棺，外饰金箍，棺内葬一个女性，并随葬一批金、银、丝织品等质地文物，其中有罕见的龙凤纹镂雕马鞍具、花卉纹马饰具、高足金杯、十字架金饰片、绿松石金耳饰、金镯子等。经文物专家组鉴定，共有国家一级文物24件，二级文物43件，一般文物21件。经文物专家鉴定为元代墓葬，而且是内蒙古罕见的独木棺墓葬，具有极高的历史价值和艺术价值。

2005年，苏尼特左旗人民政府将恩格尔河元代古墓群列为旗级文物重点保护区，其范围为恩格尔庙遗迹以西10公里，面积为18平方公里的地区。

2006年，内蒙古自治区人民政府将恩格尔河元代古墓群列为自治区级文物重点保护区。

海溜吐沟石板墓群

海溜吐沟石板墓群，位于苏尼特左旗红格尔苏木新阿米都日勒嘎查海溜吐河河沟口，距离苏尼特左旗满都拉图镇北150公里处。共有三个墓群：

（1）海溜吐沟墓群：地表有长方形石头圈2座，相距约0.2米。石头圈东部石板已被破坏，石头圈内排列有呈“品”字形石块。

（2）海溜吐沟东墓群：地表有椭圆形石板堆数座，顶部石板呈鱼鳞状排列，直径约4米，高约1米。

（3）海溜吐沟西墓群：地表有石头圈和石头堆10余座。长方形石头圈分为单圈、双圈、多圈三种。方形石头圈中央竖立一石柱或石板。石柱高出石头圈0.6~1米，有的上端凿磨有符号。方形石头圈一侧竖一块大石板，高出石头圈一倍多。清理其中2座，只出土数块兽骨。

考古专家推测这些古墓均为突厥遗存。

2005年，苏尼特左旗人民政府将海溜吐沟石板墓群列为旗级文物重点保护区。

2006年，内蒙古自治区人民政府将海溜吐沟石板墓群列为自治区级重点文物保护区。

塔玛嘎图哈达（玄石坡）

玄石坡、立马峰，位于苏尼特左旗原昌图锡力苏木所在地北约3公里处。当地牧民将这些刻有汉文的岩石用蒙古语称其为“塔玛嘎图哈达”（有印记的岩石）或“毕其格图哈达”（有文字的岩石）。据史载，明成祖朱棣于永乐八年（1410年）亲征漠北时路经此地，在苏尼特左旗敦达霍博日北边自然裸露于地表的四块岩石上分别留下石刻。经过大漠五百多年的风霜雪雨，现在仍然完整无损。第一块为“玄石坡”大字石刻；第二块为“立马峰”大字石刻，相传为明成祖拴马之处，旁边现有四个直径为15厘米的马蹄印，便是其战马所留；第三块为“维永乐八年岁次庚寅四月丁酉朔七日癸卯，大明皇帝征讨胡寇将六军过此”的小字石刻；第四块为“维日月明维天地寿，玄石勒铭与之悠久永乐八年四月初七日”的小字石刻。

塔玛嘎图哈达（玄石坡），于2006年被内蒙古自治区人民政府列为自治区级重点文物保护区。

额尔德尼庙特大号铁锅

额尔德尼庙特大号铁锅，蒙古语称之为“曼金陶高”，是内蒙古地区保存的最大的锅，人们称之为“一百八十桶”。为什么叫这么个名字？是因为每年6月举行弥勒经会之前，庙仓的佣人们用有4根铜箍的红铜水桶挑九十担水，即一百八十桶水才能装满这个特大号铁锅。“一百八十桶”，因此而得此名。在这锅里熬砖茶得连续几天几夜地烧火才能烧开。这个锅里煮肉，可一次能盛装八头牛的肉。这锅里煮的饭，可供参加庙会的喇嘛和香客几百人够吃好几天。

这个特大锅是什么人加工制作？大铁锅的外面铸有蒙、汉两种文字。汉字为：“揽锅人原兴德金火匠人壹镇铁万盛煬局同治元年七月吉日成造。”同治元年为公历1862年。

据史载，额尔德尼庙有悠久的历史，是从苏尼特左旗第四代郡王却吉贡苏荣时期开始建。后来，道光九年（1829年）第十代郡王策仁扎布（却吉贡苏荣的第六代之孙）向清朝廷呈上奏折：“先王却吉贡苏荣郡王曾在属旗建一座庙，现重新修葺建60间寺庙，念诵甘珠尔经。”并请求赐庙名。

朝廷为额尔德尼召庙赐名“安寿寺”（蒙古名为“阿木古郎—扎拉必日呼—苏莫”），并准20名度牒。这个大铁锅是同治元年，即1862年造成的，由此可见，这是距离额尔德尼召庙正式被赐名“安寿寺”33年之后的事情。

由于历史种种原因，额尔德尼召庙早已遭到破坏，但这口锅至今基本完好无损地保存了下来。现在，被苏尼特左旗文物古迹管理所保管。

山川、敖包

查干敖包庙

遐迩闻名的查干敖包庙，原为锡林郭勒盟苏尼特左旗著名古刹之一，位于锡林郭勒盟苏尼特左旗查干敖包苏木所在地西北锡林查干敖包之南恩格尔满都拉境内。或许因为地处锡林查干敖包之南，或是因为位于恩格尔满都拉营地之上，或许因为香火极盛时期常驻喇嘛曾经超过一千名，故这座庙在当地百姓中有“查干敖包庙”“恩格尔寺”或“恩格尔明安”（明安，即一千喇嘛）”等好几种称呼。

查干敖包庙创建于康熙三十五年（1696年），乾隆四十二年（1777年），清廷赐名为“福佑寺”，距今已有近300多年的历史。

查干敖包庙由第一世活佛罗布桑诺尔布主持建成。罗布桑诺尔布于丙申年（1656年）出生在土默特右旗，从小在呼和浩特的大召寺当沙弥，曾到塔尔寺、拉布楞寺学经。戊辰年（1688年），罗布桑诺尔布活佛来到苏尼特草原，在苏尼特左旗乌勒敖包山洞讲经论道修行，故得名“阿贵（山洞）活佛”。

甲戌年（1694年），他用布施中得来的钱财在查干敖包苏木所在地满都胡修建一座小庙，叫满都胡诵经庙（亦称乌力吉陶克陶夫呼拉尔）讲经传道，深得百姓崇敬，为他进一步弘扬佛法打下了坚实的基础。据传，有一

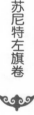

次罗布桑诺尔布念经论道来到了距离满都胡呼拉尔30余公里的恩格尔营地，遇到了家里只有5只黑山羊的老两口在这里艰难度日。恩格尔营地背靠大山，南边是水草丰美的开阔地。罗布桑诺尔布相中了这个地方，决定在此建一座寺庙。一心希望摆脱贫穷命运的老两口非常支持罗布桑诺尔布建寺庙的主意，首先把自家仅有的5只黑山羊捐献给建寺庙的事业。后来，罗布桑诺尔布建了查干敖包庙以及当了活佛之后，专门撰写一部《五只山羊之塔日巴》的经文，每年4月的庙会上念诵。

戊子年（1708年），罗布桑诺尔布活佛偕亲信额尔德尼尚扎布赴漠北库伦拜会大活佛哲布尊丹巴，表达建庙的意愿。哲布尊丹巴极为赞成，并答应无偿供给木料。第二年，即癸丑年（1709年），罗布桑诺尔布专程赶赴多伦诺尔、张家口、归绥等地招募一批工匠、泥匠、瓦匠，开始大兴土木；又从阿鲁杭盖联系几百辆车辆拉运建筑木料。甲午年（1714年），主庙大雄宝殿建成，有了四五十名喇嘛，随之诵经声不断，草原四面八方来朝见、施舍的信徒络绎不绝，供品资产也随之丰厚起来。在罗布桑诺尔布活佛主持下，于癸酉年（1717年）年建了东拉卜楞经殿，于丙午年（1726年）建了八十一间正殿和苏克沁殿。

丙辰年（1736年），罗布桑诺尔布活佛圆寂。二世葛根吉木彦达巴嘎甲子年（1744年）出生于苏尼特左旗普通牧民家中。癸未年（1763年），吉木彦达巴嘎从拉卜楞寺请回黄金书写的《甘珠尔》经，丁酉年（1775年），给清廷上奏折，请求皇上赐庙名，赏钢印。清理藩院回复：由清廷赐名“福佑寺”，赏赐钢印，并颁发喇嘛度牒20份。自此，查干敖包庙在朝廷注册，吉木彦达巴嘎活佛于丁酉年（1777年）和庚子年（1780年）分别修建了却日扎仓和卓德巴札仓。戊戌年（1778年），在庙内设木刻印经院，组织有等级职位的喇嘛们刻印《栋西古尔玛尼》经。吉木彦达巴嘎葛根还曾到大库伦、拉卜楞、塔尔寺等地，拜见哲布尊丹巴，并被赐予“堪布”（藏传佛教中佛学知识渊博的僧人）称号。辛亥年（1791年），吉木彦达巴嘎活佛圆寂，查干敖包庙为他修建了舍利塔。

三世葛根贡其格丹迪尔出生于苏尼特右旗。丁巳年（1797年）坐床，曾前往塔尔寺、大昭寺、大库伦朝觐学经。返回后，于乙丑年（1805年）修建东科尔扎仓和千佛殿，并扩建苏克沁殿。贡其格丹迪尔自哲布尊丹巴、班禅额尔德尼博格达处获赠“绰尔济”（名医称号）称号。甲午年（1834年），贡其格丹迪尔葛根43岁时圆寂。圆寂后，查干敖包庙也为他修建了舍利塔。

四世葛根金巴扎木苏，甲午年（1834年）出生于苏尼特左旗一个牧民家庭。庚子年（1840年），被哲布尊丹巴亲点为转世灵童，被迎请到查干敖包庙坐床，并前往大库伦学经。他因精通蒙古文、藏文、满文等多种文字，深受哲布尊丹巴赏识。自大库伦返回后，金巴扎木苏葛根致力扩建查干敖包庙，并维修东科尔（又写作洞阔尔）殿、东拉卜楞、葛根住宫、卓德巴仓等。甲寅年（1854年），金巴扎木苏葛根塑成25尺高的镀金弥陀佛供于大雄宝殿。他多次前往拉萨、拉卜楞、塔尔寺、五台山等地，与宗教人士建立了广泛的联系。丁亥年（1887年）8月1日，金巴扎木苏葛根在塔尔寺遇害身亡，时年53岁。

五世查干葛根，是我国近代史上负有盛名的活佛之一。丁亥年（1887年）农历十月二十四日，查干葛根出生于苏尼特左旗红格尔苏木。辛卯年（1891年），被请到查干敖包庙坐床。乳名策敦道尔吉帕拉木，法名扎木彦力格希德扎木苏，简称扎木苏。

查干葛根4岁受戒后，即随温珠盖老师学习藏经，颖悟非常，13岁时即学完应学佛经，后相继从格日根、嘎拉僧栋如布、名医却扎木苏及星象家达西扎木苏等5位高僧学习藏文经书、医道、易卜、经济、蒙古文、藏文、汉文及日语等。14岁至24岁，在喀尔喀的大库伦甘丹寺学经，还曾担任格斯贵（分掌寺庙佛教事务）职务，曾在克鲁伦河畔的幽深之处坐108天的禅定。回到家乡后，又到白日乌拉山前的恩格尔寺庙再次静修108天，先后3次前往拉卜楞寺、塔尔寺、拉萨的大昭寺学习佛经。最后一次是率部分大喇嘛乘驼前往塔尔寺受戒。

查干葛根是著名的佛教人士，也是著名社会活动家。他利用查干敖包庙的特殊地理位置，在内蒙古，甚至中国革命史上发挥过特殊作用。20世纪二三十年代，查干敖包庙曾香客、朝拜者络绎不绝，香火不断，商贾云集，买卖兴隆，也是通往漠北乌兰巴托（大库伦）甚至莫斯科的重要交通要塞。我们党正好利用查干敖包庙这个有利地点，进行党的地下活动，向总部位于莫斯科的第三国际组织汇报情况、请示工作，党的秘密工作者甚至领导人经由乌兰巴托前往莫斯科时，查干敖包庙成为必经之路。

20世纪20年代，受中国共产党的派遣，乌兰夫（云泽）、奎壁、吉雅泰、毕力格巴图尔、乌力吉敖其尔等老一辈革命家装扮成商人，通过查干敖包庙前往乌兰巴托、莫斯科时，受到查干敖包庙查干格根的掩护。

在抗日战争和解放战争期间，查干敖包庙为我党秘密联络点和要道。出色完成掩护、转移我党地下工作者的任务，出色完成接受、存贮、转送解放战争急需物资的任务，这其中爱国宗教上层人物查干格根功不可没，他为中国人民的解放事业及社会发展做出了杰出贡献，得到了党和政府的高度评价。1949年，蒙古族杰出的爱国人士查干格根——扎木彦勒格希扎木苏当选为内蒙古自治区人民委员会委员；1950年应邀参加国庆观礼，受到毛泽东等党和国家领导人的亲切接见；他是中国佛教协会第一、二届名誉会长。1953年曾任全国佛教协会名誉主席，1954年任全国政协委员和内蒙古自治区人大代表。1951年任内蒙古佛教协会主席，1954年任锡林郭勒盟政协副主席并当选为苏尼特左旗人大代表。

1957年任中国佛教协会名誉主席。同年4月22 日，查干葛根因病逝世，享年71岁。

查干葛根不仅为查干敖包庙的兴盛作出了贡献，更推动了当地宗教事业的发展。在查干葛根时代，查干敖包庙达到最高峰。1900年他主持建造满巴学殿，十二年后开始建拉木林殿，重修诵经寺。1932年5月，班禅额尔德尼由德王陪同，到查干敖包庙讲经，该庙因此名声大振。

1996年，内蒙古自治区人民政府将查干敖包庙列为自治区级古建筑保护单位，得到了法律保护。

查干敖包庙是典型的蒙藏四合院式寺庙建筑群，飞檐斗拱，雕梁画栋，塔碑林立。此庙经5代活佛持续经营，陆续扩展成为拥有11座大殿、12座属庙、14个佛仓的黄教大庙。查干敖包庙有四大学部，分别是显宗学部、时轮学部、医理学部和密宗学部。查干敖包庙推动了本地区的政治、经济、文化、交通等各方面的发展。但由于种种原因屡遭破坏。

如今的查干敖包庙东西拉卜楞三个殿占地面积为5409平方米，附属建筑面积为57338平方米。西大殿还没有得到修葺，其他两个殿只是做了些表面上的修缮，但仍属于危房。主殿做了一下修缮，焚香供佛，作了法事活动的场所。东大殿也作了简单的修缮，成为原中国佛教协会名誉主席、蒙古族杰出的爱国人士查干格根——扎木彦勒格希扎木苏纪念馆，供人们瞻仰查干葛根塑像、查干葛根舍利塔，缅怀他为中国民主革命、社会主义革命和建设做出的丰功伟绩。

查干葛根舍利塔，1996年由苏尼特左旗著名建筑师桑杰道尔吉设计并亲手建造；查干葛根塑像，1996年由苏尼特左旗著名雕塑家扎格达苏荣塑造。

现在，查干敖包庙主要法事活动，每年农历四月二十二日诵经；每年农历十月二十五日举行千佛灯节，众多善男信女前来献佛灯。

旗敖包

旗敖包，位于德力格尔罕苏木巴彦德力格尔嘎查敖包希热的地方，在哈拉陶勒盖、毛盖杜尔布勒吉、阿尔山乌拉三角地段，地理坐标东经114° 2′ 9.5″、北纬48° 20′ 4.5″，海拔1108米。旗敖包，是过去苏尼特左旗王府主办，由4个札兰、20个苏木祭祀的远近闻名名的祭祀敖包，古人们称之为“旗敖包”。

旗敖包，每年固定日子，即农历六月十日进行祭祀，全旗王公贵族、4个札兰、20个苏木大小官吏以及13座注册寺庙的葛根等全部汇聚于此。除了祭敖包，还要商议旗政大事，通报该旗被嘉奖晋级的事宜，也包括惩罚判刑等内容。

每年祭祀旗敖包之前，都要对敖包进行一次修缮。有的时候，是在祭祀的前一天进行，也有时候在祭祀当天太阳出来之前赶到那里进行一番修缮和装饰。祭祀旗敖包，要从敖包的西南方向上到敖包山，按顺时针方向绕敖包添石头。

敖包祭祀仪式上，将由旗王府供的一只整羊，4个札兰供的四只整羊，以及台吉贵族、寺庙和百姓上供的整羊摆放在敖包的两边，并且将百姓上供的奶食品、点心果子、酒水、枣儿、葡萄干、砖茶等摆放在主供品的两边。然后，由主持喇嘛焚香点烛，点燃侧柏（也有点香蒿的）叶熏香，用缥缈的烟雾来净化环境之后诵词念经。先念诵洗礼经文，后念诵旗敖包神祇桑经。旗敖包神祇是一位披弓挎箭的勇士跨上白马腾云驾雾，上边是画有太阳、月亮的旗子。将这神祇系在敖包幡杆上，然后参加祭祀仪式的不分达官贵人，还是平头百姓，都要大襟铺地，三叩九拜。然后，喇嘛念诵祭洒桑，向敖包祭洒奶酒、鲜奶和奶茶。祭洒的时候，要用带有9凹槽的特制的木勺，蘸着桶里的乳液频频敬献给敖包和苍穹。旗王府的人手擎敖包神祇招福，平民百姓也举起各自的招福桶连连不断地招福，大家纷纷向敖包祭洒鲜奶、奶茶。祭洒仪式结束后，参加敖包祭祀的所有人各自拿出带来的哈达，系在敖包的桅杆之间的五彩拉链上，心里默默地祈祷长生天保佑。在这个仪式上，还有一项内容就是举行放神畜仪式，蒙古语叫“色特日”，意思是将牲畜放生回归大自然，免除使役和宰杀，使其善终天年。这是献给天地的“活牲畜”，所以称其为“神马”“神牛”“神羊”。祭祀旗敖包这天放神畜，分“敖包仓神畜”和“个人家神畜”两种。“敖包仓神畜”，主要是放生神马、神羊（山羊），通常是额上有白点的黑马、浅红毛色的山羊；“个人家神畜”，是从五畜里挑选最宠爱的一种牲畜放生，通常是浅黄毛色的马。祭敖包这一天，主人把要放生的神畜牵过来，敖包念经喇嘛口中念念有词，在神畜的额头上涂抹一点黄油，把哈达和彩带系在神畜的脖颈和犄角上。放生的神畜从此不再使役和宰杀，并在每年祭敖包时，再给它换上新的彩带。

早先，祭祀旗敖包的前三天，在格根图敖包烧香。如今这个活动已取消多年。1945—1995年，有人曾先后两次盗挖敖包地基，将敖包“颂希格”（埋入敖包地基下边的物品）毁掉。据当地老人们讲，第一次挖，挖出了盛有金、银、茶、五谷杂粮的九个白瓷坛子。第二次挖，挖出了五彩绸、画有弓箭图案的檀香木板以及几个小瓶子。这是当地寺庙的罗布桑老人1991年讲的。

敖包祭祀仪式结束后，将要进行赛马和搏克比赛。主人骑上参赛的马顺时针方向绕敖包3周后出发。参加搏克比赛的搏克手们也向敖包叩拜之后，开始比赛。祭祀敖包的供品整羊留下羊头、肩胛和四条长肋骨，其他部位的肉全部搬到“乃日”会场，供所有参加祭祀仪式的人们共享。

旗敖包祭祀也有很多禁忌，如：敖包周围禁止挖土，禁止折断植物，禁止在敖包附近解手，不能杀戮动物，18岁以上的女性不能上敖包山。家里有刚生产的女人和过世的人尚未超过100天，家里人不能参加祭祀。这些禁忌无论达官显贵，还是平民百姓都要遵守，毫无例外。

锡林查干敖包

锡林查干敖包，位于苏尼特左旗查干敖包苏木阿鲁布拉格嘎查地界，是自古以来一直祭祀的敖包。由于这个敖包距离查干敖包庙不远，并且由查干敖包庙承担祭祀仪式，人们通常称其为“查干敖包”。但也由于敖包地处中国、蒙古国两国边界附近，有人也叫“边境敖包”。此敖包矗立在苏尼特左旗西北部丘陵地带，当地人们很久以来一直称之为“锡林查干敖包”。

锡林查干敖包，由当地牧民和查干敖包庙仓、13个吉萨仓进行祭祀。锡林查干敖包的整个祭祀，由查干敖包庙“敖包吉萨”（敖包祭祀班子）来主持完成。“敖包吉萨”由敖包尼日巴（藏语，会计、物资管理员）、敖包达黑拉其（祭祀人）等组成，敖包尼日巴全面负责，敖包达黑拉其负责祭祀用的哈达、供品的准备和敖包修葺装饰事宜。

锡林查干敖包由1座主敖包和两翼各6座敖包，共13座敖包组成。前边有用石头垒起来的祭祀台和大锅。祭祀前三天，20名奥木吉德（藏语，领经师）来这里念诵《甘珠尔》经。

敖包祭祀当日清晨，先在位于查干敖包北边的“额布根查干哈达”（白头翁山）摆放荤素13种食物供品，献上哈达等之后，敖包祭祀才正式开始。敖包西侧，有东科尔扎仓念诵《尼特桑》经文；敖包东侧，由卓德巴扎仓念诵大洗礼《尼特桑》经；敖包北侧，则由门巴扎仓念诵《宝门桑》经。

锡林查干敖包祭祀供品要摆上13只整羊、13份饽饽、13份奶食，挂13条哈达，是大份供品。除此之外，参加祭祀的台吉贵族和平民百姓将自己的供品摆放在13份大供品的两边。然后在敖包祭祀供品两边再摆上13份鲜奶、13份黑茶（没有兑奶子）、13份酒水和13份黄油。

从敖包金顶桅杆子上挂上敖包苏力德，13幅骑着白马的将军画像，在其前面摆放带蹄子的羊前腿（绵羊右前腿）和用艾蒿草编织的13只海青鸟做的供品。

敖包祭祀还要在3个大的“巴灵”（用面团捏制的盛放供物的器皿），21只银质的佛灯里倒满黄油，点燃佛灯摆放好。

敖包招福仪式上，在13个招福桶里盛放羊胸脯、肥肠、皱胃、肺子、心、心包等，用13支箭来招福，并将箭镞扎入皱胃的口子上。

来参加查干敖包祭祀的吉萨扎仓、呼拉尔和百姓扎营时，庙仓在敖包前边搭建20多顶帐篷和3顶大帐篷。在3顶大帐篷挂13个海毛日旗（汉译“禄风马旗”）。海毛日旗是蓝、红、白、绿、黄五种颜色的绸缎，分别代表蓝天、红日、白云、绿草、黄土地。

敖包东侧巴彦乌孙吉萨、却德尔吉萨、卓德巴吉萨扎营，敖包西侧门巴吉萨、东科尔吉萨、塔日巴吉萨扎营。台吉贵族的帐篷和老百姓的帐篷也分别在敖包东西侧扎营。

查干敖包神畜是一匹白骒马。每年敖包祭祀的时候，都要为其更换新彩带。如果放生的骒马死了，再放生一匹白骒马。查干敖包不放生其他种类的神畜。

说起锡林查干敖包“颂希格”，不得不提到苏尼特左旗最后一代郡王额仁钦旺达德。他继承王位之后，对全旗祭祀敖包进行修缮，更新“颂希格”。据曾参加锡林查干敖包“颂希格”更新的人说，锡林查干敖包“颂希格”，是龙王爷的“颂希格”，包括五谷（五谷杂粮），五宝（金、银、珊瑚、珍珠、蓝晶石），五畜（牛、马、绵羊、山羊、骆驼）的毛绒、鬃毛，五药（金诃子、白檀、藏红花、桂花、桵地）等物品装入白瓷坛深埋地下，上边铺层砖茶，在其上边铺侧柏，檀香木，刻有老虎、狮子等四大猛兽和12属相的图案的白檀木，还有将军的盔甲、弓箭、佩刀等。然后将土与地齐平，夯筑结实，其上再建石头敖包。

锡林查干敖包的祭祀是在每年的农历六月十日进行。在古代，承载蒙古族文化核心使命的敖包，是蒙古民族的精神支柱。由于长期崇尚自然的理念和顺应自然的文化积淀，使敖包文化在不断地丰厚博大，在广大牧民的心目中拥有至高无上的尊严，成为左右整个民族心灵世界的精神图腾。因此，对于一年一度的祭祀敖包活动，广大牧民都当作一件头等大事来对待。凡是来参加敖包祭祀活动的人们都怀着一颗虔诚之心，向敖包敬献哈达，敬献供品，大襟铺地，三叩九拜，祈祷风调雨顺，五畜俱增，无灾无病，禄马飞腾。从敖包苏力德桅杆上分别向作为羽翼或环绕陪衬的每一座小敖包拉起五彩，并在链绳上恭恭敬敬地系上拴马驹、牛犊、驼羔、羊羔的缰绳和马嚼子、马绊子、骆驼鼻棍、缰绳等，以表达对美好、富庶、吉祥、安宁生活的憧憬。整个敖包祭祀仪式结束之后，都要进行敖包“那达慕”，对赛马、搏克比赛中的优胜者进行奖励。

历史悠久的锡林查干敖包经历了历代的沧桑变化和漫长路程，现在仍然矗立在苏尼特左旗西北部丘陵地带，受到当地牧民的敬仰与守护，成为这片土地的象征物和牧民心中的信仰。

塔尔根红格尔敖包

塔尔根红格尔敖包，是位于苏尼特左旗原红格尔苏木乌尔尼勒特嘎查的自古以来祭祀敖包。

塔尔根红格尔敖包，自农历己未年（1799年），苏尼特左旗名字叫旺楚嘎的格隆（藏语，汉译“比丘”）修建呼和乌孙呼拉尔（庙）之后，由此庙主持祭祀，当地原住牧民巴彦杜嘎尔、阿宁嘎却音、敖德斯尔等主要参与。1935年，查干敖包庙查干活佛扎木彦力格希德扎木苏亲自主持，将塔尔根红格尔敖包从原址往东迁移近100米远的地方，重新埋入“颂希格”，重新垒起。该敖包祭祀一直到1958年，自1959年至1981年被迫中断，自1981年，由红格尔苏木4个嘎查重新恢复祭祀。自1995年起，由旭日昌图、乌尔尼勒特、巴彦红格尔3个嘎查轮流主持祭祀活动。

塔尔根红格尔敖包，也是由1座主敖包和两翼各6座敖包，共由13座敖包组成。主敖包顶桅杆与两翼各敖包之间拉起用羊毛、驼毛捻的毛绳拉链，参加敖包祭祀的远近的牧民将自己带来的哈达、拴大小牲畜的缰绳、马绊子、骆驼鼻棍以及牲畜肩胛骨等系在链绳上面，以表达自己虔诚的信仰，寄托自己美好的希冀和祝愿。

塔尔根红格尔敖包祭祀，在每年的农历五月二十三日举行。五月九日这一天，牵着满载5峰骆驼驮子的队伍由呼和乌孙庙出发，来到塔尔根红格尔敖包这边安营扎寨。从五月十九日至二十二日，整整念4天的《甘珠尔》经。从二十二日夜间开始，用三口“曼金陶高”（特大的铁锅）煮祭祀用的整羊。摆放供品整羊的时候，把呼和乌孙庙的祭品整羊摆放在祭台中央最上边，盛有其他人们的敬献的红食、白食供品的大木盘摆放在它的左右两边。

塔尔根红格尔敖包桑，是查干葛根扎木彦力格希德扎木苏于1935年亲自命名的念经桑。念完敖包桑经之后，来参加敖包祭祀的所有的人把自己带来的供品摆放好，大襟铺地三叩九拜，顺时针方向绕敖包三周，添上石头，祭洒鲜奶、奶酒。

敖包祭祀仪式结束之后，参加赛马比赛的马队顺时针方向绕敖包三周，马队直奔赛马比赛起跑线上。然后，搏克手们上场，向敖包磕完头开始比赛。每次搏克比赛，参加的搏克手16名、32名、64名、128名不等。大人比赛结束，还要进行少儿搏克比赛，人数也是16名、32名、64名不等。

对赛马手1~5名，搏克手1~8名进行物资奖励。诵毕《快马赞》，宣布敖包那达慕结束。凡是来参加敖包祭祀的人，都要分给一份敖包祭品中的肉。

敖包那达慕上跑第一名的马主人，要剪一绺马尾毛系在敖包链绳上。搏克冠军要从敖包堆上挑一块石头拴在章嘎上予以保存。

塔尔根红格尔敖包有禁忌。禁忌任何人触动敖包附近的植物和土石；家里有过世者没有过100天、家里有生产者没有出满月的，禁忌其家里人去参加敖包祭祀；禁忌女人上敖包山上；禁忌达日岗嘎（地名）家乡的人去敖包溪水上。

塔尔根红格尔敖包南麓有一处名叫“三十三个硝土”的产硝的洼地。据传，过去塔尔根红格尔敖包一带出快马。

乌奈其敖包

乌奈其敖包，是位于苏尼特左旗巴彦乌拉苏木阿日山宝力格嘎查地界上的祭祀敖包。

很早很早以前，在乌奈其敖包南麓母子二人相依为命，家里只有1头母牛、5只山羊，日子相当拮据。儿子每天在山上一边放牧着1头母牛和5只山羊，一边拉着马头琴。听着主人悠扬的马头琴声，突然有一天母牛的乳房膨胀，竟然下了奶。母子二人挤下牛奶，不但可以喝到奶茶，还可以加工奶食，过上了富足的生活。从此以后，附近的人们聚集在一起，在这个山上垒砌了一座敖包，就叫作“乌奈其敖包”（乳牛敖包），在每年万物复苏的仲夏季节祭敖包。这样，乌奈其敖包远近闻名，来承担祭祀的东道主也多了起来。据传，当地有个富户，名叫巴拉桑却日吉，祖上名叫哈玛尔道尼尔，马匹多得“以填满洼地计算其数”，曾出资70两黄金，为敖包制作纯金顶桅杆。当地来百姓还给敖包起了个昵称，叫“犊之母”。

乌奈其敖包祭祀一直延续到20世纪50年代末。敖包祭祀有很多禁忌。如：禁忌女人上敖包山，只能从五六十米之外眺望，叩拜；敖包祭祀之前家里有亡人或去过墓地的人没有超过49天，不能去敖包参加敖包祭祀活动；家里有生产者没有超过21天，也禁忌其家人去参加敖包祭祀活动。乌奈其敖包，在1920年的时候，由昌图锡里苏木一带的丁都布—衮都（衮都，满语，“官衔”）之父朝克苏玛章京（章京，满语“清朝的官衔”）的苏木负责祭祀。20世纪20年代末30年代初，由现在的巴彦乌拉苏木额尔德尼楚古拉干一带的楚鲁图木章京的苏木负责祭祀；30年代中期由现在的巴彦乌拉苏木古如其—西那干一带的赤拉章京的苏木负责祭祀；40年代初期，苏尼特左旗西北部一带的特木尔敖其尔章京的苏木负责祭祀。此后，由现在的昌图锡里一带的富户丁都布负责祭祀，到1946年移交给现在的巴彦乌拉苏木阿日山呼拉尔、廷丁布，在移交的时候，亲自到敖包上焚香献哈达，又赠送了一匹黄骠马。由阿日山呼拉尔负责祭祀期间，在1953年敖包顶着了火，金顶桅杆也不翼而飞。1954年，阿日山呼拉尔向查干葛根扎木彦力格希德扎木苏禀报，获准重新更新敖包顶桅杆。阿日山呼拉尔喇嘛扎米扬希日布、呼拉尔沙比喇嘛班扎拉嘎其、珠恩扎拉庙沙比喇嘛扎米扬桑布等带上查干葛根的介绍信专程到北京雍和宫，请他们重新制作敖包"颂希格"和敖包顶桅杆，念诵七天的经书。回来后又报告查干葛根，在查干敖包庙又念了七天的经书之后，对敖包"颂希格"和桅杆进行更新。这次带来了镀金铜顶桅杆。20世纪60年代中期"文化大革命"中，敖包遭到破坏，镀金铜顶桅杆也下落不明。1985年，当地牧民恢复了敖包祭祀活动，用漆上黄漆的木头桅杆替代了过去的纯金顶桅杆和后来的镀金铜顶桅杆，在每年的固定日子进行祭祀。祭祀之前，主要东道主们提前来到敖包山上，对敖包进行修缮和装饰。祭敖包那天，人们从四面八方汇集这里，将乳浆、美酒等摆放于祭坛，将自己带来的拴牛犊、拴羊羔的缰绳、马嚼子、马笼头、驼鼻棍和缰绳以及哈达、彩绸系在敖包的链绳上边，然后跪在敖包祭坛前进行虔诚的叩拜，由衷祈祷在新的一年里，国泰民安，风调雨顺，人畜两旺，心想事成，好运常在。与此同时，把放生的敖包神马黄骠马牵过来，用敖包的焚香烟雾熏一熏，进行洗礼之后，用圣洁的鲜奶和黄油在其前额上抹画一番，在鬃毛和尾巴上换上新的彩带和哈达，让它重归大自然的怀抱自由地生活。

隆重的祭祀仪式结束之后，把参赛的马匹牵过来，顺时针方向绕敖包三周，骑在马背上的孩童们用银铃般清脆的声音诵唱藏语、蒙古语掺杂的祝词："阿姆、玛日吉、米米那、扫的哈、给尹、尕娃，葛根博格达恩赐吧！"赛马的马队出发了。这时候，搏克手迈动着雄狮般的步伐进入比赛场地。赛马、搏克比赛结束，发完奖品，这时候，一位口才超众的民间祝词家端着盛满鲜奶的银碗，对着跑了第一名的骏马触景生情，即兴吟诵一首《快马赞词》：

在那巍峨的山顶上，
垒起的敖包犹如楼堂。
十三座敖包一字排开，
金顶桅杆闪闪发光。
请来那些造诣很深的喇嘛们，
举行隆重的敖包祭祀。
在敖包前的祭坛上，
把圣洁的供品摆放，
点燃起那柏叶熏香，

禄马风旗高高竖起，
哈达彩旗迎风飘扬，
风调雨顺，人畜两旺，
表达我们美好的愿望！
一场喜雨湿润大地，
旱情解除喜气洋洋。
搏克手们如猛虎下山，
跃跃欲试上赛场。
参赛的快马个个精神抖擞，

敏捷如出笼的飞鸟。

飞快如欢跳的黄羊，

那达慕会上跑第一，

为主人带来荣光！

最后，将银碗中一些奶子涂抹在快马的脑门上，剩余的递给参加骑马比赛的小骑手们，并将哈达系在骏马的顶鬃或缰绳上。

珠勒根敖包

珠勒根敖包，位于苏尼特左旗白日乌拉苏木吉布胡郎图嘎查地界上。由敖包周围居住的牧户们进行祭祀，主要是通布、巴图、浩日劳、贡其格、陶义布嘎等几户祭祀。

珠勒根敖包祭祀原先是荤祭（红食），从1947年起改为素祭（白食），一直到1965年附近的牧户轮流主持祭祀事宜。

珠勒根敖包，也是由1座主敖包，12座羽翼敖包，共13座敖包组成。农历五月十三日进行祭祀。珠勒根敖包山南麓有1座小敖包，叫作扎查因敖包。祭祀珠勒根敖包的时候，喇嘛们将供品放置在扎查因敖包前边进行祭祀。还要进行一天的赛马、搏克比赛。

1982年，白日乌拉苏木吉布胡郎图嘎查牧民特木尔乌拉恢复珠勒根敖包祭祀，先后祭祀4次。此后，祭祀中断，再也没有进行。

关于珠勒根敖包，有这样一个传说：马克苏尔王爷的夏营地位于珠勒根敖包北边。珠勒根敖包山是很高的山，从马克苏尔王蒙古包的套脑（天窗）可以看得到珠勒根敖包的山峰。马克苏尔王认为，珠勒根敖包的山峰太高。于是，下令削掉山峰。

珠勒根敖包一带自然风光旖旎，北麓有西玛达因淖尔，南麓有扎查因高勒河，东边有杭盖因布拉格。这里有山有水，草木茂盛，水草丰美，珠勒根敖包位于如此得天独厚的好环境，令人赞美不已。

吉鲁根巴特尔敖包

吉鲁根巴特尔敖包，是在2008年新建的，是遵循苏尼特人民自古崇尚祭祀的十三座查干敖包的传统习俗建起来的纪念吉鲁根巴特尔的13座敖包。

吉鲁根（又写作格鲁根）巴特尔，姓氏为苏尼特，是成吉思汗创建蒙古帝国时代指挥千军万马的一代名将，是应成吉思汗之命，为其“提醒所忘，复燃已灭”（《蒙古秘史》语）的文武大臣之一。他一直跟随成吉思汗左右，为蒙古政权的振兴做出了巨大的贡献。

吉鲁根巴特尔又是13世纪著名诗人、祝词家、颂词家、大占卜师和星象师。吉鲁根巴特尔

是苏尼特部落首领，他的事迹在草原上世代传颂。凭借他的历史功绩，以他的名命名矗立的敖包理所当然地得到苏尼特蒙古族人民的敬仰。

现在，苏尼特左旗每年农历六月十三日都会举办吉鲁根敖包祭祀，举办盛大的那达慕大会，缅怀英雄，寄托尊崇自然，祈祷风调雨顺、五畜兴旺的美好意愿。祭敖包作为一种文化传承，包含了许多蒙古族的传统文化和习俗，对研究蒙古民族发展史具有重要价值，对于发掘、保护蒙古族文化，增进民族团结具有重要意义。

苏莫图宝德尔石林

苏莫图宝德尔石林，亦称北国石林或草原石林，是苏尼特左旗最著名的风景游览区。整个宝德尔石林横跨中国、蒙古国两国边界，各分东西，隔界相望。苏莫图宝德尔石林，当地人们称其为西宝德尔石林，位于苏尼特左旗边境苏木洪格尔苏木新阿米都日拉嘎查地界上。距离苏尼特左旗旗府满都拉图镇175公里，占地约39433平方公里，具体地理坐标为东经112° 40′ ~112° 46′，北纬44° 48′ ~44° 54′。

地质学家和考古学家所发现的许多贝壳和海螺化石证实，如今的石林，竟是一亿二千万年前的海底世界，宝德尔天然石雕群除了石头的雄伟壮观、神奇俏丽，还有其典型特征是一根根、一座座石柱拔地而起，相映成趣。这些石林在地表并非一个整体，而是由一块块状如饼子的石头堆积而成，有大有小，有的雄伟挺拔，造型奇特；有的俏丽多姿，奇形怪状，千姿百态；有的像哲人深思，有的如雄鹰栖息，有的似群龟蠕动，有的似骏马奔腾……无不出自大自然鬼斧神工之手，置身于其中你不禁会赞叹大自然的神奇，引发你无限遐想。

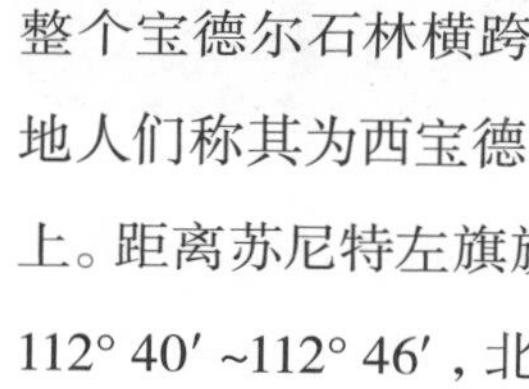
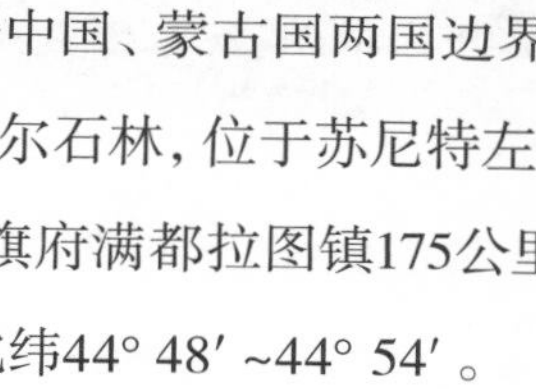
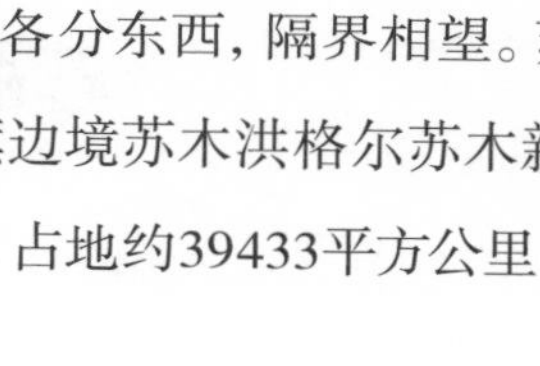
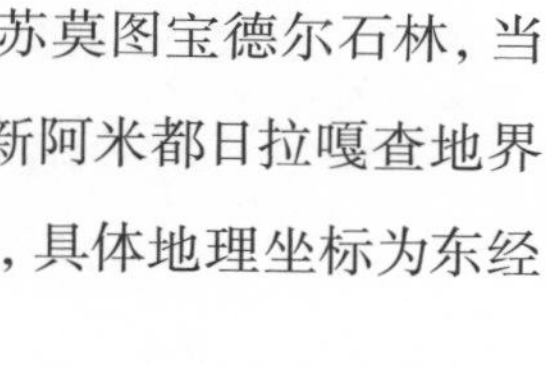
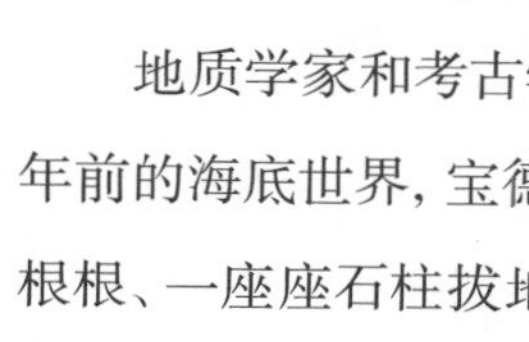
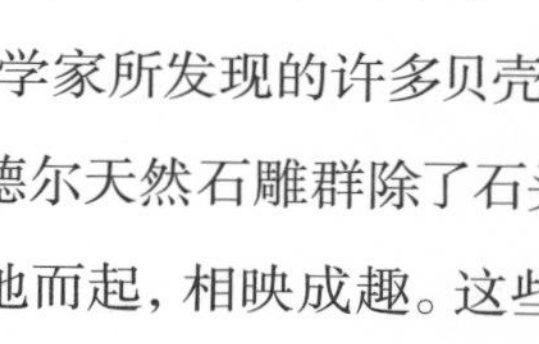
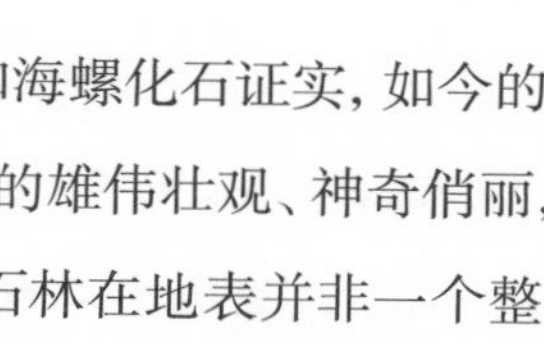
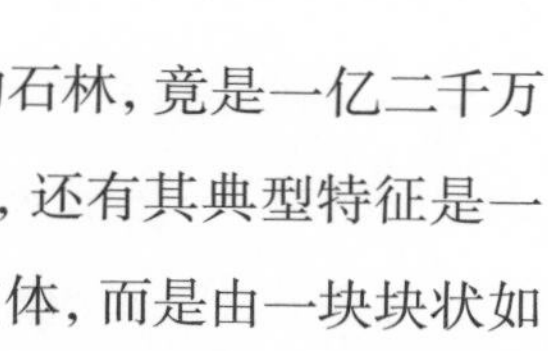

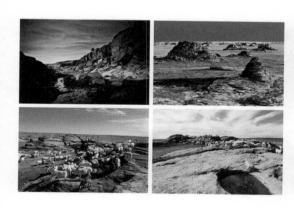

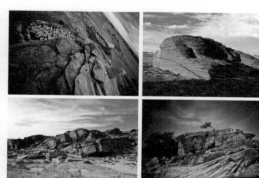

除了宝德尔天然石雕群的雄伟壮观、神奇俏丽之外，更为吸引人的是在这里还发现有古人栖居过的两个山洞和古人类崇尚繁衍生息，崇拜女性生殖器的“森吉图哈达”和“希日古勒楚鲁”的“转生洞”两处。从“转生洞”钻过去的人，无子得子、避灾祛祸的古老传说流传至今，证明了很早的时期这里就有人类活动。该风景区是内蒙古自治区级文物保护单位。

在苏莫图宝德尔石林有古人留下的线条简洁明了、形态各异的各种岩画及文字。早在1980年，苏尼特著名岩画研究者达·查干发现苏莫图宝德尔石林中的岩画之后，几十年来孜孜不倦、锲而不舍地进行了研究。宝德尔石林中的岩画与其他地方的岩画有个明显的区别，就是人物画几乎没有，主要是动物，而家狗、骆驼、马（野马）、岩羊、鸟类、黄羊、盘羊居多。岩画主要以凿刻与线划两种手法制作，经内蒙古自治区考古研究所盖山林研究员测定：以突厥、蒙、元时期及近现代作品为多，青铜时代作品极少，但也不能排除在外。虽典型作品在这里不明显，但还是存在的，在制作水平上有一定的提高，但数量上主要发现一些动物的岩画及一些符号，特别是近现代作品居多。

每到春夏季节，雨水丰润，这里风光奇特，绚丽多姿，绿草如茵，花团锦簇，草原风光旖旎，景色迷人。苏莫图宝德尔石林东北有一个口朝北的岩穴，岩穴上边有一眼泉水，常年泉水叮咚，流水潺潺，名叫海流图泉。海流图泉下边是一片榆树林子。

2016年，苏莫图宝德尔石林被内蒙古自治区确定为自治区级地质公园。

准哈达乌拉

准哈达山（东岩峰），位于苏尼特左旗洪格尔苏木旭日昌图嘎查地界上，海拔1164米。准哈达西边是巴润哈达（西岩峰），属蒙古国东方省额尔德尼县管辖，中间是一片长满芨芨草的草滩，中蒙两国国境线正好从芨芨草草滩中间穿过，东西两座岩峰隔界相望。大库伦—张家

口大路，即老倌路、公主路、驼运路等古道统统从这芨芨草草滩上经过。这条古道就是连接欧亚的古茶叶之路。

准哈达山山石险峻、怪石嶙峋、悬崖绝壁、盛气凌人。岩峰南麓有一眼泉，叫霍博日因布拉格，泉水清冽甘甜。泉眼旁边有巴润那拉图、准那拉图两座悬崖峭壁。两个那拉图的西边有叫“浑地因布查”的避风向阳的冬营地。浑地因布查南边有叫“敦达霍博日呼都嘎”的一眼井，水很旺盛。大库伦—张家口的古道由此经过，是人畜饮水的好去处。

岩峰峡谷之头有一眼井，叫“哈布其拉因呼都嘎”（峡谷井）。原先是个泉眼之处，一眼泉水奔涌而出，水量很大，形成一条清澈如水晶的溪流。栖息在这里的野马、野驴、盘羊、岩羊、黄羊等常到这里饮水。后来，人们在泉眼周围垒砌石头，改成了井来利用。哈布其拉因呼都嘎西南有一个自然形成的岩峰，形如威武的立人，人们尊称其为“成吉思汗哈达”或“将军哈达”。

峡谷东北方向，有一个白色的石头敖包，人们称其为“孟根敖包”（银色的敖包）。

峡谷东南方向，有“忽兰乃胡图勒”（野驴山包）。据传，很早的时候，这是野驴下来饮水的唯一通道。古时，人们把野驴等野生动物围堵在这个通道里加以捕杀。

岩峰上的还有一个奇观，就是冰臼。地质学家认为，冰臼为200万年前第四冰川遗迹，是全球古气候、古环境、古地质变迁十分难得的证据和重要的历史见证。花岗岩山脊周围有七个大小不等、深浅不一的冰臼，当地人称之为“七个盆子岩石”，一年四季涌水不止，有的深不可测，探进五庹长的套马杆都探不到底。还有遍地长满百里香草的峡谷，人们叫“百里香峡谷”。

准哈达避风向阳的地方还有古人曾经使用过的布拉士图因冬营地、哈南乃冬营地、芒乃因冬营地、浩陶林冬营地、茂道乃冬营地、浑地因布查营地等遗迹。

塔木钦塔拉草原

辽阔空旷的塔木钦草原，自古以来就是北方古老文明的摇篮和人类活动的平台之一。从塔木钦塔拉草原腹地发现的各种石器，到苏尼特境内发现的“苏尼特岩画群”，向人们传达旧石器时代末至青铜时代的文化符号和信息，告诉人们我们的祖先早已在这里繁衍生息，驯化野生动物，过着逐水草而迁徙的游牧生活。在广袤的塔木钦塔拉草原上车轮滚滚，马蹄哒哒，驼印点点，谱写出了游牧文化的华彩篇章……千百年来，塔木钦塔拉草原上演出了一部又一部惊泣鬼神的历史连续剧：成吉思汗征金，成吉思汗灵柩车经此地回故里，明成祖朱棣五度征北，清康熙帝亲征噶尔丹……塔木钦塔拉草原是必经之路，承载了如此厚重的历史。然而，它

又以其博大的胸怀迎接了南来北往的一链链驼队、一串串车队，丝绸之路、茶叶之路贯通其境，驿路商道南来北往。

据考察，在塔木钦塔拉草原上南来北往的古道，如丝绸之路、茶叶之路、驿站驿路、古代征战行军的路、驼运路、老倌路、库伦路、公主路、沙拉扎木、甘嘎路等，共有16条之多；从东到西横贯塔木钦塔拉草原的楚古兰路、运盐路、和日木路。除此之外，从大路分开去庙会的岔路约123条（新中国成立前，苏尼特左旗有朝廷命名的寺庙13座，呼拉尔77个，共有90个庙会；苏尼特右旗有朝廷命名的寺庙10座，呼拉尔23个，共有庙会33个）。

可以说，塔木钦塔拉草原又是丝绸之路、茶叶之路的摇篮。

辽阔无边的塔木钦塔拉草原，西起乌兰察布盟四子王旗，囊括东西两个苏尼特旗大部分、阿巴嘎旗北部、蒙古国东戈壁省、苏赫巴托尔省、东方省的巴彦塔拉（中蒙边界名字变成墨能草原），横跨中蒙两国，东与内蒙古巴尔虎草原相连接，经由喀尔喀河东边延伸至西伯利亚山林地区。这片东亚地区少有的辽阔大草原自古就是各种野生动植物繁衍生息的乐园。植物类以戈壁针茅草、柳、苘灌为主，还有冷蒿、沉香、草云香、冰草、隐子草、羊草、芨芨草、嫩草、红沙、沙葱、多根葱、蔚萝蒿、转蒿、黄花蒿、艾菊、马兰、骨顶鸡、车前草、银柴胡、地梢瓜、小叶锦鸡儿、白山蓟、蒙古莸、旋覆花、灰菜、山葱、甘草、床叶、草麻、野韭菜、山丹、百里香、运志、蒺藜、刺沙蓬、麻黄、五味子、蘑菇、发菜、芦苇、沙鞭等505种植物，其中草本类植物460种。野生动物类有狐狸、沙狐、狼、猞猁、獾、野猫、黄鼠狼、艾虎、欣貂、刺猬、蛇、兔子、黄羊、狍子、盘羊、旱獭、地鹧、鹤、鹰、秃鹫、百灵、鸢、沙鸡、野鸡、花鸭、灰鹤、杜鹃、百舌、乌鸦、喜鹊等。地质学家经过科学勘探，认为：塔木钦塔拉草原地质构造为新近系中新统宝格达组和通古斯组泥灰砂、灰岩、砾岩、砂砾岩、细砂岩，平均海拔1020～1080米，在7000万～8000万年前形成。

塔木钦塔拉草原仅在苏尼特左旗部分面积约18000平方公里，地理坐标东经112° 46′～113° 30′，北纬43° 20′～43° 36′；在苏尼特右旗的面积是16000平方公里，地理坐标为东经111° 03′～114° 16′，北纬41° 55′～43° 47′。连接东、西两个苏尼特的塔木钦塔拉草原上有：希拉呼仁草原、昌图草原、呼仁草原、胡吉尔草原、岗岗草原、巴彦敖包草原、赛罕塔拉草原、巴音塔拉草原、萨如拉塔拉草原、布敦乃草原、浩彬塔拉草原、章古图草原、巴嘎塔拉草原、玛尼因塔拉草原、包如海草原、奔巴图草原，还有巴拉嘎孙戈壁、布日敦戈壁、阿嘎拉基因戈壁、白苏波音戈壁、苏海音戈壁、瑙木干戈壁、查干察布戈壁、哈剌察布戈壁、布朗戈壁、哈剌努敦戈壁、布图木吉戈壁、迪安沁戈壁、查干塔苏尔海因戈壁、查干淖尔因戈壁、阿尔善乌拉戈壁、哈剌察盖因戈壁、吉尔格勒格乃戈壁、毛音霍博日因戈壁、赛罕乃戈壁、奔红戈壁、苏吉因戈壁、奔巴图戈壁、乌兰西热戈壁、好来因戈壁、乌也因戈壁、玛尼图因戈壁、额格勒图因戈壁、额木齐因戈壁、巴彦乌孙乃戈壁、满都呼因戈壁、呼和乌苏乃戈壁、巴彦海然乃戈壁、苏莫图因戈壁、红戛因戈壁等很多戈壁。这些戈壁草原牧场，生长着稀疏的灌木和草丛，有红色或紫红色柔软的土质和零散的芒硝，非常适合苏尼特骆驼的繁育成长。

东、西两个苏尼特旗的戈壁草原牧场，主要处在塔木钦塔拉草原南北部的大川和低洼地一带。塔木钦塔拉草原南部戈壁西起苏尼特右旗王府温都尔庙，东至科尔沁西拉木伦河的“温都尔庙—西拉木伦河断层带”中。这条纵贯东西的断层带大浑地形成于中更新世，纵贯东、西两个苏尼特旗和阿巴嘎旗绵恒300多公里，南北30～50公里。

“塔木钦”这个名字，史书上多写作“探马赤”。关于这个名字的基本解释：成吉思汗攻金时以蒙古所属色目诸部族组成的军队。《元史· 兵志一》：“若夫军士，则初有蒙古军、探马赤军。蒙古军皆国人，探马赤军则诸部族也。” 吴晗《朱元璋传》第一章三：“驻防（镇戍）军以 蒙古军和探马赤军（色目诸部族军）为主力。”亦省称“ 探马赤 ”。

关于其来历，学界考释甚多，莫衷一是。有的认为此即汉语“探马”，即侦察骑兵；有的认为“ 探马赤”来自突厥语“达摩支”（泛称达官，见《大慈恩寺三藏法师传》）；也有人认为来自契丹语“挞马”（扈从官，见《辽史·国语解》）；还有的认为来自蒙古语语根Tama，本意为捻绳的捻， Tamuhu是从捻绳的意思而来的，就是合起几股为一股，团结起来有力量的意思，转义为“搜索、追击”。

所谓探马赤军，是蒙古汗国和元朝的一种军队。蒙古帝国时期，从各千户、百户和部落中拣选士兵，组成精锐部队，在野战和攻打城堡时充当先锋，战事结束后驻扎镇戍于被征服地区，称为探马赤军。与大蒙古国军由各自千户的士兵编成不同，探马赤军是由各部拣选的士兵混合组成的，因而《经世大典·序录》上说："探马赤则诸部族也。"1217年，成吉思汗命木华黎攻金，从兀鲁兀、忙兀、札剌亦儿、弘吉剌、亦乞烈思五个蒙古部落的各千户、百户中挑选矫捷有力的士兵组成五投下探马赤军。这支部队颇立战功，驻屯中原。窝阔台汗时，命搠里蛮（又译"绰儿马罕"）出征波斯，作探马赤军留在该地镇戍；也速迭儿征高丽，在那里作探马赤军镇守。有元一代，始终保持探马赤军的建制。"探马赤（tammaqi）"，意为"探马官"。蒙古文音译转写时，去掉一个"m"，变成现在的"tamaqi"。

达尔罕乌拉山

达尔罕乌拉山，是苏尼特左旗最高的一座山峰，位于苏尼特左旗旗政府所在地满都拉图镇西北130公里处，海拔1378米。张家口—大库伦茶叶之路西路从达尔罕乌拉山西边经过，张家口—大库伦茶叶之路中路从达尔罕乌拉山东边经过。因为达尔罕乌拉山是苏尼特左旗的最高的山峰，这里的人们自古以来供奉祭奠这座山，也创作出很多诗词和长调歌曲来赞美这座山的美丽景色和无量功德。苏尼特左旗人把整个苏尼特左旗的地图比喻为一只绵羊，把塔木钦塔拉草原比作绵羊展开的胸脯，把达尔罕乌拉山比作绵羊的心脏部位。达尔罕乌拉山，由4座山峰组成，主峰为独峰山，西边的山峰叫巴润巴彦山峰、北边的叫阿如巴彦山峰、东边的叫准巴彦山峰。其中还有哈拉胡硕山、巴润昌图山、锡伯图山、索布尔干山、达鲁图山、阿尔斯楞哈达、森吉图哈达、朱日和因敖包、努很奥尔格勒、准昌图、海拉斯图、伊尔贵图、脑茂图呼舒、海拉孙阿玛、好耶尔哈沙图因胡仍、少尔布噶因哈拉呼舒、也客敖包图、哈沙图因胡仍敖包、苏林敖包等众多山峰。那里群峰突起，有的似剑直刺云天，有的壁立千仞，有的独立成峰，真可谓千峰显态，峰峰峥嵘，峰峦叠嶂，犬牙交错，各显风姿，巍峨壮观。山中有恩格尔古尔班布拉格（泉）、阿如察布恰尔布拉格（泉）、格吉格因巴彦布拉格（泉）、准苏音布拉格（泉）、哈沙图因古尔班呼都嘎（井）、巴润巴彦乃杜尔本呼都嘎（井）等自然泉水和旺水井。冬营盘有哈丹呼舒、额布都格、阿尔斯楞哈达、德乐图、奥尔格勒、脑木图呼舒、伊尔盖图等很多水草丰美的冬营地。

相传，很早以前，圣主的占卜师在巡视蒙地风水的时候曾来到苏尼特这个地方，看到达尔罕乌拉山形如面朝西北方向蹲坐的老虎，曾占卜说：此地乃无战乱之祸，是平安之地也。达尔罕乌拉山自古便是圣主白马群放牧的地方，白马身上打有蒙古文字“巴图”（牢固之意）字样的烙印，因此也称之为“达尔罕马群”（神圣的马群）或“巴图马群”（牢固的马群）。还有一个民间传说，很早以前有几匹白马来达尔罕乌拉山水草丰美的草场上。旗王府派人在白马左髀部位上打上“巴图”字样的烙印，登记造册后，分配给当地牧户饲养。马群最后发展到六个群，3000多匹。

还有一个传说：达尔罕乌拉山，原来的名字叫巴彦乌拉山。1800年，在这里放牧圣主白马群的苏尼特部落达尔扈特姓氏的台吉和札兰、章京（均为清朝时的官衔）联名向锡林郭勒盟府奏请，将“巴彦乌拉山”更名为“达尔罕乌拉山”，并作为本旗的祭祀山，得到了应允。遵照锡林郭勒盟府之命，苏尼特左翼旗第九代札萨克多罗郡王巴拉珠尔亚仁丕勒责成北札兰5个苏木每年农历五月二十五日祭祀达尔罕乌拉山，并在第一次祭祀仪式上，从圣主马群里挑选4匹白马命名为“神的坐骑”放生放入山中。

1918年初，在巴嘎达盖一带有一户巴彦（富人），户主叫根敦。他家的羊发展到30000只，曾获朝廷颁给的三个钢制“图拉嘎”（锅撑子）的奖赏。羊群里还出了长有四个犄角的公羊，根敦把这只长有四个犄角的羊命名为“神兽”放入山中。从此，这个地方五畜兴旺。

达尔罕乌拉山祭祀从1800年一直延续到1946年，此后中断了近60年，直到1995年当地牧民把它恢复至今。

河流、泉眼

恩格尔高勒河

恩格尔高勒河，位于苏尼特左旗巴彦淖尔苏木达布希拉图嘎查、吉布胡郎图嘎查地界上。

恩格尔高勒河在满都拉图镇东南135公里处，河流长65公里，流域面积1240 平方公里，平均流速0.64立方米/秒，水总量1260万立方米，灌区面积20000多亩，是苏尼特左旗水草资源富集区，也是锡林郭勒盟地区万亩以上四大灌区之一。灌区内有天然淡水水面，湖内有各种天然鱼类生存，并有蚌、螺、虾等，水生植物茂盛，水鸭、水鸟成群，有天鹅等珍稀动物。现已开发为游泳、垂钓、划船、避暑等多种形式的旅游度假村。水面荡舟，体验渔家人的生活，或湖边垂钓，怡然自乐，是炎热夏季避暑与旅游的乐园。

努贺斯因高勒河

努贺斯因高勒河，是从苏尼特左旗南部的沙海深处潺潺而流出的常年河。

努贺斯因高勒河，发源于正蓝旗扎格斯台苏木巴音淖尔嘎查哈日根台敖包的哈日根台泉水，是流向正北的一条河，直到恩格尔那木嘎（湿地）浑地，全长45公里，河宽3米，流域面积2125平方公里。关于努贺斯因高勒名字的来历，人们说法不尽相同。有的说，努贺斯因高勒河发源于哈日根台泉，流经陶日呼因布拉格、布汗乃布郎布拉格、德尔斯台因布拉格、乌日图因布拉格、喇嘛因布拉格、哈尔扎布拉格等108个自流泉，水源得到补充，起先蒙古语称之为“努贺斯”（补充）高勒（得到补充的河），后来改成“努贺斯因高勒”；有的说，因为水里野鸭子多，鸭子，蒙古语叫作“怒格斯”，所以，叫怒格斯因高勒，云云。努贺斯因高勒河流经西拉宝楞、德尔斯台、诺颜哈屯树、嘎拉珠因大坂、那拉图因大坂、浩伊尔图拉达格等险要之地，最后流入恩格尔那木嘎。

关于努贺斯因高勒，民间有这样的传说：很早以前，成吉思汗及其夫人经过这里，当登上哈日根图敖包极目北望时，看到一片沙地连绵的无水草原。成吉思汗骑上马从敖包北面走下去后，从他支起金杆子套马杆跨上马的地方涌出一汪泉水，泉水顺着成吉思汗拖着套马杆子的路流向北面的无水草原。成吉思汗及其夫人引泉水流入的地方生长出的大树，人们称其为“诺颜哈屯树”。诺颜哈屯树，长在现在的巴彦淖尔镇塔日根淖尔嘎查，努贺斯因高勒东岸的高坡上。当地人们在诺颜毛都前边立一座敖包祭奠，并将这个敖包命名为“诺颜毛都敖包”。努贺斯因高勒继续往前流，流到一处酷热的沙山被挡住了。成吉思汗向天捧起祭品，然后举起手中的长剑砍下去，在沙山上一剑砍出一个豁口，努贺斯因高勒便从那个豁口流进恩格尔那木嘎。那个豁口子就叫“努贺斯豁口”。

努贺斯因高勒有各种天然鱼类生存，并有蚌、螺、虾等，水生植物茂盛，水鸭、水鸟成群，沿河地区沙丘绵延，河套里草茂树密，成为苏尼特自然风景区之一。

葛根图因阿尔善矿泉

葛根图因阿尔善矿泉，位于苏尼特左旗现在的巴彦淖尔镇（原德力格尔罕苏木）巴彦德力格尔嘎查地界上的阿尔善乌拉山北边。这个自然泉水清澈而含有芒硝成分。我们的祖先发现这个矿泉对一些疾病有明显的疗效，崇其为“圣泉”，并将发现其疗效的人誉为“葛根”（活佛），久而久之“葛根图因阿尔善”（活佛圣泉）遐迩闻名。

19世纪著名医学家、文学家、宗教活动家、“公召葛根”（原鄂尔多斯郡王旗公召庙”）伊希丹金旺吉拉（1853—1906）曾在此居住，建立“公召葛根仓”（小型庙会场所），论经说法，研究医学，开发利用这个矿泉为人治病消灾。故当地老百姓称其为“格根图因阿尔善”。

葛根图因阿尔善，共由13个泉眼组成。13个泉眼的水颜色、温度各不相同，对很多疾病都有一定的疗效，特别是对胃、肝、关节、眼疾等疾病具有较好的疗效。在炎热的三伏天有喝、浴、坐汤、泥疗等很多方法。内蒙古人民出版社1972年出版的《蒙医药研究》中介绍锡林郭勒盟葛根图因阿尔善时说道：“该矿泉含有芒硝成分，对胃酸、胃病、血液病有疗效。”

当地牧民为了表达祛病避灾的良好愿望，在阿尔善源头立起石头敖包，在每年的农历六月祭旗敖包之前，先行祭阿尔善敖包。葛根图因阿尔善，不但每年固定时间进行祭祀，敬献哈达，敬献供品，就是平日里来这里治疗的人们，来的时候先给阿尔善敖包磕头，临走的时候，也向阿尔善敖包磕头祈安。

哈纳哈达阿尔善矿泉

哈纳哈达阿尔善，俗称“有药水的阿尔善”，位于苏尼特左旗巴彦乌拉苏木阿尔善布拉格嘎查，又名“阿尔善布拉格”。

据传，早在300年前，一个大雪纷飞的冬天，有一个赶着牛车的化缘老喇嘛来到这里时，套车的老牛廋弱乏力，老喇嘛也身患重病。无奈之下，老喇嘛只好在此停留，把老牛放进附近的草场上，自己搭建了简易帐篷住了下来，在这里熬过了寒冬腊月。他每天喝哈纳哈达阿尔善的“活水”，没承想他的病情日渐好转，竟然奇迹般地康复如初。转年，老喇嘛临走的时候说：“我是个患有严重胃病的人，如果不是遇到这个哈纳哈达阿尔善和这里的圣水，我可能早已不在人世了。这个泉真是神泉。”消息一传十，十传百，从此以后，周围的人们终于知道了这个泉水的神奇的功能，乌珠穆沁、阿巴嘎、达里甘嘎一带的人们络绎不绝地来这里进行阿尔善治疗。

哈纳哈达阿尔善，有8个泉眼，功效各不相同，分别对胃病、酒精中毒、眼疾、头痛、牙疼、关节炎等有疗效，可采用喝、洗、浴、坐汤等各种方法。

人们在哈纳哈达阿尔善源头立有石头敖包，每年农历五月五日远近的人们从四面八方来到这里祭祀，献祭品、献哈达、敬奶酒、烧香磕头，表达虔诚之心。

地方优良品种

苏尼特绵羊

苏尼特绵羊属蒙古绵羊系统中的一类群，在苏尼特草原特定生态环境中经过长期的自然选择和人工选育而形成。苏尼特绵羊抗灾能力强，宜粗放，肉质优，味道鲜嫩，没有膻味。苏尼特绵羊肉，曾是元、明、清朝皇宫贡品，一直是北京“东来顺”涮羊肉馆专用羊肉。

广袤富饶的苏尼特草原是闻名遐迩的纯天然牧场，也是著名的苏尼特羊的故乡。苏尼特羊被誉为“肉中人参”，享誉国内外，名扬天下。苏尼特绵羊是肉用型绵羊，源于粗毛、肥尾蒙古绵羊品种而又明显区别于原品种的优质定型品种。苏尼特绵羊，除了分布在锡林郭勒盟苏尼特左旗、苏尼特右旗、阿巴嘎旗之外，还分布于乌兰察布市四子王旗、丰镇市，包头市达尔罕茂明安联合旗和巴彦淖尔市的乌拉特中旗等地。

一、品种起源

据专家考证，人类在公元前6000年之前就已驯化和饲养绵羊。在漫长的历史过程中，经过自然淘汰与人类有意的改良选育，其产品利用率越来越高。从这个意义上讲，包括原种绵羊在内的社会发展各个时期的绵羊，按着物竞天择、适者生存、优胜劣汰的规律，如今演化成很多品种。蒙古绵羊生活在中亚地区、蒙古高原，已有数千年的历史。蒙古高原上发现的岩画告诉人们，蒙古高原在旧石器时代就是人类繁衍生息的地区之一，并且已经开始饲养绵羊了。

苏尼特绵羊，是在由典型草甸草原向典型荒漠草原过渡的中间带生存的具有特色的典型的蒙古绵羊。苏尼特绵羊是经过本地区自然环境的考验，在半荒漠草原生态环境下长期繁育而成的地方优良品种。

二、特点

苏尼特绵羊耐粗饲，最能适应荒漠半荒漠草原，而且具有抗寒、抗旱、抗病、生命力强的特点。苏尼特草原上的羊肉，色泽鲜艳，肉层厚实，品质极好，用它能够成就各式各样的精彩美味。

1. 外形特征

苏尼特绵羊，是肥尾、粗毛肉用羊。苏尼特绵羊的经济价值古今有名。蒙古族民俗学先驱罗卜桑悫丹在他于1981年完成的《蒙古风俗鉴》中写道："绵羊之好产自察哈尔和苏尼特左旗也。羊体格大，且肉与毛甚佳，皮子也好，毛细也。"（见《蒙古风俗鉴》蒙古文版，内蒙古人民出版社，1981年9月第一版，109页）

苏尼特羊体格大，体质结实，结构均匀，头大小适中，鼻梁隆起，耳大下垂，眼大明亮，颈部粗短。种公羊颈部发达，毛长达20~30厘米。背腰平直，体躯宽长，呈长方形，尻高稍高于鬐甲高，后躯发达，大腿肌肉丰满，四肢强壮有力，脂尾小呈纵椭圆形，中部无纵沟，尾端细而尖且向一侧弯曲。被毛为异质毛，毛色洁白，头颈部、腕关节和腹部以下脐带周围有有色毛。据1981年对522只绵羊进行抽样调查，黑头羊占43.49%，黄头羊占27.01%，棕色头羊占13.22%，全身洁白的占9.77%，其他毛色的占6.51%。

2. 苏尼特绵羊产肉量

苏尼特草原得天独厚的气候条件使得草场上分布着多达200种野生植物。沙葱、野韭菜等都是羊群最好的食物，而沙葱中富含多种微量元素，能够最大限度地分解羊身上的腥味和膻味。所以，苏尼特羊肉具有鲜嫩多汁，无膻味，肉层厚实又紧凑，高蛋白，低脂肪，瘦肉率高，肌间脂肪分布均匀，富有人体所需各种氨基酸和脂肪酸，容易消化等很多优点，是制作涮羊肉的最佳原料，深受国内外广大用户的高度评价和热烈欢迎。

据有关部门测算，苏尼特绵羊成年公羊平均体重78.83公斤，成年母羊平均体重58.92公斤；育成公羊平均体重59.13公斤，育成母羊平均体重49.48公斤。苏尼特羊产肉性能好，10月屠宰成年羯羊、18月龄羯羊和8月龄羔羊，胴体重分别为36.08公斤、27.72公斤和20.14公斤；屠宰率分别为55.19%、50.09%和48.2%；瘦肉率为70.6%、70.52%和69.95%。6月龄羯羊体重平均达38公斤，出肉13公斤。成年羯羊胴体重一般在34公斤左右，净肉达28公斤。经过化学成分分析，粗蛋白质含量19.5%，粗脂肪含量3.14%，失水率13.79%，碘价27.96%。脂肪酸的不饱和程度低，脂肪品质好。

3. 产毛量和皮张

据1981年进行的苏尼特绵羊产毛量的测算：成年公羊平均剪毛量为1.7±0.3公斤，成年母羊1.35±0.28 公斤，周岁公羊1.3±0.2 公斤，周岁母羊1.26±0.16公斤。苏尼特羊毛被中无髓毛占52%~61%，两型毛占3%~4%，有髓毛占8%~11%，干死毛占28%~33%。

苏尼特绵羊一年剪2次毛，夏季剪长毛，秋季剪短毛。苏尼特绵羊毛，是加工制作地毯、毡靴子的上等原料。除此之外，擀蒙古包围毡、毡褥子、毡口袋的毡子，也是相当不错。

苏尼特绵羊皮厚实，弹性好，又轻又暖和，是加工制作各种挡风御寒的皮衣、皮靴、皮手套的好材料。

4. 繁殖性能

苏尼特绵羊羊羔长到5个多月便性成熟，平均发情周期为17天（15~19天），发情期24~36

小时。适龄母羊1岁半时可以受胎，母羊的妊娠期为5个月，150天左右。种公绵羊1岁半可以配种。苏尼特绵羊实行本交，一般种公羊与适龄母羊的比例为1∶（30~50）。特别好的种公羊可以匹配100~150只母羊。大多数情况下10月放种公羊，次年3月开始接羔。产羔期持续50来天。母羊繁殖率114%左右。1981年，对赛汉高毕苏木芒来嘎查牧民达西玛的羊群繁殖率、保育率情况进行调查，1973—1981年9年，2775只母羊年均接羔3171只，成活3134只，繁殖率达114.27%，保育率达98.83%，实现百母超百子，达到112.93%。

5. 适应性能

苏尼特绵羊饲养条件以天然放牧为主，气候特点是冬季寒冷漫长、春季干旱多风、夏季短促炎热、秋季气温剧降霜冻早，草场类型主要为荒漠草原和干草原。苏尼特绵羊能够适应这样严酷的自然环境条件，在粗放情况下也能抓膘。草场被雪压住之后，苏尼特绵羊能够扒雪吃草。冬春两季枯草季节，尽管吃不饱，苏尼特绵羊也能够依靠肥尾里贮存的能量艰难度日，一旦接上新草，马上就能恢复体能。

苏尼特绵羊抵抗疾病的能力特别强。苏尼特草原属无水干旱草场多的地方，苏尼特绵羊抗旱能力非常强。

三、苏尼特绵羊饲养管理概况

1. 苏尼特绵羊春季饲养管理

苏尼特地区畜牧业春季一般指公历2—4月。春季是牧民抗灾保畜、接羔保育最紧张、最忙碌，而且最艰苦、最关键的季节。

春天，除安排好草牧场外，棚圈设备，饮水条件，母畜、仔畜、弱畜的补草补料，接羔袋，临时用的兽药等都要准备好。适当安排劳动力，加强跟群放牧和夜间巡视，对怀胎母畜要就近放牧，保证饮水，每星期保证去一次盐碱地。在产羔接羔高峰期来临之前，必须做好必要的准备。

苏尼特地区一般从公历3月中旬到4月末，是接羔高峰期。接羔期，除了羊倌之外，还要安排专人负责接羔。接羔员在野外接完羔，还要负责往营盘运送。苏尼特牧人把新产的幼羔与稍大点的羊羔分开圈，采取不同的保育方法。一般不采取散放。通常早晨6—9点之间撒出羊羔吃母奶。然后，把羊羔截留下来，把母羊赶到草场上放牧。下午4点多钟羊群回来，再把羊羔撒出去吃饱母奶。然后，又把仔畜、母畜分开来圈好。

苏尼特地区一般清明以后大地开始返青。这时候羊群“跑青”，出现新草吃不饱，旧草又不肯吃的现象。所以，这段时间，饲养管理更得加强。春季放牧时出牧不宜过早，要控制羊群“跑青”。春季补饲时，要在冬季补饲的基础上，根据羊群的膘情进行分群补饲，确保有良好的膘情，补充微量元素和矿物质。羊群四季都要自由舔食碱砖，补充羊只所需的各种微量元素和矿物质

公历5月初或中旬，羊一般饱青了，这时候要阉割绵羊羔，俗话叫作“骟羊蛋”。在阉割绵羊羔之前，对所有的新产的羔要进行剪耳，做有别于别人家羊羔的记号。阉割绵羊羔的时候，先把留作种公羊的羊羔挑出来，其他的公羔子统统阉割掉。阉割绵羊羔的时候，很多牧户要举行“珍珠节”，邀请亲朋好友和左邻右舍举行小型茶宴，预祝五畜兴旺，万众富足。

这时候，万物复苏，春暖花开，春季忙碌而紧张的生产劳动至此画个句号，要转入夏季生产了。

2. 苏尼特绵羊夏季饲养管理

夏季（5—7月）主要工作是抓羊群的基础膘，俗语讲“水膘”。早晨4—5点的时候，把羊群撒到草场上，吃上新鲜幼嫩的青草，10点左右饮水午休。下午3—4点顶风把羊群撒出去，傍晚

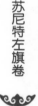

收拢回来。

苏尼特牧人一般从公历6月开始转场到夏营盘。

夏天要选择牧草比较多的地方来放养，牧草的种类要多一点，在放牧的时候要注意，一定不要在蚊虫比较多的低洼草地上来放牧。一定要保证能够喝到足够的水，不要喝污染的水源，避免饮地表脏水。

转场去夏营盘之前，做好灌药驱虫和预防注射。剪完羊毛之后，做药浴，做好各种传染病防治，以利于抓好基础膘。

每年的6月30日，是畜牧业法定年。从6月20日开始把各羊群的基本数字、公母、年龄等搞得一清二楚，以便统计汇总上报。

苏尼特牧人自古有挤羊奶，加工奶食的习俗。6—7月底，是挤羊奶奶期。中午，把羊群收拢回来后链在一起挤奶。一天挤1次奶，1只母羊出0.25～0.5公斤奶。

3. 苏尼特绵羊秋季饲养管理

当地牧业年度的秋季是8—10月。秋季放牧抓好羊群的“油膘”，做到多采食、少走路。未下霜时要早出晚归，这样可以吃到更多的如沙葱、多根葱、野韭菜、糙隐子草、碱草、针茅草等有营养的牧草，有利于绵羊抓“油膘”。秋天的时候要注意，下了霜了以后要注意不吃有露水的草，在露水没有褪去之前不要去放牧，可以晚出去一点。要看牧草长势，牧场的距离和天气情况，随时调整放牧的时间，如果天气很差，刮风下雪的时候，最好不出去放牧。

苏尼特地区9月中旬剪秋毛，除了老弱羊之外，都要剪。紧接着普遍进行一次药浴，预防长癞及其他皮肤病。10月进行秋季驱虫。

从9月末到10月末这段时间，是出售商品畜阶段。苏尼特牧人不失时机地出售商品畜。

10月普遍进行配种工作。苏尼特左旗至今以本交为主，调配好种公羊与母羊的比例。先把

用于配种的种公羊拴或圈它个3~5天，不怎么喂它草料，以减轻其体重，然后再放进羊群里。这是为了防止种公羊直接放进羊群过于疲劳和出汗而掉膘。

4. 苏尼特绵羊冬季饲养管理

苏尼特的冬季是公历11月到次年的1月。这段时间的主要任务是保证母羊全部配种和保膘。

每年的11月，苏尼特牧人转场到冬营盘，在加固过冬的棚圈设备的同时，做好冬季牲畜疫病防治。

冬季早晨一般9—10点出牧，下午5点多归牧。根据草场牧草长势、放牧距离远近及气候情况确定放牧时间。出现大风、大雪、极端低温等恶劣天气时不出牧。应在冬营盘附近围护一块较好的草场，以备产羔母羊采食或气候突变时使用。按照"早补、保膘"的原则，冬季补饲要及时，赶在羊群开始掉膘之前补饲，一般在11月初开始。开始时饲喂量少些，而后逐渐增加。根据羊群放牧情况补饲青干草或精饲料。冬季避免饮冰冻水。一定要提供温度适合的水，水的温度太低，会对羊群的生长造成影响，影响到饲料的消化吸收。另外，冬季每隔3～4天把羊群赶到盐碱地，或用车拉回盐碱土撒在羊圈或饮水井附近，以便羊群随时舔舐。

苏尼特绵羊四季饲养管理主要按上述周而复始地进行。

1997年，内蒙古自治区人民政府正式命名苏尼特绵羊为地方优良品种。

2007年，经过国家质检总局的验收，苏尼特绵羊首次在同类产品中被批准为地理标志产品。

2010年，苏尼特羊通过国家农业部专家组实地验收，顺利通过国家畜禽遗传资源委员会的审定，正式列入全国优良畜种名录。

苏尼特双峰红驼

苏尼特双峰红驼，是内蒙古自治区优良骆驼品种之一。主要分布于锡林郭勒盟、乌兰察布盟以及邻近地区，苏尼特左旗是主要产区之一。据2015年社会调查统计，苏尼特左旗双峰红驼存栏数为4991峰。

一、品种起源

苏尼特人自古以来就有饲养骆驼的悠久历史和丰富的经验。该旗赛汉高毕苏木戈壁西部一带的岩画和红格尔苏木毕其格图一带岩画上都有骆驼的画面。据岩画研究家达·查干研究，这些岩画大约为旧石器时代的作品。由此可见，早在原始社会时代，苏尼特地区已经有骆驼存在。苏尼特左旗达日罕乌拉苏木、巴彦宝力道苏木和昌图锡里苏木一带牧民中至今流传着很早以前，这个地区曾有一个名字叫永仙宝的富人，饲养很多骆驼的传说。传说中永仙宝曾经拴种公驼的岩峰至今还在。事实证明，苏尼特地区自古以来就是“骆驼之乡”是无可争议的。关于赞颂骆驼的民间故事、传说、颂词也比比皆是。从古至今，戈壁、骆驼与蒙古人有着特殊的缘分。没有戈壁的蒙古草原与没有骆驼的戈壁同样是不可想象的，并且将戈壁与人联系起来的纽带之一就是骆驼。历史上苏尼特草原以其广袤的戈壁滩，富含盐碱的土质和植被，历来是苏尼特双峰驼最佳生存领地。苏尼特享有“骆驼文化之乡”的美誉，苏尼特骆驼文化被列入自治区级非物质文化遗产。苏尼特双峰驼以其神奇的秉性在适者生存、优胜劣汰的严酷环境中顽强生存并世代繁衍，被苏尼特人称为“天赐的生灵”。

二、特征

苏尼特蒙古人的千百年的游牧生活中，骆驼除了肉乳兼用，还特别承担着重要交通工具的角色，被誉为“沙漠之舟”。

1. 毛色

苏尼特双峰驼以紫红色和杏黄色为主，棕褐色次之，少有白色。据1980年对682峰苏尼特骆驼抽样调查：紫红色毛色的占37.24%，杏黄色毛色的占35.63%，棕褐色毛色的占18.48%，白色毛色的占8.65%。

据1983年对108峰种公驼进行鉴定，紫红色毛色的62峰，占57.4%；棕褐色毛色的19峰，占17.55%；白色毛色的14峰，占13%；杏黄色毛色的13峰，占12%。苏尼特左旗个别苏木曾有毛色雪白的种公驼，可谓物中珍品，扬名区内外。另外，还有前额有星斑和腰花种公驼，那更是寥若晨星，引人注目。

2. 外形特征

苏尼特骆驼特点是体大粗壮，结构匀称，体躯较大，体质结实，盆骨大而坚固，肌肉发达有力，特别耐寒、耐粗、耐饥和耐渴，繁殖能力差，产肉产绒性能好。有的骆驼体高206厘米，体长187厘米，小腿围度26厘米。如此体大粗壮的骆驼，只有在苏尼特左旗出产。

头位水平，高昂过体，鼻梁微拱，挺立而高大，鼻孔闭合自由，眼睛大而亮。有的骆驼眉毛长达15~20厘米。耳小竖立，耳毛长10~15厘米。颈长约1米，呈“乙”字形弯曲。胸深而宽，背腰宽平。鬃毛长10~12厘米，颈部鬃毛甚至长达20~30 厘米。驼峰大而竖立，前峰比后峰略小，峰间距30~40厘米，有的骆驼驼峰高达30~40厘米，宽40~60厘米，围长90~150厘米，峰尖鬃毛15~25厘米。四肢端正，关节粗大，筋腱明显，膝盖部位的毛密而长，长达20~30厘米。尤其是种公驼威武雄壮，前蹄较后蹄短，前掌厚而大，后掌较小。

3. 身体各项指标对比

1980年，锡林郭勒盟、乌兰察布盟、四子王旗和苏尼特右旗、苏尼特左旗有关部门组成联合调查组，对四子王旗、苏尼特右旗、苏尼特左旗3个旗范围内饲养的苏尼特骆驼进行调查测量。这次对苏尼特左旗达日罕乌拉苏木巴彦都荣嘎查、查干淖尔苏木查干淖尔嘎查驼群进行调查，数据如下：

体尺体重和对比

性别	种公驼	骟驼	母驼
头数	8	84	119
体高（厘米）	166~183	168~206	159~195
平均体高（厘米）	177.5	179.3	173.90
体长（厘米）	151~165	139~187	140~169
平均体长（厘米）	156.5	160.8	155.1
胸围（厘米）	235~273	205~280	205~260
平均胸围（厘米）	250.6	251.5	231.5
腿围（厘米）	23~26	19~26	18~24
平均腿围（厘米）	24.5	22.5	21
体重（公斤）	650~883	573~820	499~789
平均体重（公斤）	734	712	645
体长比例	88.1	88.7	89.1
胸围比例	141.1	140	133.1
身体结构比例	161	156.4	149.3

从以上测量表格中可以看出，苏尼特左旗的骆驼身体各个部位的测量数据均超过四子王旗、苏尼特右旗境内的苏尼特骆驼。由此，调查组得出一个结论："这是一个非常有价值的而且是有优势的特征。"

4. 产品及特征

（1）驼绒驼毛出产：由于当地气候多变，棚圈设施条件差，所以，一直采用等到骆驼自

然脱毛的时候扒下来的老习惯。这样，驼毛驼绒产量只能是大约数字，无法准确地掌握每一个个体的产毛量。1980年，对巴彦宝力道苏木萨如拉塔拉嘎查、达日罕乌拉苏木图古日格嘎查、红格尔苏木乌尔尼勒特嘎查等3个苏木、3个嘎查的驼绒驼毛产量进行调查。这时候骆驼1/2~1/4的毛已经自然脱落。调查组挑选了毛被尚较完整的8峰驼羔、8峰3岁子骆驼、8峰4岁子骆驼和6峰母驼、9峰骟驼，共收驼毛187.85 公斤，平均每峰骆驼4.81公斤驼毛。

（2）产肉量：1980年12月，对5~11岁的7~9成膘情的4峰骟驼进行屠宰做对比：活体毛重596~762公斤，平均695.5公斤；胴体毛重382~479公斤，平均428公斤；屠宰率61.44%，净肉306~381公斤，平均340.5公斤，出肉率48.98%；脂肪51~82.5公斤，平均68.6公斤。

（3）载重量：骆驼也是役用家畜。过去，从张家口至大库伦（今蒙古国首都乌兰巴托市）长途驮运运输，苏尼特骆驼每年跑两趟。每驼能驮150~200公斤重量，每天行程70~80公里。

苏尼特驼平常使役时多作移场和短距离运输之用，在平坦路面上，一驼驾一车可载1~1.5吨货物，且持久力强。冬春广泛用作骑乘。在冬季积雪较深的草场上，常用它来驮运粮料和其他物资。

1982年12月，组织10峰骆驼进行12.5公里的长跑比赛，平均用了34分17.4秒，每公里平均用时2分45.3秒，每分钟平均速度364.54米。

（4）产奶量：苏尼特牧人自古以来就有挤驼奶加工奶食的习俗。母驼一天可以挤4~5次奶，可产3~4公斤奶。挤奶期可持续10~12个月。

1982年，苏尼特右旗对32峰母驼奶样品进行分析结果表明：水分 65.32%、干物质14.58%、脂肪5.5%、蛋白3.87%、乳糖4.39%、磷0.09%、钙0.11%、碳水合化0.97%。由此可见，驼奶所含干物质、脂肪和乳糖成分均比牛奶高，尤其是驼奶微颗粒小，容易消化，对治疗胃肠疾病、糖尿病、心血管疾病，均有辅助作用。

（5）繁殖：母驼3岁性成熟，4岁可以配种。每年12月末开始发情，1—2月配种受胎。膘情好的产羔之后10~12天排卵，如果适时配种受胎，3年可产2个羔。母驼一般不产双羔，一生可产8~10个驼羔。

公驼4岁性成熟，5岁开始配种。配种能力可保持10~14年，7~12岁期间配种能力最强。配种期间，公驼与母驼的比例1:（20~25）比较合适。总的来说，公驼壮年以后发情迟缓。

据对3000峰母驼的统计，繁殖率平均达42.8%，成活率93%，繁殖成活率39.8%。

（6）适应能力：苏尼特骆驼不需要常年跟群放牧，不给添草添料，也无棚圈设备。在如此简陋的条件下，都能适应。

据1976—1985年共10年有关统计数字，骆驼年平均损失率为5.09%，即使是像1977年特大暴风雪灾害中损失也没有超过这个度，幅度为1.56%~22.2%。

据乌兰察布盟一项实验表明，苏尼特骆驼不吃不喝33天以后再恢复饮食，10天后可完全恢复正常。

三、苏尼特骆驼成群及饮食习惯

苏尼特左旗的苏尼特骆驼一般70~150峰骆驼为一群。一群骆驼有1~2峰公驼，20~30峰母骆驼。有经验的放驼员清楚地知道在不同气候条件之下骆驼不同的情况。夏秋两个炎热季节里，骆驼三五成群，在地势较高的台地上，喜欢顶风行走，喜欢在松软的地上卧盘。冬春寒冷两季喜欢在避风向阳低洼地方，向着太阳的方向觅食。风雪天气里，骆驼会顺风走或卧地休息。

母驼爱合群，骟驼差，公驼更差。公驼发情期间跟着母驼，但非配种季节离群索居，独往独来。

骆驼发挥其脖子长的优势，地上长的，树上结的，咸的、苦的、辣的、长刺的植物，统统都吃，带刺的骆驼刺，别的牲畜会躲着走，骆驼却喜欢吃，“骆驼刺”这个植物名字也是因此而得。还有沙蒿、黄蒿、锦鸡儿、独叶荨麻、角碱蓬、油杓杓，都是骆驼喜欢采食的美食。骆驼食欲强，边走边吃。晴天吃得快，阴天吃得慢；上午吃得快，下午吃得慢；早晨晚上吃得快，中午吃得慢；壮年骆驼吃得快，年幼和年老骆驼吃得慢。

1. 苏尼特骆驼春季饲养管理

春季，即2—4月，是母驼保膘和保胎、接驼羔的主要季节。骆驼的春营盘要安排在阳光充足、向阳背风、暖和而且距离盐碱地和饮水井较近的地方。苏尼特左旗南部沙窝地带棚圈设备一向较好。现在，连戈壁地区都有了骆驼的棚圈。春天，一般在向阳避风的地方放牧骆驼，在低洼之地卧盘。特别是临产的骆驼要单独放牧，在离家近一点的避风向阳的地方放牧，严禁猛烈驱赶。苏尼特地区饲养驼羔，沙区一般都要圈在棚圈里；戈壁草原地区采取拴和用长绳系牧的方法。早春下的驼羔给戴上毡子护腰儿，稍微长大之后，也可以在就近草场上随母驼放牧。春天，还要剪驼鬃。

2. 苏尼特骆驼夏季饲养管理

夏季（5—7月），主要抓骆驼基础膘（俗称"水膘"）、驱虫药浴等。不同年份的情况不同，一般5—6月必须剪驼毛。现在，仍然沿袭自然脱毛时扒下来的办法，但有的地方剪驼毛。夏季，最好把驼群赶回来卧盘，这是防止骆驼顺风走失的最好的方法。但有的放驼员不坚持这么做，因而容易发生骆驼走失的情况。夏季应该在潮湿凉爽的地方，灌木、锦鸡儿、沙葱、多根葱和马莲茂盛的地方放牧骆驼，以便抓好膘。

3. 苏尼特骆驼秋季饲养管理

秋季，各种植物成熟打籽，是抓骆驼油膘的最好并且是关键季节。这个季节，放驼员早出牧，把驼群赶到盐碱地相对多，长有沙葱、多根葱、角碱蓬的草场上，为骆驼抓好膘创造条件。最好不让骆驼饮用秋季被晒热了的水，这对抓膘有害处。9月，要普遍药浴一次，以防疥癣等皮肤传染病。

4. 苏尼特骆驼冬季饲养管理

冬季（11月—次年1月），主要是保膘、骆驼配种、驯驼、抗灾保畜等工作。骆驼过冬应安排在距离饮水井较近，避风向阳和牧草长势好的地方。苏尼特地区冬季漫长，风雪大，天气寒冷。尽管夏秋季节骆驼膘抓得不错，但如果不加强冬季经营管理，将会前功尽弃，发生迅速掉膘的情况，不利于母驼保胎。冬天骆驼饮水量很大，必须保证隔一天饮饱一次，这对保膘非常有利。可是，有些放驼员只靠舔雪而不给饮水，因而遭受损失，碰钉子的例子时有发生。冬天，应选择低洼、草场好的地方放牧骆驼，并选择干爽的地方卧盘。

种公驼与空怀母驼分开来放牧，要坚持选择背风的山沟、谷地跟群放牧。要特别注意有些公驼追母驼而远走他地，以免发生走丢。有些老实的公驼干脆把它抓回来，拴在家门口。准备使役的骟驼，要提前几天抓回来，进行适应性训练。这时候，也是驯驼的季节，把那些年轻骆驼捉回来，进行乘骑和挽使的训练。

秋末或初春，给二岁子驼羔和三岁子骆驼戴上鼻棍。公骆驼5岁的时候进行阉割，使之变成骟驼。过早地进行阉割，将会影响其成长和毛发旺盛。

1986年，制定了苏尼特双峰驼经济指标。品种标准号码为内蒙古DB353–86。

动植物资源

野生动物

苏尼特左旗有50多种野生动物。其中，有属国家二类保护动物天鹅、属国家三类保护动物地鹕等，位于赛汉高毕苏木境内的达日罕乌拉山有盘羊，中蒙边境沿线有黄羊、野驴等。

盘羊

苏尼特左旗边境苏木红格尔苏木旭日昌图嘎查境内的苏莫图乌拉山里有属国家二类保护动物盘羊。公盘羊，蒙古语叫作“乌嘎拉扎”，母盘羊，蒙古语叫作“阿尔嘎力”。

盘羊雌雄均有犄角，但形状和大小均明显不同。雄性盘羊犄角特别大，呈螺旋状扭曲一圈多，角外侧有明显而狭窄的环棱。雄盘羊角自头顶长出后，两角略微向外侧后上方延伸，随即再向后下方及前方弯转，角尖最后又微微往外上方卷曲，故形成明显的螺旋状角形。角基一般特别粗大而稍呈浑圆状，至角尖段则又呈刀片状，角长可达1.45米左右，巨大的角与头及身体显得不相称。雌羊犄角形简单，角体也明显较之雄羊短细，角长不超过0.5米，角形呈镰刀状。但比起其他一些羊类，雌盘羊犄角还是明显粗大。

盘羊躯体粗壮，体长1.2~2米，肩高90~120厘米，体重65~185公斤，肩高等于或低于臀高。

头大颈粗，尾短小，四肢粗短，蹄的前面特别陡直，适于攀爬于岩石间。有眶下腺及蹄腺。乳头一对，位于鼠蹊部。通体被毛粗而短，唯颈部披毛较长。体色一般为褐灰色或污灰色，脸面、肩胛、前背呈浅灰棕色，耳内白色部浅黄色，胸、腹部、四肢内侧和下部及臀部均呈污白色。前肢前面毛色深暗于其他各处，尾背色调与体背相同，雌盘羊的毛色比雄盘羊的深暗。

盘羊的腿比较长，身材比较瘦，与其他野绵羊相比其爬山技巧比较差。因此，在逃跑时一般避免逃向太陡峭的山坡。采食或休息时常有一头成年盘羊在高处守望，能及时发现很远地方的异常，当危险来临，即向群体发出信号。它们能在悬崖峭壁上奔跑跳跃，来去自如，而且极耐渴，能几天不喝水，冬天无水就吃雪。盘羊的视觉、听觉和嗅觉异常敏锐，性情机警，稍有动静，便迅速逃遁。常以小群活动，每群数量不多，几只至十多只的较为常见，似乎不集成大群活动。冬季雌雄合群在一起活动，配种时期每只雄盘羊和数只雌盘羊一起生活，配种季节结束后又分开活动，雌盘羊产仔在第二年夏季。

一般3~5只或数只为一群。主要在晨昏活动，冬季也常常在白天觅食。发情期在冬季，这样幼羊可以在春季出生。以草和树叶为生，以禾本科、葱属以及杂草为食。盘羊善于爬山，比较耐寒。盘羊的主要天敌是狼和雪豹。盘羊食物范围较广，分布区的各种植物均食用。有一种说法是：老龄雄性盘羊由于巨大的犄角妨碍，往往无法采食，被活活饿死。在交配期间，雄性盘羊争偶激烈，巨角相撞响声巨大，人们在山坡上可以听到山的另一侧雄盘羊争偶时巨角撞击的声音，所以，雄盘羊犄角上一般都能看到许多被撞击的痕迹。

盘羊在秋末和初冬发情交配，妊娠期150~160天，次年5月至6月间产仔，每胎产仔1~3只。幼仔适应环境的本领很强，出生后毛一干便能直立起来吃奶，几小时后即可随雌盘羊活动，1月龄左右开始吃草，哺乳期大约持续半年以上，1~2岁性成熟。寿命为10~15年。

狍子

苏尼特左旗南部沙区巴彦淖尔镇境内生活着一种鹿科动物——狍子。狍子经济价值较高，属珍贵的野生动物。2000年8月1日，被列入中国《国家保护的有益的或者有重要经济、科学研究价值的陆生野生动物名录》。

狍子，雄性的蒙古语称之为“古儿”，雌性的蒙古语称之为“珠儿”，是一种中小型鹿类。身高1.2米，体长约1.5米，体重45公斤，有着细长颈部及大眼睛，大耳朵，无獠牙，后肢略长于前肢，尾短。雄狍有犄角，雌狍无犄角。雄性长犄角只分3个叉，犄角短，长仅23厘米左右，角干直，基部粗糙有皱纹，分枝不多于3叉，无眉叉，主干离基部约9厘米分出前后二枝，前枝尖向上，后枝再分歧成二小枝，其中一枝尖向上，一枝向后而偏内。角基部有一圈表面粗糙的节突，主干上同样有许多小节突。角在秋季或初冬时会脱落，之后再缓慢重生。狍身草黄色，尾根下有白毛，尾巴仅2~3厘米。狍爱成对活动，过冬雄狍与两三只雌狍及幼狍在一起。雄狍犄角冬天脱落，新犄角最迟3月开始生长，6—7月长成，此时进入发情期。雄狍用犄角剥开树皮并留下前额臭腺的分泌物作为自己地盘的标志。一雄一雌，7—8月交配。在繁殖期，雄狍追着雌狍转圈跑，地面出现花环状足迹。

狍通常产双胞胎。妊娠期8个月。临产前，母狍驱散上年生的幼狍（幼狍公的蒙古语叫“少宝乐代”，母的蒙古语叫“好宝乐代”），进入密林分娩。幼狍3—6月间出生，每胎1~2仔。若一胎产2仔，则出生地点相距10~20米，分别哺乳。出生10日后，母狍带领初生幼狍归群，1.5~2年性成熟。狍受惊时吠叫。在野生环境中，寿命10~12年，最长可达17年。每年11—12月角脱落，2—3月生茸，4—5月犄角长成。

狍子发情交配多在8—9月，如果太冷，小狍子出生就得往后拖——母狍能够控制这个时间，确保小狍子在6月出生，这个时候山区已经开始暖和起来，草长莺飞，食物丰沛，而且有充足的时间让小狍子长大以面对寒冷的冬季。冬毛为均一的灰白色至浅棕色。夏毛红赭色，耳朵黑色，腹毛白色。冬毛黄褐，腿茶色，喉、腹白色。臀部有白斑块。幼狍有3纵行白斑点，当体重达11公斤左右时即消失。吻部棕色，鼻端黑色，两颊黄棕色，耳基黄棕色，耳背灰棕色，耳内淡黄而近于白色，耳尖黑色。额、颈和体背为暗棕而稍带棕黄色，下颌淡黄，喉灰棕，腹部淡黄色。四肢外侧沙黄色，内侧较淡。尾淡黄色，臀部有明显的白色块斑。夏毛短而薄。从嘴到尾以及四肢的背侧都是纯黄棕色，背中线附近较深，腹面从胸部、鼠蹊部

以至四肢内侧均为淡黄色。

狍子受惊以后尾巴的白毛会炸开，变成白屁股，然后思考要不要逃。狍子其实一点也不傻，它对环境的适应能力非常强，狍子尾巴内侧是白色，受惊后会翘起（炸开），看上去成为白屁股，这其实是很多种鹿科和牛科（羚羊类）的共同特征。

总之，炸尾巴是狍子受到威胁后的一种自然反应。狍子有时候不跑是因为它还没有确认威胁是什么，一旦确认了它会立刻逃跑。

长尾黄羊

长尾黄羊，学名鹅喉羚，蒙古语称其为“哈剌苏勒图”，即黑尾巴黄羊。属典型的荒漠、半荒漠区域生存的动物，体形似黄羊，因雄羚在发情期喉部肥大，状如鹅喉，故得名“鹅喉羚”。有黑色的长尾巴，平时不停地摇摆，故人们又称它长尾巴黄羊。长尾黄羊体长85~140厘米，尾长12~15厘米，肩高50~66厘米，体重25~30公斤。毛色与黄羊也有些不同，背部毛色较浅，呈淡黄褐色，胸部、腹部和四肢内侧都呈白色，冬天的毛色更浅。尾巴毛为黑棕色，靠近基部的一半为赭黄色。雌兽头上仅有大约3厘米高的隆起，雄兽头上有角，长度为22~30厘米，向上伸直而略微向后弯，尖端略向内上方弯转。除角尖外都有显著的环状横棱，环的数目随年龄而增加，最多为17条左右。上唇至眼平线为白色，喉部为白色，臀斑比藏原羚小，蹄子狭长而尖。

它是一种典型的荒漠和半荒漠地区的种类，栖息在海拔300~6000米之间的干燥荒凉的沙漠和半沙漠地区。平时常4~6头结在一起生活，耐旱性强，以冰草、野葱、针茅等草类为食。秋季汇集成百余只的大群做季节性迁移，有时还与野驴混群活动。雌兽产仔后与幼仔组成群体，雄兽单独活动，或者与其他雄兽结成小群。喜欢在开阔地区活动，尤其是早晨和黄昏觅食频繁，主要以艾蒿类和禾本科植物为食，但很少饮水，很耐渴。奔跑能力很强，善于在开阔地的戈壁滩上迅速奔跑或在沙柳丛中穿行。性情敏捷而胆怯，稍有动静，刹那间就能跑得踪影难寻。

长尾黄羊每年11月至翌年1月发情，雌兽的怀孕期为6个月左右，每胎产1~2仔。1~2岁时性成熟。寿命为17年左右。

黄羊

黄羊，蒙古语叫作“折儿”，过去在苏尼特左旗随处可见，甚至可以看到数以千计的黄羊撒满草原上。黄羊，别名黄羚、蒙古原羚、蒙古瞪羚、蒙古羚等，它实际上并非羊类。体形纤瘦，但比藏原羚和普氏原羚大，也略显粗壮，体长为100~150厘米，肩高大约为76厘米，体重一般为20~35公斤，最大的可达60~90公斤。头部圆钝，耳朵长而尖，并且生有很密的毛。具有眶下腺，与藏原羚和普氏原羚不同。它的四肢细长，前腿稍短，角质的蹄子窄而尖。黄羊善于跳跃，也善于奔跑，多栖息于半沙漠地区的草原地带，羊草、针茅、羊茅、杂类草、旱生丛生禾草、旱生丛生小禾草等都是黄羊的食物。

黄羊是中国重要的资源动物，它的皮革光润、轻暖，可以加工成皮衣、马鞍等用具；肉可食，味道鲜美，还能制成肉松和肉干，从前是草原牧民冬季的主要食物；角能制成各种纤细的工艺品，还可以入药，有清热解毒、平肝息风的功能，主治温病高热神昏、小儿惊风、痫症、中风等，特别是解热作用和抗惊厥作用较为明显。

岩羊

岩羊，亦称崖羊、石羊、青羊等，蒙古语总称叫作“养给儿”，还要分开公母起名字，公的叫“奥脑”，母的叫“希拉嘎亲”，曾经在苏尼特左旗北部很多。岩羊外形介于绵羊与山羊之间，外貌也确实兼有这两类羊的一些特征。就体形而言，岩羊很像绵羊，不过它的角不盘旋，近似山羊，雄兽的下颌又没有胡须，也没有膻味。它的体形中等，体长120~140厘米，尾长13~20厘米，肩高70~90厘米，体重为60~75公斤。头部长而狭，耳朵短小。通身均为青灰色，吻部和颜面部为灰白色与黑色相混，胸部为黑褐色，向下延伸到前肢的前面，转为明显的黑纹，直达蹄部。腹部和四肢的内侧则呈白色或黄白色。体侧的下缘从腋下开始，经腰部、鼠蹊部，一直到后肢的前面蹄子上边，有一条明显的黑纹。臀部和尾巴的底部为白色，尾巴背面末端的三分之二为黑色。冬季体毛比夏季长而色淡。雄兽的四肢前缘有黑纹，而雌兽则没有。雄兽和雌兽都有角，但雌兽的角很短，仅有13厘米左右，基部扁，角形直，往上逐渐变得尖细，横切面几乎为圆形。雄兽的角的长度为60厘米左右，最高记录为84.4厘米，既不像盘羊那样盘成螺旋形，而且有很多褶皱和颗粒，也不像山羊那样朝后呈弯刀形，且具横棱。而是先向上，再向两侧分开外展，然后在一半处稍向后弯，角尖略微偏向上方。整个角的表面都比较光滑，末端尖细，角基略有一些粗而模糊的横棱，横切面为圆形或钝三角形。虽然没有盘羊和北山羊角那样奇特，但也因为特别粗大显得十分雄伟 。

沙狐

沙狐，蒙古语叫“希尔撒”，是典型的狐属动物，为中国狐属中最小者。四肢和耳朵比火狐略小。毛色呈浅沙褐色或浅棕灰色，带有明显花白色调。背部浅银灰色或红灰色，腹部白杂黄色，下颌白色，全身皮毛厚而软。体长50～60厘米，体重2～3公斤，尾长25～35厘米，四肢相对较短，耳大而尖，耳基宽阔，毛细血管发达。背部呈浅棕灰色或浅红褐色，腹部呈淡白色或淡黄色。毛色呈浅沙褐色到暗棕色，颊部颜色较暗淡，耳背和四肢外侧灰棕色，腹下和四肢内侧为白色，尾基部半段毛色与背部相似，末端半段呈灰黑色。夏季毛色近淡红色。以啮齿类动物，如达乌尔黄鼠、黑线仓鼠和布氏田鼠、草原旱獭、褐家鼠和跳鼠科等为主要食物。

野猫

野猫，蒙古语叫“玛纳尔”或“玛拉尔”，是一种小型猫科动物。在中国西北部的草地和干旱地区，野猫是在野外唯一与家猫相似的物种。该物种有多达27个亚种被确认，不同的亚种体型大小、毛色和花纹各不相同。雌性体重平均2.7～4公斤，雄性平均为4～5公斤。通常体长为50～75厘米，尾长为21～35厘米。在干燥的地区，猫的皮毛往往比较苍白和色浅，斑纹也较模糊；而来自湿润地区的野猫皮毛往往较黑暗，斑点或条带状更深。栖息于草原、沼泽地和海拔1000米以下的盆地或低地山区森林地带，对环境的适应性较强。野猫一般偏向于比较干旱地带活动，是独居动物，有夜行性。一般在清晨和黄昏时分捕猎。吃啮齿动物、昆虫、鸟类和一些小的哺乳动物。

狼

苏尼特草原上早年前曾居住着很多的草原狼，但因为多年前的“剿狼行动”，如今大部分都已销声匿迹。

狼群主要捕食中大型哺乳动物。研究表明，狼是控制当地生态平衡的关键角色，狼的天敌主要为人类。

狼的生存环境不容乐观。由于人们对狼根深蒂固的偏见，狼的日子一直很不好过，东躲西藏，仍然免不了遭到追捕和猎杀。专家估计，目前我国野狼的总量只有几千只，再这样下去，我们就只能在动物园才能见到狼了。

狼团队作战，可以更有效地保护后代不受其他捕食者的侵扰，而且狼的行动迅速，善于合作攻击。攻击对手的弱点，就是咬断猎物的跟腱，使其瘫痪。

猞猁

猞猁，蒙古语叫作“术勒忽斯”，属于猫科动物，体型似猫而远大于猫，体粗壮，尾极短，通常不及头体长的1/4。四肢粗长而矫健。耳尖生有黑色耸立簇毛。两颊及下体浅棕、土黄棕、浅灰褐或麻褐色，或为灰白而间杂浅棕色调；腹面浅白、黄白或沙黄色。尾端呈黑色。

猞猁为喜寒动物，栖息环境极富多样性，从亚寒带针叶林、寒温带针阔混交林至高寒草甸、高寒草原、高寒灌丛草原及高寒荒漠与半荒漠等各种环境，均有其足迹。生活在森林灌丛地带、密林及山岩上较常见。喜独居，长于攀爬及游泳，耐饥性强，可在一处静卧几日，不畏严寒。以鼠类、野兔等为食，也捕食小野猪和小鹿等。巢穴多筑在岩缝石洞或树洞内。每胎2~4仔。

貉

貉，蒙古语叫作“额勒崩古”，是犬科非常古老的物种，被认为是类似犬科祖先的物种。体型短而肥壮，介于浣熊和狗之间，小于犬、狐。体色乌棕。吻部白色，四肢短呈黑色，尾巴粗短，脸部有一块黑色的“海盗似的面罩”。

栖息于阔叶林中开阔、接近水源的地方或开阔草甸、茂密的灌丛带和芦苇地；很少见于高山的茂密森林。具夜行性，沿着河岸、湖边以及海边觅食，食谱广泛，取食范围从鸟类、小型哺乳动物直至水果。以成对或临时式的家族群体被发现。与大多数的犬科成员不同，它比较善于爬树。貉也是犬科动物中唯一一种在冬季休眠的动物，在秋季大量取食，直到体重比原来增加50%为止。

鹤

鹤，又叫仙禽，蒙古语称之为“陶古如”，是候鸟。羽毛有黄、白、黑等色，其中以白毛的最好，长约三尺，高也有三尺多，喙长约有四寸。头顶颊部及眼睛红色，脚部青色，颈部修长，膝粗指细。躯干部羽毛白色，而翅膀和尾部有羽毛为黑色的，有的为灰色，它的叫声特别洪亮。

鹤主要栖息在沼泽、浅滩、芦苇塘等湿地，以捕食小鱼虾、昆虫、蛙蚧、软体动物为主，也吃植物的根茎、种子、嫩芽。善于奔驰飞翔，喜欢结群生活。鹤睡眠时常单腿直立，扭颈回首将头放在背上，丹顶鹤或将尖嘴插入羽内。鹤在我国属迁徙鸟类。除黑颈鹤与赤颈鹤生活在青藏、云贵高原外，其余鹤类均生活在北方，每年10月下旬迁至长江流域一带越冬，第二年4月春回大地时再飞回北方。

鹤的巢多筑于沼泽地的草墩上或草丛中，产卵一至二枚，雌雄轮流孵化。到三十一天后蛋中小鹤开始啄壳，双亲在旁静立守候达一昼夜。才出壳的雏鹤形如小鸭，觅食时紧随双亲左右。幼鹤长到一岁，为了养活新出世的雏鹤，双亲要忍痛将其赶走，让它自立。鹤都是白天活动夜间休息，群鹤栖息时有一或二只鹤专门负责放哨。

大鸨

大鸨，俗称地鹧，蒙古语称之为“陶德阁”，是鹤形目鸨科的大型地栖鸟类，也是候鸟，但它是春天来得最早，秋天走得最迟，直到初雪才走。翅长超过400毫米。嘴短，头长，基部宽大于高。翅大而圆，第3枚初级飞羽最长。无冠羽或皱领，雄鸟在喉部两侧有刚毛状的须状羽，其上身有少量的羽瓣。跗跖等于翅长的1/4。雄鸟的头、颈及前胸灰色，其余下体栗棕色，密布宽阔的黑色横斑。下体灰白色，颏下有细长向两侧伸出的须状纤羽。雌雄鸟的两翅覆羽均为白色，在翅上形成大的白斑，飞翔时十分明显。

大鸨栖息于广阔草原、半荒漠地带及农田草地，通常成群一起活动，十分善于奔跑，大鸨既吃野草，又吃甲虫、蝗虫、毛虫等。

野生植物

苏尼特左旗植物区系已查明的野生维管束植物有505种（变种）。植物区系中，按植物的生活型统计，草本植物约460种，占90%左右；灌木近50种，约占10%；乔木仅占1种。植物区系中，禾本科、菊科等饲用植物是利用时间最久、强度最大的类群。可饲用植物大约有300种左右。除了100多种优质牧草外，麻黄草、甘草等药用植物有280多种。

沙葱

沙葱，蒙古语称之为“呼木乐”，属百合科，多年生草本，苏尼特地区都有生长。具根茎，鳞茎柱形，簇生。基生叶细线形。花葶圆柱形。多数小花密集成半球形和球形的伞形花序，鲜淡紫色至紫红色。花期6—8月。种子寿命长，在沙土中埋几年还可能发芽。沙葱是沙漠草甸植物的伴生植物，常生于海拔较高的沙壤戈壁中。因其形似幼葱，故称沙葱。沙葱可做各种佳肴，还有一定的药用价值。由于沙葱在沙壤戈壁中生长分布零落，采割极不容易，加之受其生物学特性限制，其产量随年气候的不同而有增减，雨量充沛的年份，产量可大幅上涨。

沙葱是苏尼特地区人民喜爱的优良佳肴，他们用采摘来的新鲜沙葱和刚宰杀的大尾羊肉做成沙葱包子招待客人。用沙葱可以拌凉菜，也可以炒肉。将葱花采摘回来，用盐腌上或晾晒干，做汤煮肉时往锅里放上一把葱花，那汤那肉就四溢飘香。

沙葱嫩茎不易久储，可炮制时令佳肴——水汆沙葱，把沙葱嫩茎洗净，放入开水锅焯1分钟，然后捞出拌上精盐、陈醋，其腌制品存储保质期可达五个月以上。其腌制品口感清爽，性醇味辣，助消化、健胃，可谓食品中的佳品。

沙葱营养价值高，具有一定的药用价值，富含多种维生素，对降血压有一定的作用。沙葱根入蒙药。将沙葱根放入铁锅里加水煮，用以洗脚，对治疗脚肿、坏血病有疗效。

多根葱

多根葱，多年生草本，蒙古语称之为“塔干那”，在苏尼特靠近草原边缘或山麓有较多的分布。多根葱是典型的旱生植物，鳞茎外围包着一层很厚的枯死鳞茎皮，于地表处形成保护层，防旱和防热，减少鳞茎根系曝晒和蒸发水分。多根葱对降雨反应十分敏感，在多雨年份，

地上部分发育旺盛，产量成倍增加。但遇干旱年份，到了生长季节仍保持休眠状态，其萌发期可推迟到8月下旬，以避过干旱。多根葱适应盐碱能力强，在降水量多于300毫米的草原地区，生长在碱化或轻度盐化的土壤上，多根葱大量分布在荒漠化草原地带。适宜的降水量为150~250毫米，对土壤要求不严格，除表土强烈沙化生长不良外，沙壤土、壤土乃至黏土均能很好地生长，土壤质地越细，往往长势越佳。经常与短花针茅、沙生针茅等组成草场，局部地段也能见到多根葱为主的草场。在具有多根葱的草原化荒漠草场上，葱属植物占6%~9%。在牧草茂盛的草原上，往往形成小片的纯群落，有时与虎尾草、羊草混生。

多根葱是一种季节性的放牧型饲草，所有家畜都采食。羊喜食，苏尼特羊肉好吃闻名遐迩，与采食多根葱有直接关系。多根葱能提高羊肉品质，并称之为抓膘的优质草之一。多根葱还是苏尼特地区牧民群众常用的一种食物调味品。叶子晒制后，冬春季节可补喂羔羊和弱畜。

山葱

山葱，多年生草本，蒙古语称之为“芒格尔”。山葱，茎细而叶大，吃起来很香，也就是野葱，山坡平地上都有生长。在沙地生长的叫沙葱，在水泽地里生长的叫水葱。山葱花呈白色，结的果实像小葱头一样大。五畜均爱吃。吃多根葱、沙葱、野葱的牲畜肉好吃，没有膻味。牧民将沙葱拣来捣碎做调料吃。灌血肠时放沙葱，味道更加鲜美。

长期食用可以强智利胆，将山葱煮水浸泡或捣碎外敷在局部，主治各种山中毒物刺伤，山中溪水的沙虱蜇伤，以及箭伤等。

野葱

野葱，多年生草本，蒙古语称之为“哲儿里格葱给那”。野葱形似家葱，但茎细而圆，实心，高20~30厘米，吃起来口感比家葱更辛辣，山坡平地上都有生长。生长在沙地的叫沙葱，生长在水泽里的叫水葱。野葱开白花、黄花、紫花三种，结的果实像小葱头一样大，其中紫色葱花味道最好，是极佳的素食调味品。

沙芥

沙芥，别名沙萝卜、沙白菜、沙芥菜、山萝沙卜、沙盖，蒙古语称之为“额勒笋—罗棒”，即沙萝卜。十字花科，系沙漠植物，生于苏尼特左旗南部草原地区的沙地或半固定与流动的沙丘上。生长在荒漠和半荒漠地区。沙芥原为野生，多生长在沙丘间及坡脚和半固定的沙丘上，具有食用、药用、饲用和固沙的价值。其嫩枝叶含有糖、蛋白质和人体生长发育所必需的氨基酸和微量元素铁、铜、锌及钙，还含有多种维生素及粗纤维。沙芥叶片肉质肥厚，有芥辣味，风味清香。幼苗茎叶和成株嫩叶，可炒食或凉拌，亦可干制或腌制，成为沙区牧民不可或缺的一种蔬菜，甚至成为馈赠亲朋好友的上等礼品。当年未开花的根，洗净清煮脱水后晾晒或腌渍。沙芥具有行气、消食、止痛、解毒、清肺的功效，根具有止咳、清肺的功效，治疗气管炎。

发菜

发菜，中文学名为发状念珠藻，俗称“发菜”，因形似人的头发而得名，亦称“地毛”等。蒙古语称之为“格吉格—额布苏”“噶扎日因—额布苏”。

发菜是高原特有的野生陆地藻类生物，可以食用。苏尼特牧区草原分布较多，每年夏末秋初为发菜的盛产期，3—4月也有生产。每当夜降春雨，晨沐朝阳之时，潮腾腾的山坡上，发菜一团团黑如青丝，状若乱麻，或缠绕在草根里，或紧贴在地面上，闪着乌油油的亮光。一般在早晨和雨后，用铁丝耙或竹耙扒菜。采集后轻轻拍打，抖土块，拣其杂质，晾干后梳理成绺，即为成品。可以说，阴雨天气是发菜生长的最佳时间，湿润是发菜丰产的条件。

20世纪80年代，因汉语“发菜”与“发财”谐音，发菜一夜成名，身价倍增，1公斤价格达400多元，因此北方草原地区搂发菜、滥挖甘草和麻黄草的问题越来越严重，给生态环境和社会安定造成了极大的危害：草原植被受到大面积破坏，原本十分脆弱的生态环境进一步恶化，加速了草原沙化和一些珍稀物种的灭绝。国务院于2000年6月14日下达文件（国发）［2000］13号《国务院关于禁止采集和销售发菜制止滥挖甘草和麻黄草有关问题的通知》，终使滥搂发菜等破坏草原生态的乱象逐步得以遏制。

金盏花

金盏花为多年生草本植物，蒙古语称之为“阿拉坦—珠拉—其其格”。地下鳞茎广卵形，春季丛生数叶，广线形，带黄绿色。夏秋间，叶枯萎后从鳞茎挺出一茎，茎顶生出伞形花序，有5~10朵，排列成轮状，侧向开放，花红色。蒴果形似灯笼下垂。书载：“深秋独茎直上，未分数枝，一簇五朵，正红色，光焰如金灯。”鳞茎有毒，除可提取石蒜碱供药用外，其淀粉可供工业用。性喜荫肥，盆栽可供观赏。

金盏花耐旱，生命力强，又有镇痛、消炎、补血等药用功能。1991年，在全国野花评展会上，金盏花获得金奖。

金盏花，因其好看，欣赏性高，花期又长，耐旱，生命力强，还有药用价值的优越性，代表了苏尼特草原人民勤劳朴素、不怕困难的品质和奋勇前进的精神，象征着苏尼特各族人民团结一致、昂扬向上的生命力，深得苏尼特各族人民的喜欢。2009年5月5日，经苏尼特左旗人大常委会讨论通过，定金盏花为苏尼特左旗“旗花”。

列当

列当，俗称“草苁蓉”，列当科、列当属植物，以全草入药。蒙古语称之为“特么恩—苏勒”。夏初采收，晒八成干，捆成小把，再晒干。一年生寄生草本，高15~40厘米，全株被白色绒毛，根茎肥厚，茎直立，粗壮，暗黄褐色。穗状花序顶生，占茎的1/3~1/2。该物种为国家三级保护濒危物种。草苁蓉根与肉苁蓉极相类，刮去花，压扁以代肉者，功力殊劣，即列当也。列当为列当科植物紫花列当或黄花列当的全草及根，以全草入药，补肾助阳，强筋骨，用于性神经

衰弱，腰腿酸软；外用治小儿腹泻、肠炎、痢疾。具有补肾壮阳、强筋骨、润肠的功效。主肾虚阳痿、遗精、宫冷不孕，小儿佝偻病、腰膝冷痛、盘骨软弱、肠燥便秘。外用治小儿肠炎。

地梢瓜

地梢瓜，蒙古语称之为“特么恩—呼呼”，为直立或斜生草本，多年生中旱生，高15~25厘米，果实有白色乳液，密被细柔毛。茎多分枝，细弱，节间甚短。

地梢瓜适应性很强，具有抗寒、耐热、耐肥、耐贫瘠、耐旱、耐强光等特点。地梢瓜对土壤要求不严格，自然生长于林缘、草丛、石坡、沙石滩。在一般的沙土、壤土地、水沟边、地头地角、大株作物行间均可种植，在肥沃的沙质壤土上生长良好。在遮阴条件下，植株生长旺盛，叶色青绿，果实脆嫩。

地梢瓜药食两用，以全草及果实入药，通乳，主治体虚、乳汁不下。外用治瘊子，营养全面，生长旺盛，病虫害较少。因此，被视作绿色食品和营养蔬菜，自古就有生食的习惯，也有的洗干净凉拌食之，则味道更加可口，深受当地居民的青睐。

参考文献

原著：

[1] 苏尼特左旗地方志办公室. 苏尼特左旗志. 呼伦贝尔：内蒙古文化出版社，2004.

[2] 嘎灵达日. 苏尼特部落起源及沿革. 呼和浩特：内蒙古人民出版社，1997.

[3] 嘎灵达日. 苏尼特游牧文化史. 呼和浩特：内蒙古人民出版社，2001.

[4] 桑布. 苏尼特左旗畜牧业史. 呼伦贝尔：内蒙古文化出版社，1995.

[5] 哈达奇·刚，达·查干. 内蒙古风俗志：苏尼特左旗卷（上、下）. 呼和浩特：内蒙古人民出版社，2012.

[6] 尧·额尔登陶格陶. 苏尼特红食传统风俗. 呼和浩特：内蒙古人民出版社，2012.

[7] 尧·额尔登陶格陶. 苏尼特左旗民间故事. 呼和浩特：内蒙古教育出版社，2012.

[8] 达·查干. 塔木钦塔拉草原深处的岩画. 呼和浩特：内蒙古人民出版社，2006.

[9] 达·查干. 石头文化. 呼伦贝尔：内蒙古文化出版社，1993.

[10] 哈达奇·刚，达·查干. 内蒙古诗史志：苏尼特卷（苏尼特左旗分卷）. 呼和浩特：内蒙古人民出版社，2012.

[11] 达·查干. 查干敖包庙——查干葛根扎木彦力格希德扎木苏. 呼和浩特：内蒙古人民出版社，2008.

[12] 特木尔布和，贡桑敖其尔. 内蒙古谚语志：苏尼特左旗分卷. 呼和浩特：内蒙古人民出版社，2013.

[13] 达·查干. 苏尼特左旗祭祀敖包. 苏尼特左旗政治协商会议文史办公室.

汉译版：

[1] 胡尔查. 胡尔查译文集. 呼和浩特：远方出版社，2009.

[2] 那顺德力格尔. 历代蒙古族文学作品选. 北京：作家出版社，2010.

[3] 中国民间歌曲集成：内蒙古卷. 北京：人民音乐出版社，1992.

[4] 中国蒙古族民歌大全. 呼和浩特: 内蒙古音像出版社.
[5] 内蒙古长调风格区及其典型曲目. 呼和浩特: 内蒙古人民出版社, 2016.
[6] 郭雨桥. 蒙古通. 赤峰: 内蒙古科学技术出版社, 2007.
[7] 郭雨桥. 细说蒙古包. 北京: 东方出版社, 2010.
[8] 樊永贞, 潘小平. 察哈尔风俗. 呼和浩特: 内蒙古人民出版社, 2010.
[9] 敖其. 蒙古族传统物质文化. 呼和浩特: 内蒙古大学出版社, 2017.
[10] 尧·额尔登陶格陶. 苏尼特红食传统风俗. 照日格图译. 北京: 民族出版社, 2017.
[11] 周晶, 那仁. 阅读蒙古. 乌兰巴托: 乌兰巴托出版社, 2007.
[12] 满都麦. 乌兰察布敖包文化. 呼伦贝尔: 远方出版社, 2017.
[13] 蒙古秘史(现代汉语版). 特·官布扎布, 阿斯钢译. 北京: 新华出版社, 2006.
[14] [法] 贝凯·柏朗嘉宾蒙古行记. 韩百诗译注, 耿昇译. 北京: 中国藏学出版社, 2018.